한국 불교 사상 개관

길희성 종교와 영성 시리즈 14

한국 불교 사상 개관

2023년 11월 20일 처음 펴냄

지은이   길희성
펴낸이   김영호
펴낸곳   도서출판 동연
등 록   제1-1383호(1992. 6. 12)
주 소   (03962) 서울시 마포구 월드컵로 163-3
전화/팩스   (02) 335-2630 / (02) 335-2640
이메일   yh4321@gmail.com
인스타그램   /dongyeon_press

ISBN 978-89-6447-714-4 94200
ISBN 978-89-6447-700-7 (길희성 "종교와 영성 연구" 전집)

길희성 지음

동연

전 집 을 펴 내 며

지난해(2021년) 5월 세브란스병원에서 건강검사를 마치고 집으로 돌아오는 길에 차 안에서 도서출판 동연의 김영호 사장과 전화 통화를 할 기회가 있었다. 마침 그분도 세브란스 병원에 입원 중이라는 말을 듣고 깜짝 놀랐다. 다시 한번 생로병사의 고통을 말씀하시면서 인생의 지혜를 일깨워 주셨던 부처님의 말씀이 생각났다. 사실, 입원이 여의치 않아 거의 뜬눈으로 병실에서 검사를 기다리며 지내다 보니, 온통 환자들과 가운을 입은 의료진만을 볼 수밖에 없었다. 그러다 보니 내가 산 지난날의 모습을 회상하게 되었다. 지금은 근 80년을 산 셈이니, 이제 흙 속에 묻혀도 여한이 없겠다는 생각, 세상에는 몸이 아파 고통을 받는 사람이 너무 많구나 하는 생각이 새삼스럽게 들었고, 하느님께서 나의 삶을 비교적 순탄케 이끌어 주셨구나 하고 감사하는 마음도 절로 생겼다. 무엇보다도 병마에 고통스러워서 소리를 지르는 사람들을 보면서, 병마의 고통을 간접적으로나마 느껴보는 것도 그리 나쁘지 않은 경험이라는 생각이 들어, 내가 그동안 받은 많은 복을 너무 당연시하며 철없는 삶을 살았다는 반성도 하게 되었다. 여하튼 김영호 사장님의 쾌차를 빌면서 대화를 마쳤다.

그동안 나의 부족한 책들을 내시느라 노고가 많았던 분도, 소나무, 세창, 서울대학교출판부, 민음사 그리고 철학과현실사 등의 사장님들과 편집진에게 깊이 감사한다. 특히 애써 만들어 출판한 책을 이번 전집에 포함시킬 수 있도록 흔쾌히 동의해 주신 너그러움에 대해 감사하지 않을 수 없다. 아무쪼록 이 너그러움과 어려운 여건 속에서도 저의 책을 사랑하는 마음으로 전집을 발간해 주시는 동연 김영호 사장님의 용단이 합하여, 우리나라의 열악한 출판계와 학계의 발전에 큰 기여가 되기를 기대한다.

전집 발간을 계기로 그동안 출판한 책들과 글들을 모두 다시 한번 읽어 보게 되면서 눈에 띄는 오자, 탈자를 바로잡았다. 또 불가피한 경우에는 약간의 수정을 가하거나 아예 새 문장/문단으로 대체하기도 했다. 전집 발간은 자서전 쓰는 것과 유사하다. 자기가 쓴 글이라도 마음에 드는 글과 안 드는 글이 있기 마련이지만, 마치 정직한 자서전을 쓰는 사람이 자기가 살면서 저지른 잘못된 행동을 감추어서는 안 되듯이, 전집을 내는 것도 이제 와서 자기 마음에 안 든다고 함부로 누락시킬 수 없다. 이런 점에서 자서전과 전집은 정직을 요한다.

지금까지 자기가 쓴 줄도 모르고 있던 글도 있고, 자기 뜻과는 다른 논지를 편 글도 있을 수 있지만, 할 수 있는 대로 다 전집에 담으려 했다. 그러다 보니 전집의 부피가 커질 수밖에 없고, 마음에 안 드는 글은 빼려 하니 독자들을 속이는 것 같았다. 고심 끝에 양극단을 피하려 했지만, 결과는 만족스럽지 못했고, 결국 후학들이나 독자들의 판단에 맡기게 되었으니, 너그러운 양해를 구한다.

참고로, 현재까지 나온 책 9권과 앞으로 출판을 계획하고 있는 책 18권과 나머지 10권가량—아직도 공저 4권과 종교학 고전 번역서 3권을 전집에 포함시킬지 여부를 결정하지 못하고 있다—의 이름들은 다음과 같다는 점을 알려 드린다(2023년 6월 현재 저서 13권을 펴냈다).

2022. 10.

길희성

종교와 영성 연구 전집 (총 22권: 잠정적)

1. 『종교 10강 ― 종교에 대해 많이 묻는 질문들』
2. 『종교에서 영성으로 ― 탈종교 시대의 열린 종교 이야기』
3. 『아직도 교회 다니십니까? ― 탈종교 시대의 그리스도교 신앙』
4. 『지눌의 선 사상』
5. 『일본의 정토 사상: 신란의 절대 타력 신앙』
6. 『마이스터 에크하르트의 영성 사상』
7. 『인도 철학사』
8. 길희성 역주. 『범한대역 바가바드 기타』
9. 『보살예수: 불교와 그리스도교의 창조적 만남』
10. 『포스트모던 사회와 열린 종교 이야기』
11. 『신앙과 이성의 새로운 화해』
12. 『인문학의 길: 소외를 넘어』
13. 길희성·류제동·정경일 공저. 『일본의 종교문화와 비판불교』
14. 한국 불교 사상 개관

(이하 출간 예정)

15. 『영적 휴머니즘』 (증보개정판, 2023)

 공저

16. 길희성·김승혜 공저. 『선불교와 그리스도교』 (바오로딸, 1996)
17. 길희성 외 3인 공저. 『오늘에 풀어보는 동양사상』 (철학과현실사, 1999)
18. 길희성 외 3인 공저. 『전통, 근대, 탈근대의 철학적 조명』 (철학과현실사, 1999)

 종교학 고전 번역

19. 루돌프 오토/길희성 역. 『성스러움의 의미』 (분도출판사, 1987)
20. 윌프레드 캔트웰 스미스/길희성 역. 『의미와 목적』 (분도출판사, 1991)
21. 게르하르트 반델레우/길희성·손봉호 공역. 『종교현상학』 (분도출판사, 2007)

 기타

22. 에세이 『대담 및 단상』

차 례

3부 _ 비교종교학에서 본 불교 사상

일 러 두 기

1. 본서는 故 길희성 선생의 유고작이다. 고인이 평생 심혈을 기울여 연구했던 불교 논문들을 한데 모아 편집하여 출간하였다.

2. 고인이 생전에 여기 수록된 글을 초고 교정하였지만 병환으로 최종 교정을 하지 못했다. 다만 그 작업은 고인의 제자인 정경일 박사가 마무리하였다.

3. 이 책에 수록된 글 가운데 "한국 불교의 특성과 정신 — 한국인의 역사와 삶 속의 역할을 중심으로"는 고인과 제자인 오지섭 선생의 공저인데, 감사하게도 오 선생께서 이 글 수록을 허락해 주셨다.

4. 수록된 논문의 출처는 본문 끝에 명기하였다.

제1부

한국 불교의 특성론

한국 불교 특성론과
한국 불교 연구의 방향

I. 들어가는 말

역사에는 전적으로 동일한 현상은 발견되지 않는다는 뜻에서 모든
역사는 특수하고 독특하다. 한국 불교도 한국이라는 특수한 토양에서
여타 지역과는 다른 특수한 문화적, 사회적 환경을 배경으로 하여 전개
되어 왔기에 당연히 타 지역 불교와 구별되는 독특한 성격을 지닐 것은
거의 선험적으로 자명하다. 그러나 차이에는 우연적 혹은 비본질적 차
이가 있고 근본적 혹은 본질적 차이도 있다. 예를 들어 인간을 이성적 동
물이라고 정의할 때, 이성은 인간과 동물을 가르는 본질적 차이임에 비
하여 다른 신체상의 차이는 비본질적 차이일 수 있다. 이와 같은 본질적
차이가 과연 한국 불교에 발견될 수 있을까 하는 문제는 실로 한국 불교
연구상 중요한 문제이다. 불교라는 보편적 범주에 속하면서도 한국 불

교를 타 지역, 다문화권의 불교로부터 확실하게 '본질적' 의미에서 구별해 주는 그러한 차이가 과연 존재하는가?

한국적인 것의 특성을 찾으려는 노력은 비단 불교에만 국한된 것은 아니다. 중국의 정치적, 문화적 영향을 직접적으로 받아 온 한국문화의 경우 그 정체성의 문제는 더욱 미묘한 양상을 띠게 된다. 정체성은 차별성의 확보와 직결되어 있기 때문에, 한국문화의 뚜렷한 독자성 내지 정체성을 주장하려면 불교뿐만 아니라 유학, 도교, 미술이나 건축 등의 분야에서도 유사한 문제가 제기되는 것이다. 과연 여기서도 중국과의 질문은 아니고 동아시아 문화를 연구하는 세계 학자들의 공통적인 관심사이다.

'차이'는 현대사상, 특히 포스트모더니즘의 화두와도 같은 개념이다. 그러나 군이 포스트모더니즘을 거론하지 않더라도, 차이는 정체성을 구성하는 필수적 요소라는 점에서 매우 중요하다. 일반성 속으로 해체될 수 없는 특수성, 타자로 환원될 수 없는 자기만의 고유한 특성과 차이를 고집하는 것은 개인이나 집단을 막론하고 모든 정체성 추구의 핵이기 때문이다. 나는 이미 발표한 논문에서 한국 불교의 정체성에 대한 탐구와 담론이 일제 식민통치 아래서 전개된 한국 학자들과 지성인들의 저항적인 민족주의적 담론의 일환이며, 특히 한국 불교의 독특한 정체성을 부인하고 중국 불교의 일부 혹은 그 연장으로 보려는 일본 학자들의 견해에 대한 반응으로 시작되었음을 논한 바 있다.[1] 또한 한국 불교의 정체성을 찾으려는 시도가 자칫하면 현대 민족주의 내지 국가주의를 과거로 투사하는 오류를 범할 수 있음을 지적하는 버스웰 교수의 지적에도 어느

---

1 길희성, "한국 불교 정체성의 탐구: 조계종의 역사와 사상을 중심으로 하여," 「한국종교연구」 제2집 (서강대학교 종교연구소, 2000. 6), 161-171 참조.

정도 공감을 표시했다. 그럼에도 '한국' 불교라는 말이 단순히 불교의 지리적 공간상의 경계선만을 지칭하는 말이 아닐진대, 현 한국 불교에 세계 다른 지역 불교와 구별되는 어떤 본질적 특성이 존재하리라는 가정은 쉽게 떨쳐버리기 어려운 관념이다. 이미 많은 학자가 이러한 관점에서 한국 불교의 특성을 논한 바 있다. 나는 이 문제에 관해서 두 명의 한국 학자 최남선과 김영수 그리고 두 명의 일본학자 에다 토시오(江田俊雄)와 카마다 시게(鎌田茂雄)의 견해를 비판적 시각에서 고찰하면서 논의를 진행하고자 한다. 그다음에 한국 불교의 정체성 탐구라는 관심사를 두고 앞으로의 한국 불교 연구가 나아가야 할 방향을 모색해보고자 한다.

II. 한국 불교 특성론

1. 최남선과 통불교론

한국 불교의 특성과 정체성의 담론에 결정적인 역할을 한 사람은 아마도 최남선일 것이다. 그는 1930년에 발표한 논문 "조선 불교 ─동방문화사 상에 있는 그 지위"에서 한국 불교의 특징을 다음과 같이 말하고 있다.

반도(半島)의 불교인이 동방불교의 중심지인 지나(支那)에 가서 혹 드러나게, 혹 숨어서 지나인과 공동작업으로 교리의 발전에 공헌한 것도 물론 작지 아니하거니와 그러나 조선이 불교에 가지는 진정한 자랑과 독특한 지위는 따로 조선적(朝鮮的) 독창(獨創)의 상에 있을 것이다. 곧 불교의 진생명(眞生命)을 투철히 발양(發揚)하여 ─ 불교의 구제적 기능을 충족히 발휘하여 이론(理論)과 실행(實行)이 원만히 융화하여진 '조선 불교'(朝鮮佛敎)의 독특한 건립을 성취하였음에 있다. 인도와 서역의 서론적(緒論的) 불교, 지나의 각론적(各論的) 불교에 대하여 조선의 최후의 결론적(結論的) 불교를 건립하였음이 있는 것이다.[2]

최남선이 어떤 근거 위에서 이렇게 한국 불교를 이론과 실행을 겸비한 '결론적' 불교라고 극찬하는지는 모르지만, 한국 불교의 독창성과 독특성을 찾음으로써 민족적 자긍심을 높이려는 의도는 이 한 구절에 이미 충분히 나타나 있다. 이어서 그는 "그런데 반도불교에서 이 영광스러운 임무의 표현자가 된 이가 누구냐 하면 실로 당시로부터 대성(大聖)의 칭을 얻은 원효(元曉)가 그 사람이다"라고 하면서 '통불교(通佛教)의 건설자(建設者)'로서 원효(元曉)야말로 한국 불교의 참다운 특성과 정신을 표현한 사람이라고 극찬을 아끼지 않는다.[3] 최남선에 의하면 "불교 통일의 논리적 근거를 제시한" 원효는 '불교의 완성자'로서, 중국에 이르기까지의 '원심적 경향'으로 펼쳐져 온 불교가 한반도에 이르러 '구심적 경향'을 나타내다가 원효를 만나 "단일교리에 의한 최후의 완성을 실현하게 되었다." 세계 불교사가 일종의 목적론적 필연성을 가지고 원효를 향하여 움직였음을 말하고 있는 것이다.[4] 이러한 "종합과 통일에 의한 불교의 진생명(眞生命), 진정신(眞精神)의 발휘"는 '반도불교의 역사적 사명'이며[5] 그 정신은 원효 이후로 계속해서 한국 불교사에 살아 있어 각종 굴곡을 거치면서도 "목적으로의 일보일보를 재촉해 나왔다"는 것이다.[6] 석

2 최남선, "조선 불교 —동방문화사상에 있는 그 지위," 「佛教」 74호 (1930. 8), 12.
3 같은 글, 12.
4 같은 글, 16.
5 같은 글, 17.
6 같은 글, 18.

가와 원효를 비교하면서 최남선은 결론적으로 다음과 같이 말한다:

'석가로부터 원효에'는 요컨대 '창작(創作)에서 분별(分別)'과 '분별(分別)로부터 귀합(歸合)'을 의미함이었다. 원효가 있어서 여기 일승적(一乘的) 불교가 있다고 할 것이다. 원효가 있어 조선 불교에 빛이 있고, 조선 불교가 있어서 동방 불교에 의의(意義)가 있다고 할 것이다. 그러나 원효의 불교는 아직까지 만족히 실현된 것이 아니라 그 태장(胎藏)의 개수(開數)는 차라리 금후에 기다린다 할 것이다. 원효는 불교 구원(久遠)의 거울이요 지팡이요 또 이상(理想)의 목표로 언제까지든 불교인의 속에 살지 아니하면 아니 될 것이다.[7]

우리는 최남선의 이러한 담론을 어떻게 보아야 할까? 우선, 한국 불교를 연구하는 사람치고 원효가 위대한 존재라는 것을 부인할 사람은 아무도 없을 것이다. 그러나 최남선의 원효에 대한 평가는 다분히 한국 불교에 대한 그의 민족적 자긍심 그리고 개인적인 바람과 이념을 반영하는 것이지 결코 역사적 사실에 근거한 객관적 평가로 보기는 어렵다. 한국 불교사에서 원효가 차지하는 위치는 최남선이 생각하는 것만큼 크지 않다. 현재적 시각에서 평가할 때 한국 불교사에 원효만한 인물이 없었다 해도 크게 이의를 제기할 사람은 별로 없을지 모르지만, 역사적 관점에서 볼 때는 그가 한국 불교사에 끼친 영향이 그리 큰 것은 아니라는 말이다. 원효는 최남선과 같은 현대 한국인들에 의해 재발견된 존재라 해도 과언이 아니다. 최남선은 한국 불교사에서 원효의 위상을 가늠하게 하는 두 가지 사항을 언급하고 있는데, 하나는 고려왕조가 그에게 화쟁국

---

7 같은 글, 18.

사(和諍國師)라는 시호(諡號)를 부여했다는 점이고, 다른 하나는 조선 불교가 "교리(敎理)의 요간(料簡)을 행하여 선(禪), 교(敎) 양종(兩宗)이라는 신분종법(新分宗法)을 안출(案出) 실현한 것은 은연한 가운데 원효의 화회적(和會的) 정신이 작용한" 것이라고 한다.[8] 전자는 대각국사(大覺國師) 의천(義天)이 원효를 흠모한 결과 이루어진 역사적 사실이지만, 후자는 견강부회도 이만저만이 아니다. 역사상 유례를 찾아보기 어려운 선교양종 구도는 조선조의 가혹한 불교 탄압의 예는 될지언정 원효와는 아무런 상관이 없다. 최남선 자신도 이 점을 의식한 듯, "은연한 가운데 화회적 정신이 작용한" 것이라고 말한다.

최남선이 불교사를 보는 시각에서 전제하는 점 가운데 하나는 통일과 일치는 좋은 것이요 분열과 대립은 나쁜 것이라는 생각이다. 따라서 화쟁의 대가 원효는 가장 위대한 불교 사상가이며, 한국 불교는 그의 통불교적, 초종파적 불교 이념을 구현해야 하고 이것이 한국 불교의 특성이자 역사적 사명이라는 것이다. 이러한 관점은 최남선과 더불어 원효를 추앙하는 조명기, 박종홍, 이기영 등 많은 한국 불교학자들에게도 이어져 그들이 한국 불교를 보는 지배적인 시각이 되었으며 한국 불교에 대한 지배적 담론을 형성하게 되었다.

그러나 우리는 최남선의 이러한 시각에 대해서 몇 가지 문제점을 제기하지 않을 수 없다. 첫째로, 불교적 입장에서 볼 때 모든 대립과 분쟁은 허망한 분별심(分別心)의 소생으로서 바람직하지 못한 것은 사실이나, 역사적 관점 혹은 사상가적 관점에서 볼 때는 치열한 사상적 대립과 논쟁의 부재 그리고 종파적 갈등의 부재가 반드시 좋은 것만은 아니다. 오히려 그것은 사상적 빈곤과 창의성의 결여로 해석될 수도 있고 자신의

---

8 같은 글, 18.

입장을 쉽게 포기하고 타협해버리는 사상적 나태 혹은 진지성의 결여로 비판받을 수도 있다. 사실, 바로 이러한 관점에서 일본의 불교학자들은 한국 불교의 '고착성'(固着性)을 비판하고 있는 것이다(다음에 고찰할 에다 (江田)의 관점을 볼 것). 초종파성을 자랑하는 한국 불교의 관점에서는 일본 불교가 지닌 종파성은 반불교적인 결함으로 보일지 모르나, 역사가의 눈으로 볼 때는 바로 이러한 다양한 종파성이야말로 일본 불교가 중국이나 한국의 불교와는 판이한 독창성을 띠게 했다는 사실을 우리는 기억해야 한다. 이 점에서 특히 일본 중세에 출현한 이른바 가마쿠라 신불교(鎌倉新佛敎) 종파들은 실로 특이하다고 하지 않을 수 없다.[9]

둘째로, 이러한 사상적 융화와 일치의 노력은 반드시 원효나 한국 불교만의 특징이 아니라는 사실이다. 중국 불교 사상을 특징짓고 있는 교판(敎判) 사상은 한 종파의 입장을 고수하면서도 부처님의 다양한 가르침을 하나도 버리지 않고 자리매김을 통해 수용하려는 포용 정신의 발로요 중국적 조화 정신의 표현이다. 더군다나 교학(敎學)사상의 울타리를 벗어나서 선(禪)과 교(敎) 혹은 선(禪)과 정토신앙(淨土信仰)의 대립마저 해소하려는 선교일치(禪敎一致)와 선정일치(禪淨一致) 사상은 중국 불교도 근본적으로 불교적 융화 정신을 추구해 왔다는 사실을 말해주고 있다.

셋째로, 원효는 중국의 남종선(南宗禪)이라는 본격적인 신불교가 한국에 유입되기 이전에 활약한 사람으로서, 그의 회통사상(會通思想)에는 한계가 있음을 인식해야만 한다. 다시 말해서, 신라 말부터 한국 불교의 고질적 문제가 되어 온 선과 교의 갈등 문제는 원효의 관심 밖에 있었던

---

9 한국에서는 잘 알려지지 않은 종파들이지만 일본 불교를 역동적으로 만든 주인공들이다. 그 가운데 하나인 호넨(法然)의 정토종(淨土宗) 그리고 특히 그의 뒤를 이어 정토진종(淨土眞宗)을 창시한 신란(親鸞)의 사상에 대하여는 길희성, 『일본의 정토사상』(서울: 동연, 2021)을 볼 것.

문제라는 것이다. 이것은 물론 원효 사상에서 이미 선불교의 근본원리가 발견될 수도 있다는 사실과는 별개의 문제이다. 선은 본래부터 무슨 독자적 철학은 가진 것은 아니며 어디까지나 대승의 공(空)사상이나 불성(佛性) 사상을 기초로 하고 있다. 선의 기본 원리가 원효의 저술에 나타나는 것은 너무나 당연한 일이다. 문제는 불교사적 시각에서 볼 때 원효의 화쟁 사상은 역사적 한계를 지닐 수밖에 없다는 사실이다.

넷째로, 우리는 사상적 통일성과 중앙집권적 국가권력, 즉 왕권과의 관계를 눈여겨볼 필요가 있다. 한국 불교사에서 치열한 사상적 대립과 종파적 갈등의 부재 그리고 종합적·통일적 불교가 주종을 이룬 것이 사실이라면, 그것은 원효와 같은 통불교적 사상가들의 노력이라기보다는 오히려 작은 영토를 지닌 국가로서 중앙집권적 왕권이 너무나도 강했기 때문이 아닌지, 다시 말해서 한국 불교가 국가의 통제 아래 나라의 안정을 도모하고 왕실의 번영을 비는 호국적(護國的) 혹은 국가 종속적 성격과 기복적(祈福的) 성격이 강했기 때문은 아니었는지 심각하게 묻지 않으면 안 된다. 이와 관련하여 허흥식이 제시하는 관점은 주목할만하다. 그에 의하면, 한국 불교사에서 종파가 '난립'하는 것은 주로 왕조 말 중앙집권적 통제력이 약화되는 상황에서였다는 것이다. 허흥식은 한국 고대와 중세에서 불교가 국교(國敎)였다는 사실에 주목하면서 다음과 같이 말한다: "종파란 불교계의 제도화가 완비될수록 통합된 소수의 대종파(大宗派)로 형성되고, 제도적 통제가 와해될수록 군소종파(群小宗派)가 증가하는 것이 아닌가 한다. 군소종파와 신흥종파는 급격한 사회의 전환기—바꾸어 말하면 사회의 혼란기—에 증가한다는 함수관계로 나타난다."10 이것이 사실이라면, 적어도 오늘의 관점에서 볼 때, 통불교 사상

---

10 허흥식, "종파의 기원에 대한 시론," 『高麗佛敎史硏究』 (서울: 일조각, 1986), 125-126. 허

이 가지고 있는 지배 이데올로기적 성격과 역할을 우리는 간과할 수 없을 것이다.

이상과 같은 점들은 원효 사상을 중심으로 한 한국 불교사에 대한 통불교적 시각과 담론이 전혀 타당성이 없다는 것을 말하려는 것은 아니고, 다만 한국 불교사를 획일적 시각에서 보는 경향은 시정되어야 함을 말하려는 것이다.

2. 김영수의 한국 불교 특성론

김영수(金暎遂)는 "조선 불교의 특색"이라는 글에서 한국 불교의 여러 가지 '일시적 특색' '부분적 특색'을 논한 다음 전체적 특성을 말하기를 "조선 불교가 선종(禪宗)으로서 염불간경(念佛看經)을 숭상하는 것이 조선 불교의 특색"이라는 명제를 제시한다.[11] 김영수는 이러한 한국 불교의 종합적 성격이 자칫하면 일정한 주의나 주장이 없는 원칙 없는 불교, 종지(宗旨)가 없는 무질서한 불교라는 인상을 줄 우려가 있다는 점을 지적하면서, 그것은 피상적인 오해에 불과하다고 주장한다. 한국 불교가 이렇게 종합적·원융적 성격을 띤 데에는 확실한 이념적 근거가 있으며 뚜렷한 종지에 근거하고 있다는 것이다. 그는 다음과 같이 말한다:

조선 불교의 종지(宗旨)는 선종(禪宗)으로서 염불간경(念佛看經)을 숭상하는 것이다. 이것이 조선 불교가 다른 불교보다 특이한 광채를 발휘하고 있는 점이다. 이것을 보조국사(普照國師)는 정혜쌍수(定慧雙修)라고 하고 돈오

홍식의 이러한 일반적 관점은 종파사 연구에 중요한 관점을 시사하지만, 그의 연구보다 좀 더 구체적이고 실증적인 종파사 연구로써 입증할 필요가 있다.

11 김영수, "조선 불교의 특색," 「佛敎」 제100호 (1932. 10), 30.

점수(頓悟漸修)라고도 하였다. 이 돈오점수란 것은 그 명사(名詞)는 규봉종
밀(圭峰宗密)의 팔대돈점(八大頓漸) 중 하나이지만 그 내용 의미에 있어서
는 대혜종고(大慧宗杲) 선사(禪師)의 설을 차용한 것이다.[12]

　　김영수는 한국 불교가 선종(禪宗)이면서도 정토(淨土) 신앙과 경전을
연구하는 교학(敎學) 불교를 겸하고 있는 점을 특성으로 지적하는 것이
다. 그리고 이와 같은 선교겸수(禪敎兼修)는 선교(禪敎)의 쌍립(雙立)이
라기보다는 보조국사(普照國師)의 경우처럼 "선종인 입장에서 교가의
교리를 융섭하는 정신"에 바탕을 둔 것이라고 한다.

　　이와 같은 김영수의 견해는 확실히 최남선의 통불교론보다 한국 불
교의 역사적 전통과 현실에 부합되는 정확한 지적이라 하지 않을 수 없
다. 다른 어느 부차적인 차이와는 달리, 한국 불교는 확실히 선(禪)이 주
류이면서도 경전 공부나 염불, 불보살 신앙 등 동아시아 불교 전통에서
형성된 다양한 신행(信行)을 갈등 없이 수용하고 있는 폭넓은 통합적 불
교임이 틀림없고 이 점이 한국 불교 혹은 한국 불교의 특성임을 부인하
기 어렵기 때문이다.

3. 에다 토시오의 한국 불교 특성론

　　에다 토시오(江田俊雄)는 한국 불교의 특성으로 네 가지를 든다. 첫째
는 "교리적 혹은 종파적으로 단일적인 동시에 혼합적"이라는 점, 둘째는
"사원의 가람 위치나 환경으로 보아 조선 불교는 산림불교"라는 점, 셋째
는 "사회적으로 보아 현저하게 은둔적이며 비사회적"이라는 점, 넷째는

---

12 같은 글, 32.

"민족적, 국가적이라는" 점이다.[13]

이 가운데서 첫째 특징, 즉 한국 불교의 교리적 혹은 종파적 단일성은 어느 정도 타당한 관찰이다. 물론 현재 한국 불교를 볼 때, 대처(帶妻)를 허락하는 태고종(太古宗)도 있고 근래에는 천태종, 진각종 등 다양한 종파들이 발생하였기 때문에 엄격히 말해서 한국 불교가 단일 종파라고 하기는 어렵다. 그러나 종파 간의 사상적 차이나 대립이 현저하지 않다는 점 그리고 한국 불교의 주류는 아무래도 선종으로서의 조계종이 차지하고 있으며 이 조계종은 위에서 언급한 대로 다분히 통합불교적 성격을 지니고 있다는 점 등을 감안할 때, 한국 불교가 확실히 종파성이 강하지 않은 것은 부인할 수 없는 사실이다. 적어도 일본 불교와 대비해 볼 때는 그렇다.

한국 불교의 초종파성 내지 통합성은 그것이 어떤 중심도 없이 무질서한 불교라는 것을 뜻하는 것은 아니다. 김영수의 견해대로 한국 불교는 어디까지나 선을 중심으로 하여 확실한 종지와 이념적 토대에 근거하고 있다는 사실을 인식해야 한다. 에다 자신도 이 점을 분명히 의식하고 있다. 그는 한국 불교가 지눌(知訥)의 포괄적 선 사상(禪思想)에 바탕을 둔 특이한 선종(禪宗)임을 지적하고 있기 때문이다.[14]

그러나 에다가 지적하고 있는 한국 불교의 '혼합성'은 문제가 있다. 무속이나 도교 신앙과의 습합(褶合)이 한국 불교만의 특성이라고 말하기는 어렵기 때문이다. 불교는 그 초세간성으로 인해 현세적 축복을 바라는 대중을 위해서는 어느 지역에서든 예외 없이 여러 신 혹은 신령들에게 복을 구하는 다양한 토착적 신앙들을 수용해 왔기 때문이다.[15] 티

---

13 江田俊雄, "朝鮮佛教要說"(1957), 『朝鮮仏教史の研究』(東京: 国書刊行會, 1977), 44-45.
14 그의 논문, "禪宗としての 朝鮮佛教の 傳統に 就いて"와 "朝鮮禪의 形成 ―「普照禪」の 性格に 就いて"를 볼 것. 『朝鮮仏教史の研究』 수록.

베트 불교에서 본(Bon)이라는 티베트 토착 신앙과의 습합(褶合), 스리랑카, 태국 신도들의 신령(phii) 숭배, 미얀마 불교도들의 신령(nat) 숭배, 중국 불교의 도교 신앙과의 습합, 일본에서의 신불(神佛) 습합 등이 그러한 예들이다.

에다가 들고 있는 나머지 셋째 특성도 인정하기 어렵다. 산림 불교적 성격과 은둔적 성격은 밀접히 연결되어 있는 현상으로서, 양자 모두 억불(抑佛) 시대인 조선조 불교만의 강요된 현상이었지 그것이 한국 불교 일반의 특성이라고 말하기 어렵다. 최근 한국 불교는 도심으로 진출하여 활발히 포교 활동과 교외 활동을 펼치고 있으며, 사회 문제에도 깊은 관심을 보인다.

넷째 특징, 즉 '국가적, 민족적' 성격에 대해서는 제한적으로 수긍할 만한 점이 있으나 이 역시 역사적으로 볼 때 한국 불교만의 특성이라고는 보기 어렵다. 불교사를 살펴볼 때, 국가권력이 불교를 탄압하지 않는 한 불교와 왕권과는 대체로 밀접한 관계를 유지해 왔으며, 이러한 면에서 불교는 보편적으로 어느 정도 호국적 혹은 국가적 성격을 지녀온 것이 부인하기 어려운 사실이다. 다만, 일본의 경우, 전국시대를 통해 한때 불교계와 무사 정권과 심한 충돌이 있었던 것도 사실이지만, 그것도 도쿠가와 정권이 수립된 이래 해소되었고, 신도(神道)를 국가 이념으로 표방하는 명치유신(明治維新) 때 와서는 불교에 대한 탄압이 가해졌지만 불교 측에서 호국불교적 혹은 국가지향적 성격을 청산하지는 않았다.

---

15 이에 관해서는 Richard F. Gombrich, *Theravada Buddhism: A social History from ancient Benares to Modern Colombo* (London and New York: Routledge & Kegan Paul, 1988), 23-31 참조. 스리랑카 불교에서 신령숭배에 대하여는 Gombrich, *Precept and Practice: Traditional Buddhism in the Rural Highlands of Ceylon* (Oxford: Oxford University Press, 1971)을 참고할 것.

4. 카마다 시게오의 한국 불교 성격론

카마다 시게오(鎌田茂雄)는 한국 불교의 특징으로서 호국불교 정신, 종합불교적 사상, 도교, 무교, 라마교, 풍수지리설 등이 혼합된 복잡한 신앙체계를 꼽고 있다.[16] 카마다는 이러한 한국 불교의 특성이 주로 고려시대부터 형성된 것이라고 본다. 지눌을 중심으로 한 독자적인 한국 선의 발전, 선교양종(禪敎兩宗) 체계의 확립, 도선(道詵)과 태조 왕건에서 보이는 혼합적 신앙, 진호국가(鎭護國家)와 기복양재(祈福讓災)를 목적으로 한 각종 도량과 불교의례 등이 역사적으로 이러한 결과를 초래한 요소들로 지적된다.[17] 다른 말로 하자면, 카마다는 결국 통불교, 호국불교 그리고 혼합적(syncretic) 성격으로써 한국 불교의 특성을 파악한 셈이다. 이미 고찰한 에다의 견해와 본질적인 차이는 없다. 에다의 경우처럼 이러한 것들이 어느 정도 한국 불교의 두드러진 모습임은 틀림없지만, 과연 그것들이 한국 불교만의 고유한 특징인지는 의심스럽다. 특히 호국불교적 성격과 혼합적 성격의 경우 더욱 그렇다.

다시 한번 논하지만, 근대 국가가 형성되기 이전의 전통사회에서 불교가 왕권과 상호의존적인 밀접한 관계를 형성해 온 것은 잘 알려진 사실이다. 특히 불교가 사회의 주류를 차지하는 시대 혹은 사회에서는 더욱 그러했다. 예컨대 우리나라의 통일신라나 고려시대, 일본의 나라(奈良)조나 헤이안(平安)조 그리고 도쿠가와(德川) 시대의 불교는 모두 호국불교적 성격이 짙었으며, 현재 스리랑카나 타이랜드와 같은 불교국가들의 경우는 두말할 필요도 없다. 티베트는 심지어 달라이 라마가 세속적

---

16 카마다 시게오(鎌田茂雄), "한국 불교의 역사적 성격," 『朝鮮仏教史』(1987); 카마다 시게오/신현숙 역, 『한국불교사』(서울: 민족사, 1988), 15-19.

17 같은 책, 17-18, 123.

권력과 종교적 권위를 모두 지닌 일종의 신정(神政, theocracy) 정치 체제를 가졌던 나라이지만, 현재는 중국에 병합되어 독립국가로서의 지위를 상실했다. 전반적으로 보아, 인도와 중국과 같이 불교 이전부터 이미 정치사상이 형성되어 있었고 왕권이 확고하게 자리 잡고 있었던 사회를 제외하고는 불교는 가는 곳마다 예외 없이 왕실과 밀접하게 연결된 국가불교 내지 호국불교적 성격을 지니게 되었다는 점을 간과할 수 없다. 인도와 중국의 경우도 불교가 적어도 사회질서와 국가의 통치 이념적 역할을 수행한 적도 한두 번이 아님을 기억할 필요가 있다.

최근 김종명은 호국불교의 개념을 문제 삼아 한국 불교의 호국불교적 성격을 문제시하는 연구를 내놓았다.[18] 이른바 호국불교의 전성시대라 할 수 있는 고려 불교에서 왕실 주관으로 행해진 각종 의례를 분석한 김종명은, 이러한 의례들이 주로 왕의 불안감을 달래고 왕실의 번영을 빌기 위한 기복적 의례였으며, 결코 진정한 의미에서 백성을 위하고 나라를 위하는 '호국'과는 거리가 멀었다는 것이다. 그러나 왕이 곧 국가였던 당시 통념을 두고 보면 그러한 의례들이 여전히 넓은 의미에서 '호국적' 성격을 지녔다는 점을 인정할 수밖에 없을 것이다. 그러한 의례들이 우리가 현재 생각하는 대로 정말로 호국적인지 아닌지는 별개의 문제일 것이다. 적어도 의례를 주관하던 왕실과 승려들 그리고 아마도 그것을 지켜보던 일반 백성들까지도 그것이 호국을 위해 행해지고 있는 의례임을 의심하지는 않았을 것이다.

토착 신앙을 배척하지 않고 포용하는 습합적 성향을 보이는 것 또한 유독 한국 불교만의 현상이 아니라 불교 일반의 특징이다. 이미 지적한 바와 같이, 불교는 그 초세간적(超世間的) 성격으로 말미암아 그리고 출

---

18 김종명, 『한국 중세의 불교의례』 (서울: 문학과지성사, 2001).

가와 재가의 뚜렷한 종교적 관심의 차이로 말미암아 재가(在家)의 현세
구복적(現世求福的) 관심을 어느 정도 인정하고 수용할 수밖에 없었으
며,[19] 이러한 관심은 토착적 신앙과의 습합 내지 묵인을 통해 충족되었
던 것이다. 호국불교 신앙 역시 토착 신앙과 마찬가지로 현세구복적 신
앙이다. 토착 신앙의 형태는 지역마다 다르지만 불교는 전파되는 곳마
다 그 지역의 토착 신앙을 수용하면서 대중성을 확보해 나갔다. 흔히 한
국 사찰에서 보이는 산신각, 칠성각 등의 예를 들면서 무속신앙 혹은 토
착 신앙과의 혼합을 한국 불교의 특성으로 꼽는 경향이 일반적이고 카마
다 또한 그러한 견해를 표명하지만, 이것은 불교 일반의 공통적인 현상
이다. 불교학자 피터 하비의 말을 들어보자:

> 불교는 영적 발전에 긴요한 것들에만 치중하기 때문에 다른 주요 종교들이
> 나 다양한 의례를 원하는 사람들의 욕구를 충족시키는 대중적인 민간 전통
> 들과 공존해 올 수 있었다. 종교적 일당 국가라는 의미로서의 '전적인' 불교
> 사회란 존재하지 않았다. 불교는 다른 전통들에 대한 비판적 관용을 통해 자
> 기의 다소 유동적인 경계를 지키면서 다른 문화들에 매우 잘 적응했다. 불교
> 의 방식은 노력할 준비가 되어 있는 사람들을 위해 몇 단계의 영적 훈련을
> 하도록 초대하는 것이었다. 남아시아 불교 지역들에서는 불교 이전의 자연
> 신에 대한 숭배가 계속되었는가 하면, 스리랑카에서는 불교도들이 흔히 토
> 착신 혹은 인도에 기원을 둔 신들을 숭배한다. 대부분의 불교도는 이것을 불
> 교에 대한 배반으로 보지 않고 단지 세간적 이익을 얻기 위해 우주의 작은
> 힘들과 교호작용을 하려는 시도로 본다. 마치 국회의원에게 도와달라고 부

---

19 이와 같은 재가와 출가 사이의 종교적 관심의 차이는 부처님의 열반 후 불사리(佛舍利)의
   분배와 숭배를 둘러싸고 나타나기 시작했다. 불타는 출가자들에게는 사리탑의 건립이나
   숭배를 허락하지 않았다.

탁하듯 말이다. 북방불교에서도 이와 유사한 관계가 티베트의 토착적인 본(Bon) 종교 사이에 있었다. 중국, 대만, 한국과 베트남에서는 불교는 유교—종교라기보다는 하나의 사회철학이지만—와 도교 그리고 민간 종교와 많이 공존했다. 사람들은 흔히 이 모든 전통의 요소들에 참여하곤 했다.[20]

그렇다면 한국 불교의 특징 가운데서 초종파성 내지 통합불교적 성격만이 특별히 구명되어야 할 문제로 남는다. 이는 카마다뿐만 아니라 위에서 고찰한 바와 같이 최남선, 김영수, 에다도 한결같이 지적하는 한국 불교의 특징이다. 나는 이미 원효 사상을 앞세운 한국 불교에 대한 통불교적 담론이 엄밀한 역사적 사실에 근거를 둔 것이라기보다는 시대적 요청에 응해 최남선을 비롯한 일련의 한국 불교학자들이 공유하게 된 치우친 견해임을 지적했다. 그러나 그렇다고 현재 한국 불교가 엄연히 초종파적이고 통합불교적인 모습을 지니고 있다는 사실 자체를 부인할 수는 없다. 현대 한국 불교를 대표하는 조계종은 선불교(禪佛敎)임은 표방하지만 사실상 불교의 모든 신행—적어도 중국을 통해 한반도에 들어온 동아시아적 불교의 모든 신행—을 포괄하고 있는 통합적 불교임은 주지의 사실이기 때문이다. 이 문제를 비교불교사적 관점에서 먼저 조명해 보자.

우선, 같은 대승불교, 같은 중국 불교의 절대적인 영향을 받았으면서도 한국 불교와 일본 불교는 이 점에서 큰 대조를 이룬다. 일본 불교는 이른바 나라(奈良)조에 형성된 남부(南部) 6종과 헤이안(平安)조에 성립된 합태(合台), 진언(眞言)의 2종 그리고 가마쿠라 시대에 성립된 정토종

---

20 Peter Harvey, *An Introduction to Buddhism* (Cambridge: Cambridge University Press, 1990), 4-5.

(淨土宗), 정토진종(淨土眞宗), 일련종(日蓮宗), 조동종(曹洞宗), 임제종(臨濟宗) 등이 지금까지 뚜렷한 종파적 차별성을 가지고 존속하고 있다. 그런가 하면 달라이 라마를 중심으로 하여 강력한 중앙집권적 신정 국가를 형성했던 티베트 불교에도 다양한 종파들이 존재한다.

이렇게 보면 한국 불교의 현재 모습은 중국 불교와 유사하다고 하겠다. 한국 불교와 마찬가지로 중국 불교도 과거의 종파들은 거의 다 사라지고 현재는 선(禪) 위주의 불교가 되었으며, 역시 선 이외에 다양한 교학과 선행을 포용하고 있는 종합불교적 성격을 띠고 있다. 20세기 초에 급격한 변화의 바람이 불기 이전의 전통적인 중국 불교의 모습에 대하여 홈스 웰치는 다음과 같이 말하고 있다:

종교 하나에 대한 배타적 헌신이 드물었듯이, 각 종교 안에서도 한 종파에 대한 배타적 헌신은 드물었다. 모든 중국 불교 사원은 그 창시자의 종파에 속했으며, 모든 승려는 자기 은사의 종파에 속했다. 그리하여 '종파'의 일차적 의미는 계보에 의한 것이었다. 이러한 의미에서 거의 모든 중국 스님들과 사찰들은 선종에 속했다. 그러나 선 수행을 하는 사람은 소수에 불과했다. 더욱이, 주요 선 사찰들에서는 천태나 화엄 교리에 대한 강의가 이루어졌고 득도식(得度式)은 율종의 계율에 따라 행해졌으며, 정토종의 가르침에 따라 아미타불의 이름을 부르는 염불도 매일 행해졌다. 그리하여 다양한 종파들과 관련된 교리들과 수행들은 상호보완적인 것으로 간주되었고, 중국 불자들은 자기들이 처한 [영적] 발전의 단계에서 필요한 요구에 응하는 것이면 무엇이든 채택하는 절충적 접근을 보였다.[21]

---

21 Holmes Welch, "Buddhism in China Today," *Buddhism in the Modern World*, ed. by Heinrich Dumoulin & John C. Maraldo (New York: Collier Books, 1976), 166-167. 공산 정권 수립 이전의 중국 불교의 종파에 대한 보다 자세한 논의는, Holmes Welch, *The*

같은 시기의 한국 불교의 모습과 대동소이하며, 다만 한국 불교의 경우 중국과 달리 율종이니 정토종이니 하는 것이 뚜렷한 종파로서 존재하지 않았다는 점이다.

중국이나 한국 불교가 이렇게 선 중심의 불교로서 여타 교학이나 신행을 포괄하는 불교가 된 역사적 배경은 별도의 문제로 하고, 양자 사이에 차이점을 든다면 역시 선 전통의 차이일 것이다. 중국 선은 임제종(臨濟宗)이 주류이지만 그 외에도 조동종(曹洞宗), 법안종(法眼宗), 운문종(雲門宗), 위앙종(潙仰宗) 등 이른바 오가(五家)의 전통을 유지해 온 데 반해, 조계종으로 대표되는 한국 선은 기본적으로 고려 보조국사에 의해 정립되고 서산대사를 전후로 하여 한국 불교의 전통으로 확립된 다층적이고 포괄적인 선 전통의 영향 아래 있다. 특히, 한편으로는 간화선(看話禪)을 중심으로 하여 교(敎)에 대한 선(禪)의 순수성과 우위성을 강조하면서도 다른 한편으로는 선교일치(禪敎一致)의 정신을 따르는 전통은 단순한 '절충식'(eclectic) 중국 불교와는 달리 확고한 이론과 이념에 근거한 한국 불교의 전통이다.22

현재 두 불교의 모습을 두고 볼 때, 또 하나의 차이가 있다면 한국 불교는 일제로부터 독립한 후 괄목할 만한 성장을 보여 온 것과는 달리 중국 불교는 공산정권 이전의 중국 불교를 두고 볼 때, 적어도 그 겉모습은 한국 불교와 매우 유사한 것임을 알 수 있다. 같은 대승 불교권이면서도 중국과 한국은 티베트와 일본과는 달리 선불교를 중심으로 한 종합불교적 모습을 띠고 있다는 점이다.

Practice of Chinese Buddhism 1900-1950 (Cambridge: Harvard University Press, 1967), 395-408("The Nature of the System")을 볼 것.
22 길희성, 『지눌의 선 사상』 (서울: 동연, 2021), 237-265("지눌과 한국 불교 전통") 그리고 "한국 불교 정체성의 탐구"(2000)를 참고할 것.

우리는 이러한 차이의 원인을 우선 국가와 불교 간의 관계의 차이에서 기인한다고 추정해 볼 수 있다. 즉 중국과 한국의 경우에는 불교의 사회적 영향력이 급격하게 쇠퇴하여 사회-문화적 주도권을 상실한 과거가 있었던 반면, 티베트와 일본에서는 그러한 일이 없었다는 것이다. 중국의 경우, 이미 송대에 들어오면서 불교는 위축되고 신유학으로 무장한 유교가 득세하기 시작하였으며 명대부터는 불교는 중국에서 사상적·문화적 주도권을 상실한 채 주로 대중 신앙으로 조속하게 된다. 이와 때를 같이 하여 유학을 국가 이념으로 삼은 조선조는 불교를 억압하는 정책을 취하여 불교는 사회적·정치적·문화적 주도권을 상실했다. 물론 일본에서도 명치유신(明治維新)과 더불어 신도(神道)를 국가 이데올로기로 삼으면서 불교를 경시하고 억압하기도 했으나 이는 결코 조선조에서 자행된 국가적 차원의 억불과는 비교가 되지 않는다. 이렇게 볼 때, 현재 중국이나 한국 불교에서 이렇다 할 만한 종파적 다양성이 존재하지 않는 주된 원인은 일차적으로 두 사회에서 불교가 사회-정치적·문화적 주도권을 상실했다는 사실과 무관하지 않은 것으로 보아야 할 것이다. 한국에도 통일신라와 고려조까지만 해도 종파로 통폐합되었으며, 한국 불교는 오랫동안 종파 이름조차 잃어버리다시피 하고 존속하다가 일제강점기에 이르러서 비로소 자신의 정체성을 모색하면서 조계종이라는 종명을 되찾게 된 것이다. 한국 불교의 초종파적·종합불교적 성격은 일차적으로는 어떤 이념이나 사상 이전에 정치권력과의 관계 속에서 생겨난 하나의 역사적 산물이다. 현 조계종은 여말선초(麗末鮮初)부터 시작된 파란만장한 한국 불교사의 전개 과정의 종점에서 많은 우여곡절 끝에 한국 불자들의 새로운 자각과 염원을 등에 업고 출발한 종단인 것이다.

그렇다면 과연 한국 불교는 통불교적이며 원효는 한국 불교를 대표하는 존재라고 할 수 있는지 다시 한번 묻게 된다. 대답은 부정적이다. 초종파적 혹은 종합불교적이라 하여 반드시 원효식 통불교를 연상할 필요는 없다. 첫째, 현재의 한국 불교가 중국으로부터 들어온 모든 불교 사상과 신행(信行)의 전통을 종합적으로 전수하며 실천하고 있다는 뜻에서는 통불교 혹은 종합불교라고 부를 수 있다 해도, 현 한국 불교는 조계종 태고종을 막론하고 선을 표방하고 있으며 실제로 선이 주류를 차지하고 있다. 둘째, 원효는 어디까지나 교학 사상가로서 본격적인 선, 즉 혜능 이후의 이른바 남종선이 한반도에 전래하기 이전의 인물이다. 강한 간화선 위주의 현 한국 불교의 모습을 볼 때, 과연 원효식 통불교가 간화선까지 포섭하는 사상이 될 수 있을지는 의문이다. 그뿐만 아니라, 원효는 한국 화엄종에서도 주류를 차지하지 못했으며, 한국 불교 역사 전체를 보아도 그의 역사적 영향력은 고려 대각국사 의천의 경우를 제외하면 미미한 편이다. 다만 현대에 이르러 원효의 재발견 혹은 르네상스가 이루어졌다. 최남선, 조명기, 박종홍, 이기영, 고익진 등이 이러한 운동을 대표한다. 이것은 결코 불교 사상가로서 그리고 한 인물로서의 원효의 위대성을 부정하려는 것이 아니라, 다만 한국 불교의 전통과 실제 모습을 바로 인식하기 위해 사실을 있는 그대로 보는 것이 중요하기 때문에 하는 말이다. 셋째, 설령 한국 불교가 일본 불교에 비해 종파적 색채가 강하지 않고 원만한 통일적 불교의 모습을 지닌 것이 사실이라 해도, 이미 언급한 대로 그 원인은 일차적으로 원효나 지눌과 같은 인물의 회통적 불교 사상보다는 조선조의 억불정책과 강압적인 종파의 통폐합에 따라 생겨난 결과임을 일단 인식해야 한다. 이를 두고서 통불교 사상을 찬양하거나 마치 그것이 한국 불교의 자랑이며 전매특허나 된 듯이 말하는 것은 온당하지 못하다.

나는 이상에서 한국 불교의 종합적 성격을 그 특성으로 인정하면서도 한국 불교를 원효 사상을 극치로 하는 통불교적 시각에서 보는 관점의 문제점들을 지적했다. 나는 또 이미 발표한 다른 논문에서, 한국 불교의 정체성을 논하려면 현재 한국 불교의 모습에서부터 출발해야 하며, 결국 현 한국 불교를 대표하다시피 하는 조계종의 정체성 문제를 거론하지 않으면 안 된다는 관점에서 조계종의 종조와 종지 문제, 조계종의 역사 등을 고찰한 바 있다. 결론은 그 역사적 경위야 어찌 되었든 조계종이 아니라 조선조의 파란만장한 억불의 역사를 겪으면서 일제시대까지 겨우 명맥을 유지하다가 새로운 정체성의 모색 끝에 성립된 종합불교적 종파임을 말했으며, 그 이념적 뿌리는 고려의 보조국사 지눌로 거슬러 간다는 것이 요지였다.[23]

이렇게 볼 때, 한국 불교의 특성은 여전히 그 종합불교적 성격에서 찾아야 한다는 점만은 분명한 것 같다. 우리는 초종파성 내지 선교융합성을 한국 불교 혹은 선종으로서의 조계종의 특징으로 지적하지 않을 수 없다. 같은 중국 불교의 영향을 받았지만 한국 불교는 이러한 점에서 일본 불교와 현저한 차이를 보인다. 특히 이른바 카마쿠라 신불교 운동과 더불어 중세 일본에 새로이 등장한 종파들은 일본 불교로 하여금 강한 종파적(sectarian) 성격을 띠게 만들어 종파 간의 경쟁과 대립을 촉진시켜 일본 불교사를 매우 역동적으로 이끌었다. 이에 반하여 삼국시대 불교 성립기로부터 시작하여 조선조 억불정책에 이르기까지의 한국 불교사는 크게 보아 종파적 분파보다는 오히려 융화와 통합의 과정이라 할 수 있다.

이제 그 역사적 우여곡절은 배제하고 이러한 관점에서 한국 불교의 특성을 좀 더 구체적으로 살펴보자. 나는 이 문제를 두 가지 면에서 논하고자 한다. 하나는 이념적 측면이고 다른 하나는 제도적 측면이다. 이념

---

23 길희성, "한국 불교 정체성의 탐구."

적 측면에서는 현재 한국 불교의 형성에 가장 직접적으로 영향을 준 서산대사 휴정(西山大師 休靜)의 불교관을 살펴보고, 제도적 측면에서는 현 한국 불교 승가의 구조와 제도 그리고 승려의 교육과 훈련 과정을 중심으로 하여 살펴보고자 한다. 이것을 통해서 한국 불교의 선교융합적인 종합적 성격이 잘 드러나기 때문이다.

1) 서산대사 휴정의 불교관

현 한국 불교의 통합적 성격, 특히 그 선교융합적 성격에 이념적 근거가 있다면, 그 원인(遠因)은 보조국사 지눌(1158-1210)의 사상이며 근인(近因)은 서산대사 휴정(1520-1604)의 사상에 있다. 조선조 불교에 있어서 서산대사의 위상은 독보적이다. 서산대사는 거세게 몰아붙이는 억불정책의 회오리바람 속에서 명종 때 일시적으로 부활한 승과에 합격한 후 30대에 선교양종판서(禪教兩宗判書)라는 파격적인 중책을 맡을 정도로 그 역량이 뛰어났으며, 임진왜란을 당해서는 전 불교계를 움직여 승병을 일으킬 정도로 그의 인품과 지도력은 탁월했다. 사상적으로 그는 교본적으로 다르지 않음을 말하고 있으며(『선교석』(禪教釋), 『선교결』(禪教訣)), 여실언교(如實言教)로 먼저 불어(佛語)를 공부한 후 선으로 나아가서 불심(佛心)을 깨우치는 사교입선(捨教入禪)의 원리를 제시하고 있다. 또한 선과 교, 깨달음과 수행의 균형을 맞추는 돈오점수론을 제시하고 있으며, 염불(念佛)도 선(禪)의 일환으로 편입하여 오후수(悟後修), 즉 돈오 이후의 점수의 과정으로 사용했다.[24] 서산의 이러한 포괄적이고 종합

---

24 서산의 사상 일반과 특히 그의 염불관에 대해서는 김영태, 『西山大師의 生涯와 思想』(서울: 박영사, 1975), 특히 199-213쪽을 볼 것.

적인 접근은 기본적으로 보조 지눌의 선교관 및 그의 포괄적 불교 사상을 따르고 있다.[25]

2) 승가의 구조와 제도

한국 불교의 종합적 성격은 무엇보다도 한국 불교의 얼굴이라고 할 수 있는 이른바 총림사찰(叢林寺刹)의 구조에 잘 드러나 있다. 총림이란 여느 사찰들과 구별되는 종합(綜合) 수도 도량(修道道場)으로서 현재 한국에 다섯 곳이 있다(해인사, 통도사, 송광사, 수덕사, 백양사). 버스웰은 총림에 대하여 다음과 같이 말한다:

> 총림(叢林)이란 원효와 지눌 이래 한국 불교의 특징적 전통인 통불교(通佛敎)의 전통에 따라 한 절에서 선(禪) 수행, 교학(敎學) 공부, 정토(淨土) 염불(念佛), 계율(戒律) 공부 등 한국 불교 전통의 중요 부분을 다 같이 공부할 수 있는 절을 말한다. 반면, 총림 이외의 다른 절에서는 앞에서 언급한 것 중 일부만을 공부하게 되어 있다.[26]

총림에서 가장 핵심적 위치를 차지하는 것은 두말할 필요 없이 선방(禪房)으로서, 거기서 선승들은 선사인 방장(方丈, 혹은 조실(祖室)) 스님의 지도 아래 선 수행에 전념한다. 절을 방문하는 일반인들의 접근을 차단하는 이곳은 그야말로 가장 성스러운 공간이며, 사찰의 존재 이유, 아니 한국 불교 그 자체의 존재 이유라 해도 과언이 아니다. 공부하는 스님

---

25 서산(西山)과 지눌(知訥) 사상의 유사점에 대해서는 길희성, 『지눌의 선 사상』 (서울: 동연, 2021), 제7장 2절 "지눌, 휴정, 조선 불교 전통"을 볼 것.

26 로버트 버스웰/김종명 역, 『파란눈 스님의 한국 선 수행기』 (서울: 예문서원, 1999), 78.

들은 사교입선(捨敎入禪)의 원리에 따라, 먼저 강원(講院)에서 승려가 되기 위한 기본 과목과 경전을 어느 정도 배우고 난 다음 본격적인 선 수행을 위해 선방으로 나아간다. 선방과 선승에 대한 버스웰의 증언을 다시 들어보자:

> 선승이 절에서 차지하는 위치는 사판승과 방장 스님 혹은 유나 스님의 중간에 해당한다. 일반 선방에 들어온 선승들은 참선 수행 외엔 일체 신경 쓰지 못하도록 엄격하게 규정하고 있으며, 특히 안거 기간엔 절 안의 사판승이나 다른 식구들과의 접촉도 일체 금지된다. 절 식구들이 반드시 참석하게 되어 있는 아침 예불과 저녁 예불에도 제외되며, 절 운영에 필요한 여러 가지 행정 업무도 일절 맡지 않는다. 이처럼 선방에선 참선 수행에만 전념할 수 있도록 분위기가 조성되기 때문에 처음 참선을 시작하는 신참 승려도 그 분위기에 이내 적응할 수 있게 된다. 따라서 선방은 선승들이 궁극적인 깨달음의 장도에 오르기 위한 이상적인 장소가 된다.[27]

이상과 같은 한국 불교 사찰의 구조와 제도, 교육과 수행 전통이 드러내고 있는 것은 한국 불교의 종합적 성격, 특히 선교융합적 성격이라 할 수 있다. 그러나 단순한 '융합'이 아니고, 선원과 강원의 위상, 방장 스님과 강사 혹은 주지 스님이 절에서 차지하는 위상이 말해주듯이, 어디까지나 선이 주가 되고 교가 종이 되는 선주교종(禪主敎從)적 선교융합의 전통이다. 이러한 것이 한국 불교의 특징인 것이다.

---

27 같은 책, 204. 버스웰은 승려로서 송광사에서 5년간 생활한 바 있다.

III. 한국 불교 연구의 방향

일본의 식민통치 시대와 더불어 시작된 한국 불교 연구는 처음부터 한국 불교 정체성의 문제에 관심을 경주하게 되었으며 오늘날까지도 이 문제는 음으로 양으로 한국 불교를 연구하는 사람들의 뇌리를 사로잡고 있다. 나는 지금까지의 학계의 연구를 토대로 하여 이 문제를 검토해 본 결과, 조계종으로 대표되는 현 한국 불교의 '본질적 특성'으로서 다른 어느 것보다도 그 종합불교적 성격, 특히 선교융합적 성격을 꼽을 수 있음을 말했다. 이러한 특성은 한편으로는 불교 내의 다양한 사상과 신행 간의 대립을 지양하고 일관된 수행 체계를 세우려는 사상적 노력의 결과이며, 무엇보다도 보조 지눌과 서산 휴정의 역할과 영향이 컸다. 한국 불교의 종합적 성격은 또한 현 한국 불교의 대표적 사찰들인 총림에 잘 드러나 있으며 승려들의 교육과 수련 과정에도 충실하게 반영되고 있다. 이로써 일제에 의해 촉발되어 수많은 한국 불자들과 불교 연구가들을 괴롭혀 온 한국 불교 정체성의 문제는 어느 정도 정리되었다고 나는 믿는다. 이제 우리에게 남은 과제는 지금까지 한국 불교 연구를 지배하다시피 한 한국 불교 정체성의 담론을 청산하고 미래의 한국 불교 연구를 주도할 새로운 유형의 담론을 창출해나가는 일일 것이다.

이것은 물론 과거 지금까지의 한국 불교사 연구가 충분하다거나 더 밝혀져야 할 문제가 없음을 뜻하는 것은 아니다. 아직도 숱한 문제가 학자들의 정밀한 분석과 역사적 고증 및 고찰을 요하고 있고, 아직도 한 권의 권위 있는 한국 불교사가 출현하기를 기다리는 형편이기도 하다. 그러나 한국 불교사의 대략의 윤곽과 사상적 특징 그리고 한국 불교의 특성이나 정체성이 파악된 이상, 세부적인 연구는 지금까지 진행되어 온 것처럼 계속하되 한국 불교사의 성격을 새롭게 조명하는 다양한 관점이

제시되고 다채로운 담론이 형성되었으면 하는 것이 필자의 바람이다. 이를 위해 지금까지 한국 불교를 연구하면서 느꼈던 몇 가지 문제점을 지적하고 앞으로의 연구가 지향해야 할 방향을 인상적 차원에서 제시하고자 한다.

첫째, 편협한 실증주의적 불교사 연구는 극복되어야 한다. 한국의 인문학계는 일제강점기 학풍의 영향 아래 오랫동안 실증주의적 연구 태도가 거의 맹목적이라 할 만큼 지배해오고 있으며 한국 불교 연구도 예외가 아니다. '실증주의적 연구 태도'라 함은 학문적 객관성의 이름 아래 역사적 사실 규명 위주로 연구에 임하는 태도를 가리킨다. 물론 인문학에서는 사실의 규명이 일차적으로 중요하지만, 더욱 중요한 것은 사실이 지니는 의미이고, 더불어 연구의 목적과 의미에 대한 학자들의 성찰이 필요하다. 이미 역사학에서는 객관적 '사실' 기술 위주의 역사학이 수세에 몰린 지 오래다. 학자들은 무수히 많은 사실 가운데서 어떤 특정한 혹은 극히 제한된 범위의 '사실'만을 의미 있는 현상으로 간주하여 연구 대상으로 삼는 선택적 행위를 한다. 여기에는 자연히 학자들의 선이해(禪理解), 학자들의 문제의식과 관심이 선행한다. 답의 질은 질문의 질과 같이 가듯이, 다양한 관심과 문제의식이 앞서야 한국 불교사 연구도 풍부한 결실을 기대할 수 있다. 이렇게 볼 때, 1980년대 민중불교 운동의 영향 아래 민중을 불교 역사의 주체로 보는 시각에서 한국 불교사를 새롭게 조명한 정의행의 작업은 높이 평가할 만하다.[28]

물론 역사 연구에 있어서 이데올로기적 편향성과 당파성은 경계해야 한다. 아무리 학자들의 관심이 사실 규명에 결정적 역할을 한다 해도 관심이 사실을 날조할 수는 없으며, 그렇게 하도록 방치해서도 안 된다.

---

28 정의행, 『한국 불교 통사: 우리 민중 불교사의 복원』 (한마당, 1991).

그러나 학자들이 지닌 다양한 관심과 문제의식은 하나의 사실이 지닌 복합적 측면과 풍부한 의미를 다각도로 조명해준다. 과거 사실을 현재와는 단절된 과거의 것으로 치부해 버리는 연구는 연구 대상, 우리의 경우 한국 불교사를 그야말로 박물관에 진열된 골동품 정도로 취급하는 것이나 다름없다.

둘째, 다양한 관심을 가지기 위해서는 우선 불교 연구자가 불교에만 관심을 두어서는 안 된다. 불교에만 관심을 가진다면 전통적인 교학자는 될지언정 현대적 연구가는 될 수 없다. 불교만 연구하는 사람은 불교도 제대로 모를 수 있다. 우선, 연구 대상 자체가 불교 외적 관심을 요하고 있다. 순수 종교현상은 어디에도 존재하지 않는다. 불교를 포함하여 모든 종교현상은 그것이 인간 현상인 한 결코 고립적인 것이 될 수 없으며 동시에 경제 현상이요 정치 현상 등이라는 것이다. 따라서 불교사는 동시에 철학사이고 예술사이며 경제사이고 정치사이기도 하다. 이러한 점에서 불교 연구는 이른바 '불교학자'만의 전유물이 될 수 없다. 실제로 우리나라의 경우 한국 불교 연구에 대한 한국사 연구자들의 공헌은 지대하다. 물론 불교 외적 시각에서 불교를 연구하는 학자들도 불교의 교리와 사상에 정통해야 한다는 것 또한 재언이 필요 없다.

한국 불교를 바라보는 시각도 다양해져야 한다. 현대 학문이 산출한 다양한 방법론과 시각이 한국 불교를 연구하는 데에도 적용될 필요가 있다는 말이다. 서양 철학과의 대비, 비교종교학적 관점, 종교사회학과 인류학 그리고 최근에 급부상하고 있는 여성학과 생태학적 관점 등 다양한 관심과 관점이 한국 불교 연구에도 도입되어야 한다. 불행하게도 지금까지의 한국 불교 연구에서는 이러한 다양한 관점이 별로 눈에 띄지 않는다. 거의 다 실증사학적 불교사 연구 혹은 교리적 혹은 불교 사상사적 연구에 국한되고 있다. 앞에서 나는 한국 불교의 정체성을 역사적 관점에서 논했지만, 한국 불교사의 근본적 성격을 규명하기 위해서는 위와 같은 다양한 학문적 시각이 동원되어야만 한다. 이런 점에서 한국 불교 학계에 인문학적 기반이 취약하다는 김종명의 지적은 타당하다.[29]

셋째, 비교불교사적 관점의 필요성이다. 사물 인식의 기본은 비교에 있다. 불교도 예외는 아니다. 일찍이 현대 종교학의 아버지라 일컬어지는 막스 뮐러는 '한 가지 언어만 아는 자는 아무 언어도 모르는 자이다'라고 한 괴테의 말을 빌려서 한 가지 종교만 아는 사람은 아무 종교도 모르는 사람이라고 갈파한 적이 있다. 이는 비교종교학의 중요성을 강조한 말이지만, 같은 논리를 불교 내에 국한해도 타당한 말이 될 것이다. 한국 불교만 알면 한국 불교도 제대로 알지 못할 가능성이 있다. 한국 불교를 알려면 인도, 중국, 베트남, 티베트, 일본 그리고 동남아 여러 나라의 불교사를 알아야 한다. 특히 일본 불교의 연구는 필수적이다. 왜냐하면 두 나라는 똑같이 중국 불교로부터 지대한 영향을 받았으나 불교사의 전개 과정이 너무나도 판이하기 때문이며, 이에 대한 비교연구는 한국 불교의 성격을 규명하는 데 크게 도움이 될 수 있다.[30] 유감스럽게도 한국 불교 연구가들은 일반적으로 불교 외적 분야나 문제에 관심도 조예도 부족할 뿐만 아니라, 같은 불교인데도 한국 불교와 중국 불교의 경우를 제외하고는 타 지역 불교로 연구의 지평을 확대하지 못하고 있다. 다행히 최근에 외국 유학을 통해 불교학의 기초라고 할 수 있는 원시불교 내지 상좌불교(Theravāda Buddhism)를 전공하고 돌아온 학자들이 점차 늘고 있는 것은 반가운 일이다.

---

29 김종명, "국내 불교학 연구의 동향," 「철학사상」 11. (서울대학교 철학사상연구소, 2000. 12), 116.

30 나는 이러한 견해를 이미 1987년에 "한국 불교사와 개혁 운동," 「동아연구」 11 (서강대학교 동아연구소, 1987. 6)에서 피력한 바 있다.

한국 불교 연구자들의 시야가 한국 불교를 넘어서지 못하는 원인은 무엇보다도 한국 불교 지상주의적 시각이 은연중에 작용하고 있어서가 아닌가 의심해 볼 만하다. 그리고 이것은 종래 한국 불교를 연구한 학자들이 주로 불교 신자들이라는 사실과 무관하지 않을 것이다. 가령 원효 연구의 예에서도 드러나듯이, 그가 아무리 훌륭하다 해도 학자들이 원효 숭배로 빠지면 원효는 제대로 연구하기 어렵다. 이러한 점에서 미국 캘리포니아 주립대학의 불교학 교수 로버트 버스웰의 <금강삼매경> 연구는 주목할 만하다. 우리가 그의 대담한 결론에 찬동하든 안 하든, 이 경전에 대한 원효의 주석과 그의 전기와 관련한 면밀한 고찰 그리고 다양한 학문적 시각을 동원한 연구가 매우 독창적인 학문적 성과를 낳게 했다는 것만은 부정할 수 없다.[31] 한국의 불교학자들이 한국 불교 전통에 자긍심을 가지는 것은 당연하지만, 자칫 시야가 한국 불교에만 국한되면 그야말로 한국 불교 지상주의에 빠지기 쉽다. 불교만 공부하면 불교가 어떤 종교인지 제대로 파악하지 못하듯이, 한국 불교만 공부하면 한국 불교의 성격조차 제대로 인식하지 못하는 역설적 결과를 초래할 위험성에 우리는 주목해야 한다.

넷째, 비판적 관점의 필요성이다. 지금까지 한국 불교 연구는 주로 불교 신자들에 의해 주도되어 온 것이 부인할 수 없는 사실이다. 신자들에 의한 자기 종교 연구는 장점도 있지만 단점도 많다. 그중 하나가 비판 정신의 결여이다. 특히 한국 불교 연구의 경우, 한국학 일반이 그러하듯이 강한 민족주의적 성향까지 겹쳐 무비판성을 강화하고 있다. 비판적 관점이 성립되려면 학자와 연구 대상 사이에 어느 정도의 거리가 전제되어

---

31 Robert Buswell, *The Formation of Ch'an Ideology in China and Korea: The Vajrasamādhi Sūtra, a Buddhist Apocryphon* (Princeton: Princeton University Press, 1989).

야 한다. 대체로 한국 불교 사상가 연구가 예찬론적 성격을 강하게 띠는 이유는 이러한 학문적 거리 두기를 결여한 탓이 아닌가 생각한다. 물론 종교의 연구는 여느 연구와는 달리 연구자의 참여적 태도, 공감적 태도 그리고 실존적 헌신이 요구되는 면이 있다. 그렇다고 해도 연구가 학문적 성격을 띠려면 거리 두기와 비판성은 불가피한 요건이다. 불교 연구에 다양한 인문학적 관심과 사회과학적 시각이 필요한 것도 이 때문이며, 비교 사상이나 비교종교학적으로 시야의 확대가 요망되는 것도 이 때문이다.

한국 불교의 특성과 정신
― 한국인의 역사와 삶 속의 역할을 중심으로

길희성·오지섭*

I. 서론

본 연구는 한국 불교의 특성에 관한 보다 근본적이고 명확한 그리고 사실적인 규명을 목적으로 한다. 1930년 최남선이 한국 불교의 특징을 '통불교'(通佛教)라 제시한 이래,[1] 한국 불교의 특성 혹은 정체성에 관한 논의는 이미 학계에서 적지 않게 시도되었다. 그럼에도 불구하고 이 논의는 여전히 미진한 부분과 논란이 되는 부분이 많이 남아 있으며, 주제의 성격상 지속적 탐구와 성찰이 필요하다. 기존의 연구에서 제기된 문

---

* 길희성(吉熙星)·대한민국학술원 인문사회과학부 제1분과 회원, 서강대학교 명예교수.
  오지섭(吳智燮)·서강대학교 종교연구소 책임연구원.
[1] 최남선, "조선 불교 ― 동방문화사상에 있는 그 지위," 「불교」 74호 (1930).

제들에 관해 아직도 학계 전반의 공감적 동의가 이루어지지 않고 있다는 점에서도 그렇고, 새로운 시각에서 논의가 필요한 부분도 있다는 점에서도 그렇다.

한국 불교의 특성에 관련한 논란은 다음 몇 가지로 정리할 수 있다.[2] 첫째, '특성 혹은 정체성'의 개념 설정 문제이다. 역사에는 전적으로 동일한 현상은 발견되지 않는다는 뜻에서 모든 역사는 특수하고 독특하다. 따라서 타 지역과 구별되는 독특한 성격이 존재한다는 선험적 전제와 그 독특성을 파악하려는 의도는 필연적이다. 문제는 이러한 독특성 혹은 정체성 설정이 배타적 차별성으로 규정되는 경우가 많다는 점이다. 자신만의 독특성은 소중하고 그것을 명확히 설정하는 것은 중요한 일이지만, 이것이 여타의 것들과 우월적 차별성이나 우월성 주장으로 이어지는 것은 경계해야 할 일이다.

둘째, 한국 불교의 특성을 규정하는 직업에서 지나친 일반화 혹은 획일화에 빠지기 쉬운 문제이다. 한국 불교의 역사적 전개는 그 시기적으로 장구한 기간을 망라하고 있고, 그 드러난 양상 역시 다양하고 복합적이다. 긍정적 요소와 부정적 요소, 순기능과 역기능, 특수성과 보편성 등이 각 시대 상황과 맞물리면서 복잡한 양상을 드러내고 있다. 한국 불교의 특성 혹은 정체성 규정 시도는 흔히 이러한 다양성을 충분히 고려하지 못하고 어느 한 인물 혹은 한 시대의 특성을 한국 불교사 전체 흐름에 관통시키려는 경향을 나타낸다. 아울러 '특성 혹은 정체성'이라는 개념을 '역사적 흐름 전체를 관통하는 고정불변의 그 무엇'이라 설정하려는 인식 역시 이 같은 지나친 일반화 혹은 획일화의 오류에 빠지게 되는 원

---

2 이에 관한 자세한 내용은 다음 단락("한국 불교의 특성에 관한 기존 논의")에서 제시할 것이지만, 본 논문의 문제 제기를 위해 그중 몇 가지를 앞서 제시한다.

인이다.

셋째, 한국 불교의 특성 설정이 추상적 혹은 이념적 차원에서 시도되는 문제이다. 이 문제를 달리 표현한다면 어떤 기대와 의도로 한국 불교의 특성을 설정하느냐 하는 것이다. 주지하는 바와 같이, 실제로 한국 불교의 특성 논의는 식민주의 사관에 의해 왜곡된 한국 불교의 본모습을 바로잡으려는 민족주의적 동기에서 촉발되었고, 결과적으로 특정 시대나 인물 혹은 사상적 특징을 자의적으로 한국 불교 전체 흐름의 특성으로 설정하는 경향이 강했다. 다른 한편, 불교 신앙인의 입장에서 한국 불교 특성을 파악하려는 경향 역시 추상적 혹은 부분적 특성 파악의 한계로 이어졌다고 평가할 수 있다.

넷째, 한국 불교의 특성 논의에서 현재 한국 불교의 실제 모습이 충분히 고려되지 않는 문제가 있다. 한국 불교의 특성을 한국 불교의 역사적 전개 과정 안에서 파악해야 하는 것은 분명하지만, 더 중요한 것은 그러한 역사적 흐름이 현재 한국 불교의 주류 모습에 어떻게 이어지고 있는지를 파악하는 것이어야 한다. 현재의 모습과 단절된 역사 속 특정 시대 혹은 흐름에 존재하는 특성을 현재 살아있는 한국 불교의 특성 혹은 정체성으로 설정하는 것은 이념적 왜곡의 위험이 있다. 한국 불교의 특성 혹은 정체성을 논하려면 현재 한국 불교의 모습과 성격에 지속적으로 초점을 맞추어야 할 것이다.

대략 위와 같은 문제와 한계로 인해 이미 적지 않은 논의가 이루어졌음에도 불구하고 한국 불교 특성에 관한 담론이 미진하고 불만족스러운 상태로 이어지고 있다. 본 연구는 위에 언급한 문제들을 포함하여 한국 불교 특성 담론과 관련한 전반적 상황을 종합적으로 검토하면서 보다 구체적이고 사실적인 그리고 설득력 있는 결론을 도출하고자 한다. 한국 불교의 특성을 추상적이고 막연하게 그리기보다는 가능한 한 구체적이고 사실적으로 파악하는 데 치중하고자 한다. 이를 위해 우선 독특성 혹은 정체성의 개념을 배타적 차별성이 아니라 '보편성에 근거한 독특성'으로 설정할 것이다. 한국 불교의 특성은 보편적인 불교의 가르침이 한국인의 역사와 삶의 맥락 속에서 구체적으로 어떻게 작용해 왔는지를 검토하는 과정에서 여실히 드러난다. 한국 불교는 궁극적으로 무엇을 추구해 왔는지, 가장 중요하게 추구해 온 가치들은 무엇이며, 실제 한국 역사에서 어떤 역할을 했고, 한국인의 삶에 어떤 의미를 제공했는지에 관한 고찰을 통해 한국 불교의 특성과 정신이 드러날 것으로 기대한다.

II. 한국 불교의 특성에 관한 기존 논의

이미 많은 학자가 한국 불교의 특성을 논한 바가 있다. 앞서 언급했듯이 최남선은 한국 불교의 특성을 "종합과 통일에 의한 불교의 진생명(眞生命), 진정신(眞精神)의 발휘"라고 규정하였다.[3] 김영수는 "선종(禪宗)으로서 염불간경(念佛看經)을 숭상하는 것이 조선 불교의 특색"이라고 제시하여, 선종이면서 정토신앙과 경전 연구를 겸하고 있는 종합적·원융적 성격을 강조하였다.[4] 에다 토시오(江田俊雄)는 한국 불교에 대하여 "교리적 혹은 종파적으로 단일적인 동시에 혼합적이고, 가람의 위치나 환경으로 보아 산림불교이고, 사회적으로 보아 현저하게 은둔적이며 비사회적이며, 아울러 민족적 국가적"이라는 점에서 특성이 있다고 하였다.[5] 카마다 시게오(鎌田茂雄)는 한국 불교의 특징으로 호국불교 정신,

---

3 최남선, "조선 불교," 17.
4 김영수, "조선 불교의 특색,"「불교」100호 (1932), 30.
5 에다 토시오, "朝鮮佛教要說"(1957),『朝鮮仏教史の研究』(1977), 44-45.

종합불교적 사상, 도교·무교·라마교·풍수지리설 등이 혼합된 복잡한 신앙체계를 꼽고 있다.[6]

이들 네 사람은 한국 불교의 특성을 직접적으로 제시한 대표적인 예이고,[7] 이들 이외에 좀 더 넓은 의미에서 한국 불교의 특성과 관련한 여러 주제를 다룬 연구는 훨씬 많다. 이들 연구를 종합적으로 검토해 보면, 지금까지 한국 불교의 특성론과 관련하여 주목받아온 몇 가지의 뚜렷한 연구 주제들을 확인할 수 있다. 본 연구에서는 한국 불교 특성에 관한 기존 논의를 다음 여섯 가지 주제로 정리해보았다. 이들 주제별 논란에 대해 일일이 평가하고 결론적인 입장 표명을 시도하기보다는, 이들 논의에서 드러나는 장단점을 종합하여 향후 한국 불교 특성 파악 작업을 위한 핵심 원칙을 도출해보고자 한다.

1. '한국 불교' 그리고 '특성 · 정체성' 개념의 재정립

한국 불교 특성 논의와 관련하여 우선 주목할 주제는 '한국 불교' 개념 자체를 어떻게 설정할 것인가이다. 이와 관련하여 심재룡은 "과거로부터 현재까지 유일무이하게 한국인들에게만 있어 온 불교라는 의미에서의 '한국 불교'와, 지금까지 한국에서 수행자들과 학자들이 수행하고 연구해왔던 불교라는 의미에서의 '한국에서의 불교'로 개념 구분"을 제안하기도 했다.[8]

---

6 카마다 시게오, 「한국 불교의 역사적 성격」, 『朝鮮佛敎史』(1987); 카마다 시게오/신현숙 역 『한국 불교사』(서울: 민족사, 1987), 15-19.

7 이들 네 사람의 한국 불교 특성론에 대한 자세한 평가는 길희성, "한국 불교 특성론과 한국 불교 연구의 방향," 「한국종교연구」 제3집(서강대 종교연구소, 2001) 참조.

8 심재룡, "한국 불교의 오늘과 내일: 한국 불교학의 연구현황을 중심으로," 「철학사상」 11집 (서울대 철학사상연구소, 2000), 1.

'한국 불교' 개념 설정에 관련해서는 과연 '한국 불교'라는 개념 구분 자체가 성립 가능한가라는 근원적이고 심각한 문제 제기도 이루어졌다. 로버트 버스웰(Robert E. Buswell Jr.)은 "한국 '민족'이라는 개념이 19세기 말 동아시아의 제국주의자들의 압력 아래 부상하였고, 마침내 20세기 전반기 일본의 식민지배에 대한 저항 과정에서 만들어진 근대의 구성물"이라는 전제하에, "보다 넓은 중국적 전통으로부터 실질적으로 구별되는 독립된 한국 민족의 불교 전통이 있었다고 가정하는 것은 지나친 주장"이라고 주장했다.9 한국 불교 혹은 한국 불교의 정체성에 대한 관심과 규명 노력이 근대 이후, 구체적으로는 식민사관에 대한 저항적인 민족의식이 강조되던 시대의 산물이라는 주장이다.10

　　아울러 '한국 불교' 개념 설정 문제는 곧 '특성·정체성'이라는 개념 자체에 대한 비판적 재검토를 포함한다. 길희성은 "정체성이라는 개념은 차별성의 확보와 직결"된다는 점을 지적하면서, "불교라는 보편적 범주에 속하면서도 한국 불교를 타 지역, 타 문화권의 불교로부터 확실하게 그리고 본질적 의미에서 구분해주는 그러한 차이가 과연 존재하는가?"라는 문제를 제기하였다.11 또한 심재룡은 "반드시 물려받아야만 하는 혹은 반드시 후세에 전해야만 하는 우리 자신만의 고유한 민족성이나 전통이 있어야만 하겠다는 걱정에서 탈피해야 할 것"이라고 제안하였다.12

---

9 로버트 버스웰, "한국 불교 전통의 출현," 『동아시아 불교사 속의 한국 불교』(금강대학교 국제불교학술회의 논문집, 2004), 21; Robert E. Buswell, "Imagining Korean Buddhism: The Invention of a National Religious Tradition," *Nationalism and the Construction of Korean Identity*, edited by Hyung Il Pai and Timothy R. Tangherlini (Berkeley: Institute of East Asian Studies, 1998).

10 이러한 문제 제기는 '통불교론'과 관련하여 보다 자세하게 다룰 것이다.

11 길희성, "한국 불교 특성론과 한국 불교 연구의 방향," 68.

12 심재룡, "한국 불교의 오늘과 내일," 18.

이러한 문제 제기에 대한 일종의 보완적 대안으로서 김상현은 "동아시아 불교 문화권 또는 한문 문화권의 보편적 성격과 호흡을 같이해 온 한국 불교로서의 특성 이해"를 제안하고,[13] 길희성은 "한국 불교의 정체성과 특성을 추상적으로 논하거나 이념적 동기에서 논하지 않고 한국 불교사 전체에 대한 역사적 고찰과 더불어 현재 한국 불교의 실제 모습에 대한 연구에 근거하여 논할 것"을 제안하였다.[14]

이러한 논의는 현대 역사학계 등에서 활발히 진행되고 있는 '근대적 민족 개념'의 해체 논의에 토대를 둔 것이라는 점에서 분명히 주목해야 할 문제이다. 아울러 '특성 혹은 정체성'의 개념을 시대를 관통하는 고정 불변의 실체적인 것으로서 설정하는 기존의 인식에 대해서도 비판적 재검토가 필요하다는 점 역시 충분히 반영해야 할 내용이다. 다음 단락에서 '한국 불교의 특성 파악을 위한 원칙'을 정립하면서 좀 더 구체화하겠지만, '특성 혹은 정체성'을 단순히 배타적 차별성 혹은 우월성 설정으로서가 아니라 '보편성 속의 특수성, 보편성에 근거한 특수성'으로 파악해야 할 필요성을 확인할 수 있다.

2. '통불교' 논란

한국 불교의 특성에 관한 기존 논의에서 가장 많은 관심을 끌면서 여전히 논란의 한가운데 있는 주제는 '통불교 또는 회통불교' 논란이다. 이 논란의 시작은 앞서 제시했듯이 1930년 최남선이 한국 불교의 특성을 통불교로 규정한 것으로 거슬러 올라간다. 최남선 이래 한국 불교의 특성

---

13 김상현, "동아시아 불교에서의 한국 불교의 정체성," 『동아시아 불교사 속의 한국 불교』(금강대학교 국제학술회의 논문집, 2004), 13-18.
14 길희성, "한국 불교 정체성 탐구," 160.

을 통불교로 규정하는 입장은 교단은 물론 학계에서도 상당 기간 별다른 문제 제기 없이 지속되었다. 그런데 1980년대 이후 심재룡, 길희성, 존 조르겐센(John Jorgensen), 로버트 버스웰 등이 통불교론의 부당성을 지적하면서 논란이 심화되었다.

심재룡은 "최남선이 한국 불교 전통을 '통불교'라고 부른 것은 당시 한국의 불교계가 일제강점기에 자신의 정체성을 점차 상실해가는 시대적 상황에서 민족적 자존감을 부양하겠다는 의도에서 나온 수식적이고 웅변적인 표현으로 이해해야지, 이것을 확대 해석해서 학문적 검증을 거치지 않은 채 한국 불교의 성격을 정의하는 학술적 개념으로 써서는 안 된다"고 주장했다.[15] 그는 "지역문화 정체성에 대한 물음에 제대로 답하기 위해서는 서구문물에 주눅 든 전통문화에 대한 비굴함과 고유문화에 대한 국수주의적이고 무조건적인 우월의식의 양극단적 병리현상에서 벗어나 공정하면서도 비판적인 태도가 요구된다"는 점을 전제하면서, "결코 짧지 않은 역사를 가진 한국 불교의 특성을 싸잡아 호국적이니 회통적이니 하는 식의 단언적 규정이 과연 어떤 정당성과 의미를 가질 수 있을 것인가"라는 문제를 제기하였다.[16] 아울러 그는 "화쟁 정신 또는 회통성이 불교 사상의 보편적 특질이며, 더 나아가 어떤 면에서는 인간성의 보편적 특성에 근거한 문화 자체의 특성"이라고 주장하였다.

길희성 역시 "원효 사상을 앞세운 한국 불교에 대한 통불교적 담론은 엄밀한 역사적 사실에 근거를 둔 것이라기보다는 시대적 요청에 응해 최남선을 비롯한 일련의 한국 불교학자들이 공유하게 된 치우친 견해"라고 비판하였다.[17] 그는 "불교의 근본적 성격이 다툼이나 대립을 싫어하

---

15 Shim Jae-ryong, "General Characteristics of Korean Buddhism: Is Korean Buddhism Syncretic?" *Seoul Jornal of Korean Studies*, vol. 2 (1989), 2.

16 심재룡, "한국 불교는 회통불교인가?," 「불교평론」 제3호 (2000), 1.

고 평화와 조화를 추구하는 것이 사실이라 할지라도 이러한 정신이 유독 우리나라에서만 충실히 지켜진 까닭에 종파적 대립을 초월한 통불교가 실현됐다고 보아야 할 것인가? 아니면 오히려 이러한 통불교적 현상의 배후에서 우리는 확고한 종파적 신념의 결여, 사상적 무책임성과 안일한 절충주의, 나아가 사상적 다양성과 독창성의 결핍을 읽어야 할 것인가?"라는 문제를 제기하면서, "만약 후자라 할 것 같으면 그 역사적 이유를 국가권력에 대한 승가의 종속성과 의타성, 중앙집권적 사회구조, 지배계급과 불교와의 밀착, 기존 질서를 옹호하기 쉬운 호국불교적 성격, 개혁 운동의 한계나 실패 등 다각적인 방면에서 규명해 보아야 할 것"이라고 제안하였다.[18]

존 조르겐센은 "최남선의 통불교론이 식민사관에 저항하는 민족주의적인 맥락에서 제창되었으면서, 통불교 개념 자체가 오히려 일본의 통불교 담론에서 자주 쓰던 것"이라는 문제를 지적했고,[19] 로버트 버스웰은 "민족주의 담론에 부응하여 한국의 불교 사상가들은 마침내 그들의 종교에 대하여 고유한 역사와 독특한 교리 그리고 상징적인 수행법을 갖춘 독자적인 민족적 전통을 구상하게 되었다"고 주장하면서 "한국 불교를 보다 넓은 중국적 전통으로부터 구별시키려는 노력이 최초로 명시적으로 문헌상에 나타난 것이 최남선의 저작"임을 지적하였다.[20] 아울러 로버트 버스웰은 "한국 불교의 종합적 성격이란 것이 사실상 최남선의 펜에 의해 발명된 것이며, 그것은 학문적 정당화가 부족한 그의 무지

---

17 길희성, "한국 불교 특성론과 한국 불교 연구의 방향," 80.

18 길희성, "한국 불교사와 개혁 운동," 30.

19 John Jorgensen, "Korean Buddhist Historiography: Lessons from the Past for the Future," 「불교연구」 제14권 (1997), 248.

20 버스웰, "한국 불교 전통의 출현," 35-37.

의 소산이거나 일본의 강점 시기에 극도로 짓눌렸던 한국인들의 마음을 고양하려는 목적에서 정서적인 호소를 위해 설정된 개념"이라는 심재룡의 주장을 인용하면서 통불교론의 부당성을 지적하였다.

조은수 역시 앞선 학자들의 비판론을 수용하면서 통불교론의 부당성을 주장하였다.[21] 그는 "통, 회통, 화쟁이라는 일련의 개념들이 실제 불교사에서 나타내는 의미의 스펙트럼이 너무나 광범위하고 무작위적"이라는 문제를 지적하고, "한국 불교 발전과정에서의 다양하고 복잡한 양상과 원효를 비롯한 과거의 불교 사상가들이 발전시킨 다양한 교학체계와 이론의 전체 스펙트럼을 제대로 평가하려면 한국 불교에 대해 하나의 개념이나 하나의 특징으로 꼬리표를 붙이는 것은 오히려 장애로 작용할 것"이라고 주장하였다. "더구나 회통성이나 절충주의라는 용어를 선택하는 것은 더욱 위험한 것으로, 이 개념은 그 자체로서 아무런 특징도 말해주지 않으며, 결국 한국 불교가 회통적이라고 하는 것은 내세울 특징이 없는 무특징의 전통이라는 것을 내세우는 것"이라고 주장하였다.

이들 비판적 주장들에 대항하여 이봉춘은 회통불교론을 옹호하였다.[22] 이봉춘은 통불교론이 장구한 역사와 다양한 얼굴을 가진 한국 불교를 지나치게 일반화 혹은 획일화시킬 수 있다는 비판에 대해, "역사가 장구하고 그 모습이 다양하기 때문에 오히려 그 안에서 한국 불교의 특성을 찾아내야 할 필요가 있으며 또 찾고 논하는 일이 가능하다"고 주장한다. "특성을 찾고 논하는 일은 미래 불교 전개 방향의 설정이라는 점에서도 의미를 부여하기에 충분"하고, 아울러 "특성을 찾고 논하는 것이 결코 불교의 보편주의에 반하는 일이 아니며, 만일 불교의 보편주의적 성

---

21 조은수, "통불교 담론을 중심으로 본 한국 불교사 인식," 「불교평론」 21호 (2004), 9-12.
22 이봉춘, "회통불교론은 허구의 맹종인가," 「불교평론」 3호 (2000), 2-7.

격 때문에 지역 불교의 특성을 논하는 일이 옳지 않고 불가능하다면 각기 다른 역사적 전개를 보여 온 각 지역 불교에 대해 우리는 언제까지나 하나의 역사, 하나의 불교 이념으로서만 그것을 바라보고 논해야 할 것"이라고 하였다.

또한 이봉춘은 통불교론이 최남선을 비롯한 민족주의적 담론일 뿐이고 불교 신자들의 호교론적 주장에 불과하다는 비판에 대하여, "최남선의 통불교론이 민족주의적 담론의 성격을 띠고 있다는 점은 인정할 수 있으나, 특성론이 일어난 사정과 그 논의의 확대 과정 때문에 한국 불교의 특성으로서의 회통불교가 비판의 대상이 될 수는 없다"고 반박한다. "요컨대 회통불교론은 근거 없는 허구적 담론이 아니며, 그와 같은 정신이 한국 불교의 역사에서 비교적 일관성 있게 발견되는 것이라면 이를 군이 외면하거나 비판해야 할 이유는 없다"는 것이다. "회통불교론 전체가 원효의 사상과 정신의 역사이자 이념의 반영"이라는 주장이다.

화쟁과 회통이 유독 원효와 한국 불교만의 특성이라고 말할 수는 없다는 비판에 대해서도 이봉춘은 "인도, 중국, 일본까지도 다 같이 불교라는 보편적 성격을 공유하고 있다 하더라도 그것을 구현해가는 논리적 방법 또는 실천에는 분명한 차이가 존재한다"고 전제하면서, "화쟁정신이나 회통사상이 중국 불교를 비롯한 모든 불교의 보편정신임에는 틀림없지만, 그것이 한국 불교에서 차지하는 비중이 다른 나라의 경우와 달리 매우 크다는 사실을 결코 간과할 수는 없다"고 주장한다. "회통성 주장은 보편성 속에서도 특수성을 의식하는 것"이라는 주장이다.

이상에서 알 수 있듯이 통불교 논란은 양쪽 입장이 각자의 논리적 입지를 지니고 있다는 점에서 쉽게 판가름하기 어려운 문제이다. 어쨌든 통불교 논란을 검토하면서 여기에 세 가지 문제가 내포되어 있음을 확인할 수 있다. 첫째는 민족주의적 담론으로서 통불교론에 대한 평가 문제이다. 이 문제에 관해서는 지금까지의 논의를 통해 비판적 입장이 더 설득력을 얻고 있는 것으로 판단된다. 둘째는 회통적 특성의 역사적 사실성 문제이다. 만약 한국 불교의 역사적 전개 과정에서 실제로 회통적 성격을 확인할 수 있다면, 비록 통불교론 제창의 시대적 배경과 의도에 관련한 문제점은 인정하더라도 한국 불교의 회통적 특성 자체는 있는 그대로 평가를 받아야 할 것이다. 셋째는 보편성과 특수성의 문제이다. 회통적 특성이 불교 자체의 보편적 특성이라고 할 때, 과연 회통적 성격을 한국 불교의 특성으로 규정하는 것이 의미를 지닐 수 있겠느냐는 문제이다. 쉽게 결론 내릴 수 없는 문제이지만, 향후 한국 불교의 특성 파악을 위한 원칙 수립에 시사해주는 바가 큰 문제라고 할 수 있다.

3. '호국불교' 논란

앞서 검토한 '통불교'와 더불어 한국 불교의 특성으로 자주 거론되었던 내용이 '호국불교'이다. 엄격히 개념을 논하자면 구분해야 할지도 모르겠지만, 일단 여기에서는 호국불교에 관한 논의와 국가불교로서의 특성에 관한 논의를 함께 다루고자 한다. 이렇게 볼 때 한국 불교의 역사적 전개 과정에서 호국불교 혹은 국가불교로서의 특성은 어느 정도 분명하게 모습을 드러낸다. 삼국시대 고대국가 체제 정비와 왕권 강화를 위한 불교의 역할, 고려시대 국가의식(儀式)화한 불교의례와 대장경 조판 등의 수많은 불사(佛事), 조선시대 승병 활동 등, 한국 불교의 특성으로 호국불교나 국가불교를 지목하기에 충분한 사례들이 많이 있다.

이러한 호국불교론에 대해서도 현대 불교학계에서 비판적 문제 제기가 이루어졌다. 김종명은 "한국 불교의 정체성에 관한 논의는 불교가 한국에 소개된 4세기 때부터 거론된 것이 아니라 일제강점기부터 시작되었다"는 길희성의 설명을 전제하면서, "호국불교 개념 역시 역사적 맥락이나 문헌적 증거 위에서 사용된 것이 아니라, 각 이익집단의 이념적 목적의 산물로서 등장한 개념"이라는 점을 지적하였다.[23] 그리고 "호국불교 개념에 대한 이념적 사용은 정교분리가 헌법으로 규정되어 있는 현대 한국 사회에서 바람직한 현상이라고도 할 수 없다"고 주장하였다.

김종만은 "불교가 전래된 삼국시대부터 오늘에 이어지고 있는 한국 역사에서 호국불교의 전개는 순수 불교와는 거리가 멀다"고 판단하면서, "호국불교의 역사는 자생적으로 출발하지 못했고, 불교는 지배층의 요구와 맞물려 국가의 간섭과 통제를 받아야 했다"는 점을 지적하였다.[24] "호국이 국(國)과 민(民)을 위한 실천적 불사로 전개되기보다 왕조와 지배계급의 집권 논리를 옹호하고 나아가 영토의 수호와 확장을 위한 살육의 전쟁을 정당화하는 일까지도 담당했다"는 것이다. 그는 "중생의 해탈은 현실의 공간 속에서 가능하다"고 전제하면서, "호국은 바로 중생이 해탈을 이룰 수 있는 현실의 시간적·공간적 형태를 지켜주는 역할을 하며, 나아가 사회의 모순을 정화하고 중생의 삶을 안락하게 만들어 깨달음의 성취를 돕고 궁극적으로는 현실의 예토를 불국토화하자는 것"이라는 점에서 본래 의미에서의 호국불교의 이념적 근거를 제시하였다. "호국의 논리가 단순히 한 국가의 영토만을 수호한다는 의미가 아니라 중생이 살고 있는 국토를 사악과 전쟁으로부터 보호해 불교적 이상을 적극적으로 실천한다는 데 그 뜻이 있는데, 우리나라에서의 호국불교는 이와는 성격을 달리하고 있다"고 비판하였다.

호국불교 혹은 국가불교로서의 특성에 관한 논의는 일단 불교가 세

---

23 김종명, "호국불교 개념의 재검토 – 고려 인왕회의 경우," 「종교연구」 21집 (2000), 93-94.
24 김종만, "호국불교의 반성적 고찰," 「불교평론」 제3호 (2000), 1-2.

속적인 정치권력과 무분별하게 결탁하면서 본연의 역할에 충실하지 못한 모습으로 이어졌다는 점에서 비판적 평가가 더 설득력을 얻고 있는 듯하다. 다만 한국 불교가 국가불교로서의 역할이 두드러졌다는 점은 분명한 역사적 사실인 만큼, 한국 불교의 특성을 역사적 사실에 충실하게 파악하고자 할 때 이 내용을 어떤 자리에 위치시킬지 고민해야 할 문제라 하겠다.

4. 한국 선의 정체성 논란

이 주제가 한국 불교의 특성 논의와 연관되는 것은 "한국 불교의 정체성을 논하려면 현재 한국 불교의 모습에서부터 출발해야 한다"[25]는 입장에 따른 것이다. 현재 한국 불교는 주지하는 바와 같이 선종 계통의 조계종으로 대변되고 있으므로, 현재 한국 선의 특성이 한국 불교 전체의 특성과 밀접한 연관성을 지니는 것으로 판단할 수 있다.

우선 심재룡은 "한국 선(禪)의 독자성을 주장할 근거가 있는가? 중국 선이나 일본선과 차별되는 한국 선의 특성 혹은 정체성이 존재하는가?"라는 의문을 제기한다.[26] 그는 "사실 중국선과 일본선 그리고 한국 선 사이에 교리나 사상 면에서 차별적 특성이란 존재하지 않는다. 즉 본질에 있어서 개별적 정체성을 부여하는 작업은 가능하지 않다"고 주장한다. "선불교의 특수성과 차별성에 대한 지나친 집착은 오히려 한국 선의 정체성을 질식시키는 것"이라면서, "한국 선의 정체성이 있다면 그것은 끈끈한 생명력이나 자생력일 것"이라고 말한다.

---

25 길희성, "한국 불교 특성론과 한국 불교 연구의 방향," 84.
26 심재룡, "한국선, 무엇이 문제인가?," 「불교평론」 2호 (2000), 3-4.

심재룡의 주장은 한국 선의 독자성 논의 자체에 대한 근본적 의문을 제시하는 것이지만, 이와는 또 다른 차원에서 학계에서는 좀 더 구체적인 논의를 전개하고 있다. 대략 두 가지 문제가 현재 민감하게 논의되고 있다. 첫째는 한국 선의 주류를 형성해온 간화선의 특성과 문제점에 관한 논의이고, 둘째는 현재 한국 불교를 대표하는 조계종의 종조(宗祖)와 법맥(法脈)에 관한 논의이다.

첫째로 간화선 문제에 관하여 최연식은 한국의 간화선이 시대에 따라 다른 모습을 보였고, 그러한 변화 과정에 한국 불교의 변모 과정이 담겨 있다고 전제하면서 한국 간화선의 전개 과정을 역사적으로 정리하였다.27 그는 "조선 중기 폐불에 가까운 탄압을 겪고 난 후 불교계에서 교종의 흐름은 완전히 사라지고, 승병의 활약 덕분에 겨우 명맥을 유지하게 된 불교계는 자신들의 존재 근거를 사상의 순수성에서 찾았다"고 한다. 그는 또 "이러한 사상적 흐름은 그 자체가 한국 불교의 자기 정체성을 확립하기 위한 노력의 결과이므로 의미 있게 받아들여져야 하지만, 간화선만을 정통적 방법으로 파악하던 시기가 불교계 전체적으로 볼 때는 사상적으로 위축되던 시기였다는 점에서 새로운 상황에 놓인 현재의 불교계에서는 전과 다른 이해도 가능할 것"이라고 제안하였다.

서정형 역시 "한국의 선불교는 동아시아에서 유일하게 옛 수행전통을 보존하고 있다는 긍정적인 평가가 있는가 하면, 그 속사정을 들여다보면 알맹이 없는 형식으로 전락하고 만 것이 아닌가 하는 의심 어린 눈길을 동시에 받고 있다" 하여 간화선만을 가장 권위 있는 최상의 수행법으로 간주하는 현재 한국 불교의 흐름을 비판하였다.28

---

27 최연식, "한국 간화선 형성과 변화 과정," 「불교평론」 2호 (2000), 20-22.
28 서정형, "한국 불교 전통에 대한 반성과 전망: 선불교 수행에 대한 반성," 「철학사상」 11집 (서울대학교 철학사상연구소, 2000), 25.

둘째로 조계종의 종조(宗祖)와 법맥(法脈)에 관한 논의는 현재 한국 불교를 대표하는 조계종의 정체성 문제가 곧 한국 불교 정체성 탐구를 위해 중요한 의미를 지닌다는 점에서 중요한 의미를 지닐 뿐 아니라, 현대 한국 불교에 큰 족적을 남긴 성철 스님이 이 논란에 크게 관여하면서 더욱 민감한 논란이 되고 있다.

이 문제에 대하여 길희성은 "조계종의 이념적 정체성 문제, 즉 누구를 종조로 하며 어떠한 사상을 종지(宗旨)로 삼을 것인가 하는 등의 문제도 단순히 어떤 학자나 영향력 있는 불교 지도자의 개인적인 이념적 동기나 성향에 따라 주장되기보다는 분명한 역사적 고찰을 근거로 하여 논의되어야 한다"는 원칙을 제시하였다.[29] "구체적인 역사적 탐구를 거친 후에야 비로소 우리는 조계종의 이념적 정체성 그리고 나아가서 한국 불교 전체의 이념적 정체성을 의미 있게 논할 수 있을 것"이라는 주장이다. 이러한 원칙에 따라 길희성은 조계종의 역사적 기원과 전개 과정을 면밀히 검토한 후, "현 조계종이 선종이면서도 교학과 염불 등을 수용하는 포괄적 종단으로서 사실상 한국 불교 전체를 대표하는 종단이라면, 그것은 조선조의 억불정책에 의해 많은 역사적 우여곡절 끝에 생겨난 결과물이라는 사실 못지않게 고려의 조계종, 특히 보조국사 지눌로부터 내려오는 선(禪) 사상적 전통의 구현이라는 이념적 연속성의 결과이기도 하다는 점이 분명하다"고 결론 내렸다.

박해당 역시 조계종의 정체성과 법통설에 관한 논란을 객관적으로 조명하면서 "선종에서 밝히는 법통이 역사적으로 근거를 확인할 수 없음"을 지적하고, "그럼에도 불구하고 사실의 뒷받침이 없는 법통을 만들어내야만 했던 이유를 선종의 사자상승의 이념 때문"이라고 주장하였

---

29 길희성, "한국 불교 정체성의 탐구," 160, 191.

다.[30] "따라서 이처럼 필요에 따라 형성된 법통은 더 이상 사실의 기술이 아니라, 쇠락해 있던 조선의 불교를 중흥시킨 서산 이후의 불교계가 자신의 정체성을 확립해가는 과정에서 형성된 하나의 이념적 규정이라고 이해할 수 있다"고 주장하였다.

조계종의 종조와 법맥에 관한 객관적 연구에서의 판단이 대략 위와 같음에도 불구하고 그 논란은 여전히 민감한 문제로 남아 있다. 한국 불교의 정체성을 어디에서 찾아야 할 것인가라는 점에서 종조를 둘러싼 논쟁이 크게 일어난 1930~40년대 이후 도의종조설(道義宗祖說), 범일종조설(梵日宗祖說), 보조종조설(普照宗祖說), 태고종조설(太古宗祖說) 등의 법통설이 제기되었고, 특히 조계종의 종정을 지낸 성철(性徹)의 경우 태고종조설을 강력하게 주장하였을 뿐만 아니라 보조는 물론 도의조차도 조계종의 법계에서 제외해야 한다고 주장하여 큰 파문을 일으켰다.[31]

5. 근대 불교에서의 한국 불교 정체성 모색

근대 불교에 관한 연구가 한국 불교의 특성 논의와 연관되는 것은 근대 불교가 지니는 시대적 의미 때문이다. 근대라고 하는 격변의 시기에 한국 불교 안에서도 여러 의미 있는 움직임과 변화가 있었는데, 특히 한국 불교가 격변의 시대 상황에 적절히 적응하기 위한 모색 작업에서 자연스럽게 지난날의 전통적 한국 불교를 근본적으로 되짚어보는 논의가 이루어졌다. 근대의 격변을 지나 한국 불교의 미래지향적 방향을 모색하기 위해 극복해야 할 전통불교의 문제점은 무엇이고, 계승 발전시켜

---

30 박해당, "한국 불교 전통에 대한 반성과 전망: 조계종의 법통설에 대한 비판적 검토,"「철학사상」 11집 (서울대학교 철학사상연구소, 2000), 18.

31 박해당, "한국 불교 전통에 대한 반성과 전망," 4-5.

야 할 한국 불교의 정체성은 무엇인지 성찰하게 된 것이다.

심재룡은 근대 한국 불교 안의 주요 움직임은 네 가지 유형으로 분류하여 각 유형을 대표하는 네 명의 사상가에 관한 논의를 전개하였다.[32] 그는 "극보수적 전통주의자인 송경허, 두 온건 개혁파인 백용성과 박한영 그리고 극진보적 개혁주의자인 한용운의 불교 사상을 비교 분석함으로써 한국 불교 특성과 관련한 몇 가지 주제들이 자연스레 밝혀질 것"으로 기대하였다. 그 주제들은 "선과 교리는 두 수행 방법 사이에 어느 편에 더 높은 종교적 권위를 부여하는가에 대한 논의를 둘러싸고 벌어졌던 알력, 법맥의 전승 문제, 깨달음으로 정당화되는 무애행과 역사적 정치적으로 요구되는 윤리적 행위 사이에 있던 알력 혹은 긴장 관계, 호국불교의 문제 등"이다. 심재룡은 "현재 진행형의 한국 불교계도 이런 네 가지 유형의 반응 틀이 그대로 유지되고 있다"고 평가하였다. "성철로 대변되는 해인사 문중의 시대착오적 화두유일주의 내지 돈오돈수 일원론적 수행 방법 고수는 경허의 보수적 노선을 답습한 것으로 보이고, 그 반대편 극점에 민중불교의 체제비판이나 사회구조적 변화의 노선은 만해를 따라 새로운 불교의 틀을 짜보자는 노력"이라고 평가하였다.

아울러 김광식의 "불교의 근대성과 한용운의 대중불교"[33]를 비롯한 많은 연구가 한용운, 특히 그의 대중불교 운동에 주목하였다. 이들 연구에서도 근대 한국 불교 안에서 한국 불교의 정체성을 찾는 노력, 특히 한국 불교의 미래지향적인 방향 모색의 노력을 확인할 수 있다.

---

32 심재룡, "근대 한국 불교의 네 가지 반응 유형에 대하여: 한국 근대 불교의 사대 사상가," 「철학사상」 16집 (서울대학교 철학사상연구소, 2003), 2, 26.

33 김광식, "불교의 근대성과 한용운의 대중불교," 「한국 불교학」 50집 (2008).

6. 한국 불교의 개혁 운동에 대한 논의

한국 불교의 특성으로 앞서 논의한 통불교, 호국불교 등이 많이 거론되었는데, 한국 불교사에서 기존 불교의 전통과 제도 그리고 사상을 근본적으로 개혁해 보려는 노력이 있었는지 하는 문제도 중요한 의미를 지닌다. 이는 특히 일본 불교사와 한국 불교사를 대비하면서 제기되는 심각한 문제 가운데 하나이다. 세계 불교학계나 일본 불교 연구자들 사이에는 한국 불교가 기본적으로 중국 불교와 크게 다르지 않다는 견해가 일반적이다. 일본 불교는 헤이안조 말엽과 가마쿠라 시대에 이른바 선불교(禪佛敎)라는 것이 출현하여 수행과 자력(自力) 위주로 하는 기존의 불교를 신앙과 타력(他力) 위주의 불교로 전환하는 일대 변혁을 일으켰으며, 이것이 일본 불교의 특성을 형성하는 데 결정적 역할을 했다는 데에 아무도 이의를 제기하지 않는다. 바로 이 점이 일본의 불교학자들이 한국 불교를 중국 불교의 연장 정도로 간주하는 이유 가운데 하나이며, 한국 불교의 특성에 대한 담론을 촉발하는 하나의 요인이 되었다.

이런 맥락에서 길희성은 일본의 가마쿠라 신불교운동과 한국 불교의 개혁 운동을 비교적 안목에서 고찰해 봄으로써 한국 불교의 성격을 파악하고자 했다.[34] 길희성은 나말여초의 선불교운동과 고려 중기 무신정권기에 일어난 결사 운동을 비교하면서 일본의 신불교와 마찬가지로 "불교가 국가불교로서의 위치를 차지하고 있었던 시대에 일어난 운동이었으며 한국 불교사에 중대한 변화를 초래한 운동이었다"는 데 주목하였다. 그러나 그는 결론적으로 두 운동 모두 선불교가 지니는 사상적 한

---

34 길희성, "한국 불교사와 개혁 운동," 「동아연구」 11 (서강대학교 동아연구소, 1987), 30, 46; 일본 불교의 타력 신앙, 특히 신란(親鸞)의 정토사상에 대한 연구로 길희성, 『일본의 정토사상』 (서울: 동연, 2021)을 볼 것.

계성으로 인해 대중성과 창의성에 있어서 결코 전통적 불교의 한계를 근본적으로 뛰어넘는 새로운 불교의 패러다임을 수립하는 데까지는 나아가지 못했다고 평가하였다.

한상길은 근대 개화사상의 형성과 실천에 불교가 중요한 역할을 했다는 점을 강조하면서 한국 불교의 개혁적 역할에 대해 보다 적극적인 평가를 시도하였다.[35] 그는 "19세기 불교는 억불의 조선 사회에서 새로운 활력을 모색한 시기"라고 평가하면서, "19세기 중엽에 거사(居士)불교라는 새로운 조류가 등장했는데, 이는 불교계를 통할하는 종단이 존재하지 않는 상황에서 출가자의 지도와 조력 없이 이루어지는 재가자들의 자발적인 신앙이었다"고 주장하였다. 한상길은 "거사불교의 핵심 계층은 역관을 중심으로 한 중인들이었고, 이들이 전문적 지식과 개방적 사고를 지니고 개화사상을 형성하면서 근대 불교의 지평을 열어갔다"고 주장하였다. 한용운의 『불교유신론』(佛教維新論)도 이런 맥락과 시각에서 평가되어야 할 것이다. 결과론적이기는 하지만 그의 개혁 운동이 한국 불교의 근본 성격을 바꿀 정도로 혁명적이지 않았으며 성공을 거두지도 못했다는 점은 부인하기 어렵다. 또 소태산의 원불교(圓佛教) 운동도 주목받아야 할 것이다. 원불교를 새로운 종교가 아니라 불교의 일파로 간주한다면, 원불교는 과연 한국 불교에 새로운 패러다임을 제공했는가?

한상길 이외에도 한국 근대 불교계의 개혁 운동에 관한 여러 편의 연구가 이루어졌다. 이들 연구가 주장하는 것처럼 한국 근대 시기의 전반적 상황 안에서 불교가 과연 명백하고 실질적인 자기 개혁을 이루었는지 그리고 근대 불교에서 확인할 수 있는 개혁적 역할을 한국 불교 전체의

---

35 한상길, "개화사상의 형성과 근대 불교," 「불교학보」 45집 (동국대학교 불교문화연구원, 2006), 4, 7.

특성으로 연결 지을 수 있을지에 대해서는 좀 더 객관적이고 면밀한 논의가 이루어져야 할 것이다. 하지만 한국 불교가 실제 역사적 전개 과정에서 작용한 모습들에 초점을 맞추어 한국 불교의 특성을 파악한다는 점에서는 한국 불교의 개혁적 성격, 그 한계 혹은 부재에 대한 논의는 한국 불교의 특성을 파악하는 한 방편으로서 주목할 만하다.

III. 한국 불교의 특성 파악을 위한 원칙과 방향

한국 불교의 특성에 관한 의미 있는 사항들은 사실 앞서 살펴본 기존 연구를 통해 거의 망라되었다고 해도 과언이 아니다. 그 사항들 이외에 새롭게 발굴될 수 있는 한국 불교의 특성은 사실상 없을 것으로 판단된다. 따라서 본 연구에서는 한국 불교의 특성에 관한 새로운 견해를 제시하기보다는 첫째로 기존 연구를 통해 드러난 여러 의미 있는 내용들을 종합하여 한국 불교 특성 논의에 관한 원칙들을 정리하고, 둘째로 한국 불교의 정체성과 특성에 대한 종래의 논의에서 보완되어야 할 두 가지 점을 논하고, 셋째로 이를 원론적으로 고찰하고자 한다. 먼저 한국 불교의 특성 논의를 위한 몇 가지 원칙을 정리해 보면 다음과 같다.

첫째, 한국 불교의 특성은 배타적 차별성이 아니라 '보편성 속의 특수성'이라는 개념에서 논의하는 것이 바람직하다. 이 점은 우선 '한국 불교' 혹은 '한국 불교의 특성·정체성' 개념 재정립에 관한 기존 연구를 통해 확인할 수 있다. '특성 혹은 정체성'의 개념에 대해 그것을 시대를 관통하는 고정불변의 실체적인 것으로 설정하는 기존 인식 자체가 문제가 있고, 이런 맥락에서 불교의 보편적 특성 혹은 다른 문화나 지역 불교의 특성과 명백히 차별화되는 의미로서의 '한국 불교'라는 개념이 성립하기 어렵다는 것이다.

아울러 '통불교' 논란에 관한 기존 연구를 통해서도 한국 불교의 특성을 '보편성 속의 특수성'이라는 개념에서 논의해야 한다는 원칙을 확인할 수 있다. 통불교 논란에서 핵심 논점 중 하나가 한국 불교 사상의 회통적 성격인데, 이는 사실 대승불교 사상 전체, 적어도 판교(敎相判釋)를 중심으로 하는 중국 불교의 교학 사상 전체를 관통하여 특징짓는 것이라는 점에서 한국 불교만의 특성이라고 규정하기 어렵다. 이와 관련하여, 회통의 대가인 원효가 현대 한국 불교에서 크게 부각되었다는 사실에 유의할 필요가 있다. 그러나 한국 불교 사상에서의 원효의 영향력은 실제로 그리 크지 않았다. 가령 한국 불교의 주류를 형성해 온 화엄 사상의 경우 원효보다는 의상의 역할이 더 핵심적이었다. 원효를 한국 불교의 대표적 인물로 내세우는 작업은 현대 한국 불교의 자기 이해—여기에는 최남선, 조명기, 이기영 등의 노력이 크게 작용했다—는 될지언정 사실에 부합하는 것은 아니다.

그럼에도 여전히 조계종으로 대표되는 현 한국 불교가 선을 위주로 하면서 다양한 불교 사상과 선행을 포괄하고 있는 종합적이고 융합적인 불교인 것만은 변함없는 사실이다. 한국 불교는 여전히 선주교종(禪主敎從)의 성격을 띠고 있으며 출가자들의 공부가 강원에서 경전 공부로 시작해서 선원에서 선 수행으로 옮겨가는 사교입선(捨敎入禪)의 전통을 따르고 있다. 여기에는 고려 불교 이래 한국 불교계의 최대 이슈였던 선과 교의 관계를 어떻게 정립할 것인가를 두고 고심했던 보조국사 지눌과 서산대사 휴정의 노력이 이념적으로 결정적 역할을 했다. 이와 더불어 제도적으로는 조선조의 불교 탄압과 무차별적 종파 통합 등이 한국 불교가 융합적 성격을 띠는 데 크게 작용했다는 사실도 부정하기 어렵다. 결론적으로, 한국 불교가 회통적·융합적 불교임은 사실이지만, 그것이 이념

뿐 아니라 구체적 현실로 나타난 데는 한국이라는 특수한 역사적·시대적 상황이 있었다는 데에도 유의해야만 한다. 그리고 한국 불교의 융합적 성격에 대한 가치 평가는 이와는 별개의 문제로 이루어져야 할 것이다.

둘째, 위와 연관된 문제이지만, 한국 불교의 특성은 특정 이념적 의도에 따라 논해서는 안 된다는 점이다. 이러한 원칙은 한국 불교의 특성을 통불교로 자리매김하려 했던 시도가 특정 시대적 상황 안에서 의도된 민족주의적 담론이라는 기존 연구를 통해 확인할 수 있으며, 또한 한국 선의 정체성 논란, 특히 조계종의 종조와 법통 논란에 관한 기존 연구를 통해서도 확인할 수 있다. 한국 불교의 정체성이나 특성에 관한 논의가 역사적 사실성을 떠나 단순히 어떤 학자나 영향력 있는 불교 지도자의 개인적인 이념적 동기나 성향에 따라 논의되어서는 안 된다는 말이다. 이와 관련하여 최근 한국 불교계에서 돈오돈수론(頓悟頓修論)을 강력히 주창하는 성철 종정의 견해도 엄밀한 학문적 입장에서 검토되어야 할 것이다.

셋째, 한국 불교의 특성이 실제 역사적 사실을 그대로 반영해야 한다는 점은 통불교 논의뿐 아니라 한국 불교의 호국불교, 국가불교적 성격에 대한 논의에도 적용된다. 이 원칙 역시 호국불교 논란에 관한 기존 연구를 통해서 확인할 수 있다. 한국 불교의 특성을 호국불교로 규정하는 논의는 일단 불교가 세속적 정치권력과 무분별하게 결탁하면서 갖가지 폐단과 모순을 드러냈다는 점에서 부정적 평가를 받아야 하지만, 이와 동시에 현대적 관점을 떠나 불교가 실제 한국 역사에서 수행한 정치적·사회적 역할에 대한 보다 면밀하고 공정한 연구가 필요하다. 안정된 정치체제의 구축은 예나 지금이나 결코 쉬운 문제가 아니다. 불교라는 보편적 이념이 실제로 친족, 호족, 귀족 집단 등의 분열적 세력을 넘어서 왕권을 중심으로 하여 더 보편적인 질서를 수립하는 데 어떤 역할을 하였고, 현대사회에서 한국 불교가 어떻게 정치 질서와 관계를 맺어왔으며,

어떤 것이 바람직한지에 대한 학계의 논의가 더욱 활발하게 진행되어야 한다. 한국 불교의 정체성 문제는 과거의 문제이기도 하지만 현재의 문제이기도 하기 때문이다.

넷째, 한국 불교의 특성에 관한 논의는 현재 한국 불교의 모습과 상황을 반영하면서 이루어져야 한다. 한국 불교의 특성 혹은 정체성은 물론 지나온 역사를 통해 형성된 것이다. 그러나 한국 불교가 단지 과거에만 존재했다가 사라진 유물이 아니고 현재 한국인의 삶 속에서 살아 움직이고 있다는 점에서 한국 불교의 특성 혹은 정체성은 지금도 형성 중이라고 할 수 있다. 지나온 모습에서 드러난 특성들도 모두 의미가 있지만, 현대 한국 불교의 역동적 변화를 반영하는 한국 불교의 정체성 연구, 적어도 현대 한국 사회에서 새로운 정체성을 모색하는 한국 불교계의 다양한 모습이 반영되는 논의가 이루어져야만 한다. 현대 한국 불교의 변화와 역동성을 반영하지 못하고 단지 지나온 특성에만 치중한다면, 그러한 한국 불교 특성론은 오늘의 한국 불교계나 한국인의 삶에 큰 의미를 제공하지 못할 것이다.

한국 불교의 특성과 정체성에 대한 종래의 논의는 주로 과거의 한국 불교를 중심으로 하여 이루어져 왔다는 한계를 갖고 있다. 그것도 주로 출가승가와 고승들의 사상에 초점을 맞추고 있는 한계를 드러내고 있다. 따라서 앞으로의 논의는 첫째로 현재 한국 불교에 일고 있는 의미 있는 변화들과 새로운 정체성의 모색에 주목할 필요가 있으며, 둘째로 출가 승려들뿐 아니라 재가불자들, 더 나아가서 한국인 일반의 삶에서 불교가 어떤 역할을 하고 어떤 영향을 미쳐 왔는지 연구가 필요하다.

이 두 분야에 관한 본격적 연구는 모두 그 자체로 별도의 연구 과제가 되기에 충분하고도 남는다. 본 연구에서는 다만 몇 가지 기본적 사실을 확인하고 앞으로의 연구 방향을 지적하는 선에서 만족할 수밖에 없다.

Ⅳ. 변화하는 한국 불교: 새로운 정체성의 모색

모든 것은 변하며 고정불변의 정체성이란 존재하지 않는다는 것은 불교의 근본 사상이다. 한국 불교 역시 이 진리에 예외가 될 수 없다. 다음 몇 가지는 최근 한국 불교계에 일고 있는 의미 있는 변화의 움직임들이며, 우리는 거기서 한국 불교가 새로운 정체성을 모색하고 있음을 엿볼 수 있다. 한국 불교의 정체성에 대한 논의는 단순히 과거 전통에 대한 고찰에 머물러서는 안 되고 오늘의 불교계의 생동적 모습에도 주목해야만 한다.

첫째, 한국 불교가 '은둔적' 불교, '산림불교'라는 말은 더 이상 사실이 아니다. 한국 불교는 조선조의 박해로 인해 산림불교로 변한 것은 사실이지만, 그것이 한국 불교의 본래 모습도 아니고 모든 불교의 본래 모습은 더욱 아니다. 삼국시대, 통일신라, 고려시대의 사찰은 경주나 개경의 중심에 자리 잡고 있었으며 정치, 경제, 문화 등 삶의 모든 영역에서 중심적 역할을 수행했다. 오늘의 한국 불교는 이러한 모습을 되찾아 가고 있다고 할 수 있을 정도로 도시불교화하고 있다. 산사를 본거지로 하고 그 장점을 유지하면서 유명 사찰들(통도사, 송광사 등)은 도시에 포교당이나 절을 운영하고 있으며, 능인선원 같은 경우는 전통 사찰과 무관하게 독자적으로 왕성한 도시 포교 활동을 전개하고 있다. 또 기존의 도심 사찰들, 가령 조계사나 봉은사 같은 사찰 역시 수많은 신도를 확보하고 있으며 역동적 불교 활동을 펼치고 있다. 이러한 움직임에 대한 사회경제적 분석, 정치적 의의, 타 종교들과의 관계, 특히 기독교의 영향 등 다각적인 연구가 필요하다.

둘째, 조계종 총무원을 둘러싼 1980, 90년대 불교계의 분쟁이 일단락되고 '정화' 운동 또는 개혁 운동이 어느 정도 성공을 거두면서 현 한국 불교는 정권이나 정치권에 맹종하던 과거의 모습을 청산하고 새로운 관계를 정립해나가고 있다. 오늘의 한국 불교가 한층 강화된 정치의식을 보인다는 데 이의를 제기할 사람은 없을 것이다. 한국 불교를 부정적 의미에서 호국불교, 왕실불교, 국가불교로 규정해온 종래의 인식은 이제 재고되어야 한다.

셋째, 출가 승려들의 수행에도 의미 있는 변화가 일고 있다. 종래의 사교입선(捨敎入禪)의 전통과 간화선 위주의 수행이 여전히 한국 불교의 중심을 이루고 있는 것은 사실이지만, 승려들 사이에는 이에 대한 회의와 반발이 음으로 양으로 일고 있다. 그 가장 대표적인 현상이 최근에 많은 주목을 받는 비파샤나(vipasyana, 마음 챙기기) 수행법이다. 비파샤나는 조사선(祖師禪)인 간화선(看話禪, 화두(話頭) 공부)과 달리 붓다 자신의 가르침을 따르는 수행법이라는 점에서 권위를 지닌다. 한국 승려들 가운데는 직접 미얀마나 태국에 가서 비파샤나 명상법을 배워오는 사람도 있으며, 그것으로 간화선을 대체하거나 보완하려는 움직임이 한국 불교계에 일고 있다. 이러한 움직임이 한국 불교의 전통적 정체성에 과연 어떤 변화를 가져올지 면밀한 관찰과 분석이 요구되고 있다.

넷째, 전통적으로 승려들의 교육을 담당하던 강원(講院)의 교과과정이 과감하게 바뀌고 있다. '강원'이라는 명칭이 '승가대학'으로 바뀌고 있는 사실이 이미 이를 상징적으로 말해주고 있다. 사미과(沙彌科), 사집과(四集科), 대교과(大敎科) 등 경전 공부를 위주로 하여 운영되던 강원의 전통적 교과과정이 불교에 대한 역사적 인식(인도 불교사, 중국 불교사, 한국 불교사 등), 체계적인 교학적/철학적 인식(중관사상(中觀思想), 유식사상(唯識思想)), 붓다 자신의 교설에 비교적 가까운 초기 불교나 소승(상좌)불교 경전과 사상 공부, 나아가서 동양철학, 서양철학, 비교종교학, 외국어 공부(영어, 일어, 중국어)에 이르기까지 다채로운 교과과정으로 재편되고 있다. 해인사 강원은 이러한 과감한 변화의 선봉에 서 있으며, 여타 강원에 미칠 파급효과는 물론이고 앞으로 한국 승려들의 의식에 어떠한 변화를 초래할지, 특히 종래 간화선 위주의 사교입선 전통에 어떠한 변화를 초래할지 가늠하기 어려울 정도의 의미 있는 변화라 하지 않을 수 없다.

다섯째, 민중불교 운동도 여전히 한국 불교의 새로운 정체성 모색의 일환으로 주목받을 만하다. 민중불교 운동은 1980, 90년대 권위주의 시절 많은 주목을 받았고 현재는 활력을 상실했지만, 그 정신은 아직도 음으로 양으로 불교계에 영향을 끼치고 있다고 보아야 할 것이다. 무엇보다도 민중불교가 한국 불교계의 정치의식, 사회의식을 일깨우고 고양했다는 사실은 부인하기 어려울 것이다. 현재 한국 불교계는 민중불교 운동보다는 환경생태 운동, 생명·평화운동이 더 활발하게 전개되는 양상을 보인다. 이에 대해 기독교 민중신학과 민중불교와의 관계, 태국이나 서구 불교계에 일고 있는 이른바 참여 불교(Engaged Buddhism) 운동이 한국 불교에 끼친 영향 등에 관한 연구도 필요하다.

여섯째, 위와 밀접한 연관이 있지만, 현 한국 불교계의 가장 중요한 변화는 재가불자들을 중심으로 한 다양한 불교 운동이다. 불교가 전통적으로 해탈을 추구하는 출가승 위주의 수행의 종교라는 것은 변함없는 사실이지만, 현재 한국 불교계에 일고 있는 각종 재가불교 운동(참여불교 재가연대, 종교자유정책연구원, 우리는 선우, 불교환경운동연합, 경제정의실천불교시민연합, 교수불자회, 불교여성개발원, 실상사를 중심으로 하는 인드라망공동체, 생명평화결사 운동과 귀농학교, 정토회를 중심으로 하는 빈그릇 운동, 국제구호사업, 북한동포돕기 운동 그리고 길상사를 중심으로 한 '맑고 향기롭게' 운동 등)은 주목할 만한 변화임이 틀림없다. 이제 의식 있는 재가불자들은 종래의 수동적 자세를 벗어나 각종 불교 운동을 주도하는 주체로 나서고 있다. 또 최근 전국의 많은 유명 사찰들이 '불교대학'이나 '템플스테이' 운동을 통해 재가 신도들에게 불교를 가르치고 있다. 출가 승가에 물적 기반을 제공하면서 공덕을 쌓는 일에 치중하던 재가 신도들의 전통적 역할이 다양하게 변하고 있음을 알 수 있다. 이러한 변화가 앞으로 한국 불교의 정체성에 어떤 영향을 미칠지 학계의 관심이 아닐 수 없다. 한국 불교가 이러한 의미 있는 변화를 융합 정신의 전통에 따라 창조적으로 수용해나갈지 아니면 전통에 관한 개혁과 새로운 정체성의 형성으로 이어질지, 세계의 불교학계와 불교계는 주시하고 있다. 한 가지 분명한 사실은 이런 변화들이 결코 일시적 현상이 아니며 주류 불교계에 의해 무시될 성질의 것이 아니라는 점이다.

V. 한국인의 역사와 삶 속 불교의 역할

한국 불교의 정체성과 특성에 관해 기존 연구에서 발견되는 또 하나의 취약점은 재가불자들의 신행(信行) 그리고 한국인 일반의 삶에서 불교가 수행한 역할에 관한 논의가 등한시되었다는 점이다. 이제 한국 불교의 특성에 관한 기존 연구를 분석하면서 도출해낸 원칙들에 따라 불교가 실제 한국인의 역사와 삶 속에서 어떤 역할을 했으며 어떤 공헌을 했는지에 대한 간략한 고찰로 본 논문을 마무리하고자 한다. 이를 통해 한국 불교의 정체성과 특성에 대한 논의가 추상적이고 이념적인 데서 벗어나 구체적이고 보다 현실적 의미를 지니는 방향으로 전개되기를 희망한다. 한 가지 밝혀둘 사항은 오늘의 한국 불교에 관한 한 이 논의가 설문조사와 같은 실증적 조사를 필요로 한다는 사실이다. 불교의 세계관과 인생관이 실제로 재가불자들의 의식과 한국인의 삶 속에서 어떻게 작용하고 어떤 영향을 미치고 있는지를 알려면 역사적·문헌적 연구를 넘어서 정교하게 작성된 설문조사 같은 것이 필요하다. 하지만 이는 본 연구의 범위를 벗어난다. 여기서는 한국 불교만의 특성보다는 불교 일반의 보편적 역할에 초점을 맞추면서 불교가 한국인들의 삶과 의식에 어떤 영향을 주었으며 또 현재 주고 있는지에 대한 원론적 수준의 고찰에 머무를 수밖에 없다.

1. 초월의 지혜

불교는 근본적으로 지혜와 깨달음의 종교이다. 불교는 현재나 변함없이 한국인의 삶에 초월적 지혜를 제공하는 역할을 한다. 세계와 인간의 실상에 대한 통찰에 근거하여 불교는 현세적 가치와 질서에 얽매이지 않는 출세간적 초월의 자유를 제공한다.

불교의 출세간적 지혜와 자유는 현실 개혁과 현실 도피라는 양면을 지닌다. 초월의 지혜는 한편으로 세속적 가치와 질서에 얽매이지 않고 초월적 시각에서 삶을 변화시키고 현실 세계를 개혁하는 힘을 제공하지만, 다른 한편으로는 현실을 외면하는 도피주의를 낳을 수도 있다. 한국 불교의 성격을 은둔주의나 도피주의로 규정하는 견해는 불교의 초월성에 대한 일방적인 시각이다. 불교의 초월적 지혜는 단순한 지식이 아니라 인간을 변화시키고 인간관계와 사회를 변화시킬 힘을 지니고 있다. 지혜는 보살의 또 하나의 덕목인 자비를 낳고 자비는 현실 참여의 동기로 작용한다.

한국 불교사에서 보살의 이념을 사회적으로 실천한 가장 중요한 예 가운데 둘을 꼽으라면, 하나는 신라 원광법사가 제시한 세속오계(世俗五戒)이며, 다른 하나는 서산대사의 구국 활동이다. 세속오계는 신라가 고구려, 백제와 각축을 벌이는 상황에서 재가불자들이 지켜야 하는 전통적 오계의 윤리를 현실에 맞게 변형시킨 탁월한 보살 이념의 표출이다. '임전무퇴'(臨戰無退)를 말하되 '살생유택'(殺生有擇)을 통해 무분별한 폭력을 금하는 세속오계의 정신은 신라 화랑을 비롯하여 사회 전반에 영향을 미친 것으로 사료된다. 서산대사 휴정(休靜)은 조선 중기 국가가 임진왜란을 맞아 백성들의 삶이 도탄에 빠져있을 때 승려들이 지켜온 소승적 계율의 제약을 과감히 떨쳐버리고 승병을 모집하여 구국 활동에 나섰으며, 사명대사 유정(惟政)을 비롯한 그의 제자들도 눈부신 활동을 했다. 서산대사는 철저한 수도승이었으나 위기에 처한 불교계와 나라의 부름에 응해서 속세의 책무를 수행했으며, 자신에게 부과된 역할이 끝나면 미련 없이 떠나 산승의 삶으로 되돌아갔다. 이런 면에서 그는 세간과 출세간을 자유롭게 왕래하는 보살의 정신을 가장 잘 실천한 인물이었으며, 조선 후기 불교계가 극도로 열악한 상태에서 그나마 명맥을 유지할 수 있었던 것은 그와 그의 제자들에 힘입은 바가 컸다.[36] 불교의 자비 정신은 승병 활동 외에도 의료사업, 교육사업, 고아와 빈민의 구휼 등 각종 사회봉사 활동으로 표출되었다. 유감스럽게도 종래의 한국 불교 연구는 교리나 사상에 치중한 나머지 불교의 사회적 공헌에 관한 연구가 아직 미진한 상태에 있다. 조선조로 오면서 배불 정책과 불교 탄압의 영향으로 불교계의 현실 참여는 승병 활동을 제외하면 활발하지 못했지만, 한국 불교의 특성을 결코 은둔 불교로 규정할 수는 없다. 이는 서산대사의 활동이나 현대 한국 불교의 모습을 통해서도 확인할 수 있다. 앞에서 열

---

36 휴정의 사상과 활동에 대해서는 김영태, 『서산대사의 생애와 사상』(서울: 박영사, 1975)을 볼 것. 그럼에도 출가승이 과연 전쟁에 참여할 수 있는지에 대한 논란은 계속될 것이며, 이는 불교 윤리의 관점뿐 아니라 절대적 평화주의(pacifism)나 정의로운 전쟁(just war) 이론 등을 중심으로 하는 현대적 논의에도 중요한 의미를 지닐 것이다.

거한 바 있는 최근 한국 불교계에 일고 있는 여러 의미 있는 변화들은 한
국 불교가 조선조 불교의 유산인 산중불교의 성격을 벗어나서 현실 참여
적 불교로 변모하고 있음을 여실히 보여주고 있다.[37]

2000년대에는 한국 불교계를 대표하는 두 상징적 인물인 성철 스님
과 법정 스님의 입적이 한국 사회 전체를 통해 큰 반향을 일으켰다. 성철
이 출세간적 한국 불교의 전통과 간화선 위주의 수행 전통을 대표하면서
초월적 깨달음을 강조한 스님이었다면, 법정은 비판적 사회참여 정신을
견지하면서 문필활동과 '맑고 향기롭게' 운동을 통해서 무소유라는 출
가적 덕목을 대중화함으로써 보살의 자비행을 실천한 대표적 스님이라
고 평할 수 있을 것이다.

2. 초월적 공동체

탐(貪), 진(瞋), 치(痴)가 난무하는 속세를 초월하는 출세간적 종교인
불교는 한국 역사에서 승가(Sangha)라는 새로운 초월적 공동체를 도입
했다. 왕권과 친족집단이나 지역 공동체만이 존재하던 고대 사회에서
불교는 출세간적 가치를 추구하는 자발적 공동체인 승가를 통해서 개인
의 자유를 확장했고 사회제도를 다양화함으로써 한국인의 삶을 풍요롭
게 만들었다. 불교가 확고히 자리 잡은 이후 조선조 초에 이르는 한국 역
사는 왕권과 승가와 백성이라는 세 축을 중심으로 하여 진행되었다 해도
과언이 아닐 정도로 승가의 역사적 위상은 컸다. 서양 역사를 통해 교회
와 정치권력이 공조와 견제의 관계를 형성했듯이, 한국 역사 역시 승가
와 불교와의 관계를 통해 새롭게 조명될 필요가 있다.

---

37 특히 4대강 사업 반대 운동, 생명평화운동, 종교차별 시정 운동 등이 주목받고 있다.

3. 정치 이념으로서의 한국 불교

한국 불교의 역사적 전개 과정에서 두드러지는 측면은 불교가 정치 이념으로서 큰 역할을 수행했다는 사실이다. 두 가지 점에서 그렇다. 첫째는 삼국이 고대국가로서의 체제를 정비하는 과정에서 불교가 수행한 역할이고, 둘째는 삼국과 통일신라 그리고 고려조에 걸쳐 불교가 이상적인 통치이념, 특히 화합 정치의 이념을 제공했다는 사실이다.

고대국가의 체제 정비 과정에서 불교가 한 역할에 관하여는 이미 많은 연구가 있었고 특별한 이견이 없는 사항이다. 삼국이 본격적으로 왕권을 중심으로 하여 고대국가 체제를 정비할 무렵에 불교를 수용하거나 공인한 사실에서 잘 드러나듯이, 불교의 수용은 고대국가의 체제 정비와 밀접한 관련이 있다. 이는 불교의 보편주의적 이념과 가르침이 부족, 귀족 가문, 호족들의 분권/분열적 세력을 견제하면서 왕권을 신장하고 국가의 평안, 국민의 정신적 통일을 도모하는 데 크게 도움이 되었기 때문이다. 고구려에는 소수림왕 2년(372년)에 전진(前秦)의 왕 부견(符堅)이 사신과 승려 순도(順道)를 보내 불상과 경문을 전하였고,[38] 백제에서는 침류왕 1년(384년) 동진(東晋)에서 승려 마라난타(摩羅難陀)가 오자 왕이 그를 맞이하여 대궐에 모시고 예를 갖추어 경배하였으며,[39] 신라는 법흥왕 14년(527년)에 이차돈의 순교 사건을 계기로 불교를 공인하였다.[40] 이들 불교의 수용과 공인 시기는 국가의 율령을 반포하고 역사서를 편찬하는 등 고대국가 체제를 정비하는 정책이 이루어진 시기와 일치한다. 아울러 불교의 수용과 함께 중국으로부터 각종 선진 문물이 유입

---

38 『삼국사기』 권18, 「소수림왕」.

39 『삼국사기』 권24, 「침류왕」.

40 『삼국사기』 권4, 「법흥왕」.

될 수 있었던 점도 불교가 고대국가 체제 정비 과정에서 수행한 의미 있는 역할이다. 신라가 삼국을 통일하는 과정에서 분열된 사회의 정신적 통합의 역할을 한 것도 자주 언급되는 점이다.

한국 불교의 국가불교적 성격은 고려조에서 최고조에 이른다. 고려조는 명실공히 '불교국가'였다. 초엽부터 승과(僧科) 제도와 승계(僧階) 제도가 수립되어 불교계가 국가의 관료체제로 편입되다시피 했으며, 전국 사찰들은 도선(道詵)의 풍수지리설에 입각하여 땅의 좋은 기운을 보강하고 나쁜 기운을 억누르는 이른바 비보사찰(裨補寺刹)의 역할을 했으며, 고승 대덕들은 왕사·국사로 책봉되어 임금이나 나라의 스승 역할을 담당할 정도였다. 이러한 국가불교적 역할은 조선조의 억불숭유 정책에도 불구하고 변형된 형태로 계속되었으며 오늘에까지 이르고 있다. 임진왜란을 전후로 한 승병의 역할이나 승려들이 동원된 대규모 축성사업, 현재도 지방 사찰들에서 흔히 보이는 '국태민안'에 대한 기원은 한국 불교의 국가불교적 성격이 아직도 계속되고 있음을 보여준다.

불교가 이상적 통치이념, 특히 화합 정치의 이념을 제공한 점은 고대국가 체제 정비 과정에서도 드러났지만 이후 삼국과 고려조에 걸쳐서 계속된 역할이었다. 특히 고려 태조 왕건은 후삼국 시대의 혼란을 극복하기 위해서 오랜 전란으로 피폐해진 민심을 수습하고 국가의 안정과 발전을 도모하려고 적극적인 숭불(崇佛) 정책을 시행하였다.[41] '훈요십조'(訓要十條)로 대표되는 태조의 숭불 정책은 이후 역대 고려의 왕들에 의해 충실히 계승되었고 팔관회(八關會)를 비롯한 각종 불교의례가 왕실 주도로 행해졌다.

이처럼 불교가 사회통합적 통치이념을 제공할 수 있었던 것은 불교

---

41 『고려사』 권2, 「태조」.

사상이 지니는 특성에 기인한다. 특히 전륜성왕(轉輪聖王) 개념과 화엄 사상이 대표적인 역할을 하였다. 이상적 군주로서의 전륜성왕 개념과 전체의 조화를 강조하는 화엄 사상은 왕을 정점으로 하여 사회의 다양성과 이질성을 포용하는 통치질서를 이념적으로 뒷받침해 주었다.

이러한 정치 이념으로서의 불교의 역할은 긍정적 의미와 부정적 의미의 양면을 지닌다. 안정된 정치체제의 구축은 예나 지금이나 결코 쉬운 일이 아님을 염두에 둔다면, 정치권력이 보편적 이념을 지닌 불교를 통해 정치와 사회의 안정을 도모했다는 것 그리고 불교는 이를 통해 불교적 사회정치의 이상을 실현하고 경제적/물적 기반을 확보할 수 있었다는 것은 오히려 자연스러운 일이었다. 하지만 한국 불교의 국가불교적 성격이 지닌 한계 또한 간과할 수 없다. 『이조불교』(李朝佛敎)라는 방대한 저서로 잘 알려진 다카하시 도루(高橋亨) 같은 학자는 정권의 예속성에 길든 한국 불교의 역사적 의타성을 비판했는데,[42] 이는 물론 그의 식민주의 사관의 표출이었지만 한국 불교의 국가불교적 성격이 지닌 문제와 무관하지 않을 것이다. 앞서 살펴본 대로 기존의 연구들은 국가불교 혹은 호국불교로서의 한국 불교의 정체성에 대해 비판적 견해를 제시하고 있지만 근대 이전의 사회적 상황을 감안할 때 반드시 부정적으로만 볼 일은 아니다. 국가불교나 호국불교가 반드시 권력지향적일 필연성은 없기 때문이다.

4. 조화와 공생의 정신

한국 역사 속 불교의 역할로서 주목해야 할 또 하나의 특성은 조화와

---

42 高橋亨, "朝鮮佛敎の歷史的依他性," 「朝鮮」250号 (1936).

공존의 정신이다. 앞서 보았듯이 한국 불교의 통불교적 회통정신이 비단 한국 불교만의 고유한 특성은 아니라 해도 한국 불교가 융합적 불교로 형성되는 데 이념적 기반을 제공한 사실은 부인하기 어렵다. 1960년대 일제의 산물인 대처승과 비구승의 다툼으로 한국 불교계가 큰 상처를 입었지만, 지금은 조계종과 태고종 사이에 큰 갈등은 없으며 원불교와도 좋은 관계를 유지하고 있다. 조계종과 태고종 외에 천태종, 진각종 등 새로운 종파들도 생겨났지만, 한국 불교에 종파적 갈등은 존재하지 않는다.

조화와 공생을 중시하는 한국 불교의 정신은 한국 불교 사상사를 관통하는 하나의 중요한 특징이다. 통일신라기 원효의 화쟁(和諍) 사상과 정신은 고려시대의 의천(義天)과 지눌(知訥)에게서도 형태를 달리하면서 이어졌으며, 조선조 불교의 중심인물인 휴정을 통해서 계승되었다. 의천은 천태종 개창을 통해 교종(敎宗)과 선(禪)의 조화를 도모했으며,[43] 지눌은 선은 부처님의 마음이고 교는 부처님의 말이기에 둘이 근본에서 일치할 수밖에 없다는 통찰 아래 돈오(頓悟)를 강조하는 선에 교가(敎家)의 점수(漸修)의 길을 접합시켰으며, 화엄 사상에도 돈오의 길이 있음을 제시했다.[44] 지눌의 선(禪) 사상은 휴정의 『선교석』(禪敎釋)이나 『선가귀감』(禪家龜鑑)에서 충실히 계승되고 있다. 표면적 차이에 집착하지 않고 근원에서 조화와 일치를 찾으려는 화합의 정신은 이들 모두에 공통적이다.

---

43 의천의 천태종 개창과 관련하여 의천이 직접 천태종을 개창한 것이 아니라는 견해까지 제기되는 등 학계에서 논란이 있지만, 천태종 개창에 담긴 의천의 의도가 선교(禪敎) 조화와 같은 당시 불교계의 당면 과제를 해결하려는 데 있었던 점은 분명하다(김상영, "의천의 천태종 개창과 관련한 몇 가지 문제," 『중앙승가대학교 교수 논문집』 8호 [1999. 12]).
44 돈오점수론은 지눌의 저술 『修心訣』에 잘 나타나 있으며 화엄적 돈오의 길은 그의 『圓頓成佛論』에 잘 나타나 있다.

조화와 공생을 추구하는 한국 불교의 정신은 불교 외적으로도 표출되고 있다. 한국의 사찰들이 삼성각, 칠성각 등 민속신앙을 위한 공간을 마련해 놓고 있다는 것은 잘 알려진 사실이지만, 불교의 울타리를 넘는 조화의 정신은 조선조 초기의 스님 기화(己和)의 불교 사상에도 잘 나타나고 있다. 기화는 정도전(鄭道傳)으로 대표되는 조선 초기의 배불론(排佛論)에 맞대응하여 논박하기보다는 유(儒)·불(佛)의 조화와 일치를 주장했다.[45] 이러한 정신은 휴정에게도 이어져서, 그는 『삼가귀감』(三家龜鑑)에서 유·불·도 삼교의 근본적 일치를 주장하고 있다. 물론 기화나 휴정의 초불교적 일치론이 열세에 몰린 조선시대 불교계의 절박한 상황을 반영한 전략적 선택이라는 측면이 없는 것은 아니지만, 대립과 갈등보다는 조화와 공생을 강조하는 불교 본연의 정신이 반영되어 있음 또한 간과할 수 없다. 유교와 불교의 갈등은 조선조에 들어와서 형이상학적 이념으로 무장한 성리학으로 촉발되었으며, 불교는 삼국시대로부터 고려시대까지 언제나 유교와 상보 공존 관계로 지내왔다는 사실에 유의할 필요가 있다. 이와 관련하여 오늘의 한국 불교계가 성리학 못지않게 배타적 성격이 강한 한국 기독교에 대해 어떠한 입장을 취하는지도 관심의 대상이 아닐 수 없다.

앞에서도 언급했듯이 조화와 공생의 정신을 한국 불교의 특성으로 내세우는 관점에 대해서도 호국불교의 문제와 마찬가지로 학계의 적지 않은 문제 제기가 있었지만, 이 때문에 한국 역사에서 지속적으로 두드러지게 나타나는 한국 불교의 통합적/회통적 성격을 폄하하거나 소홀히 여길 수는 없다. 회통의 정신이 유독 한국 불교만의 특성이 아니라 해도, 중요한 것은 그러한 불교의 정신이 한국의 역사와 문화 풍토에서 구체적

---

45 『顯正論』.

으로 어떻게 드러났느냐에 초점을 맞추어 고찰하는 일이다. 이를 통해서 우리는 종래 일부 학자들 가운데 발견되는 통불교에 대한 과장이나 맹목적 신앙의 위험에 빠지지 않고 한국 불교의 정체성과 특성을 이해하는 중요한 열쇠 하나를 발견할 수 있기 때문이다.

5. 확장된 인생관, 심화된 윤리의식

마지막으로 우리는 불교가 재가불자들이나 한국인 일반의 삶에 어떠한 영향을 미쳤는지 고찰할 필요가 있다. 그 가운데 가장 중요한 점을 꼽으라면 업보(業報) 사상일 것이다. 업보에 대한 믿음이 중요한 것은 우선, 재가 신자들에게는 선행과 승가에 대한 보시를 통해 내세의 공덕을 쌓는 일이기 때문이다. 업보에 대한 믿음 없이는 불교의 물적 기반은 성립될 수 없다. 업보에 대한 믿음은 한국 사회에서 불교의 울타리를 넘어 어느 정도 보편화된 믿음이다. 흔히 들을 수 있는 '전생'에 대한 이야기는 이에 대한 한 예일 것이다. 업보 사상은 사람들이 악행을 피하고 선행을 하도록 동기를 제공하는 역할을 할 뿐 아니라, 전생에 대한 믿음을 통해 현세에서 만나는 불행과 고통을 조용히 수용하게 만들며 내세에 대한 믿음을 통해서는 새로운 삶의 희망을 품게 하는 기능을 수행했다.

불교의 업보-윤회 사상은 현세적 성향이 강한 유교와 달리 한국인의 인생관을 과거-현재-미래세의 삼세로 확장했으며 유교 윤리, 가령 효의 실천에도 중요한 동기를 제공했다. 조선조를 통해 가장 많이 출판된 경전 가운데 하나가 『부모은중경』(父母恩重經)이었다는 사실은 시사하는 바가 크다. 한국인의 가치관이나 윤리의식에 대한 불교의 가장 큰 공헌은 자비(慈悲)의 윤리이다. 지혜와 더불어 대승불교의 핵심이라 할 수 있는 자비는 대승불교의 보살(菩薩)이라는 이상적 인격을 실현하는 데 핵심으로서, 혈연중심의 유교적 차등 윤리의 한계를 넘어설 뿐 아니라, 인간뿐 아니라 모든 유정(有情) 중생을 향한다는 면에서 종래 서구의 인간중심주의적 윤리의 한계까지 초월하는 진정한 보편적 사랑의 윤리이다. 불교의 윤리는 단순히 외적 행위나 관습적 윤리의 차원을 넘어서 공(空)의 진리에 입각한 무연자비(無緣慈悲)의 순수윤리이며 인간의 심성에 대한 깊은 성찰에 기초한 내면의 윤리로서, 한국인의 윤리의식을 심화하는 데 공헌했음은 의심의 여지가 없다.

자비는 무엇보다도 보시(布施)의 행위로 구체화되는데, 보살의 보시 역시 『금강경』―한국 불교에서 가장 많이 읽히는 경전 가운데 하나―이 설하는 대로 '주는 자'와 '받는 자'의 상(相)을 떠나 베푸는 순수윤리이다. 자비의 정신은 또 살생을 금하는 불살생(不殺生)의 계율로 구현되는데, 이는 재가, 출가를 막론하고 불자 모두가 지켜야 하는 윤리이며, 불교를 넘어 한국인 일반의 윤리의식에 영향을 주었다.

이상 다섯 가지 사항은 불교가 한국인의 삶에 이바지한 가장 중요한 측면을 간략하게 고찰한 것이다. 이미 언급했듯이, 이 다섯은 결코 한국 불교만의 특성은 아니다. 불교는 고대 아시아 사회와 문화 어디서든 승가라는 새로운 공동체를 만들었으며 초월적 시각에서 인간의 삶을 한 차원 고양시키고 심화하는 역할을 수행했다. 이제 우리의 추가적 과제는 이러한 원론적 차원의 고찰을 넘어서 타 문화권 불교와의 비교연구를 통해 위의 사항들이 한국 사회와 문화 속에서 어떤 차별화된 모습으로 나타나고 있으며 21세기 한국 불자와 국민의 삶 속에서 어떤 양태로 작용하고 있는지에 대한 보다 구체적이고 실증적인 연구이다. 이는 본 연구의 범위를 벗어나서 남은 과제에 속한다.

한국 불교의 특성과 정신을 고찰할 때, 오늘의 한국 불교계에 일고 있는 변화의 물결과 새로운 정체성을 모색하는 본 연구의 관심과 논의 그리고 한국인의 삶과 역사에 불교가 미친 영향에 관한 관심과 논의가, 돌파구를 찾지 못하고 제자리를 맴돌고 있는 듯한 한국 불교의 특성과 정신 연구에 새로운 논의와 탐구의 시발점이 되기를 바란다.

한국 불교사와 개혁 운동

I. 한국 불교의 특성

한국 불교사를 공부하는 사람들은 종종 한국 불교의 특성이 무엇이냐는 질문을 받곤 한다. 중국의 불교나 일본의 불교와 대비해볼 때 한국 불교를 '한국' 불교이게 만드는 것은 무엇인가라는 질문이다. 이와 같은 질문은 비단 불교뿐만 아니라 중국의 영향을 거의 절대적으로 받아온 한국문화 전반에 걸쳐서 필연적으로 제기되는 문제이다. 가령 한국 유학(儒學)이나 유교의 특성, 한국 미술의 특성 등에 대해서도 같은 질문을 던질 수 있을 것이다.

일찍이 최남선 선생은 "조선 불교"(朝鮮佛敎)라는 글에서 한국 불교의 특성을 '통불교적'(通佛敎的)이라고 지적한 바 있다. 인도 불교가 서론적 불교, 중국 불교가 각론적 불교임에 비하여 한국의 불교는 결론적 불교로서 종파별 대립을 초월하여 하나의 총체 종합적인 통불교(通佛敎)를 지향해 왔다는 것이다.[1] 또한 에다 토시오(江田俊雄)도 한국 불교의 특성을 '조화적', '통합적', '단일적' 그리고 나아가서 도교나 민간신앙까지 수용하는 '혼합적' 불교라고 지적한다.[2] 사실 사상적으로나 제도적으로나 한국 불교가 통합적 성격을 띠고 있다는 것은 부인하기 어려운 사실이다. 화쟁국사 원효(和諍國師 元曉)나 대각국사 의천(大覺國師 義天), 보조국사 지눌(普照國師 知訥)이나 서산대사 휴정(西山大師 休靜)과 같은 한국의 대표적 불교 사상가들의 경우를 보면 모두 다 어떤 특정한 종파적 사상이나 교리를 배타적으로 고집하는 것이 아니라 당대에 대립하던 모든 불교 사상을 하나로 융합하고자 시도한 사람들이다. 또한 제도적으로 보아도 신라와 고려를 통하여 우리나라에도 여러 종파가 번성했으나 조선조에 들어오면서는 강제적으로 통폐합되고 만다. 그리하여 태종 때에는 11종(宗)이 7종으로, 세종 때에는 7종이 선교(禪教) 양종으로 통폐합되고 서산대사 이후에는 선종(禪宗)과 교종(教宗)의 대립조차 점차 사라지게 되어 오늘날 한국 불교는 조계종, 태고종 할 것 없이 선불교 중심으로 되었고 그 안에 교학(教學)과 타수행(他修行; 염불, 진언 등)을 포섭하는 통불교적 양상을 띠는 것이다.

우리는 과연 이와 같은 한국 불교의 통불교적 성격을 어떻게 보아야 할 것인가? 불교의 근본적 성격이 다툼이나 대립을 싫어하고 평화와 조화를 추구하는 것이 사실이라 할지라도 이러한 정신이 유독 우리나라에서만 충실히 지켜진 까닭에 종파적 대립을 초월한 통불교가 실현됐다고 보아야 할 것인가? 아니면 오히려 이러한 통불교적 현상의 배후에서 우리는 확고한 종파적 신념의 결여, 사상적 무책임성과 안일한 절충주의,

---

1 최남선, "朝鮮佛教,"「佛教」(1930년 8월).
2 江田俊雄, "朝鮮佛教考察序說,"「朝鮮佛教史の研究」(東京: 國書刊行會, 1977), 479-481.

나아가 사상적 다양성과 창의성의 결핍을 읽어야 할 것인가? 만약 후자라면, 그 역사적 이유는 무엇일까? 국가권력에 대한 승가(僧伽)의 종속성과 의타성, 중앙집권적 사회구조, 지배계급의 한계나 실패 등 다각적인 방면으로 그 원인의 규명을 시도해보아야 할 것이다. 본 논문은 이상과 같은 문제의식 속에서 한국 불교의 통불교적 성격을 한국 불교사에 일어났던 개혁 운동에 초점을 맞추어 고찰해 보고자 한다. 특히 일본의 가마쿠라(鎌倉) 시대에 전개된 개혁 운동으로서 일본 불교의 성격에 일대 전환을 가져왔으며 일본 불교를 '일본' 불교이게 만든 가마쿠라 신불교 운동(鎌倉新佛敎 運動)과 한국 불교의 개혁 운동을 비교적 안목에서 고찰함으로써 한국 불교의 성격을 파악하는 한 방편으로 삼고자 한다.

II. 가마쿠라 신불교의 성격

『조선선교사』(朝鮮禪敎史)의 저자 누카리야 가이텐(忽滑谷快天)은 한국 불교의 전반적인 성격을 규정하여 말하기를 한국 불교는 "중국 불교의 연장"에 지나지 않는다고 했다.[3] 우리는 이와 같은 말을 단순히 일본인 학자의 한국 경시적 태도에 기인하는 것이라고 일축해서는 안 될 것이다. 앞에서 지적한 통불교적 특성—그것이 좋은 것이든 좋지 못한 현상이든—에도 불구하고, 우리의 불교사에서는 한국에서 자생한 독창적인 종파라고 내세울 만한 것을 찾아보기 어려운 것이 사실이기 때문이다. 독특성과 독창성은 구별되어야 한다고 본다. 통불교적 한국 불교는 독특하기는 하나 독창적이라고 부르기는 어렵다.

---

3 忽滑谷快天, 『朝鮮禪敎史』(東京: 名著刊行會, 1930), "序文" 참조할 것.

반면에 일본 불교는 그 연원은 중국과 한국 불교에 두고 있으나 사실상의 내용과 성격에 있어서는 일본의 자생적 종파와 독창적 불교 사상을 쉽게 발견할 수 있는 것이 또한 사실이다. 일본의 불교를 중국과 한국의 불교와 달리 일본 불교라고 부를 수 있게끔 하며 일본 불교의 독창성과 역동성을 부여한 것은 무엇보다도 가마쿠라 시대에 전개된 신불교개혁운동이다. 평안조(平安朝) 시대에 있어서 한국 불교나 귀족불교로서 막강한 세력을 구사하던 천태종(天台宗)과 진언종(眞言宗)은 평안조 말기로부터 시작하여 가마쿠라 시대로 접어들면서 정토종(淨土宗), 정토진종(淨土眞宗), 일련종(日蓮宗), 조동종(曹洞宗), 임제종(臨濟宗) 등 새로이 등장한 종파들의 도전을 받기 시작해 급기야는 이러한 종파들에 일본 불교의 주도적 위치를 빼앗기고 일본 불교는 새로운 체질로 변모하게 되었다. 특히 천태종은 이 신흥종파들의 모체와도 같아 호넨(法然), 신란(親鸞), 니치렌(日蓮), 도겐(道元)과 같은 신불교 운동의 지도자들은 모두 처음에는 히에이산(比叡山)에서 수도하던 천태종 승려였으나 기존 교단에 불만을 품고 비예산을 떠나 독자적인 신앙운동을 전개하게 되었다. 마치 서구의 종교개혁자들이 가톨릭교회에서 배태되었으나 교회에 반기를 들고 나온 것과 비슷한 현상이다. 저명한 일본사가(日本史家) 조지 샌솜(George Sansom)은 이러한 신불교(新佛教)의 출현을 다음과 같은 역사적 상황에 연결 짓고 있다:

　　아마도 가마쿠라 시대의 불교에 있어서 가장 두드러진 특성은 그것의 대중종교로의 성장일 것이다. 우리는 이미 이러한 변화의 원인에 대해서 암시한 바 있다. 그 원인은 불교를 대체로 하나의 미적(美的) 추구로서 양성했던 귀족사회의 쇠퇴, 정액(定額)을 받고 사는 성직자들의 오만과 부패, 무사 계급의 등장 그리고 일반적으로 시대의 혼돈으로 인해서 죽음과 비참함이 팽배

해 있고 위로를 주는 가르침이 사람들의 마음에 환영받게 되었다는 데에서 찾아져야 할 것이다.[4]

가마쿠라 신불교의 특성 가운데서 제일 먼저 지적되어야 할 것은 샌섬의 말대로 대중적 성격이다. 신불교의 주창자들은 난해한 철학적 교리나 어려운 수행, 혹은 복잡하고 정교한 의례를 거부하고 누구나가 좇을 수 있는 단순하고 쉬운 구원의 메시지를 통하여 귀족불교에서 소외됐던 대중들의 종교적 필요에 부응했다. 호넨(法然)의 염불(念佛), 신란(親鸞)의 아미타불의 본원력(本願力)에 대한 신앙, 니치렌(日蓮)의 법화창제(法華唱提)가 모두 그러한 쉬운 대중적 구원의 길이었으며, 선불교(禪佛敎) 또한 복잡한 교리적 이해보다는 좌선(坐禪)이나 견성(見性)의 체험을 통하여 누구나 모두 자신의 마음이 곧 부처임을 깨달을 수 있다는 대중성을 지닌 것이었다.

가마쿠라 신불교의 둘째 특성은 교파적 배타성이다. 기성 교단을 박차고 나온 신불교 운동의 지도자들은 자신들이 믿는 바를 강한 신념을 갖고 유일한 진리를 전파했다. '국화에서 칼로'라는 말이 나타내듯이 가마쿠라 시대는 무사적(武士的) 결단의 시대였다. 강한 위기의식에 사로잡혀 있었던 신불교 운동의 주창자들은 진리의 문제에 있어서 타협이나 포용성을 보일 여유가 없었다. 그들은 당시에 자신들에게 주어진 다양한 종교적 수행 가운데서 하나를 선택하여 그것을 극단적으로 밀고 나가는 경향을 보였으며 그것만을 실천하는 전수적(專修的)인 태도를 보였다.[5] 위기 속에서 그들이 찾고 있는 것은 단 하나의 확실한 구원의 길이었

---

4 George Sansom, *Japan: A Short Cultural History* (New York: Appleton-Century-Crofts, 1962), 327.
5 千葉乘隆·北西弘·高木豊 共著, 『佛敎史槪說: 日本篇』(京都: 平樂寺書店, 1969), 94-95.

다. 오직 아미타불에 대한 신앙, 오직 염불, 오직 법화경(法華經) 신앙, 오직 좌선(坐禪) 등 그들은 모두 이러한 전수적 태도를 강조했으며 여기에는 타협이나 양보를 용납하지 않았다.

셋째로, 이러한 전수불교(專修佛敎)는 모두 강한 종교적 신념과 지도력을 지닌 카리스마적 지도자들에 의하여 주도되었으며 그들의 사후에는 그들의 가르침을 중심으로 하여 재가와 출가의 엄격한 구별을 넘어서서 모두가 평등한 위치에서 참여하는 신앙공동체들이 형성되었다. 이들 공동체는 개인의 자발적 결단으로 참여하는 강한 결속력을 가진 공동체로서 제도화된 교권에 기초를 둔 구불교(舊佛敎)와는 전혀 성격을 달리하는 문도(門徒) 중심의 공동체였다.

넷째로, 이것으로 인해서 불교의 전통적인 재가·출가의 이원성이 극복되었다. 이것은 신불교가 지닌 대중적 성격과 매우 밀접한 연관을 가진 것으로, 강한 타력신앙적 경향을 지닌 신불교 운동에는 자연히 계율의 엄격한 준수는 더 이상 구원의 필수적 조건이 될 수가 없었다. 예컨대 신란과 같은 사람은 승려도 아니고 속인도 아닌 양식(樣式)의 생활을 영위했다. 따라서 불교의 엄격한 출가주의적 성격과 이에 따른 재가불교와 출가불교의 구별 또한 근본적으로 극복하게 된 것이다.

이상과 같은 과격한 혁신적 성격을 지닌 가마쿠라의 신불교 운동은 초기에는 기성 교단으로부터 많은 박해를 받았으나 지방을 중심으로 하여 서서히 농어민들과 상인들 그리고 새로이 등장하는 무사 계급들 사이에 뿌리를 내리게 되었다. 특히 15~16세기에는 진종(眞宗)이나 일련종(日蓮宗)과 같은 종파의 문도들은 봉건 영주들에 대항해서 수많은 무력 항쟁과 봉기를 일으킬 만큼 대중적 기반을 확립하게 되었다. 가마쿠라 시대에 발생한 신불교의 종파들은 도쿠가와(德川) 시대 이래 현재까지 일본 불교의 주류를 형성하고 있다.

III. 한국 불교사의 개혁 운동

1. 종교개혁 운동과 사회 변혁

이상에서 우리는 가마쿠라 신불교의 성격과 특징을 간단히 살펴보았다. 그렇다면 일본 불교의 성격을 그처럼 근본적으로 변혁시킨 가마쿠라 신불교에 비견할 만한 개혁 운동을 우리나라의 불교사에서도 찾아볼 수 있는가 하는 것이 이제 우리의 문제로 등장한다. 어느 종교집단이든지 그것이 한 사회의 지배적 종교로서 군림하고 있을 때 그것에 대립하여 독자적인 개혁 운동을 일으킨다는 것은 쉬운 일이 아니며 역사상 그리 흔한 일이 아니다. 종교와 같이 전통성이 강한 영역에서 하나의 혁신적인 운동이 전개되는 때는 대체로 기성 교단의 도덕적 부패와 그로 인한 권위의 실추 외에도 그러한 운동을 가능케 하는 사회적 조건과 상황이 필요하다. 가마쿠라 신불교의 경우와 서양 종교개혁의 예에서 보듯이 기존의 사회질서와 구조에 있어서 하나의 근본적인 변화가 일어나야만 하는 것이다. 전자의 경우는 헤이안조 귀족사회의 붕괴와 무사 계급의 대두라는 사회적 변화가 있었고, 후자의 경우는 교황의 세속적 권력의 약화와 제후들의 정치적 독립 및 국가주의 경향의 대두를 그 사회적 배경으로 하고 있다. 한 지배적 종교집단을 뒷받침해 주고 있던 사회질서와 구조에 근본적인 변화가 생길 때 비로소 기성종교 내에서도 동요가 일기 시작하고 개혁의 기운이 돌기 시작하는 것이다. 그리고 일단 발생한 하나의 개혁 운동이 성공을 거두는 것도 이러한 사회적 변화에 부응하고 있을 때 가능하다. 물론 종교적 변화와 사회적 변화의 관계는 상호 작용이지 항시 종교적 변화가 사회적 변화에 부수적으로 뒤따르기만 하지는 않으나, 적어도 사회변화가 종교변화의 필요조건은 —필요충분조건은 아니라도— 된다고 보아도 무방할 것이다.

그렇다면, 한국 불교사에서 개혁 운동이 발생할 수 있었던 시기는 어느 때였는가 묻지 않을 수 없다. 그리고 그러한 시기에 실제로 어떠한 개혁 운동이 일어났고 그 성격은 어떤 것이었으며, 얼마만큼 개혁 운동으로서의 성공을 거두었는가를 물어야 한다. 이와 같은 관점에서, 우리는 크게 보아 한국 불교사에서 두 번의 주요 개혁 운동이 있었음을 발견할 수 있다.

이 개혁 운동은 모두 불교가 국가종교로서의 위치를 차지하고 있었던 시대, 즉 통일신라와 고려시대에 일어난 운동이었으며 한국 불교사에 중대한 변화를 초래한 운동이었다. 이제 우리는 개혁 운동으로서의 그들의 성격을 고찰하고자 한다.

2. 나말여초의 선불교 운동

골품제를 기초로 하여 성립된 신라의 사회체제는 하대(下代)로 들어오면서 근본적인 한계를 노출하기 시작한다. 귀족 세력의 권력 다툼과 왕권의 약화, 지방 호족 세력들의 대두, 육두품 출신을 중심으로 한 권력에서 소외된 계층의 사회 비판과 불만, 낙향 귀족 가문들, 빈번한 농민반란 등으로 신라 사회는 걷잡을 수 없는 해체의 위기를 맞게 된다.

이러한 때에 불교계 내에서도 왕실과 귀족들의 비호 아래 성장해온 종래의 경주(慶州) 중심의 기성 불교 교단에 대항하여 지방을 중심으로 한 선불교(禪佛敎)라는 새로운 운동이 전개된다. 나말여초(羅末麗初)의 소위 구산선문(九山禪門)의 창시자들은 대부분 당시의 가장 강력한 교단이었던 화엄종(華嚴宗)에서부터 출발하여 선(禪)으로 전향한 자들이었다.[6] 그들은 대부분 중국으로 건너가 당시에 중국 선종(禪宗)에서 가장 발랄한 기풍을 진작시켰던 마조도일(馬祖道一) 계통의 선풍(禪風)을 이어받고 귀국했다. 불립문자 교외별전(不立文字 敎外別傳)의 기치 아래 그들은 교종(敎宗)의 현학적이고 이론적인 성격에 반기를 들었다.[7] 교종이 제도화된 교단의 권위—제도화된 카리스마—를 내세운다면 선(禪)은 선사(禪師)들의 개인적 카리스마와 권위를 내세웠다. 기성 교단이 왕실과 중앙 귀족의 안위를 기원하는 기복적이고 의례적인 불교를 지향해 온 데 반해, 선(禪)은 개인의 해탈과 자유로운 삶을 추구했다. 이처럼 전통적 권위를 부인하는 새로운 불교가 경주 중심의 기존 불교계에서 발을 붙이지 못하고 국도(國都)에서 멀리 떨어진 변방에 자리 잡게 된 것은 당시의 상황으로는 너무나도 당연한 일이었다. 구산선문의 개창자들의 사회적 출신을 보면 그들은 대부분 낙향 귀족 가문 출신들이 아니면 지방 호족 가문 출신 혹은 육두품 이하의 하급 귀족 출신들로,[8] 국도(國都) 경주를 중심으로 한 중앙의 귀족 세력에 대항하여 일어나던 지방 호족들의 귀의(歸依)와 지원을 받아 수도로부터 멀리 떨어진 변방에 자리를 잡았다.[9]

그 대표적 예로서 성주산파(聖住山派)의 개조 무염(無染, 800-888)의 예를 고찰해 보자.[10] 그는 김 씨로서 무열왕(武烈王)의 팔대손이었다. 그의 부친 김범청(金範淸) 때에 와서 육두품으로 강등되어 충남 지방에 낙향 귀족으로 자리를 잡게 되었다. 무염은 화엄종 사찰인 태백산(太白山)

---

6 高翊普, "新羅下代의 禪傳來," 불교사학회 편, 『韓國佛敎禪門의 形成史 研究』 (서울: 민족사, 1986), 75-76.

7 같은 책, 136-137. 고 교수의 지적대로, "그들은 화엄학에 정면으로 도전하여 선(禪)의 우위성을 지나칠 정도로 강조하고 있다."

8 崔炳憲, "羅末麗初 禪宗의 社會的 性格," 불교사학회 편, 『韓國佛敎禪門의 形成史 研究』 (서울: 민족사, 1986).

9 같은 곳.

10 같은 논문 및 고익보(高翊普) 교수의 논문에 의거함.

부석사(浮石寺)에서 출가하여 821년(현덕왕 13년) 왕자 김흔(金昕)과 함께 입당(入唐)하여 유명한 마조(馬祖) 문하인 마곡보철(麻谷寶徹)에게서 심인(心印)을 전수받고 845년(문성왕 7년)에 귀국했다. 당시 '산중신상'(山中宰相)이라고 불리던 김흔의 청으로 웅주 조합사(熊州 鳥合寺)에 머물렀다. 이 조합사는 김흔의 조부인 김인문(金仁問)의 수봉처(受封處)였던 충남 보령 지방에 있던 것으로 그는 자신의 연고지를 택하여 선문(禪門)을 개창했다. 그의 선문이 번성함에 따라 문성왕은 사찰의 이름을 성주사(聖住寺)로 개제(改題)하였다. 무염의 문하에 2천여 명이 있었다고 하고, "동국 사류(東國士類)로서 성주산(聖住山)을 모르면 일세의 수치로 여겼다"고 할 정도로 번성했으며 선문으로서뿐 아니라 지방문화의 한 중심지 역할도 했으리라 추측하기 어렵지 않다.

확실히 나말여초의 선문(禪門)들은 당시의 불교계의 여건으로 보아 개혁적 성격을 띤 운동이었음이 틀림없다. 사회적으로는 골품제를 기반으로 한 신라의 지배체제가 붕괴되기 시작하였고 종교적으로는 전통적 불교가 귀족중심적이고 현학적이며 의례적이고 기복적인 성향에 치우쳐 있었다. 그나마도 통일신라를 전후로 하여 찬란하게 꽃피웠던 교학사상(教學思想)의 연구도 신라 후기에 와서는 활기를 잃고 침체되어버렸다. 이러한 상황에서 신라의 중국 유학승(留學僧)들은 당시 중국의 불교계에서 돌풍을 일으키기 시작한 선(禪)이라는 참신한 불교를 수입하여 불립문자(不立文字), 교외별전(教外別傳)을 내세우면서 침체된 불교계에 일대 혁신의 기치를 든 것이다. 그리고 이러한 혁신 운동은 지방 호족 세력들의 지원을 받아 지방에 뿌리를 내리게 됨에 따라 일단 사회적·제도적 성공을 거두게 된 것이다. 구산선문의 새 물결은 한국 불교를 윤택하게 했고, 한국 불교사에 다양성과 역동성을 불어넣어 주었다고 평가될 수 있다.

그러나 나말여초(羅末麗初)의 선불교 운동은 개혁이라는 관점에서 볼 때는 몇 가지 근본적인 한계를 지니고 있었다. 첫째는 사상적 한계이다. 선은 그것이 제아무리 불립문자(不立文字)를 내세운다고 해도 근본적으로 교(敎)와 동일한 세계관과 인생관을 지니고 있다. 예컨대 화엄 사상을 떠나서는 선(禪)은 결코 이해되기 어려운 것이다. 선(禪)과 교(敎) 사이에는 다만 진리에 접근하는 방법상의 차이만 존재할 뿐 내용상의 차이가 있는 것은 아니다. 따라서 선 중심의 개혁 운동에는 근본적인 사상적 제약이 있었다고 보아야 할 것이다. 둘째 제약은 선(禪)이 지닌 대중성의 결여이다. 물론 전통적 교학 사상과 비교해볼 때 선이 훨씬 대중성을 띤 것은 사실이나 선의 대중성은 주로 출가승 내에서의 대중성이지, 정토신앙(淨土信仰)과 같이 재가신자들까지 참여할 수 있는 쉬운 길은 아니었다. 결국 선불교도 역시 귀족불교적 성격을 과감하게 극복할 수 있는 개혁 운동은 될 수 없었던 것이다. 셋째로 지적될 한계점은 그것이 신라인 스스로의 창의적 노력에 의한 자체 내의 개혁 운동이 아니었다는 점이다. 구산선문(九山禪門)의 선사들은 그들이 당면한 불교계의 문제들을 극복하는 데서 스스로의 창의성을 발휘하여 새로운 개혁의 방향을 제시했다기보다는 중국에서 중국인의 손에 의해서 일어난 새로운 물결을 도입하여 국내의 문제를 해결하고자 했다. 여기서 우리는 독창성이라는 면에 있어서 나말여초의 선불교가 지녔던 개혁성의 한계를 보지 않을 수 없다. 마지막으로 정치적인 한계성이다. 신라 말과 고려 초의 지방분권화 경향 속에서 뿌리를 내리기 시작했던 구산선문(九山禪門)들은 그 지방적 성격을 끝까지 고수하지 못하고 정치적 혼란 속에서 결국 호족 왕건(王建)과 손을 잡게 되었다.[11] 그럼으로써 지방 중심적으로 꽃피웠던

---

11 최병헌, "羅末麗初 禪宗의 사회적 성격," 217-220.

선불교가 급기야는 또 하나의 중앙집권적 체제 확립에 공헌하게 되었고 고려조에 와서는 국가불교화(國家佛教化), 중앙집권화(中央集權化), 귀족불교화(貴族佛教化)의 대열에 동참함으로써 그 개혁적 성격을 상실하게 되었다. 선(禪)과 교(教)의 대립은 결국 동일한 국가불교 내에서의 권력 다툼이었지 진정한 의미에서의 개혁과 보수의 대결은 아니었다.

3. 고려 중기의 결사 운동

한국 불교사에서 주목할 만한 두 번째 개혁 운동은 고려 중기에 전개된 결사 운동—지눌(知訥)의 정혜결사(定慧結社)와 요세(了世)의 백련사(白蓮社) 결사 운동—이었다.

국가와 불교와의 밀착은 고려조에 와서도 계속되었다. 왕조는 바뀌었으나 사회를 주도하는 새로운 이념의 출현은 없었다. 태조 왕건에 의하여 수립된 숭불 정책(崇佛政策)은 대대로 이어져갔으며 승과제도(僧科制度)로서의 불교의 위치는 고려조에 와서 더욱더 확고하게 되었다. 승과제도에 의하여 승려들은 국가 관료가 되다시피 했으며, 면세의 특전, 왕실과 귀족들에 의한 토지의 기진(寄進), 각종 영리사업 등으로 승가(僧伽)는 물질적인 번영을 누리게 되었다. 이러한 사원의 경제적 번영은 자연히 정신적 해이와 도덕적 부패를 초래했다. 성종(成宗) 때 최승로(崔承老)가 올린 시무책 28조(時務策 28條)에도 이미 불교의 폐단이 논의되고 있었고, 고려 불교가 그 융성이 극치에 이르렀다고 볼 수 있는 문종 때에 왕은 다음과 같은 교시를 내려야 하는 형편이었다.

석가(釋迦)가 밝힌 교(教)는 청정(清淨)을 우선으로 하며 더러움을 멀리하고 탐욕을 끊어 제거해야 한다. 그러나 오늘날 부역(賦役)을 피하는 무리가

사문(沙門)이라 일컬어 재물을 불리고 생계를 경영하며, 경작과 사육으로
업(業)을 삼는가 하면 장사를 하는 것이 풍습이 되어 있으니 나아가서는 계
율(戒律)의 문(門)을 어기고 물러가서는 청정의 기약(期約)도 없게 되었
다… 짐은 선악을 구분하고 기강을 바로 잡게 하려니 마땅히 중외(中外)의
사원(寺院)을으로 하여금 추려내서 계행(戒行)을 잘 닦는 자들은 모두 안주
하게 하고 계율을 범한 자들은 법으로 다스리게 하라.[12]

한편, 세속적 이권과 직결된 종파 간의 교권 다툼도 일어나 나말여초
부터 전개된 선(禪)과 교(敎)의 대립과 갈등은 말할 것도 없고 대각국사
의천(大覺國師 義天)을 전후로 하여 화엄종(華嚴宗)과 법안종(法眼宗)의
대립, 천태종(天台宗)과 조계종(曹溪宗)의 알력이 발생하여 심각한 양상
을 띠게 되었다.

12세기로 접어들면서 고려 사회는 극심한 사회적 혼란기를 맞게 된
다. 문벌귀족 세력들의 전횡과 이자겸의 난(李資謙의 亂, 1126), 묘청의 난
(妙清의 亂, 1135), 중앙 귀족들의 사치와 탐욕, 지방 관리들의 부패와 수
탈, 농토로부터 유리된 유민(遊民)들의 발생 등으로 이미 고려 사회는 극
심한 혼란기로 들어갔고 급기야 무신의 난(武臣의 亂, 1170)으로 이어졌
다. 곧이어 무신(武臣)들 간의 치열한 권력 다툼이 벌어졌으며 여태껏 왕
실과 귀족 세력의 비호 아래 특권을 누려왔던 승려들과 무신정권과의 무
력 충돌도 잇달아 일어나게 되었다.[13] 이러한 시대적 상황을 배경으로
해서만 우리는 고려 중기에 일어난 불교계 내의 개혁 운동인 결사 운동

---

12 金庠基, 『高麗時代史』 (서울: 東國文化社, 1961), 157로부터 인용. 「高麗史」 七卷, 文宗十
   年條에 나옴.
13 이 점에 관해서는 「高麗史」 129, 列傳 42 崔忠獻傳 및 金鍾國, "高麗武臣政權と僧侶の對
   立抗爭に關する一考察," 「朝鮮學報」 21-22 (1961), 567-589.

을 이해할 수 있다.

　결사(結社)란 특별한 종교적 수행을 목적으로 하여 승속(僧俗)의 구별 없이 집단을 형성하는 것으로, 고려 중엽에는 지눌(知訥) 이전에도 이러한 결사 운동이 있었음을 알 수 있으나—예컨대 1129년(인종 7년)에 법상종(法相宗) 승려 진억(津億)에 의한 지리산 수청사(水淸寺)— 시대적 자각과 개혁적 의지가 뚜렷한 결사 운동은 지눌의 정혜결사 운동(定慧結社運動)이 처음이라고 보아도 무방할 것이다. 지눌의 아버지는 정광우(鄭光遇)로서 국자감(國子監)의 학정(學正)이었다고 한다. 정9품의 벼슬이었던 것으로 보아 지눌은 그리 높지 않은 가문의 출신이었음을 짐작할 수 있다. 그는 25세(1182년) 때에 개경 보제사(普濟寺)에서 개최된 선(禪)의 담선법회(談禪法會)에 참여하였다. 그곳에서 그는 당시 승려들의 타락상을 신랄히 비판하면서 동료 10여 인과 더불어 명리(名利)를 버리고 산림에 은둔하여 결사(結社)하여 정혜(定慧)를 닦는 일에 힘쓰자는 제안을 한다.

　　회(會)가 파한 후 우리는 마땅히 명리(名利)를 버리고 산림에 은둔하여 동사(同社)를 맺고 항시 습정균혜(習定均慧)로 일을 삼으며, 예불(禮佛)이나 전경(轉經) 내지 일하고 노동하는 것까지 각자 맡은 바에 따라 경영하고 주어진 조건에 따라 우리의 성품을 키우고 평생 자유로이 살며 달사(達士)와 진인(眞人)들의 고행(高行)을 멀리서 좇으면 어찌 즐겁지 않겠는가?[14]

　이것은 세간적(世間的) 명리에 몰두하던 불교에서 출세간적(出世間的) 불교의 본연의 자세로 복귀할 것을 요구하였고, 도시불교에서 산림

---

14 金呑虛, 『懸吐譯解普照法語』 (서울: 回想社, 1963), 2.

불교로, 국도(國都) 중심인 불교에서 지방 불교로, 국가불교에서 개인불교로 그리고 기복적 불교에서 해탈(解脫)을 추구하는 수도불교(修道佛敎)로의 전향을 촉구하는 제의였다. 그것은 또한 노비(寺奴)를 둔 부유한 사원의 생활로부터 청빈낙도(淸貧樂道)하며 육체적 노동까지도 스스로 하는 서민적 불교로의 전향을 의미했다. 이러한 제의에 대해서 동료들의 반대와 이론도 없지 않았다. 가장 큰 문제로 등장한 것이 정토신앙(淨土信仰)이었다. 즉 어떤 이들은 지금이 말법(末法) 시대이므로 정혜(定慧)를 닦아서 해설을 기하기보다는 아미타불의 타력(他力)을 믿고 염불로서 정토왕생(淨土往生)의 길을 택해야 한다는 것이었다. 이에 대한 지눌의 태도는 단호해서 시대는 변하나 인간의 심성은 불변한다는 것이었다. 지눌은 말법사상(末法思想)을 배척하고 염불은 다만 삼매(三昧)를 닦는 방편으로만 인정했다. 궁극적으로는 자기 자신의 마음이 정토(淨土)요 자신의 성품이 아미타불이라는 선적(禪的)인 정토관을 폈다. 드디어 동학(同學)들을 설득하는 데 성공한 지눌은 정혜결사(定慧結社)하기로 맹문(盟文)까지 작성했다. 그러나 사정이 여의치 않아(選佛場得矢之事) 뜻을 이루지 못했다. 그 후 지눌은 개경을 떠나 홀로 종교적 수련의 길을 걷다가 1190년에야 비로소 「권수정혜결사문」(勸修定慧結社文)을 작성하여 전국에 유포하고 공산(公山) 거조사(居祖寺)라는 곳에서 정혜결사하기에 이른다. 어두운 시대 속에서 횃불을 밝힌 지눌의 이 결사 운동은 전국 각지의 호응을 받아 많은 동참자를 얻는다. 10년 후인 1200년에는 장소가 협소해서 전남 송광산(松廣山)의 길상사(吉祥寺, 지금의 송광사(松廣寺))라는 곳으로 이전해서 수선사(修禪寺)로 이름을 바꾸어(인근에 정혜사(定慧寺)가 있었으므로) 결사 운동을 계속하다가 1210년에 53세의 나이로 입적했다. 비문에 의하면, "승려와 속인들이 (지눌의) 풍문을 듣고 폭주해 와 번성하니 이름과 벼슬을 던져버리고 처자를 버리고 승복을 입고 삭발하여 친구들과 함께 오는 사람들까지 있었으며 왕공사차(王公士庶)로 이름을 던져 입사(入社)한 사람도 역시 수백인이나 되었다"고 한다.[15]

지눌은 학인(學人)들을 가르침에 있어서 세 가지 문을 세웠다. 즉 성적등지문(惺寂等持門), 원돈신해문(圓頓信解門), 경절문(徑截門)으로서,[16] 성적등지문은 성(惺)과 적(寂), 정(定)과 혜(慧)를 같이 닦는 길로서 본래 정혜결사의 취지를 살린 것이며, 원돈신해문은 화엄 사상을 통해서 선(禪)의 깨달음에 들어가는 길로서 그의 교선일치(教禪一致) 사상을 나타내는 길이며, 경절문은 선문 특유의 간화선(看話禪)을 의미한다. 지눌은 또한 돈오점수 사상을 통해 오(悟)와 수(修), 선(禪)과 교(教)의 균형을 유지하려 했다. 그리하여 지눌의 선 사상(禪思想)에 있어 한국 불교는 하나의 커다란 사상적 통일을 이룩하기에 이르렀다.

지눌의 수선사(修禪寺) 운동이 성공하는 데는 당시의 최 씨(崔氏) 무신정권과의 관계를 무시할 수 없다.[17] 본래 최충헌(崔忠獻)은 그의 집권 후 당시 개경의 승려들이 정치·경제적 활동에 관여하고 있는 것을 못마땅하게 여겼다.[18] 그뿐만 아니라 최충헌의 집권을 못마땅하게 여겨 그를 죽이려고 수차에 거사(舉事)한 승려들이 모두 화엄종과 법안종을 중심으로 한 종교의 승려였다는 점이 그가 선종(禪宗)에 더 관심을 두게 하였을 가능성도 충분히 있다. 여하튼 최충헌은 대선사(大禪師) 지겸(志謙, 1145-1229)을 특별히 존숭(尊崇)하여 왕사를 삼고 그의 아들을 그 문하에

---

15 같은 책, 140-141.

16 같은 책, 141.

17 이 문제에 관하여는 閔賢九, "月南寺址 眞覺國師碑의 陰記에 대한 一考察," 불교사학회 편, 『高麗後記佛教展開史硏究』 불교학연구 4 (서울: 民族史, 1986), 41-57을 참조할 것.

18 「高麗史」 129 列傳 42, 최충헌이 왕에게 올린 時務策 10條 가운데 策 6條 참조.

출가시키기도 했다. 최충헌과 그의 아들 최우(崔瑀)는 1207년에 쓰인 수선사 중창기인 「대승선종조계산수선사중창기」(大乘禪宗曹溪山修禪寺重創記)를 감집(監集)했으며 지눌의 사후 수선사 제2세인 진각국사와 각별한 친교를 가졌다. 그는 두 아들 만종(萬宗)과 만회(萬會)를 수선사로 보내서 혜심(慧諶) 밑에서 출가하게 하였고, 그에게 음식과 법복을 보내는 등 수선사에 특별한 관심을 표시했다.[19] 혜심 또한 최우(崔怡)의 정치를 칭찬하는 글을 보내기도 했다. 수선사의 입사자(入社者)들 가운데는 최 씨 가문들과 특히 최 씨 정권과 밀착되어있던 인물들이 많았음을 알 수 있으며,[20] 최우(崔怡)가 강화도에 세운 선원사(禪源寺)는 마치 수선사의 분사(分社)와 같은 관계를 유지할 정도였다. 최 씨 정권의 몰락 이후에도 수선사는 많은 고승 대덕을 배출하면서 고려말까지 고려 불교계를 주도해 나갔다. 이로부터 한국 불교는 교(敎)보다는 선(禪) 위주의 불교로 전향하기 시작한 것이다.

이렇게 볼 때 지눌의 결사 운동은 신라말의 선불교 운동과 마찬가지로 일단 성공적인 것으로 간주해야 할 것이다. 그의 정혜결사 운동은 하나의 순수하고도 강력한 불교 내의 개혁 운동으로서 당시의 부패한 교단 내에 새로운 정신적인 활력소를 불어넣었으며 새로이 등장한 정치권력인 최 씨 정권과 연계되어 사회적·제도적 성공의 기반을 다지게 되었다.

그러나 우리는 동시에 나말 선불교 운동의 경우에서와 마찬가지로 지눌의 결사 운동이 지녔던 몇 가지 근본적인 문제점들을 지적하지 않을 수 없다.

첫째, 정혜결사 운동이 선불교로서 지니는 한계이다. 선(禪)이 비록

---

19 민현구, "月南寺址 眞覺國師碑의 陰記에 대한 一考察,", 49, 51-52.
20 같은 논문, 30-37.

교학(教學)보다는 대중성을 띤다고 하더라도 그것은 어디까지나 출가자 위주의 성격을 벗어나기가 어려웠다. 정혜사(定慧社)와 수선사가 출가 자만의 단체는 아니었던 것 같으나 입사는 어디까지나 계율을 엄수하는 출가자의 생활을 해야 했으며,[21] 이런 점으로 보아 수선사가 대중운동으로 전개되기는 매우 어려운 일이었다. 이 점에서 지눌이 말법사상을 배격하고 정토왕생을 거부한 것은 한국 불교사에 매우 중대한 결과를 초래했다고 볼 수 있다. 만약에 그가 더 적극적으로 정토왕생의 길을 수용했더라면 그의 개혁 운동이 훨씬 더 대중성을 띠게 되었을 것이다. 이 점에서 지눌의 개혁 운동은 가마쿠라 신불교에서 도겐(道元)이 차지하는 위치와 매우 흡사한 반면, 호넨(法然)이나 신란(親鸞), 니치렌(日蓮) 등이 전개한 대중불교 운동에는 미치지 못했다.

둘째로는 제도적 한계가 있었다. 지눌은 선문구산(禪門九山)을 중흥시키고—나중에 조계종(曹溪宗)의 형성으로 이어짐— 선풍(禪風)을 새로이 진작시키는 데는 큰 공헌을 했지만, 시대의 혼란과 현실적 고통에 대처하는 그의 결사 운동은 끝내 개인의 수도(修道)를 중시하는 수도원 중심적 성격을 벗어나지 못했다. 수선사가 승속(僧俗)의 구별을 초월한 결사 운동으로 출발했으나 대중성의 결여로 인하여 문도(門徒) 중심의 강력한 자발적 종교공동체의 형성으로까지는 나아가지 못한 것이다.

셋째로, 지눌의 선(禪) 사상은 기존의 불교운동—선(禪)이든 교(教)이든—에 대한 철저한 거부나 혹은 독창적 해석으로까지 나아가지는 못했다. 그의 사상이 지니는 융합적이고 회통적(會通的)인 성격은 개혁 사상이 지니는 예리한 대립성과 저항성을 약화시켰고, 결국은 기존 종교체계 내에서 순기능적 역할을 하게 만들었다.

---

21 普照法語, 140; "惑談道 惑修禪 安居頭陀 依佛律"이라 하고 있다.

마지막으로 정치적인 한계를 들 수 있다. 나말여초의 선불교 세력이 결국 태조 왕건에 의한 신왕조 수립에 정치적으로 긍정적인 역할을 하게 하여 국가불교의 일부로 흡수되고 말았듯이 지눌의 결사 운동도 애초 의도와는 달리 이미 수선사 제2세 진각국사 때로부터 무신정권과 밀착되어 그 개혁적 성격은 흐려지게 되었다. 수선사 운동을 지원한 최 씨 무신정권은 그 사회적 성격상 새로운 사회질서를 구축하지는 못했다. 예컨대 봉건질서를 구축하기 시작한 13세기 가마쿠라 막부(幕府)와는 성격을 달리하는 것이었다. 라이샤워 교수의 지적대로 후자가 지방의 농민과 농토에 기반을 둔 반면, 전자는 넓은 농장을 소유하고 조(租)를 거두어들였으나 토지를 직접 관리하거나 군대를 그곳으로부터 모집하지는 않았다. 그들은 주로 무능하고 부패한 중앙 관료체제 내의 군사적 압력단체로서 존속할 뿐이었다.[22] 이에 따라 무신정권의 비호를 받은 지눌의 결사 운동도 새로운 사회질서의 형성에 관계된다기보다는 오히려 기존 사회질서의 테두리 내에서의 수도원적 개혁 운동으로 머물게 되었다고 보인다.

하나의 개혁 운동으로서 지눌의 결사 운동이 지닌 이상과 같은 한계점들은 천태종(天台宗) 내의 개혁 운동인 원묘구사 요세(圓妙口師 了世)에 의하여 주도된 만덕사(萬德寺)의 백련사(白蓮社) 운동에도 적용될 수 있다. 본래 요세(了世)는 지눌의 정혜 운동에 가담했던 사람으로서 후에는 천태사상(天台思想)에 입각하여 독자적인 길을 걸었다. 그는 1232년에 만덕사에 보현도량(普賢道場)을 열고 1236년에 백련결사문(白蓮結社文)을 발표했다. 그는 지눌의 돈오점수와는 달리 참회멸죄(懺悔滅罪)와

---

22 E. O. Reischauer and J. K. Fairbank, *East Asia: The Great Tradition* (Boston: Houghton Mifflin Co., 1958), 423.

'정토구생'(淨土求生)을 강조했다. 고익보(高翊普) 교수의 지적대로, 지눌의 선 사상이 대상으로 하는 사람들이 적어도 지해(知解)라도 가진 상근기(上根機)의 사람들이라고 할 것 같으면 요세의 백련사 결사는 막중한 죄를 지어 자력으로는 해탈할 길이 없는 가련한 범부중생(凡夫衆生)을 대상으로 했다는 점에서 그 대중성에 있어서는 진일보했다고도 볼 수 있다.23 그러나 실제 백련사의 행법(行法)을 보면 그의 '참회멸죄'란 법화경(法華經) 제28보현품(普賢品)에 입각한 법화삼매(法華三昧)를 닦아 참회멸죄하여 보현보살(普賢菩薩) 등을 득견(得見)하는 법화삼매참(法華三昧懺)으로서, 그 자신 '장년의 법화참(法華懺)'을 닦았다고 한다. '정토구생'(淨土求生) 또한 칭명염불(稱名念佛)에 의한 왕생(往生)을 목적으로 한 것이라기보다는 천태(天台)의 정토사상인 약심관불(約心觀佛)이었다. "시심시불"(是心是佛)의 사상에 기초한 것이다.

이렇게 본다면, 요세가 가르친 행법도 결코 대중적 이도(易道)나 타력 신앙이라고는 볼 수 없으며 오히려 범부들이 부지런히 닦아야만 하는 길인 것이다. 천태종의 개혁 운동이요 같은 법화 운동이면서도 니치렌(日蓮)의 법화 운동이 지녔던 대중성과 매우 대조적이라고 할 수 있겠다. 지눌의 개혁 운동에 자극을 받아 시작된 천태종 내에서의 개혁 운동인 백련사 결사는 사상의 대중성이나 창의성에 있어서 결코 종래의 불교와 대비해볼 때 새로운 길을 개척했다고는 볼 수 없을 것이다. 더군다나 백련사 운동은 충렬왕(忠烈王) 때부터 개경의 묘련사(妙蓮寺)로 그 중심권이 옮겨지면서 왕권과 밀접한 관계를 지니고 귀족불교화했음을 기억해야 할 것이다.24

---

23 고익보, "圓妙國師 了世의 白蓮結社," 불교사학회 편, 『高麗後記佛教展開史研究』 불교학 연구 4 (서울: 民族史, 1986), 121-122.

24 고익보, "白蓮社의 思想傳統과 天頙의 著述問題," 불교사학회 편, 『高麗後記佛敎展開史

IV. 결론

종교가 생명력을 유지하기 위해서는 시대와 더불어 부단한 자기 개혁이 필요하다. 삼국시대에 불교가 이 땅에 들어온 이래 불교는 중앙집권적 왕권의 강화라는 역사적 명제(命題)와 운명을 같이하게 되었다. 특히 신라 왕조는 불교를 이용하여 왕실의 권위를 높이고 애국심을 고취하는 등 불교를 호국의 정신적 지주로 간주했으며 이러한 경향은 고려에 와서도 변함이 없었다. 왕실과 귀족들의 경제적 지원을 받은 불교는 국가종교로서의 자신의 위치를 당연시하며 일반 대중들의 삶으로 들어가 포교하려는 의지보다는 국가를 위한 호국불교적 행사를 위주로 하거나 승려들 개인의 수도(修道)에 만족하게 되었다. 이것이 한국 불교의 지배적 성향이었다. 이와 같은 국가불교로서의 확고한 위치는 고려 말기에 와서 흔들리기 시작했으며 드디어 왕조의 교체와 더불어 불교는 종전에 지녔던 모든 특권을 박탈당하고 탄압받게 되었다. 확고한 신앙을 기반으로 하여 재가 신도들의 삶 속에 뿌리를 두지 못했던 국가불교 1500년의 역사가 아무런 저항도 없이 쉽게 무너져버린 것이다. 국가에 의해 건설됐던 불교가 국가에 의해서 해체되는 운명을 맞게 된 것이다. 이와 같은 맥락에서 볼 때 우리가 고찰해 본 두 가지 불교 내의 개혁 운동은 매우 중대한 의미를 지닌다고 볼 수 있다. 사회의 지배계층과 밀접히 관련되어 있던 불교 교단에서 개혁적 변화가 일어난다는 것은 어디까지나 사회적 변혁기에만 가능한 일이었다.

우리는 이와 같은 변혁기로서 나말여초(羅末麗初)와 고려 중기의 무신 집권기에 특별히 주목하였고 양시기(兩時期)에 일어난 불교 내의 새

硏究』 불교학연구 4 (서울: 民族史, 1986), 177-189 참조.

로운 운동의 성격을 고찰해 보았다. 두 시기 모두에 있어서 한국 불교 사상(佛敎史上) 중대한 변화가 일어났음이 분명하다. 하나는 선불교(禪佛敎)의 수입과 정착이요 다른 하나는 수선사 운동(修禪寺 運動)을 중심으로 한 선불교의 중흥과 조계종(曹溪宗)의 성립이다. 그러나 이미 지적한 대로 두 운동 모두 선불교가 지니는 사상적 한계성으로 인하여 대중성과 창의성에 있어서 결코 전통적 불교의 한계를 철저히 극복하는 데까지 이르지는 못했다고 본다. 역사에서 가정이란 금물이지만, 이 두 번의 기회에 한국 불교 내에서 가마쿠라 신불교에 준하는 좀 더 근본적인 변혁이 일어났더라면 아마도 조선조에서 불교가 겪어야 했던 불행을 면할 수 있었을지도 모를 일이며, 유교 이념으로 경직되고 획일화된 조선조의 역사 속에서 불교는 종교적·사상적 그리고 사회적 다양성과 창의성에 크게 공헌할 수 있었을는지도 모른다.

역사의 연구는 무엇이 왜 일어났는가를 밝히는 일도 중요하지만 때로는 어떤 것이 왜 일어나지 않았는가를 밝혀볼 필요가 있다. 전자는 과거를 이해하는 데 도움을 주지만 후자는 더 미래지향적 관심의 물음이기 때문이다. 본 논문은 그 '어떤 것'이 한국 불교사(韓國佛敎史) 속에서 일어나기는 했으나 한국 불교 내에 진정한 변화와 창의성을 가져다주기에는 커다란 근본적인 한계와 제약성이 있었음을 살펴보았다. 그러나 한국 불교의 사상적 다양성과 창의성의 결핍이나 제약성의 문제는 앞으로도 다각적인 관점에서 끊임없이 조명되어야 할 문제라고 생각한다.

한국 불교 수행(修行) 전통에 대한 일고찰

I. 한국 불교의 수행 전통

한국 불교는 삼중의 이분적 구조를 지니고 있다. 첫 번째 이분적 구조는 출가 스님들과 재가 신도들의 구분으로서, 이와 같은 구분은 석가모니불 이래 불교의 유구한 전통이며 일본을 제외한 세계 불교계의 공통적인 현상이다. 두 번째 이분적 구조는 출가 스님들 사이에서 발견되는 것으로서, 한편에는 수행에 정진하고 있는 스님들이 있는가 하면 다른 한편으로는 공부하는 스님들을 돕기 위하여 사찰의 유지와 제반 사무를 관장하는 외호에 주력하고 있는 스님들이 있다. 그리고 세 번째로는, 공부하는 스님들 가운데서도 강원(講院)을 중심으로 하여 경전의 공부에 주력하는 스님들이 있는가 하면, 이와는 달리 선원(禪院)에서 조실 스님의 지도 아래 참선에 정진하는 스님들이 있다. 두 번째의 이분적 구조, 즉 정진하는 스님과 외호에 주력하는 스님들의 구분은 승가라는 스님들의 공동체가 성립되기 위하여 어느 정도는 불가피한 업무상의 구별이기도 하나, 한국 불교의 경우는 그 이상의 의미를 지니는 현상이다. 주지하는 바와 같이 조선조의 불교 탄압 정책으로 인하여 불교는 산중불교화되다시피 하였다. 그런 가운데서 양반들의 가렴주구와 온갖 착취로부터 사원을 보호하고 유지하기 위하여 전력을 다하는 이른바 사판승 그리고 세상과의 관계를 완전히 차단하고 개인의 수도에만 전념하는 이판승의 구별이 생기게 되었다. 이와 같은 전통이 아직도 남아 있어서 승가의 이분적 구조를 비교적 뚜렷하게 하고 있다. 그러나 이러한 구조보다도 더욱 중요한 것은 세 번째의 이분적 구조, 즉 공부하는 스님들 가운데서 보이는 경전 공부와 참선의 구별이다.

　서산대사 휴정은 당시의 수행자들이 4가지 공부에 전념하고 있음을 언급하고 있다. 즉 간경(看經), 참선(參禪), 염불(念佛) 그리고 비밀주(秘密呪)의 4종 수행이다.[1] 이 가운데 비밀주는 그다지 중요한 수행 방법은 아니었던 것 같다. 진허팔개(振虛捌開)의 『삼문직지』(三門直指, 1769)와 같은 책이 말해 주듯이 조선조 후기의 한국 불교 수행자들의 주요 관심은 간경(圓頓門)과 참선(經截門)과 염불(念佛門)이었던 것 같다. 그러나 염불은 자심정토(自心淨土)와 자성미타(自性彌陀)를 말하는 휴정에서부터 이미 선 수행의 한 방편으로 간주되었으며, 실제로 하나의 독자적인 수행 방법이라기보다는 하근기를 위한 참선의 보조적인 역할에 불과했다고 볼 수 있다. 이렇게 보면 결국 간경과 참선이 한국 불교 수행자들 가운데서 공부의 주요 대상이 되어 왔음을 알 수 있다. 사실 한국 불교계는 신라 말과 고려 초의 구산선문(九山禪門)의 확립 이래 선과 교로 양분

---

1 『청허당집』(淸虛堂集), (서울: 보련각), 제2권, 140.

되어 오면서 스님들의 공부 또한 선학과 교학 혹은 참선과 간경의 두 가지 흐름을 형성하게 된 것이다.

그러나 선학과 교학, 참선과 간경은 결코 오늘날 한국 불교에서 동격의 위치를 차지하고 있는 것은 아니다. 교학은 어디까지나 선학을 위한 준비 단계이지 그 자체가 목적으로 간주되지는 않으며, 강원에서의 경전 공부는 선원에 나아가기 이전에 거쳐야 할 단계로서 이해되고 있다. 이것은 현재의 한국 불교가 경전 공부나 교학을 포함하면서도 어디까지나 선 위주의 불교로 되어 있기 때문이다. 이와 같은 선교겸학(禪敎兼學)과 사교입선(捨敎入禪)의 전통은 궁극적으로는 보조국사 지눌의 사상에 기인하는 것으로서 서산대사 휴정 이후에 한국 불교의 확고한 전통으로서 자리 잡게 되었다. 본고는 조선조 불교에서 거의 절대적인 위치를 차지하는 서산의 사상을 중점적으로 고찰한 후 그것과 보조 사상과의 관계를 살펴봄으로써 한국 불교의 수행 전통과 그 정신을 이해하는 한 계기로 삼고자 한다.

서산대사 휴정은 조선조 불교사에서 중심적인 위치를 차지하고 있는 인물이다. 17세기 이래 대부분의 고승은 선(禪)이든 교(敎)이든 휴정의 법맥을 이은 자들이다. 연산군 때에 이미 승과제도의 폐지로 말미암아 선과 교의 구별이 점차 약화되었으나 휴정 이후로는 이와 같은 구별이 더욱더 무의미하게 되었고, 한국 불교는 교학을 종(從)으로 하고 선을 주(主)로 하는 선 위주의 불교로 자리 잡게 되었다. 선승으로서의 휴정이 선교양종판사(禪敎兩宗判事)가 되었다는 사실 자체가 이미 선의 우위성을 말해 주는 것이다. 그러나 불교가 이미 쇠퇴기에 들어가 있던 휴정의 시대에도 선과 교의 대립은 아직도 승려들 사이에서 끊임없는 논쟁거리가 되고 있었다. 그리하여 휴정은 이 문제에 대하여 『선가귀감』(禪家龜

鑑),『선교석』(禪教釋),『선교결』(禪教訣)과 같은 그의 저서들에서 자신의 태도를 밝혀야만 했다. 선교석 자체에 실려있는 이야기에 의하면, 휴정이 교를 백관에 비유하고 선을 천자에 비유하자 교학을 공부하는 5, 6명의 스님이 크게 못마땅해하며 휴정의 말이 분에 넘고 도가 지나치다고 했다는 것이다.[2] 더욱이 휴정이 그의 선교석의 저술을 끝냈을 때 유정(惟政) 등 제자 3인이 그것을 받아서 선과 교의 추종자들 사이에서 돌려 보았다고 한다. 하루는 50여 명의 선과 교의 스님들이 모여서 선교에 대한 논쟁을 벌였다고 하며, 휴정은 후에 이 논쟁을 자신의 『선교석』의 발문으로 삼게 하였다.[3]

이러한 사실들은 휴정의 시대에도 선과 교의 대립이 심상치 않게 승가의 주요 관심사가 되고 있었음을 증명해 주는 예라 하겠다. 젊은 시절에 지녔던 선교양종판사로서의 그의 화려한 경력과 높은 지위, 84년의 긴 생애를 통하여 그가 끼친 인격적 감화와 지도력, 임진왜란을 통하여 그가 펼쳤던 구국 활동과 선조와의 각별한 관계, 이 모든 것들이 휴정으로 하여금 당시 불교계에서 독보적 권위를 지니게 했다. 그리고 그가 밝힌 선교에 대한 입장과 수행 이론은 그 후 그의 문도들에 의하여 충실히 계승되면서 오늘날까지도 한국 불교의 지배적인 전통을 형성하고 있다.

다까하시는 『이조불교』(李朝佛教)에서 휴정의 업적과 역사적 위치에 대하여 다음과 같이 평하고 있다.

"스님은 이조 불교계의 제일 영웅으로서, 그것을 교리로부터 보아도 그는 종래 여러 파로 나뉘어 있던 교계를 그 교관으로써 통일하여 스님 이후의 조선

---

2 같은 책, 제4권, 319.
3 같은 책, 322.

불교는 말하자면 西山宗이라고도 말할 수 있다. … 스님이 출현하여 크게 禪과 教는 二體가 아니고 教는 佛語, 禪은 佛心, 佛語는 입문이며 밝은 눈을 지닌 참다운 불자는 결국 나아가서 佛心을 잡지 않으면 안 된다고 사자후를 발한 이래 점점 승계의 권위가 되고, 教와 禪의 다툼은 거의 결정되었으며 教禪兼修이면서도 坐禪見性을 가지고 最終大事로 삼는 조선 특유의 한 종파가 되기에 이른 것이다."[4]

이제 선과 교의 관계를 중심으로 하여 휴정의 사상을 살펴보기로 한다.

II. 유언(有言)과 무언(無言)

모든 불교가 진리를 깨닫고 전함에 있어 언어의 불충분성과 왜곡성을 말하고 있지만, 그 가운데서도 선불교만큼 철저하게 말과 개념을 불신하고 언어적 진리를 초월하고자 하는 노력을 보인 불교는 없을 것이다. 선불교의 최고 목표는 언어에 의하여 매개되지 않고, 매개될 수도 없는 진리를 직접적으로 체험하려는 데에 있다. 역설적인 표현이지만 선불교는 이러한 면에서 부처님의 말씀으로서의 불교조차 초월하려는 불교 아닌 불교라고도 말할 수 있을 것이다. 휴정은 선과 교의 차이를 다음과 같이 밝히고 있다.

"선은 부처님의 마음이요 교는 부처님의 말이다. 교는 有言으로부터 無言에 이르는 것이요 선은 無言으로부터 無言에 이르는 것이다."[5]

---

4 高橋亨, 『李朝佛教』 (東京: 寶文館, 1929), 389.

이 짤막한 말로써 휴정은 우선 선과 교의 차이성보다는 오히려 근본적인 일치성을 말해주고 있다. 선이든 교이든 그 근본 목표는 모두 무언의 진리를 지향하고 있으며, 다만 이 목표를 추구하는 방법만이 유언과 무언의 차이가 있다는 것이다.

휴정에 의하면 선과 교는 모두 부처님 자신에 근원을 두고 있는 것으로, 그들이 추구하는 진리는 일미(一味)의 법이다. 따라서 선과 교 사이에는 어떤 근본적인 갈등도 존재할 수 없다. 선과 교를 무언의 진리라는 공동 목표를 향한 두 가지 길로 봄으로써 휴정은 교의 참다운 본질을 드러냄과 동시에 궁극적으로는 교를 선의 세계로 이끌어 들이려는 의도를 나타내고 있다. 휴정은 다음과 같이 말한다.

"조사들이 나타나서 부처와 법에 집착하는 견해를 물리친 것은 교를 비방하려는 것이 아니라 교의 참뜻을 드러내려는 것이었다."[6]

따라서 교의 참다운 의의는 역설적으로 그 자체를 넘어서서 무언을 지향하고 있다는 데 있다. 달을 가리키는 손가락으로서〔標月指〕의 교의 참다운 본성은 오로지 자기 부정과 자기 초월을 통해서만 실현된다는 것이다. 이것이 뜻하는 바는 결국 교는 선에 있어서 그 완성을 본다는 것이다.

이처럼 선과 교가 공동의 기원과 목표를 지녔다 하더라도 그 목표에 도달하는 방법에 있어서는 차이가 있다. 교는 언어를 가지고 출발함에 비하여 선은 처음부터 언어를 배제하고자 한다. 따라서 무언에서부터 무언으로 이르고자 하는 선에 있어서는 목적과 방법이 동일하다는 것이

---

5 <淸虛堂集>, 제4권, 260면.
6 같은 책, 제4권, 301면.

다. 이것은 결국 휴정이 자주 강조하듯이 선은 어떠한 방법도 허락하지 않는다는 것을 뜻한다.7 그렇다면 과연 선에서는 어떻게 범부들이 이 말 없는 진리에 도달할 수 있는가 하는 질문이 생긴다. 이에 대한 휴정의 대답은 선불교의 전통적인 대답이다. 즉, 무언의 진리란 우리가 앞으로 도달해야 할 우리 밖에 있는 어떤 목표라기보다는 우리가 이미 갖고 있으며, 그 안에 살고 있는 그러한 진리라는 것이다. 이름도 없고 형상도 없으며, 말이나 생각으로 미칠 수 없는 이 진리는8 곧 우리 자신의 '본래면목' 혹은 '천진한 면목'이라는 것이다.9 무언의 진리는 이미 우리 자신의 존재 자체이기에 우리가 잃어버리거나 새삼스럽게 얻을 수 있는 것도 아니요, 볼 수 있거나 깨달을 수 있는 것도 아니다. "어떻게 스스로 자기의 눈을 볼 수 있으며 자신의 마음을 깨달을 수 있겠는가"10 그렇기 때문에 누구든 이러한 무언의 진리에 대해서 무엇인가 해 보고자 하는 것은 처음부터 불필요한 짓이다. 따라서 "부처와 조사의 출현은 바람 없는 곳에 일어나는 물결과도 같다"고 휴정은 말한다.11

무언의 진리는 부처도 조사도 필요 없는 세계이며, 범부와 성인의 구별도 없는 세계이며, 무엇인가 구할 것도 버릴 것도 없는 세계이다. "중생심(衆生心)을 버리려 하지 말고 다만 자기 성품을 더럽히지 말지니, 정법(正法)을 구하는 것이 바로 잘못이다. 버리는 것과 구하는 것이 모두 더럽힘이다.12

휴정은 또 다음과 같이 말하고 있다.

---

7 같은 책, 289-290. 301.
8 법정 역, <선가귀감> (서울: 홍법원, 1971), 46.
9 <청허당집>, 302. 304. 307.
10 같은 책, 322면.
11 <선가귀감>, 28-29.
12 같은 책, 99.

"그러나 우리의 正法 가운데는 凡聖의 二見이 모두 그릇된 것이요 魔佛의 二道 또한 그릇된 것이다. 범부와 성인이 없다는 알음알이 역시 그릇됐고 魔와 佛이 없다는 알음알이도 역시 그릇되다. 佛法은 본래 空인고로 空으로써 다시 空을 얻을 수 없는 일이요, 佛法은 본래 얻는 바가 없는 고로 얻는 바 없음으로써 다시 얻는 바 없음을 얻을 수도 없음이다."[13]

여기서 우리는 어떠한 인위적인 행위나 알음알이도 거부하면서 말없는 진리의 순수성을 지키려는 휴정의 노력을 볼 수 있다. 부정의 길조차도 여기서는 또 하나의 장애가 되어 버리는 것이다. 진리로 하여금 진리이게끔 하여라, 이것이야말로 휴정에 의하면 선의 참다운 정신이다. 그러나 이것만이 선의 모든 것이라 할 것 같으면 그 누구도 선의 세계에 들어갈 수 없으며 —이미 들어가 있다는 것을 모르는 자는— 선과 교는 결코 만날 수 없는 두 길일 것이다. 선과 교가 모두 무언의 진리라는 동일한 목표를 향한다고 하더라도 선에서 교로 통하는 길도 없을 것이며, 교에서 선으로 통하는 길은 더더군다나 없을 것이다. 그러나 이것은 휴정이 보는 선-교관은 아니다. 선과 교의 길이 비록 다르다고 할지라도 양자는 서로를 필요로 하는 보완관계에 있다고 휴정은 보고 있다. 무언의 진리를 '불법'이니 '심'(心)이니 혹은 '일물'(一物)이니 부르는 것 자체가 이미 무언의 순수성을 파괴하는 것임을 휴정은 잘 알고 있다. 그러나 이 무언의 진리를 어떤 이름으로라도 부르지 않을 것 같으면 그것을 알 길이 없으므로 하는 수 없이 그것을 말로써 표현할 수밖에 없다는 것이다. "無言으로부터 無言에 이른즉 사람들이 얻을 수 없는 고로 억지로 말하여 마음이라 한다."[14] 이것이 휴정에 의하면 교가 필수 불가결한 이유다. 교

---

13 <청허당집>, 제4권, 286.

는 무지한 자들을 위한 방편인 것이다.

이 방편으로서의 교는 진리 자체인 법과 그것을 깨닫는 인간에 관한 것이다. 그러나 법은 여러 뜻을 지니고 있고 인간은 다양한 근기를 지니고 있기에 방편을 배제할 수 없다.[15]

휴정은 이 말을 더 부연해서 다음과 같이 설명한다.

"법은 불변(不變)과 수연(隨緣)의 뜻을 지니고 있으며 인간은 돈오와 점수의 근기를 지니고 있다. 따라서 문자와 언어의 시설(施設)을 방해하지 않는다. 이른바 '공적으로는 바늘 하나도 허용되지 않으나 사적으로는 수레도 다닐 수 있다'는 것이다. 중생이 아무리 본래부터 원만하게 이루어졌다 하지만 천생으로 지혜의 눈이 없어서 윤회를 달게 받는 고로 만약 세간을 뛰어넘는 금칼이 아니라면 누가 무명의 두꺼운 껍질을 벗겨 줄 것인가."[16]

불변진여(不變眞如)와 수연진여(隨緣眞如), 돈오(頓悟)와 점수(漸修)는 교의 진수로서 휴정은 그것을 선이 사용하는 필연적인 방편으로 말하고 있다. 그러나 휴정에 의하면 교의 문제는 사람들이 이러한 교의 방편적 성격을 깨닫지 못하고, 진리가 "배워서 알고 생각해서 얻을 수 있는 것"으로 오해하기 쉽다는 것이다.[17] 그리하여 그들은 "이름에 집착하여 알음알이를 일으킨다"는 것이다.[18] 이것이 교의 필요성에도 불구하고 언어를 초월하는 선이 필요한 까닭이다. 교는 언어를 초월할 수 없기 때

---

14 같은 책, 260.
15 <선가귀감>, 32.
16 같은 책, 33.
17 <청허당집>, 260.
18 <선가귀감>, 37.

문이다. '지해'(知解)라는 두 글자는 불법에 큰 방해가 된다고 휴정은 말한다.[19] 지해는 "개념에 집착하여 알음알이를 일으킴으로써" 우리를 진리로부터 소외시키며 진리와의 완전한 일치를 방해한다. 이른바 소증진여(所證眞如)와 능증지체(能證智體)와의 괴리, 인식 주체와 객체와의 분리가 생긴다는 것이다.[20] 그리하여 우리가 지해를 통하여 진리를 알는지는 모르나, 이러한 진리는 어디까지나 나의 밖에 있는 대상적 진리이지 나의 진리는 못 된다는 것이다. 이것이 휴정에 의하면 지적 이해를 추구하는 교학의 근본적인 문제이다. 교에서도 요컨대 돈교(頓敎)는 한 생각도 남이 없고 모든 것이 사라져 의지할 것이 없는 세계를 말하고 있지만 바로 이렇게 한 생각도 남이 없다는 알음알이 자체가 장애가 되기 때문에 "본래부터 한 생각도 없는" 선문(禪門)의 비밀스러운 뜻과는 다르다고 한다.[21] 다른 말로 할 것 같으면, 교 역시 무언(無言)의 진리를 추구하는 것은 사실이나 교는 바로 그 구하는 행위 자체의 자취를 지울 수가 없는 반면에, 선은 마치 하늘에 나는 새와 같이 자취를 남기지 않는다는 것이다.[22]

이와 같은 교의 근본적인 한계와 관련하여 휴정은 또 하나의 교의 약점을 말하고 있다. 교는 말과 지적 이해를 통하여 진리에 접근하기 때문에 그러한 이해를 추구하는 사람의 실존적 변화를 가져올 만한 힘을 지니지 못한다는 것이다.

휴정은 다음과 같이 말한다.

---

19 같은 책, 235.
20 <청허당집>, 315.
21 같은 책, 314.
22 같은 책, 315.

"말을 배우는 사람들은 말할 때는 깨친 듯하다가도 경계를 대하게 되면 그만 미혹된다. 이른바 말과 행동이 서로 다르다는 것이다."[23]

교학을 하는 사람들은 진리를 자기 자신 안에서 찾지 않고 문자 속에서 찾으려 한다. 따라서 그들이 이해하는 진리는 그들을 변화시킬 힘이 없는 것이다. "경을 보는 것이 만약 자기를 향한 공부가 아닐 것 같으면 비록 온 대장경을 다 보았다 하더라도 아무런 이익이 없을 것이다."[24]

결론적으로 말해 휴정에 의하면 교는 타인으로 하여금 무언의 진리를 깨닫도록 하는 도움이 필요한 필수 불가결의 한 방편이다. 그리하여 교는 법(法)의 불변(不變)과 수연(隨緣), 인(人)의 돈오와 점수를 말해준다. 그러나 동시에 교의 근본적 한계도 분명히 인식되어야 한다. 그렇기 때문에 수행자는 무언의 진리가 지니는 해방적 힘을 경험하고자 한다면 교를 버리고 선으로 나아가야 하는 것이다. 그리하여 휴정은 공부하는 사람들을 위하여 다음과 같은 중요한 지침을 제시하고 있다.

"그러므로 배우는 이는 먼저 부처님의 참다운 가르침으로써 불변과 수연의 두 뜻이 자기 마음의 성(性)과 상(相)이며 돈오와 점수의 두 문이 자기 수행의 시작과 끝임을 자세히 가리고 나서 그 후에 교의 뜻을 내버리고 오로지 자기 마음에 뚜렷이 드러난 한 생각을 붙잡아 선지(禪旨)를 참상(參詳)한다면 반드시 얻는 바가 있을 것이다. 이른바 몸을 빼어 살 길이다."[25]

이것이 교에서 시작하되 필경 교를 버리고 선으로 들어가는 사교인

---

23 <선가귀감>, 86.
24 같은 책, 148.
25 같은 책, 58.

선(捨教人禪)의 원리이다. 휴정은 누구나가 모두 이와 같은 순서를 따라야 한다고는 생각하지 않는다. 매우 뛰어난 근기의 사람은 처음부터 교의 공부를 건너뛰고 직접 참선을 할 수도 있다고 한다. 그러나 중근기와 하근기의 사람은 결코 교학을 건너뛰어서는 안 된다는 점을 분명히 하고 있다.[26] 그들은 여실언교(如實言教)와 더불어 시작해야 하는 것이다. 우리는 휴정의 선교관에 대한 이상의 고찰을 다까하시의 다음과 같은 예리한 통찰로 끝맺고자 한다.

"그렇다면 서산대사가 선교의 구별을 인정하지 않는다고 하는 것은, 말을 바꾸면, 불도가 일대사를 구명하는 데에 있어서 교의 독립적 가치를 인정하지 않고 단지 선의 예비문으로서 그것을 보고, 따라서 선으로써 교를 포섭시키려고 했으며, 「선가구감」, 「선교석」, 「선교결」을 보아도 처음에는 교를 배척하는 선인(禪人)의 잘못을 들고 교에 의하여 먼저 여실(如實)의 지견(知見)을 세우고 난 후에 선에 나아가야 한다고 말하면서 종국에는 참다운 불법은 선문(禪門)에 의해서만 닦을 수 있다고 결론을 내린다."[27]

III. 휴정과 지눌

우리는 지금까지 휴정의 사상을 그의 선교관을 중심으로 하여 고찰해 보았다.

선의 우위를 확보하면서도 교를 배격하지 않고 수용하는 이러한 선

---

26 같은 책, 59.
27 <이조불교>, 394-395.

주주종(禪主敎從)적인 사교입선의 접근 방식은 역사적으로 볼 때 이미 보조국사 지눌에 의해서 확립된 수행 체제였다. 지눌은 당시 선교의 다툼과 갈등을 해결하고자 고심하던 중 이통현의 『신화엄경론』(新華嚴經論)을 읽고 화엄에도 선과 같은 돈오의 문이 있음을 깨닫고 감격하여 원돈신해문(圓頓信解門)이라는 화엄적 돈오의 길을 제시했다. 그럼으로써 그는 화엄을 선으로써 포섭하려 했다. 그뿐만 아니라 휴정이 말하는 돈오와 점수의 길 또한 수행의 기본적 원칙으로서 보조에 의하여 수립되었다는 것 또한 잘 알려진 사실이다. 그러나 지눌은 결코 원돈신해문과 같은 교학적인 돈오의 길에 만족하지 않고 일체의 언로(言路), 이로(理路), 사로(思路)가 끊기는 무언의 진리를 직접적으로 증득하는 경절문을 수립했다. 지눌에 의하면 원돈신해문은 결코 지해(知解)의 병을 극복할 수 없으며, 이러한 결함을 극복하기 위해서는 화두를 참구하는 간화선(看話禪)이 필요함을 역설했다. 그리하여 그는 『간화결의론』(看話決疑論)에서 간화선을 옹호하며 그 이론적 근거를 밝히고자 했다.

결국 지눌에 있어서도 순수 선으로서의 경절문과 화엄의 돈오문 사이에는 교외(敎外)와 교내(敎內)라는 근본적인 차이가 존재한다. 휴정의 표현을 빌리자면, 선은 무언에서 무언에 이르는 것이요, 교는 유언에서 무언에 이르려는 것이다. 다만 한 가지 다른 점은 지눌이 선의 개념을 훨씬 더 넓게 사용하여 그 안에 원돈신해문까지도 포함시키고 있는 반면에 휴정은 주로 간화선만을 선으로 말하고 있는 것 같다. 이러한 현상은 지눌을 이어 수선사 제2세가 된 진각국사 혜심에게서부터 이미 나타난 경향으로서, 참선이라 하면 일반적으로 화두를 참구하던 휴정 당시의 일반적인 관행을 반영하는 것이라 하겠다.

지눌과 휴정은 모두 선을 공부하려는 사람들은 모름지기 여실언교(如實言敎)에 입각하여 자신이 깨달아야 할 진리와 자신이 걸어가야 할 수행의 길에 대하여 먼저 명확한 이해를 지녀야 함을 강조하고 있다. 불법에 대한 아무런 이해도 없이 참선한다면서 암중모색을 하는 치선(痴禪)을 단호히 배격한 것이다. 적어도 아주 뛰어난 상근기(上根機)의 수행자가 아니고서는 누구든지 먼저 교학으로부터 시작해야 한다. 그러나 교를 통해서 얻은 깨달음은 필연적으로 지해의 병을 떨쳐버리기 어려운 고로, 수행자는 반드시 화두를 참구하는 선문으로 나아가야 한다는 것이다.

지눌과 휴정은 이와 같은 사교인선의 수행 원칙 외에도 선의 방편으로서의 염불, 돈오점수의 사상, 원돈문과 경절문과의 대비, 돈교와 경절문과의 대비, 불변진여와 수여진여의 개념, 지해병의 문제, 교학자의 병과 선학자의 병 등 많은 핵심적인 사상에 있어서 공통점을 보여주고 있다.

오늘날 조계종의 종조(宗祖) 문제를 둘러싸고 많은 논의가 진행되고 있다. 현대 한국 불교의 형성에 미친 휴정의 중요성은 모든 학자에 의하여 공통적으로 인식되고 있으므로 휴정이 과연 누구의 법맥을 계승했는가에 문제의 핵심이 있다고 하겠다. 법맥과 사자상승(師資相承)에 관한 휴정의 법맥은 부용영관(芙蓉靈觀)과 벽송지엄(碧松智儼)을 거쳐 벽계정심(碧溪正心)까지는 거슬러 올라가나 그 이전의 법맥은 분명치 못한 것이 사실이다. 그렇기 때문에 휴정의 법맥을 보조 지눌이나 태고 보우에게 연결 지으려는 노력은 그 어느 것도 무리 없이 되기는 어려운 형편이다.

조선조 초기의 불교계는 극심한 법난으로 인하여 혼란에 빠졌으며, 벽계정심은 성종과 연산군 때에 법난을 당하여 머리를 기르고 거의 속인과 다름없이 산에 살았다고 한다. 아마도 이와 같은 상황에서 그의 법통의 계보에 대한 전승은 망각되어 휴정이 벽송지엄의 행장을 쓰던 당시에는 겨우 정심의 이름 정도가 기억되고 있었고, 그 이전의 법맥에 대해서는 별로 전하여진 것이 없었던 것이 아닌가 생각된다.

만약 이와 같은 것이 사실이라고 할 것 같으면 휴정의 가풍과 법맥을 이어온 오늘날 한국 불교 조계종의 종조 문제는 더 이상 단순히 법통의 문제로서만 고찰될 것이 아니라 새로운 시각에서 조명되어야 할 것이다. 이러한 새로운 시각 중의 하나는 오늘날 조계종의 수행 방법과 철학이 과연 어떠한 특징을 지니고 있으며 이 특징이 언제 누구에게서 발견될 수 있는가를 고찰하는 일일 것이다. 이렇게 볼 때 현대 한국 불교의 수행 전통은 더 가까이는 서산대사 휴정에, 더 궁극적으로는 고려 중엽에 정혜결사 운동을 펼쳐 부패한 불교계의 개혁을 주도하고 선과 교를 포섭한 수행 체계를 수립한 보조국사 지눌에 그 근원을 두고 있다고 주저 없이 말할 수 있을 것이다.

민중불교, 선(禪)
그리고 사회윤리적 관심

최근 들어 한국 불교계에는 민중불교(民衆佛教)라는 하나의 새로운 운동이 전개되어 오고 있다. 기독교에서의 민중신학과 마찬가지로, 민중불교는 지난 20여 년 동안 군사독재 정권 치하에서 겪은 한국 민중의 고통스러웠던 사회적 경험에 근거를 두고 있다. 민중불교는 이러한 사회적 경험에 대한 불교적 성찰에서 비롯된 소산이다. 또한 민중불교는 민중들이 겪었던 정치적 압제, 경제적 착취, 그 밖에 여러 가지 불의들을 불교적으로 성찰해 봄으로써 전통적 불교 교리의 의미를 새롭게 재해석하려는 것이다. 하지만 민중불교는 단순한 성찰이나 재해석에서 그치는 것이 아니라, 집권자들에 의해서 박탈된 민중의 권리를 옹호하고, 불의에 항거해 싸우는 적극적인 사회적 실천을 결행하고자 하는 운동이다.

민중불교는 부당한 사회체제에 항거할 뿐만 아니라 기성의 전통불교에도 도전한다. 그리고 한국의 전통불교가 몰역사적이었으며 사회윤리적 관심사에 대해서 냉담했다고 비판한다. 민중불교에 의하면 한국의 전통불교는 사회에 존재하는 심각한 악의 세력들을 너무나 자주 도외시해버렸고, 민중의 고통을 희생으로 삼는 지배계층의 이익을 무비판적으로 지지해 왔다고 한다. 민중불교는 사회의 기득권자들과 승단(僧團)의 전통적 권위에 도전하면서, 정치적 자유와 사회적 정의를 위한 투쟁에 한국의 불자(拂子)들이 능동적으로 참여할 것을 요구한다. 민중불교는 아직 걸음마 단계에 머무르고 있지만 이미 독자적인 특징의 일단이 드러나고 있다.[1]

1. 민중의 고통이 본질적으로 사회정치적인 것임을 강조한다. 그리고 주관적 마음의 태도에 고통의 원인을 돌리는 문제의 '관념적 해결'을 거부한다.

2. 한국 불교의 국가지향적 성격, 즉 정치권력에 무비판적으로 합법성을 부여하고 지지를 보내는 소위 '호국불교'(護國佛敎)를 강력히 비판한다.

3. 한국의 전통불교가 소홀히 해왔으며, 그래서 결여되었다고 여겨지는 역사의식 및 사회의식을 강조한다.

4. 이런 점에서, 한국 전통불교의 주류인 선(禪)이 개인의 주관적 마음의 태도에 지나친 관심을 두는 데 대하여 비판적 경향을 띤다.

5. 소승불교에 대해서, 대승불교적 전통이 지금껏 보여온 평가보다 훨씬 긍정적으로 평가한다. 특히 이상적 사회공동체로서 승가(僧伽)의 역할을 강조한다.

6. 자본주의의 해악을 강조하고 불교적 이상사회(理想社會)로서 특히

---

1 일반적으로 민중불교에 관해서는 「실천불교」 제4권(1987); 呂益九, 『민중불교입문』 (서울: 풀빛, 1985) 그리고 金鍾燦, "80年代의 민중불교운동," 「新東亞」 (6月, 1987)를 참조.

미륵불의 불국정토(佛國淨土)를 제시한다.

이러한 특징들을 갖는 민중불교가 한국 불교사의 매우 중요하고 새로운 발전을 보여주는 것이긴 하지만, 한국 불교계의 다수 구성원을 설득하기에는 아직도 해결해야 할 많은 숙제를 안고 있다. 이 논문은 그러한 숙제들 가운데 하나를 검토해 보려고 한다. 이 문제는 민중불교가 사회적 실천을 강조하는 새로운 불교해석을 시도하는 데서 해결하지 않으면 안 될 문제이다. 즉, 그것은 선(禪)과 사회윤리적 관심사의 관계성에 관한 문제이다. 제기되는 문제는 다음과 같다. 삶의 세속적 관심으로부터 우리를 초탈하게 하는 선의 깨달음이 적극적인 사회윤리적 실천과 양립할 수 있는 것인가? 현대사회에서 부딪히는 사회윤리적 문제들에 대해서 선은 우리가 열정적인 관심을 갖도록 그리고 나아가 실천에 참여하도록 동기를 부여할 수 있을까? 공(空, śūnyatā), 즉 선의 세계관이 우리의 사회윤리적 관심을 무의미하게 만들거나 방해하지는 않는다고 하더라도 최소한 적극적인 윤리적 실천을 약화시키지는 않을까? 이러한 문제는 선이 한국의 전통불교의 핵심을 이루어 왔다는 사실을 감안해 볼 때 매우 중요한 문제로 등장한다. 민중불교가 한국 불교의 주류와 완전히 결별하기로 결정하지 않는 한 ―앞에서 언급했듯이 이미 그런 경향이 나타나고 있는 것이 사실이다― 사회적 윤리적 실천에 대해서 선(禪)이 지닌 긍정적 요소를 보여줄 수 있어야 한다. 그러나 불행하게도 필자는 이 중요한 문제에 대해서 깊은 이론적 관심을 보여주는 민중불교의 사상가를 찾아보기 힘들었으며 이 문제를 다루는 데 있어서 그들 자신의 견해를 참고하기가 어려웠다. 따라서 필자는 기독교나 서구 사상과의 대화 과정에서 이 문제에 대해 지대한 관심을 보여 온 일본의 교토(京都)학파 불교 사상가들의 견해를 참고하면서 논의를 진행하고자 한다.

이 논문의 서두에서부터 분명히 해두고 싶은 것은, 필자가 다루려고 하는 문제는 선불교인(禪佛敎人)들이 사회적 실천을 적극적으로 수행하고 있느냐 아니냐 하는 사실적인 문제와는 아무런 관련도 없다는 점이다. 이 논문에서 우리가 갖는 관심은 순전히 이론적인 문제이다. 그러면 우리가 관심을 두는 문제를 좀 더 자세하게 논의해 보기로 하자. 깨달음의 체험이 선(禪)의 핵심을 이루는 것이 사실이라면, 이러한 체험들이 우리들의 삶에 관한 윤리적 문제들과 어떻게 관련을 맺고 있는 것일까? 이를테면, 선사(禪師)들은 참선을 통해서 얻게 된 정신적 평화와 자유를 손상하지 않으면서도 정치적 압제, 경제적 착취, 인종적 갈등 등의 여러 가지 사회 문제들에 대해서 진지한 관심을 가질 수가 있을까? 다시 말해서 '선에서 정신적 자유와 윤리적 신앙이 양립할 수 있는가' 하는 문제이다.

이러한 종류의 문제는 유독 선불교(禪佛敎)에만 국한되는 문제가 아니다. 종교가 단순히 윤리로만 환원될 수 없는 한 그리고 모든 종교가 조금이라도 초월적 종교체험을 추구하는 한, 초월적 경험과 세속적 사회에서의 윤리적 관심 사이에 어떠한 관계가 존재하는가 하는 문제는 하나의 회피할 수 없는 문제로 등장한다. 이러한 문제는 초세간적이며 초역사적 형태의 구원을 추구하는 종교들에서 가장 첨예한 양상을 띠고 나타난다. 세계종교들의 경제적 윤리에 관한 유형적 연구로 유명한 막스 베버는 종교가 추구하는 성스러운 가치들이 일상적 세계의 경제적 행위에 어떠한 영향을 끼치는가를 알아보려 하였다. 베버의 견해에 의하면 이 세상적 금욕주의(inner-worldly asceticism)를 지향하는 종교들과는 달리, 신비적 경향을 띠는 종교들에서는 종교적 행위와 세속생활에서의 경제적 활동과의 사이에 좁힐 수 없는 간격이 존재한다는 것이다.

성스러운 가치나 구원의 수단이 명상적이거나 주신제(酒神祭) 같은 탈아적 (脫我的) 성격을 띠는 도사적(道師的) 종교에서는, 예외 없이 종교와 일상적 세계의 실재적 행위 사이를 잇는 가교(架橋)를 찾아보기 힘들다. 그러한 종교인들에게서는 경제적 행위는 물론 세속에서의 모든 행위는 종교적으로 열등한 것으로 간주되며, 세속적 행위를 위한 어떠한 심리적 동기도 초월적 가치를 소중히 여기는 태도로부터 유발될 수가 없다. 그 내적 본질에 있어서, 명상적이거나 탈아경(脫我境)을 찾는 종교들은 특히 경제적 생활에 적대적이었다.[2]

물론 본 논문에서 우리가 갖는 관심은 경제적 행위가 아니라 사회윤리적 행위이다. 그렇긴 하지만 베버의 관점을 적용해서, 깨달음이라는 선(禪) 체험이 세상에서의 사회윤리적 행위를 위하여 어떠한 심리적 동기를 얼마만큼 촉발시킬 수 있는가를 우리는 물어볼 수 있을 것이다.

불교와 기독교 간의 대화에서 교토학파를 대표하는 학자 중의 하나인 아베 마사오(Abe Masao) 교수는, 불교와 기독교에 있어서 종교와 윤리 사이의 관계와 관련해 다음과 같이 말하고 있다.

윤리적 명령이 아무리 강하다 할지라도 실제로 그것을 완벽하게 수행하기는 어렵다. 오히려 선(善)과 악(惡)의 딜레마라는 갈등 속으로 빠져들 수밖에 없는 것이다. 인간은 본질적으로 윤리에 의해서 완벽하게 규제되고 제어될 수 없는 존재다. 바로 이것이 윤리의 영역을 넘어서 종교의 차원으로 들어갈 수밖에 없는 이유이다. 윤리의 한계와 그 안에 내포된 딜레마는 불교와 기독교가 모두 똑같이 인식하고 있다. … 기독교는 윤리의 한계와 딜레마 그리고 그것에 대한 종교적 해결을 전선(全善)하며 전능(全能)한 신(神)의 절

2 H. H. Gerth and C. W. Mills (eds.), *From Max Weber* (New York: Oxford University Press, 1946), 289.

대성(絕對性)의 입장에서 파악한다. 이런 관점에서 볼 때, 인간의 윤리적 실패라는 맥락에서 제시된 종교적 해결은 종교적 차원이긴 하지만, 여전히 선과 악의 문제라고 하는 윤리적 차원에로의 지향성을 갖고 있다. 반면에 불교는 인간 윤리의 붕괴를 무시무종(無始無終)의 업(業)이라는 관점에서 파악하고, 그것의 종교적 해결을 선(善)도 아닌 무아(無我)를 깨닫는 데서 찾는다. 불교는 문제의 해결을 전선(全善)한 신(神)을 믿는 데서 찾는 것이 아니라, 선악(善惡)에서 완전히 자유로운 자신의 본성(本性)을 깨닫는 데서 찾는다. 이런 시각으로 보면 불교는 근본적으로 존재론적 성향을 띠는 반면, 기독교는 근본적으로 윤리적 성향을 띤다고 할 수 있을 것이다.[3]

여기서 우리는 다음과 같은 질문을 할 수 있을 것이다. 불교의 문제해결이 과연 윤리적 문제 그 자체에 대한 해결책이라고 할 수 있을까? 불교의 '존재론적 성향', 즉 '선도 악도 아닌 무아(無我)의 깨달음'은 윤리적 문제를 해결했다기보다는 융해(融解)시켜버린 것은 아닐까?

깨달은 경지에서 보고 살아가는 세계는 세계를 있는 그대로(yathā-bhūtam) 보는 무분별지(無分別智, nirvikalpa-jñāna)로 인식하는 공(空, śūnyatā), 즉 진여(眞如, tathatā)의 세계이다. 공(空)은 일상적 분별지(分別智)로 보거나 언어나 개념으로 인식하는 세계가 아니며 개념적 분별과는 무관한 세계이다. 정(正)과 사(邪), 선(善)과 악(惡), 미(美)와 추(醜), 열반(涅槃)과 생사(生死), 불타(佛陀)와 중생(衆生), 그밖에 세상을 특징짓는 모든 대칭적 개념들은 실재(實在, śūnyatā)에서는 아무런 근거도 없는 미

---

3 Masao Abe, "The Problem of Evil in Christianity and Buddhism," *Buddhist-Christian Dialogue*, ed. by Paul O. Ingram and Frederick J. Streng (Honolulu: University of Hawaii Press, 1986), 146-147.

혹된 마음의 소산에 지나지 않는다. 공(空)은 사물의 진실한 존재방식을 의미한다. 사물에는 고정불변하는 자성(自性, svabhāva)이라는 것이 없으며, 모든 사물은 상대적이다. 공의 지혜로 보면 A는 A가 아니고 B는 B가 아니다. 공은 형식논리의 가장 기본적 규칙인 동일률(同一律)을 무시한다. 그래서 공의 세계에서는 문자(文字)도 명제(命題)도 판단(判斷)도 무시된다. 모든 윤리적 개념이나 판단들은 정신적 망분별(妄分別)에 지나지 않는다. 그러므로 다음과 같은 의문이 필연적으로 일어난다. 여하한 고정된 관념이나 입장도 완전히 떠난 공(空)이 어떻게 진지한 윤리적 관심과 실천을 수용할 수 있겠는가? 공의 초월적 지혜는 우리들의 모든 도덕적 확신과 실천들을 무의미하고 공허하게 만드는 것은 아닐까? 아베 마사오 교수는 이러한 문제를 분명하게 인식하고 있으며, 스스로 다음과 같은 물음을 던지고 있다.

> 기독교와는 달리, 불교는 현대과학이나 허무주의로부터 소외되어 있지 않으며, 그 자신의 종교성을 잃지 않고서도 절대무(絕對無), 혹은 "자연"(自然, jinen)의 원리에 입각해서 현대과학이나 허무주의를 포용할 수가 있다. 반면에 불교는 다음과 같은 어려운 문제에 직면할 수밖에 없다. 자유의지를 가졌으며, 그래서 악을 저지를 가능성을 가졌으므로 "자연"과는 구별되는 "인격체"로서의 인간을 어떻게 설명할 것인가? 불교는 윤리적 행위의 책임과 인간의 사회적 역사적 행위의 근거를 어디에서 찾을 수 있는가? 불교는 옳음과 그름, 진실과 거짓, 선과 악 등의 인간적 가치에 분명히 관심을 갖고 있다. 그럼에도 불구하고 불교가 선악의 문제를 다룰 때는 그 선악의 문제를 순전히 윤리적 문제만으로 다루는 것이 아니라, 선악분별의 원천으로 간주되는 분별심(分別心)의 문제로 다룬다. … 윤회의 문제, 선악의 문제 모두가 결국에는 분별심(分別心)과 무지(無知, avidyā)의 문제로 귀착된다. 비분별적(非

分別的) 지혜와 자연(自然, jinen)을 가르치는 불교 교리는 아직 자유의지의 문제나 윤리적, 역사적 행위의 문제를 충분히 다루어 보지 않았다.[4]

그러나 공(空)의 세계는 전적인 부정(否定)의 세계일 뿐만 아니라, 동시에 경험 세계의 온갖 차별들이 온전히 살아 있는 전적인 긍정(肯定)의 세계이기도 하다. 색(色)은 곧 공(空)이고, 공(空)은 곧 색(色)이다. 생사(生死)가 곧 열반이요 열반이 곧 생사이다. 사물들이 명경(明鏡)에 비추어 나타나듯이 모든 다양한 존재들이 공(空) 안에서 진여(眞如)로 나타난다. 선(禪)이 일상적 삶으로부터의 도피를 찾는 단순한 세계 부정적 종교가 아닌 이유가 바로 여기에 있으며, 바로 여기에 선사(禪師)들이 평상심이 도(道)라고 말하는 근거가 있는 것이다. 진여에는 변하지 않는 불변진여(不變眞如)의 측면이 있을 뿐만 아니라 사물들의 다양한 조건에 따라 변하는 수연진여(隨緣眞如)의 측면이 있다. 전자는 언설(言說)을 떠난 공적(空寂)의 세계이고, 후자는 소용(所用)으로서 긍정되며 언설로 표현 가능한 역동적 세계이다. 그렇다면 사회윤리적 관심이 경이로운 이 수연진여의 세계에서 그 존재론적 근거를 확보할 수 있겠는가? 불성(佛性)의 신비한 작용이 도덕적 실천을 공허하고 무의미하지 않게 할 수 있겠는가? 우리는 이러한 물음에 대해 얼핏 '그렇다'는 긍정적 대답을 할 수 있을 것 같이 보인다. 그러나 좀 더 깊이 성찰해 보면 이번에는 전과는 또 다른 이유로 인해서 윤리가 다시 설 자리를 잃게 됨을 알 수 있다.

첫째, 깨달음에 의해 있는 그대로 긍정된 일상의 세계는 우리 중생이 그 많은 괴로운 도덕적 갈등을 안고 경험하는 세계와는 분명 같을 수가

---

4 Masao Abe, "Buddhism and Christianity as a Problem of Today," Part II, *Japanese Religions*, Vol. 3, No. 3 (Autumn 1963), 29-30.

없다는 사실이다. 왜냐하면 깨달음의 지혜로 긍정되는 세계는 부정에 즉(卽)한 긍정, 열반에 즉한 생사윤회, 공(空)에 즉한 색(色)이기 때문이다. 그렇다면 선사(禪師)들이 과연 범인들이 겪는 것과 꼭 같은 양식으로 도덕적 갈등을 겪으며, 공(空)의 지혜로 해탈하지 못한 우리가 역사적 현실 속에서 겪는 고통을 똑같이 겪는지가 의문이다. 각자(覺者)의 경지는 고통에 괴로워하는 중생들과는 달리 삶의 가혹한 현실을 공(空)이나 영원의 차원(sub specie aeternitatis)에서 보고 있는 것이 아닐까? 그들의 혜안(慧眼)은 이데올로기의 대립, 군사적 대치, 인종 간의 갈등, 종교적 반목 그리고 도덕적 고발 등으로 갈갈이 찢긴 이 세상의 무자비한 현실(factum brutum)을 적나라하게 경험할 수 없도록 하는 것 같다. 아마도 선사들은 바로 이러한 심각한 갈등들이 존재하기 때문에 그 갈등들이 궁극적인 것이 아니라 상대적인 것임을 깨달아 과열된 역사의식을 식혀주는 초월적인 공의 지혜가 필요한 것이라고 주장할 것이다. 진정 그럴지도 모른다. 하지만 여전히 의문은 남는다. 선적(禪的) 깨달음의 경지에 우리와 똑같은 강도의 괴로움과 정열과 확신을 수반하는 윤리적 관심이 존재할 수 있을까? 공(空)은 곧 색(色)이다. 그러나 이때의 색은 우리 범상한 인간들이 치열한 생존경쟁에서 직면해야만 하는 바로 그러한 적나라한 색이 아니다. 이때는 이미 초월적 지혜에 의해서 번뇌가 희석되어 버리고 상대화되어 버린 그런 색이다. 교토학파의 중요한 학자인 니시타니 케이지(西谷啓治)는 심신탈락(心身脫落: 깨달음의 체험에 대한 道元의 표현)을 이룬 선사(禪師)가 어떻게 이 다양성의 세계를 향유할 수 있는가를 논한 뒤, 다음과 같은 의미심장한 문제를 제기한다.

소위 우리가 말하는 '역사'라고 하는 것이 어떻게 이와 같은 종류의 '시간'의 결과로 설명되는 것이 가능한가 하는 의문은 여전히 남아 있다. 이 문제는 바로 시간과 관련된 역사성(historicity)의 문제이다. 아무리 사물을 심신탈락(心身脫落)의 관점으로 보려 해도 인간의 역사는 몸과 마음이 탈락되지 않은, 진리의 길에 눈멀어 끊임없이 환상에서 헤매는 인간의 세상에서 일어나고 있다. 인간은 공(空)을 통해서 해탈할 수는 있지만, 그러나 그때의 해탈이란 어디까지나 개인적 차원의 문제다. 인간사회는 개인의 구제 여부와는 상관없이 역사 안에서 부침한다. 그렇다면 특히 공(空)이라고 하는 불교적 관심이 초역사적이거나 혹은 몰역사적인 것은 아닌지 물어볼 필요가 있다. 일반적으로 그렇다고 이해되고 있다. 역사라는 용어를 지금 현재 이해되고 있는 의미로 쓸 때, 불교 안에서 역사의식은 충분히 전개되지 않은 채로 남아있다. 대승불교가 전개되는 어떤 과정에서, 생사 즉 열반(生死卽涅槃)이라는 관점이나 특히 보살도에 관한 논의에서 역사에 대한 문제가 제기되었으리라고 생각해보는 것은 매우 자연스러운 일이다. 그러나 그런 문제는 제기되지 않았다. 그 이유가 어디에 있는 것일까? 불교 안에서 역사에 대한 문제가 제기되지 않은 이유를 더듬어 찾아보는 작업은 오늘날의 우리에게 참으로 중요한 일이지만 내가 지금 여기서 착수할 과제는 아니다.5

공(空) 철학의 대가인 니시타니 케이지가 역사에 관해서 진지한 관심을 두는 것은 분명 매우 의미 있는 일이다. 그러나 불행하게도 그는 스스로 명백하게 제기한 이 질문에 대해서 아무 데서도 만족할만한 답변을 제시하고 있지 않다. 본 논문은 '불교 안에서 역사에 대한 문제가 제기되지 않는 이유를 더듬어 찾아보는' 바로 그 시도의 하나인 것이다.

역동적인 수연진여(隨緣眞如)의 세계에 선적(禪的) 긍정이 사회윤리

---

5 Keiji Nishitani, *Religion and Nothingness*, trans. by Jan Van Bragt (Berkeley: University of California Press, 1982), 201.

적 관심에 존재론적 근거를 마련하지 못하는 또 하나의 이유가 있으며 이것은 앞서 말한 이유보다 훨씬 중요하다. 둘째 이유는 세상에 대한 선적(禪的) 긍정의 성격과 관련되어 있다. 선(禪)이 진실로 일상적 삶의 다양한 활동들을 종교적으로 의미 있는 것으로 긍정하고 받아들인다고 하더라도, 문제는 그 긍정이 무차별적 긍정이라는 사실이다. 세상에 대한 부정이 '전적이며 무차별적인 부정'(全揀)이듯이 긍정도 '전적인 긍정'(全收)이다. 역동적 수연진여(隨緣眞如)의 선(禪) 세계에서는 선악, 생사, 미추 등 모든 것이 예외 없이 불성(佛性)의 소용(所用)으로 받아들여져야만 한다. 왜냐하면 색(色)은 그것이 어떤 색(色)이든 간에 공(空)이며, 공(空)은 그것이 어떤 공(空)이든 간에 색(色)이기 때문이다. 그러므로 세상을 향한 선적(禪的) 긍정에서는 어떤 부류의 색(色)은 긍정하고 다른 어떤 부류는 부정할 길이 막혀있다. 선(禪)은 모든 것을 부정하든지 아니면 모든 것을 긍정해야 한다. 선은 또한 긍정과 부정을 동시에 할 수 있는 어떠한 원리나 근거도 마련할 수가 없는 것이다. 이 세상을 향한 무차별적 긍정은 근원적으로 색과 공, 생사와 열반, 긍정과 부정을 전적으로 동일시하는 즉(卽, soku)의 논리에서 유래한다. 프란시스 쿡(Francis Cook)은, 니시타니의 사상에 초점을 맞추어 불교와 기독교의 대화에 기여한 책인 한스 발덴펠스(Hans Waldenfels)의『절대무』(絶對無)에 대한 서평에서 니시타니의 공(空) 철학을 다음과 같이 높이 평가하고 있다.

> 니시타니의 저술들은 공(空)과 역사(歷史) 사이의 관계를 불교적으로 명백히 이해하고 있다는 점에서 중요하다. 그는 공(空)이며 절대무(絶對無)이며 초월적 해탈인 불교적 '彼岸'이 사실은 '절대적 此岸'이라고 하는 전통적 입장을 완벽하게 보여주고 있다. 이러한 주장은 절대무(絶對無), 즉 공(空)이 역사적이며 연기적(緣起的)인 실제 세계와 다르지 않다고 하는 불교적 이해

를 잘 반영한 것이다. 바로 이러한 동일성(同一性) 때문에 공(空)을 깨달은 사람은 철저히 역사 안으로 함입(陷入)되어 '彼岸'이 바로 '此岸'이라고 하는 진리를 깨달음으로써 역사에 헌신하고 있는 자신을 발견하는 것이다.6

그러나 우리가 볼 때는 바로 이 색과 공, 차안과 피안 사이의 절대적 동일성(同一性)이야말로 선(禪)이 진지한 역사적 선택과 실천을 하지 못하도록 막고 있다. 왜냐하면, 깨달은 선사(禪師)의 눈에 모든 색(色)이 공(空)으로 비친다면 윤회하는 경험 세계는 어떤 부분은 악(惡)으로서 부정하고 다른 어떤 부분은 선(善)으로서 선택할 근거를 그는 어디에서 찾을 수 있겠는가? 차안과 피안의 전적인 동일시(同一視)는 세상의 모든 것을 무차별적인 긍정으로 이끌 뿐 아니라, 이상과 현실, 규범과 실제 사이의 긴장을 무너뜨림으로써 윤리적 행위를 비판할 초월적 기준을 상실하게 하는 것이다. '사물을 있는 그대로' 받아들이기를 강조하는 니시타니의 철학에 관해서 발덴펠스는 다음과 같이 비판한다.

그러나 사물을 있는 그대로 보는 관점은 그가 보살도에 호소하고 있음에도 불구하고, 자신의 저술이 완전하게 담지 못하고 있는 또 다른 예민한 문제점을 노정한다. 즉, 이 세상의 많은 것이 본래 의도된 대로 있지 않으면서 있는 그대로 있다는 사실이다. 존재하는 것과 존재해야만 하는 것 혹은 존재할 수도 있는 것 사이의 차이가 문제인 것이다. 여기서 있는 그대로의 사물이 있는 그대로의 사물을 단순히 인식하는 것 그 이상의 무엇을 요구하고 있지나 않은지 하는 의문이 제기되는 것이다. 주목할 바는 '있는 그대로의 사물'로 예

---

6 Francis H. Cook, "Reflections on Hans Waldenfels' Absolute Nothingness," *Buddhist-Christian Studies*, Vol. 2 (1982), 139.

를 들고 있는 대개가 산과 강, 새와 꽃, 태양과 달 등의 자연물이라는 사실이다. 그러나 사회 속에 살고 있는 인간에게 있어서 '있는 그대로의 사물'이란 기아(饑餓)와 전쟁, 불안한 평화, 사회적 불의, 정치적 불안, 공해(公害) 등은 물론, 기계, 전기, 원자력, 인조제품, 위조품 등과 같은 것이다. 변화가 기대되는 이 세상에서 무아(無我)의 가르침은 그 자체로서는 의심할 여지 없는 호소력을 가진다. 그러나 무아(無我)가 사람들을 세상이라는 시정(市井)의 한복판에 내팽개쳐 둘 수 있는 것일까? 이 세상의 인간과 모든 생명, 즉 고통받는 중생들을 위한 자비는 어디에 있는가? 구제의 손길은 어디에서 찾아야 하는가? 이러한 종류의 질문은 그 대답이 뻔하거나 피상적인 것으로 들릴 수도 있다. 그럼에도 불구하고 이러한 질문에 대해서 공(空)의 철학, 특히 자주 운위되는 즉(即)의 공식에서 이해된 (空) 철학은 대답을 해야 할 책임이 있다.7

선(禪)은 실로 자유롭게 '전적인 긍정의 길'(全收門)과 '전적인 부정의 길'(全揀門)을 따를 수 있다. 그런데 선의 주요한 딜레마는 바로 여기에 놓여있다. 선이 전적인 부정의 길을 달릴 때는 우리들의 윤리적 관심이란 미혹된 마음의 발로에 지나지 않는다. 반면에 선이 전적인 긍정의 길을 향할 때면 모든 행위는 선이든 악이든 있는 그대로 불성(佛性)의 작용으로 긍정되며 받아들여져 선택의 기준을 상실한다. 조선왕조의 건국에 결정적 역할을 했으며 열렬한 신유학자(新儒學者)이자 신랄한 배불론자(排佛論者)였던 정도전(鄭道傳)은 이미 오래전에 이 딜레마를 분명하게 인식하고 있었다. 그는 「불씨잡변」(佛氏雜辯)에서 세상을 향한 불교의

---

7 Hans Waldenfels, *Absolute Nothingness: Foundations for a Buddhist-Christian Dialogue*, trans. by J. W. Heisig (New York: Paulist Press, 1980), 117.

태도에 대해서 다음과 같은 비판적 통찰을 하고 있다.

불교도들은 공적 영지(空寂靈知)의 [불성]이 연(緣)에 따르면서도 불변(不變)한다고 말한다. 그러나 그 가운데는 소위 이(理)가 갖추어져 있지 않다. 그러므로 세상사에 직면했을 때 그 일에 걸리는 자가 그것을 제거하려 하고 그 일에 통달한 자는 그것에 따르고 좇는다. 그들의 끊고 제거함은 본래부터 잘못된 것이며, 또한 따르고 좇는 것도 잘못이다. 그들은 상황에 따라 자유롭게 행동하며 불성(佛性)에 맡겨 소요(逍遙)한다고 말한다. 그들은 모든 것이 저절로 되도록 따를 뿐이며 그것들의 옳고 그름을 다시 따져 그것에 의해 처신하지 않는다.[8]

정도전은 세상에 대한 부정적 태도뿐만 아니라, 정신적 자유와 자연스러운 행위라는 이름 아래서 모든 것을 수용하는 태도에 대해서도 비판하는 것이다. 그는 도(理, 空)와 구체적 사물(器, 현상) 사이의 관련성에 대한 불교의 관점을 논할 때도 똑같은 생각을 적용해서 비판하고 있다.

불교도들은 도(道)와 기(器)가 혼잡될 수 없는 것임을 알고 있다. 즉, 그들은 도(道)와 기(器)를 구별하여 두 가지 [범주]로 삼는다. 그리고 말하기를 존재하는 어떠한 상(相)도 모두 허망(虛妄)하다고 한다. 만약 모든 상(相)을 상(相)이 아닌 것으로 본다면 여래(如來)를 본다고 한다. 반면에 중생들이 공적(空寂)에 빠지지 않고, 도(道)가 기(器)와 분리된 것이 아님을 알게 하기 위해서는 기(器)를 도(道)로 간주한다. 그리고 말하기를 선악(善惡)이 모두 심(心)이며 만법(萬法)이 모두 유식(唯識)이라고 하면서 모든 것을 따른다

8 高橋亨, 『李朝佛教』 (東京: 寶文館, 1929), 64에서 번역.

[긍정한다]. 무위(無爲)에 맡긴 채 미친 듯하고 방자(放恣)하여 하지 않는 일
이 없다.9

정도전에 따르면 불교는 간단히 말해서 도덕적 허무주의와 동시에
방탕주의의 잘못을 범하고 있다. 우리가 알고 있는 한 이런 신랄한 비판
에 대해 불교 쪽에서의 반응은 찾아보기 어렵다. 이러한 비판은 오늘날
까지도 여전히 효력이 있는 하나의 철학적 도전으로 보인다. 그러므로
선(禪)이 진지한 사회윤리적 실천과 양립할 수 없는 것이라는 비난을 받
지 않기 위해서는 이 문제에 대한 사려 깊은 선불교인들의 관심이 요청
된다고 하겠다. 특히 민중불교가 오늘날의 다른 모든 한국 불교와 함께
물려받은 유산인 선불교(禪佛敎)의 기치 아래 강력한 사회적 실천을 계
속하려면, 이 문제를 본격적으로 다루어야만 할 것이다.

공(空, śūnyatā)과 무아(無我, anātman)의 지혜가 불자(佛子)들의 삶에
서 마음속 깊이 뿌리박힌 이기심을 제어하는 데 결정적 힘이 되어 왔다
는 사실을 부인할 사람은 아무도 없다. 자아나 독립된 실체에 대한 관념
이 실제로는 아무런 근거가 없다는 사실을 우리에게 깨우쳐줌으로써 공
(空)의 지혜는 인간 이기심의 바로 그 근본을 색출한다. 그러나 그 공의
지혜가 구체적인 도덕적 갈등의 문제에 직면했을 때 우리에게 계속 그
갈등에 참여하며 견딜 수 있을 만큼 충분히 강력한 심리적 동기를 마련
해 줄 수 있는지는 의문이다. 공(空)의 지혜는 인간을 고통스럽게 만드는
모든 종류의 고정관념과 독선적 선입견으로부터 우리를 해방시켜 줄 수
는 있다. 하지만 그 지혜가 우리의 전적인 참여를 요구하는 어떤 특정한
도덕적 운동에 투신할 수 있는 동기를 줄 수도 있을까? 공(空)은 우리에

---

9 같은 책.

게 **무엇으로부터의 자유**는 줄 수 있겠지만, 진여(眞如, tathatā)의 이름 아래 모든 것을 무차별적으로 수용하는 것 외에는 **무엇을 위한 자유**는 줄 수 없는 것 같다.

여기서 고통받는 중생을 향한 보살(菩薩)의 자비(慈悲, karuṇā)를 강조하는 대승(大乘)이 어떤 도움이 될 수 있을까? 다음은 유명한 유마거사(Vimalakīrti)의 말이다.

> 문수사리(Mañjusrī)여, 나의 병(病)은 무명(無明)과 존재에 대한 갈망에서 오며, 모든 중생의 병이 다하지 않는 한 끝나지 않을 것이다. 모든 중생의 병이 다할 때 나의 병도 낫는다. 왜냐하면, 문수사리여, 보살에게 있어서 세상이란 다만 중생들로 되어 있으며, 병이란 세상의 삶에 본래부터 있는 것이기 때문이다. 모든 중생이 병으로부터 자유로울 때 보살의 병도 낫는다. 이를테면 문수사리여, 어떤 장자(長子)의 아들의 병이 낫지 않는 한 부모의 병도 낫지 않을 것이다. 이와 같이 문수사리여, 보살은 모든 중생을 외아들처럼 사랑한다. 중생이 아프면 보살도 아프고 중생이 나으면 보살도 낫는다. 문수사리여, 그대는 나에게 보살의 병이 어디에서 오는가를 물었다. 보살의 병은 대자비(大慈悲)에서 생긴다.[10]

이것은 확실히 보살의 자비심에서 우러나는 고귀하고 감동적인 이야기이다. 그러나 우리는 다시 한번 의문에 접하지 않을 수 없다. 왜냐하면 유마거사는 다시 다음과 같은 말을 하기 때문이다.

---

10 Robert A. F. Thurman (trans.), *The Holy Teaching of Vimalakirti* (University Park and London: The Pennsylvania State University Press, 1981), 43.

앓고 있는 보살은 다음과 같이 명심해야 한다. '나의 병이 실재가 아니며 존재하지 않는 것처럼, 중생의 병도 또한 실재가 아니며 존재하지 않는다'고. 보살은 이와 같은 성찰을 통해서 감상적 동정심에 빠지지 않고 중생을 향한 대자비(大慈悲, mahākarunā)를 일으킨다.[11]

공(空)과 자비(慈悲)는 양립할 수 있는 것인가? 공은 중생의 실재하는 고통을 위한 실재적인 자비심을 용해시키고 마는 것은 아닌가? 모든 병은 무지(無知)로부터 오는가? 자비는 어디에서 오는가? 자비심이 인간 본성 자체에 기초하고 있어서 무지가 사라지는 순간 자연스럽게 드러나는가? 공의 지혜에 근거하고 있는 불교의 자비가 사회윤리적 실천으로서 나타날 수 있는가? 이러한 의문들은 공(空)과 사회윤리적 실천 사이의 관계에서 야기되는 난제의 해결을 대승적 자비에서 찾으려 할 때 우리가 다시 한번 풀어야 할 심각한 문제의 일단이다.

---

11 Ibid., 46.

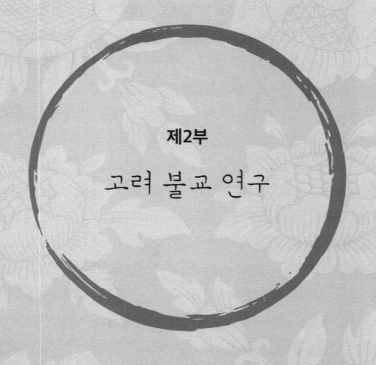

제2부

고려 불교 연구

고려시대의 승계제도(僧階制度)에 대하여
― 고려도경을 중심으로

I. 고려 태조와 불교

불교가 우리나라에 전래된 이래 왕실과 국가의 운명과 밀접한 관련을 가져왔다는 것은 잘 알려진 사실이다. 불교라는 새로운 종교가 들어오기 이전의 삼국시대 사람들은 천(天), 지(地), 일월성신(日月星辰), 산신(山神), 해신(海神) 등의 자연계를 지배한다고 믿어지는 제신(諸神)들을 섬기는 원시종교신앙을 갖고 있었으며, 또한 부족이나 왕족의 시조를 제사하는 종족주의적인 신앙을 갖고 있었다. 서력기원 3, 4세기경에 불교가 들어올 무렵에 즈음하여 삼국(三國)은 모두 부족연맹적인 정치체제를 벗어나서 강력한 중앙집권적인 고대국가를 형성하기 시작했다. 불교는 다분히 이러한 정치적 변화에 따라 종래의 종족주의적인 전통을 초월하여 하나의 보편주의적인 세계관과 윤리관을 제공함으로써 왕권을 강화하는 새로운 이데올로기로서 받아들여진 것이다. 따라서 불교는 처음부터 왕권과 밀착되어 상부상조적인 관계에서 성장해오게 된 것이다.

이러한 불교와 국가 간의 상호 의존관계를 가장 효과적으로 이용하면서 국가건설의 밑받침으로 삼은 것은 삼국 가운데서도 특히 신라였다. 신라는 반도의 동남쪽에 위치하여 대륙문화의 수입에 있어서 삼국 가운데서 가장 늦었지만, 정치·군사적으로는 오히려 이것이 이점(利點)이 되어 안정된 세력을 구축하면서 급기야 삼국을 통일하는 위업을 성취할 수 있었던 것이다. 불교의 수입도 고구려나 백제보다도 약 100여 년이나 뒤떨어졌었지만, 일단 어려움을 겪고 수용된 불교는 삼국의 정치·군사적 각축 선에 뛰어든 신라에 새로운 이념을 고취시킴으로써 신라가 승자로 등장하게 하는 데 적지 않은 공헌을 하게 되었다. 원광(圓光), 자장(慈藏), 의상(義湘), 원효(元曉)와 같은 고승 대덕의 애국적인 활동과 역할은 잘 알려진 사실들이다.[1] 또한 미륵신앙과 화랑도와의 깊은 관계도 이미 잘 밝혀진 사실이다.[2] 불교의 수용과 더불어 그 정치적·문화적 효험을 본 신라 왕조는 통일신라 이후에도 계속해서 불교를 국교(國敎)로 삼다시피 하여 숭상했으며 불교 또한 왕실의 비호 아래 크게 융성하게 된 것이다.

불교와 왕실과의 밀접한 관계는 고려왕조에 와서도 계속되었을 뿐만 아니라 사실 더욱더 강화되게 되었다. 고려의 태조 왕건은 그 자신이 독실한 불교 신자였던 것으로 보인다. 그가 남긴 유명한 훈요십조(訓要十條)에 의하면 그는 다음과 같은 유훈을 남겼다.

---

1 이 점에 관하여 江田俊雄, "朝鮮佛敎と護國思想: 特に 新羅時代のそれについて," 「朝鮮」 (1935년 4월호) 참조.

2 金庠基, "花郎과 彌勒信仰," 『李弘稙博士回甲記念韓國史學論叢』 (서울: 신구문화사, 1969) 및 趙愛姬, "新羅における彌勒信仰の研究," 金知見·蔡印幻 編, 『新羅佛教研究』 (東京: 山喜房佛書林, 1973) 參照.

나의 국가 대업은 반드시 제불(諸佛)의 호위해주는 힘에 의지하고 있다. 따라서 선(禪)과 교(敎)의 사원을 창설하고 주지를 파견하여 분향하고 수행토록 하며 각각 그 업(業)을 닦도록 하라(我國家大業 必資諸佛護衛之力 是故 創立禪敎寺院 差遺住持焚修 使之各治其業).3

실제로 태조는 연등회와 팔관회와 같은 불교 행사를 주최하며 승려들을 우대하고 수도인 개경과 지방에 수많은 사찰을 건립했다. 사찰의 건립은 신라말의 유명한 선사(禪師) 도선(道詵)의 풍수지리설의 원리에 입각하여 산천(山川)의 음양역순(陰陽逆順)의 이치에 따라 소위 '지덕'(地德)을 손상시키지 않고 국조(國祚)의 번창을 꾀하려는 의도에서 행하여진 것임을 알 수 있다.

여러 사원이 모두 도선(道詵)이 산수의 순역(順逆)을 추점하여 개창한 것이다. 도선은 말하기를 "내가 점정(占定)한 곳 이외에 함부로 창조하면 지덕(地德)을 손박시켜 조업(祚業)이 영구치 못하리라"고 했다(諸寺院 皆是道詵推占山水順逆而開創者也. 道詵云 吾所占定外 妄有創造 損薄地德 祚業不永).4

이 말에는 사찰을 함부로 건립하는 것에 대한 경고도 포함되어 있지만 동시에 사찰의 건립이 국가의 번영과 직결되고 있다는 생각도 반영한

---

3 李能和,『朝鮮佛敎通史』上 (서울: 民俗苑, 2002), 212로부터 인용. 훈요십조(訓要十條)가 후세에 날조된 것이라는 금서용(今西龍) 씨의 비판적인 견해도 있으나 대체로 태조(太祖) 자신의 뜻이 반영된 것으로 간주된다. 이 문제에 관하여 李丙燾,『高麗時代의 硏究』(서울: 을유문화사, 1948)의 금서용의 견해에 대한 비판을 참조할 것.
4 李能和,『朝鮮佛敎通史』.

다. 태조의 이와 같은 숭불(崇佛) 정책은 고려조를 통하여 불변하는 귀감이 되었으며 동시에 고려 불교의 성격을 결정짓는 근거가 되었다고 해도 과언이 아니다. 태조가 개인적으로 불교에 독실한 신앙을 가졌던 것은 사실로 보이나 그는 결코 불교를 어떤 초세간적(超世間的) 철리(哲理)나 교리(敎理)로서 이해했다기보다는 자신의 정치적 성공과 국가의 평안이라는 현세적 이익의 배후에 작용하고 있는 어떤 보이지 않는 힘으로 믿은 것이다. 고려 불교의 강한 현세성과 호국적 성격은 이미 태조가 세운 신앙 전통이고, 이러한 신앙에 입각하여 고려 왕실은 대대로 수없이 많은 불사(佛事)를 일으켰다.

우리가 본 고에서 검토하고자 하는 바는 이와 같은 고려왕조와 불교와의 긴밀한 관계 가운데서도 특별히 국가불교로서의 고려 불교의 골격을 이루다시피 한 승계제도(僧階制度)의 문제이다. 특히 예종(1106~1122) 때에 고려를 방문한 서극(徐兢)의 「고려원경」(高麗圓經)에 나오는 고려의 승계제도에 대한 관찰을 비판적으로 분석 고찰하며 여타 자료들을 통해 고려 승계제도의 형성과 발전을 지금까지보다 좀 더 분명히 구명해보고자 한다.

II. 관료제도로서의 고려 불교: 승계

1. 승계와 승직

승계(僧階)라는 것은 국가가 어떤 일정한 종교적 자격을 갖추었다고 인정하는 자에게 수여하는 **법계**(法階)로서 **승직**(僧職)과는 구별되어야 한다. 중국에 불교가 들어온 이후로 남북조시대에 이미 불교 교단은 국가의 행정적 관리와 정치적 감시하에 들어가게 되었으며 이에 따라 불교교단을 관장하는 행정기구와 그 직책도 생기게 되었다. 예를 들어 북조(北朝)에는 소현사(昭玄司)라는 기구에 사문통(沙門統)과 도유나(都維那) 등의 승직이 있었으며, 남조(南朝)에는 승정(僧正), 승주(僧主), 열중(悅衆), 승록(僧錄)과 같은 승직이 있었다. 또 당나라 시대에는 공덕사(功德使), 승록, 승정과 같은 승직이 있었음을 알 수 있다.[5] 우리나라에 와서는 신라 때에 국통(國統), 대통(大統), 도유나(都維那), 주통(州統), 군통(郡統) 등의 승직 제도가 있었으며[6] 고려시대에는 승계제도(僧階制度)와는 별도로 승록사(僧錄司)라는 기구 밑에 도승통(都僧統), 승정(僧正), 부승록(副僧錄), 도승록(都僧錄) 등의 승직을 두었다.[7] 이상과 같은 것들은 모두 승려들도 백성의 일부이므로 그들의 제반 활동을 행정적으로 관장할 세속적인 목적으로 설치된 승직(僧職)으로서, 그 직분을 맡은 자들은 대체로 승려들이었으나 반드시 그럴 필요는 없었다. 예컨대 당(唐)의 공덕사는 승려들이 아니라 일반 관료였다. 그러나 승계제도(僧階制度)는 이와 다르다. 승계는 종교적 수행(修行)과 덕(德)의 고하(高下)에 대한 평가에 따라서 국가에 의하여 승려에게만 주어지는 법계(法階)인 것이다. 이러한 근본적으로 종교적인 업무를 국가가 수행한다는 사실의 배후에는 종교와 정치, 국가와 승가(僧伽)와의 분리를 넘어서서 불교를 국가의 복지를 위한 필요불가결의 정신적 지주로 간주하는 사상이 깔려 있다. 이것은 고려와 같이 불교를 국가종교(國家宗敎, state religion)로 공인한 불교

---

5 K. Ch'en, *Buddhism in China* (Princeton: Princeton University Press, 1964), 253-257 참조.

6 李弘植, "新羅僧官制와 佛敎政策의 諸問題," 『白性郁博士頌壽記念 佛敎學論文集』 (서울, 1957) 참조.

7 李載昌, "高麗佛敎의 僧科·僧錄司制度," 『崇山朴吉眞博士還甲記念 韓國佛敎思想史』 (이리: 원불교 사상연구원, 1975).

사회에서만이 가능한 현상이다. 승계제도는 고려 사회에서 불교의 사회적 위치를 단적으로 반영해주는 제도이며, 이로써 불교는 막대한 세속적 권위를 부여받음과 동시에 완전히 국가 관료체제의 일부로 편입되어버리는 결과를 초래하게 되었다. 이조에 들어와서 불교의 정치적·사회적 격하와 더불어 승계제도가 폐지된 것은 중대한 역사적 의미를 지닌 현상이다. 고려에 와서 비로소 확립되게 된 승계제도는 불교의 한국 전래 이래로 오랜 기간에 걸쳐 왕권과 밀접한 관계를 갖고 성장해온 불교 발전이 가져온 필연적 귀결과 같은 것이었다. 또한 이것은 고려 사회의 불교화라는 적극적인 측면을 드러내는 한편 고려 불교의 세속화라는 문제를 동시에 안겨준 것으로, 결코 축복만은 아닌 영화였다고 할 수 있겠다.

2. 승계의 확립

고려 승계의 최하위인 '대덕'(大德)이라는 말은 이미 신라 때부터 사용되었다. 최치원 찬(崔致遠撰) 「신라해인사선안주원벽기」(新羅海印寺善安住院壁記)에는 선덕여왕 때 처음으로 중국에 다녀온 비구 지영(智穎)과 승고(乘固)를 발탁하여 대덕을 삼았다(擢爲大德)는 기록이 있다.[8] 여기서 대덕(大德)이라는 말은 다분히 어떤 직분, 즉 승직을 의미하고 있는 것 같다. 만약 그것이 일종의 법계(法階)라면 표현상 '뽑아 삼았다'(擢爲)는 것보다는 '수여'(授與)라든지 '가'(加)라는 표현이 더 적합했을 것이다. 대덕이라는 말은 그 후에도 나말여초(羅末麗初)의 금석문들 가운데서 종종 발견된다. 예를 들면, 경명왕(景明王) 8년(924)에 건립된 「봉림사진경대사보월릉공탑비」(鳳林寺眞鏡大師寶月凌空塔碑)의 "정법대덕여환"(政

---

8 「東文選」第六十四卷.

法大德如換),9 고려 태조 22년(939)에 세워진 「보리사대경대사현기탑비」 (菩提寺大鏡大師玄機塔碑)의 "정법대통윤연대덕윤행대덕"(政法大統尹然 大德潤行大德)10이라는 표현이 발견된다. 전자의 경우에는 대덕이라는 것이 하나의 승직(僧職)을 의미하는 것 같고, 후자의 경우에는 일종의 법 계(法階)를 의미하지 않나 생각된다. 추측건대, 대경대사비(大鏡大師碑) 는 고려 태조 22년의 것이므로 이미 고려에 와서는 대덕이라는 말이 승 직(僧職)에서 승계(僧階)의 의미로 전용되어 쓰이고 있지는 않나 생각해 볼 수 있다. 고려 광종(光宗) 때의 왕사탄문(王師坦文)의 비문에서, 그가 태조로부터 '별대덕'(別大德)이라는 법계를 받은 것을 볼 수 있다.11 이로 써 우리는 승계제도가 고려 태조 때부터 제정되기 시작한 것으로 추측할 수 있다.

그러나 태조 때에는 지금 우리가 알고 있는 고려의 승계는 아직 완성 되어 있지 않았다. 이것은 무엇보다도 태조 때에는 '대사'(大師)라는 칭호 가 법계의 하나로 쓰이지 않고 왕사(王師)까지도 포함하여 큰 스님을 일 컫는 일반적인 칭호로 사용되고 있는 것을 보아서 알 수 있다. 태조 때 세워진 스님들의 비명은 대부분 'XX대사'라고 쓰고 있다. 이러한 용법은 혜종(惠宗)과 정종(定宗) 그리고 광종(光宗) 때까지도 그대로 계속된다. 그러나 경종(景宗) 3년에 세워진 광종 때의 왕사(王師)요 국사(國師)인 탄 문(坦文)의 비 「보원사법인국사보승탑비」(普願寺法印國師寶乘塔碑)를 시초로 하여 예외 없이 왕사(王師)나 국사(國師)를 지낸 스님의 비명에는 대사(大師)라는 말을 피하고 있다. 그 대신 'XX왕사' 혹은 'XX국사'라고 쓰고 있다. 이것은 곧 대덕(大德), 대사(大師), 중대사(重大師), 삼중대사

---

9 「朝鮮金石總覽」 上, 99.

10 같은 책, 134.

11 같은 책, 226.

(三重大師)로 이어지는 승계(僧階)가 광종 때에 비로소 종비(宗備)된 것을 입증하는 것이다. 왜냐하면 일반적 존칭으로서의 대사가 승계의 대사로서 오해될 우려가 있었고, 따라서 왕사(王師)나 국사(國師)를 더 이상 대사(大師)라 부르지 않은 것이다. 그러면 왜 광종 때에 세워진 비들은 아직도 'XX대사'라는 표현을 사용하고 있는 것일까 하는 문제가 생긴다. 이것은 추측건대 광종 당시에는 승계가 제정되기는 하였으나 아직 널리 인식되어 사용되지는 못한 데서 기인했다고 볼 수 있다. 그러던 것이 경종 때 세워진 탄문(坦文)의 비 이후로는 왕사와 국사의 경우 분명하게 일반적 호칭으로서의 대사(大師)라는 말을 피하게 된 것이다.

광종 때에 승계가 완전하게 갖추어져 있었다는 것은 광종 26년에 세워진 「고달사원종대사혜진탑비」(高達寺院宗大師惠眞塔碑)의 음기(陰記)에 보면 분명히 알 수 있다. 즉 거기에 원종대사의 문하 제자로서 중대사 동광(重大師同光), 대사전인(大師傳印), 대덕전경(大德全鏡), 삼중대사훈선(三重大師訓善) 등의 법계가 사용되고 있는 것을 본다.[12] 그러나 광종 때 이렇게 승계를 밟아 올라가지는 않은 듯하다. 비명이 아직도 고쳐 쓰이지 않았듯이 승계의 시행도 광종 때에는 완전하게 실시될 수는 없었던 것 같다. 우선 탄문의 경우만 보더라도 그는 이미 태조로부터 '별대덕'(別大德)이라는 구제도(舊制度)의 승계를 받고 계속해서 명성을 얻었지만 단지 삼중대사(三重大師)의 법계를 받은 것만이 언급되어 있을 따름이다. 물론 그는 왕사와 국사의 칭호도 받았지만, 이것은 별도의 문제로서 나중에 다루기로 한다. 광종 때 제정된 승계의 사다리를 가장 전형적으로 밟아 올라간 사람은 우리가 비문들을 통하여 아는 한은 원공국사 지종(圓空國師 智宗, 1025)이다. 현종(顯宗) 16년에 세워진 「거돈사원공국사

---

12 같은 책, 214.

승묘탑비」(居頓寺圓空國師勝妙塔碑)[13]에 의하면, 그는 광종 때에 승과 시험을 치르고 광종으로부터 중대사(重大師), 경종으로부터 삼중대사(三重大師), 목종(穆宗)으로부터 선사(禪師)와 대선사(大禪師)의 법계를 받았다. 이것은 선종(禪宗)의 법계로서 대덕(大德), 대사(大師), 중대사(重大師), 삼중대사(三重大師)까지는 선종(禪宗)과 교종(敎宗)에 공통이었다. 그러나 그 후로 선종(禪宗)의 승려는 선사(禪師), 대선사(大禪師), 교종(敎宗)의 승려는 수좌(首座)와 승통(僧統)의 법계를 받았다. 교종의 법계를 순차적으로 밟아 올라간 승려의 이른 예로, 원융국사 결응(圓融國師 決凝, 964~1054)과 지광국사 해린(智光國師 海麟, 984~1071) 등을 들 수 있다. 결응과 해린의 비문이 그들이 밟아 올라간 법계의 이름을 하나하나 다 언급하고 있지는 않지만, 그들이 승계를 순차적으로 거쳤던 것을 충분히 짐작할 수 있다.

3. 승계와 승과

승계란 어떤 일정한 종교적 수행의 자격을 지닌 자에게 주어지는 것이었다. 따라서 승계와 더불어 문제가 되는 것은 어떻게 그러한 자격을 판별할 수 있는가이다. 이 문제를 해결하기 위하여 고안된 것이 승계와 불가분리의 관계를 가진 승과제도(僧科制度), 즉 승려들을 위한 시험제도인 것이다.

승과(僧科)의 시초에 관하여 종래 여러 가지 추정적인 견해들이 표명된 바 있지만 여전히 승과의 시초를 꼬집어 밝힐 만한 이렇다 할 자료는 발견되지 않았다. 단지 전에 언급한 원공국사(圓空國師)의 비에 나오는

---

13 같은 책, 253-259.

다음과 같은 구절에 의거하여 광종 때로부터 비롯된 것이 아닌가 추측할 따름이다.

> 현덕 초에 광종 대왕은 중정(中正)에 도(道)를 세우고 법문(法門)을 숭상하
> 여 설령(雪嶺)의 선도(禪徒)들을 뽑아 그들로 하여금 묘(妙)함을 다투도록
> 함에 '단하지불'(丹霞之佛)을 선택하여 과제로 내걸었다(顯德初 光宗大王
> 立皇極崇法門 徵雪嶺之禪 碑伸角妙 選丹霞之佛 明示懸科).[14]

여기서 우선 '현덕초'(顯德初)라 하였는데 이것은 광종 5년(954)이 되며 광종 8년에 중국인 쌍기(雙冀)의 건의로 과거제도를 채택하기 전의 일이 된다. '현덕초'의 '초'(初)가 이렇게 초년(初年)을 의미하는지 아니면 대략 처음 무렵이라는 뜻인지는 말하기 어렵다. 후자라 할 것 같으면 승과는 과거제도와 거의 같은 해에 실시되었을지도 모르겠으나 현덕연간(顯德年間)이 도무지 6년밖에 되지 않으므로 '초'(初)라는 것이 이런 의미를 지닐 수 있는지 의문스럽다. 더욱이 원공국사(圓空國師)는 이 시험 후 현덕(顯德) 6년에 중국에 간 것으로 비문은 기록하고 있어 이 시험이 만약 승과의 효시였다면 승과는 과거제도보다 몇 년 앞서서 시행되었다고 보아야 할 것이다. 여하튼 광종이 과거제도도 처음으로 실시하였다는 점과 또 그에 와서야 승계제도도 확립되게 되었다는 사실들로부터 미루

---

14 같은 책, 255. '단하지불'(丹霞之佛)이란 「傳燈錄」 十四, 단하천연장(丹霞天然章)에 나오는 '단하소불'(丹霞燒佛)의 얘기로서 이것이 시험의 제목이었다는 것이다. 단하(丹霞)가 하루는 혜림사(慧林寺)에서 큰 추위를 만나 목불(木佛)을 때고 있었다. 이때 원주(院主)가 나무라기를 어떻게 우리 목불(木佛)을 땔 수 있는가라고 했다. 이에 단하는 막대기로 재를 휘저으며 말하기를 사리(舍利)를 찾고 있다고 했다. 원주는 어떻게 목불에 사리가 있겠는가라고 말했다. 이에 단하는 이왕 사리가 없으니 부처를 불사른다고 대답했다고 한다. 꾸지람을 들은 원주는 후에 눈썹이 빠졌다는 이야기다.

어 보아 승과도 광종 때에 처음으로 제도화되었다고 보는 것이 상당히 합리적인 추측일 것이다.

승과(僧科)가 과연 얼마나 자주 시행되었었는가에 관해서도 확실한 것은 알 수 없으나 다행히도 선종원년(宣宗元年, 1084)에 승려들의 요청에 응하여 과거의 진사과(進士科)와 마찬가지로 삼 년에 한 번씩 치르게 되었다는 「고려사」(高麗史)의 기록이 있다.

> 보제사 승려 정쌍(貞雙) 등은 상소하기를 구산문의 참학승도(參學僧徒)도 진사과의 예에 의하여 3년에 한 번씩 뽑기를 청하였다. 왕은 그것을 좇았다 (普濟寺僧貞雙等奏 九山門參學僧徒 請依進士例 三年一選 後之).[15]

이것은 진사과 자체가 선종 3년에, 3년에 1회씩 실시하게 됨에 따라서 올린 상소로서, 과거와 승과가 광종 이래 언제나 함께 고려되었음을 암시하고 있기도 하다. 이규보의 「용담사총림회방」(龍潭寺叢林會牓)에는 "우리 태조께서 왕업(王業)을 처음 세우고 선법(禪法)을 독실히 믿으셨다. 이에 500의 선우(禪宇)를 서울과 지방에 창설하시고 승려들을 머물게 하셨으며 해를 건너서 경사(京師)에다 담선법회(談禪法會)를 설치하셨다"고 하고 있다.[16] 여기서 '해를 건너서'(間歲, 즉 2년마다)라고 하는데 상기(上記) 정쌍(貞雙) 등의 건의와 합치하지 않는 것 같다. 즉 3년에 한 번씩 실시하기를 건의한 것은 그 횟수보다 적게 실시되고 있었기 때문이 아니었겠는가? 따라서 이규보의 말은 '500의 선우(禪宇)를 창설하였다'는 말과 더불어 과장된 것으로 보인다. 여하튼 정쌍 등의 건의가 받

---

15 權相老, 『高麗史佛教鈔存』 (서울: 보련각, 1973), 35-36에서 引用.

16 『東國李相國集』 卷二十五: "我太祖肇基王業篤崇禪法 於是 刱五百禪宇 於中外 以處衲子 間歲設談禪大會於京師."

아들여졌다고는 하지만 실제에 있어서는 3년에 한 번보다 더 자주 시행된 흔적이 남아 있다.[17]

승과에 합격한 자는 승계에 참여하게 된다. 이 점을 분명하게 언급해 주는 기록은 없으나 비문들을 통하여 고승(高僧)들의 승력(僧曆)을 살펴보면 (승계의 시작인) 승선(僧選)과 대덕(大德)을 곧바로 연결 짓는 것으로 보아 승선에 합격한 자에게는 곧 대덕이라는 법계가 주어졌음을 알 수 있다. 예를 들어 원융국사(圓融國師)는 28세 때에 "선불장(選佛場)에 나가서 빨리 대선(大選)을 얻고 대덕(大德)을 지냈다"(赴選佛場捷攫選 經大德)[18]고 하고 있으며, 또 「원주법천사 지광국사현묘탑비」(原州法泉寺 智光國師玄妙塔碑)에는 "왕윤사의 대선에 나아가 경(經)을 담(談)하니… 이에 대덕(大德)에 임명됐다"(赴王輪寺 大選談經而… 仍署大德)[19]는 말이 나온다. 또 의천(義天)은 "대선대덕"(大選大德)이라는 말을 쓰고 있는 것으로 보아 대선(大選)에 통과한 자는 곧 대덕(大德)이 되었음을 알 수 있다.[20]

대선(大選)이라는 말은 각 종파별(宗派別)로 실시하는 예비시험 격인 종선(宗選)과 구별되는 말로써 교종(敎宗)의 경우에는 주로 왕윤사(王輪寺)에서, 선종(禪宗)의 경우에는 광명사(廣明寺)에서 행해졌다. 그리고 시험의 형식은 담경(談經)이나 담선(談禪), 즉 구두로서 진행되었음을 기록들은 전하고 있다.

대선(大選)을 통과하는 것이 얼마나 어렵고 과연 어느 정도의 경쟁이 있었는지는 잘 알 수 없지만, 대각국사 의천(大覺國師 義天)은 "시친수대

---

17 許興植, "高麗의 僧科制度와 그 機能,"『高麗科擧制度史硏究』(서울: 일조각, 1981) 참조.
18 『金石總覽』上, 269.
19 같은 책, 285.
20 「大覺國師文集」第十七, "示新授大選大德,"『韓國佛敎全書』第四冊, 559.

선대덕"(示親授大選大德)이라는 대선대덕(大選大德)에 주는 짧은 글에서
다음과 같이 말하고 있다.

> 힘써 배우기 많은 해, 얼마나 괴로웠는가. 업이 이루어져 오늘 동료들로부터
> 빼어났지만, 여러분은 전등(傳燈)의 뜻을 잊지 말지어다. 도(道)를 펴는 것
> 은 본래부터 사람에게 달려있소.[21]

이 말로 보아 대선에 합격하는 것은 결코 쉬운 일이 아니었으며 상당
한 경쟁이 있었음을 짐작할 수 있다. 그럼에도 불구하고 이렇게 어려운
관문을 통과하려고 하는 것은 그것이 바로 승계(僧階)를 밟아 올라가는
방법이었기 때문이다. 「균여전」(均如傳)에서 말하고 있듯이 "무릇 재능
과 이름이 있는 무리가 어찌 이 길(大選)로 말미암지 않는 자가 있겠는가?
크게는 왕사와 국사의 위(位)를 취하고 적게는 계(階)가 대사와 대덕에
이른다"[22]고 하여 대선이 얼마나 중요한 것이었나를 말해 준다.

그러나 이상과 같은 승과를 기초로 한 승계의 운영에도 예외는 있기
마련이다. 우선 무엇보다도 왕자(王子)가 출가하여 승려가 되는 경우는
대선을 치르지 않고도 종종 높은 법계가 주어진 것을 본다. 그 가장 좋은
예가 문종(文宗)의 제사자(第四子)인 유명한 대각국사 의천(大覺國師 義
天)의 경우로서, 그는 문종 19년(1065)에 출가하여 문종 23년에 나이 13
세로 곧바로 우세 승통(祐世 僧統)이라는 법호(法號)와 법계(法階)를 받았
다(僊鳳寺大覺國師碑). 또 숙종의 제사자(第四子)인 원명국사(圓明國師)
는 숙종 3년에 출가하여 숙종 10년에 나이 16세로서 복세승통(福世僧統)

---

21 같은 글: 務學多年幾苦辛 業成今日盡超倫 諸生莫忘傳燈志 引道由來奇在人.
22 「大華嚴首座圓通兩重大師均如傳」, 第四 "立義定宗分": 凡有才名之輩 何莫由斯途也 大
   者 位取王師國師 少者 階至大師大德. 『韓國佛教全書』第四冊, 512.

의 법호와 법계를 받은 것이다(興王寺圓明國師墓誌).

왕자 출신이 아닌 보통 승려로서 승과를 거치지 않고 승계에 오른 경우도 있었다. 이규보찬(李奎報撰)「조계산제이세고단속사주지수선사주증익진각국사명병서」(曹溪山第二世故斷俗寺住持修禪寺主贈諡眞覺國師銘幷序)에 의하면 진각국사 혜심(眞覺國師 慧諶)은 고종(高宗)으로부터 선사(禪師)와 대선사(大禪師)의 법계를 받았다고 하며 말하기를 이것이 선불장(選佛場)을 거치지 않고 직접 법계를 받기 시작한 처음이었다고 지적하고 있다(其不經選席直登緇秩自師始也).23 아마도 이로부터는 혜심(慧諶)과 같이 승과를 거치지 않고도 높은 법계를 받게 되는 경우가 흔히 있었음을 상기(上記) 이규보의 말은 암시하고 있는 것 같다. 그렇다면 승계와 승과의 엄격한 실시는 고려의 전기(前期)까지만 행해졌다고 볼 수 있다.24

4. 승계의 수여와 그 의미

대덕(大德)의 법계는 어떤 절차로 수여되며 그 구체적인 표시는 무엇이었는가? 승계에 오른다는 것은 실제로 어떤 권리가 주어졌다는 의미인가?

한 가지 우리가 기록상으로 분명히 알 수 있는 것은 목종(穆宗) 9년(1006)부터는 대덕(大德) 이상의 승려에게는 법호(法號)까지 가(加)해 주었다는 점이다.25 법호란 한 스님의 법명(法名)과도 달리 그의 종교적 덕

---

23 『金石總覽』上, 463.

24 허흥식 씨도 전게서의 논문에서 고려의 승과는 고려 후기에 와서 문란하게 되었다는 것을 보여주고 있다. 본 논문은 주로 고려 전기의 승계와 승과에 국한하여 고찰하고 있다.

25 『高麗史佛教鈔存』, 10.

(德)을 칭송하는 뜻으로 주는 일종의 '타이틀'과 같은 것으로서 그의 법계와 더불어 사용되었던 이름이다. 이것만 보아도 대덕은 사회적으로 상당히 존경받는 존재였음을 짐작할 수 있다.[26]

「동문선」(東文選) 제이십칠권(第二十七卷)에는 승계를 받은 승려들에 대한 교서(敎書)와 관고(官誥: 任命狀)들이 실려있다. 이 기록을 살펴볼 때 우선 문제가 되는 것은 대덕(大德)으로부터 삼중대덕(三重大德)의 법계를 수여하는 교서나 관고는 하나도 발견할 수 없다는 점이다. 단지 수좌(首座)와 승통(僧統) 그리고 선사(禪師)와 대선사(大禪師)에 대한 기록만이 남아 있다. 이것은 수좌나 선사 이상의 법계만이 교서와 관고를 받았고 그 이하에는 없었다는 것을 의미하는가, 아니면 단지 그 기록이 너무 많아서 「동문선」의 편자(編者)가 빼놓은 것뿐인가? 확실히는 알 수 없지만 아마도 삼중대덕 이하의 법계를 지닌 자는 그 수가 너무 많으므로 하나하나 다 교서와 관고를 받기보다는 다른 어떤 약식(略式)의 방법이 있지 않았나 한다. 그러나 비문들의 기록에 이들 법계에 대해서도 '수'(授), '가'(加), '제'(除) 등의 표현을 쓰고 있는 것으로 보아 틀림없이 하위의 법계일지라도 그 계위(階位)를 인정하고 명시해주는 어떤 종류의 문서가 있었을 것으로 추측된다.

여하튼 선사와 수좌 이사의 법계로부터는 이 법계를 받는 승려의 도행(道行)과 덕(德) 혹은 신통력(神通力)을 칭송하며 그들이 국가의 복리에 공헌한 것을 감사하는 내용의 교서(敎書)를 왕으로부터 받는다. 그리고 이 교서와 더불어 마치 일반관리를 임명하듯이 관고 혹은 직첩(職牒)을 보낸다. 이 관고(官誥)는 대개 교서보다 더 길지만 그 내용은 교서와

---

26 허흥식 씨는 전게서에서 대덕의 계를 받은 승려는 "지방에 있는 사원의 주지로 파견되었다"고 말하고 있는데, 그 구체적인 증거는 밝히고 있지 않다.

대동소이하다. 이제 이러한 교서들의 한 전형적인 예로서 「화엄업승통
도행교서」(華嚴僧統道行校書)를 여기에 인용한다.

운운(云云), 대개 국가가 석문(釋門)의 계급과 품질(品秩)을 만들어 놓은 것
은, 그 본래가 만약 승려 가운데서 용이나 봉처럼 특출한 사람이 있어, 그 덕
과 명망이 모두 다른 사람으로서는 감히 대항할 바가 아닌데, 칭호로써 구별
하는 것이 없다면 범상한 무리와 무슨 차등이 있겠느냐는 것이다. 그러므로
그 덕이 상석을 차지할 만하면 수좌(首座)라 이르고, 덕과 물망이 사문(沙
門)을 합하여 통솔할 만하면 승통(僧統)이라 이르나니, 이것은 그중에도 가
장 지극한 선발이다. 비록 도(道)를 높이는 칭호로서 시작된 것이요, 명리
(名利)에 관계되는 것이 아니지마는, 그러나 또한 고하(高下)의 차등이 있
으므로 차츰차츰 조정의 반열이나 벼슬의 제도같이 되었으니, 그 사람을 선
택한 연후에 줄 수밖에 없는 것이다. 대사(大師)가 법왕(法王)으로서 원교
(圓敎: 華嚴敎)를 크게 천양하여 중인(衆人)의 존대를 받은 적이 오래므로,
내가 어찌 그 선발을 아끼어 국가에 복리를 끼쳐주는 공효(功效)를 보답하
지 않으리요. 운운(云云).[27]

이 교서는 우리에게 승계제도의 의의를 잘 말해 주고 있다. 수좌(首
座)와 승통(僧統)의 의미는 물론, 특출한 승려에 대한 인정의 필요성, 승
계가 세속적인 명리(名利)를 떠난 것이지만 점차 벼슬 제도와 비슷하게
되었다는 점, 국가에 대한 복리 등 승계제도의 중요한 면들을 언급하고
있다. 불행히도 이 교서가 어느 때 누구에 의하여 쓰인 것인지 명시되어
있지 않다. 승계가 점차 벼슬 제도와 같이 되었다고 하는 것을 언급하고

---

27 「東文選」第二十七卷, 制誥, "華嚴業僧統都行敎書."

있는 것으로 보아 아마도 고려 중기(中期) 이후의 것이 아닌가 사료된다. 여하튼 이 말은 승계제도로 인하여 고려 불교가 국가의 관료체제의 일부가 되었다는 사실을 분명하게 말하여 주고 있다. 사실 승려들이 과거(科擧)와 같이 국가에서 치르는 승과(僧科)를 통과하고 벼슬 체계와 같이 국가에서 제정한 승계(僧階)의 사다리를 밟아 올라가서 승통(僧統)과 대선사(大禪師), 더 나아가서는 왕사(王師)와 국사(國師)의 지위에까지 이르게 되는 제도하에서 고려의 승가는 문자 그대로 국가의 한 기관(機關)이 되지 않을 수가 없었던 것이다.

승계가 마치 일반 벼슬 직처럼 여겨지자 고려 말기에 와서는 승계를 뇌물로 사려는 승려들도 생기게 되었다. 충렬왕(忠烈王) 7년에는 왕이 경주(慶州)에 행차하였을 때 "승려들이 왕의 신하들에게 비단으로 뇌물을 주고 직(職)을 얻어 사람들이 그들을 '비단선사(禪師)'와 '비단수좌(首座)'라고 불렀으며 그들은 결혼하여 아내나 데리고 방에 거하는 자가 거반이었다"는 기록이 있다.[28] 여기서 우리가 유의(留意)할 것은 승계(僧階)가 이때에는 하나의 승직(僧職)으로 간주되고 있으며 사실상 승계(僧階)를 얻은 자는 어떤 높은 직책(職責)을 맡게 되었을 가능성도 물론 크다. 또 신하들에게 뇌물을 주었다는 것은 실제에 있어서 승계의 수여(僧批라고 함)가 신하들에 의하여 대행(代行)되고(下批) 있었기 때문이다. 그리하여 또 다른 기록에 의하면 충숙왕 원년(忠肅王元年)에 "조계종 승려 경린(景麟)과 경총(景聰)이 함께 전왕(前王: 忠惠王)의 총애를 받아 궁중을 드나들면서 대선사(大禪師)를 수여받았으나 간관(諫官)이 고신(告身: 官告, 임명장)에 서(署)하지 않았다"고 하고 있다.[29] 위와 같은 기록들은 모두 승

---

28 "僧輩以綾羅賂左右得職 人謂羅禪師綾首座 娶妻居室者居半." 「高麗史」 卷29, 世家, 忠烈王 7년 6월 癸未.

29 "曹溪宗僧景麟景聰俱有寵於上王 出入禁闥授大禪師 諫官不署告身." 「高麗史」 卷34 世

계제도가 고려 후기에 와서 얼마만큼 타락하게 되었나를 우리에게 보여 주고 있는 것이라고 할 수 있겠다.

5. 「고려원경」에 나타난 고려의 승계

고려시대의 승계제도에 대한 구체적인 지식을 제공하여 주는 자료는 많지 않은 가운데서 서극(徐兢)이 그의 「고려원경」(高麗圓徑) 속에서 승계에 관하여 우리에게 얼마간의 정보를 제공해주고 있다는 것은 다행한 일이다. 그는 당시(예종 때)에 그가 본 삼중대사(三重大師: 三重大和尙이라고 부름)의 모습을 다음과 같이 묘사하고 있다.

> 삼중화상(三重和尙)은 장로나 율사의 종류이다. 자황색의 가사(袈裟)와 긴 소매의 편삼(偏衫)을 입고 있으며 아래에도 역시 자색의 의상이다. 위치는 국사(國師)의 밑에 있고 경론(經論)을 강설하며 성종(性宗)을 전습시킨다. 총명하고 지혜로우며 언변이 좋고 박식한 자를 택하여 그것을 삼는다.[30]

여기서 우선 우리가 문제 삼아야 하는 것은 '화상', '장로', '율사'의 개념들이다. '화상'(和尙)이라는 말은 본래 범어(梵語)의 'upādhyāya'의 음역으로서 친교사(親敎師)라고 번역되며 비구(比丘)가 구족계(具足戒)를 받을 때 친히 가르침을 주는 스승을 의미한다. 그러나 여기서는 그러한 특수한 의미로서라기보다는 스승이 되는 스님을 지칭하는 일반적인 의미로 사용된다고 보아야 하겠다. 장로(長老)라는 말은 교단에서 나이가

家, 忠肅王 1년 1월 庚子.

30 「高麗圓經」 卷第十八: "三重和尙大師": 三重和尙 長老律士之類也 服紫黃貼相福田袈裟 長袖偏衫下亦紫裳 位在國師之下 講說經論 傳習性宗 擇聰惠辯傳者爲之.

많은 존경받는 스님을 뜻하며, 율사(律士)도 본래는 지율사(持律師) 혹은
율자(律者)라고도 불리는, 계율(戒律)을 해석하며 송출(誦出)하는 자를
가리키는 특수한 뜻을 가졌으나 나중에는 계율에 통달한 자라는 넓은 의
미로 사용되기도 한다. 따라서 여기서 화상, 장로, 율사 모두 승단에서 존
경받는 지도자 격의 고승(高僧)을 뜻하는 일반적인 말로 이해돼야 할 것
이다. 특히 율사(律師)라는 말은 결코 계율을 전문으로 하여 그것에만 능
한 스님이라는 좁은 뜻으로 해석되어서는 안 된다. 왜냐하면 서긍(徐兢)
은 이 율사(律師)가 하는 일로서 경론(經論)을 강설(講說)하는 것이라고
하고 있기 때문이다.

다음으로 '전습성종'(傳習性宗)이라 하여 삼중화상(三重和尙)이 성종
(性宗)을 전습(傳習)한다고 서긍(徐兢)은 말하고 있는데, 그가 유독 성종
만을 들어서 고려 불교의 교리적 특징으로 삼은 것은 그가 본래 고려 불
교를 중국의 청량법안(淸涼法眼) 계통의 것으로 잘못 이해하고 있었다는
것과 유관한 듯하다. 그는 고려 불교의 법통(法統)에 대하여 말하기를:

고려는 비록 해동에 있지만 들기로는 청량법안의 한 가지가 동쪽으로 건너
온 후 승도들이 자못 성리(性理)를 안다.[31]

이와 같은 관찰은 물론 잘못된 것임이 분명하다. 물론 고려 광종 때
법안종(法眼宗)이 중국으로부터 수입된 것은 사실이지만 그것이 고려 불
교의 주류를 형성했다고는 할 수 없으며 유독 법안종만을 들어서 '성리'
를 아는 종(性宗)으로 이해하는 것은 서긍(徐兢)이 성종의 의미를 잘 몰랐
든가 아니면 고의로 중국으로부터 수입된 법안종을 높이려는 의도에서

---

31 같은 책, "釋氏": 高麗雖在海東 聞自淸涼法眼一枝東渡之後 僧徒頗知性理.

나온 얘기일 것이다. 성종(性宗)이라 하면 대체로 법(法)의 상(相)을 주로 논한다는 상종(相宗: 法相宗)이나 법(法)의 공(空)함만을 강조하는 공종(空宗)에 대비되는 말로서 천태(天台), 화엄(華嚴), 선(禪) 등이 모두 성종(性宗)으로 간주된다. 고려 불교가 교리적으로 성종을 주로 한 것은 사실이지만, 결코 그것만을 전습(傳習)한 것은 아니고 더군다나 법안종이 중심이 되어 한 것도 아니다. 결론적으로 말하여 서긍이 삼중화상대사(三重和尙大師)와 성종(性宗) 그리고 법안종(法眼宗)까지 연결 짓고 있는 것은 당시의 고려 불교에 대한 올바른 관찰이라 할 수 없다.

서긍은 대덕(大德: 阿闍梨大德이라 부름)에 대하여도 다음과 같은 설명을 남겨주고 있다:

> 아도리대덕(阿闍梨大德)의 위치는 삼중화상(三重和尙)보다 한 등급 떨어진다. 교문(敎門)의 직사(職事)를 분담하고 있다. 그 의복은 짧은 소매의 편삼(偏衫)과 괴색(壞色: 다섯 가지 정색이 아닌)·괘의(掛衣: 禪僧이 평소에 입는 약식 가사)와 오조(五條: 다섯 가지 줄무늬가 있는 겹 가사)이고, 아래는 누런 의상이다. 국사(國師)와 삼중(三重大師)은 몇 명에 불과하지만 아도리(阿闍梨)의 한 등급은 수가 극히 많은데, 그 뜻을 알아보지 못했다.[32]

서긍은 '대덕'(大德)에다가 아도리(阿闍梨)라는 말을 덧붙였는데 '아도리'란 범어(梵語) 'ācārya'의 음역으로서 스승이라는 뜻이다. 좀 더 좁은 의미로는 비구승이 구족계(具足戒)를 받은 후 본받아야 하는 승단의 궤범사(軌範師)라는 특수한 의미도 갖고 있는데 여기서는 전에 나온 '화

---

32 同上, "阿闍梨大德": 阿闍梨大德位 降三重和尙一等 分隷敎門職事 基服短袖偏衫 壞色掛衣五條 下有黃裳 國師三重不過數人而 阿闍梨一等人數極衆 未 究厥旨.

상‘(和尙)이나 ‘율사’(律師)와 마찬가지로 덕이 높아 스승이 될 만한 스님의 일반적인 존칭으로 사용하고 있는 것 같다. 서긍은 대덕의 위(位)가 삼중화상(三重和尙)보다 한 등급 떨어진다고 하는데, 사실은 대사(大師), 중대사(重大師)를 거쳐야만 삼중대사(三重大師)가 되므로 세 등급이나 떨어지는 것이다. 이것은 서긍이 고려 승계의 전체를 모르고 있다는 증거이다. 전에 삼중화상의 위(位)를 말할 때도 국사(國師)의 밑이라고 얘기하면서 수좌(首座)나 승통(僧統) 혹은 선사(禪師)나 대선사(大禪師)를 언급하지 않고 있는 것도 역시 그가 고려의 승계에 관하여 체계적인 지식이 없었음을 말해 주는 것이다. 또한 대덕(大德)의 수는 극히 많으나 국사와 삼중대사는 불과 수인에 지나지 않는 이유를 알아보지 못했다는 것 또한 체계적인 지식의 결여를 뜻한다고 하겠다.

서긍은 대덕(大德)의 직분이 ‘교문’(敎門)의 ‘직사’(職事)를 분담하고 있다고 하는데 과연 교문의 직사라는 것이 구체적으로 어떤 것인지 분명치 않다. 우선 여기서 ‘교문’(敎門)이라는 말을 선문(禪門)에 대조되는 말로 사용하고 있는지 아니면 단지 교리(敎理)를 가르친다는 일반적인 뜻을 의미하는지를 알 수 없다. 대덕의 법계가 선교(禪敎)에 공통적이었으므로 전자를 의미하지는 않을 것 같다. 그렇다 하더라도 교문의 직사를 본다고 하는 표현은 서긍이 혹시 대덕(大德)을 승계라기보다는 일종의 승직(僧職)으로 이해하고 있는 것이 아닌가 하는 의심을 자아낸다. 아니면 서긍이 만나본 대덕(大德)이 어떤 교문(敎門)의 직책을 맡아보는 사람이었을지도 모르겠다. 결국 「고려원경」(高麗圓經)이 고려의 승계제도에 대하여 우리의 지식을 더하여 주는 것은 유감스럽게도 삼중대사(三重大師)나 대덕(大德)들의 의상(衣裳)에 관한 것 이외에는 별다른 것이 없다고 결론지어도 무방하리라 본다.

III. 왕사와 국사

고려시대에는 승계제도(僧階制度)와 더불어 왕사(王師)와 국사(國師)의 제도가 있었다. 승계제도가 국가의 관료체계의 일부가 되어 버린 고려 불교를 반영해주는 것 같이 왕사와 국사 제도도 국가종교로서의 고려 불교의 진면목을 보여주는 제도라 할 수 있다. 왕사와 국사는 문자 그대로 국가에서 가장 덕망이 높은 승려에게 주어지는 칭호로서 고려 왕실의 정신적 지주가 곧 불교에 있었음을 여실히 보여주는 제도이다. 아무리 불교가 고려시대에 승과나 승계제도를 통하여 관료화되었다고 하나, 왕이 어느 승려를 자기의 스승으로 삼아 사체(師體)를 다한다는 사실은 그가 자기보다 더 높은 어떤 권위를 인정하고 있다는 것이다. 물론 실제 국가의 정책상에 있어서 왕사나 국사가 어떤 영향력을 가진 것은 아니었지만 그래도 불교의 승려가 왕(王)의 사(師)가 되었다는 사실은 고려의 정치 이념이나 사회이념을 불교가 제공하고 있다는 가장 분명한 상징이었다. 그런고로 왕사나 국사를 책봉하는 것은 지극히 중요한 일로서 역대의 왕들을 두고서 의식화(儀式化)되어서 행해졌다.[33]

우선 왕사나 국사를 선정하는 일은 대개의 경우 군신(群臣)들의 천거나 찬동을 얻어서 행해진다. 이렇게 하여 왕사(王師)가 선정되면 교서를 가진 중신을 그 왕사가 머무르는 사원으로 보내어 수학할 것을 간청한다. 그 승려는 상례(常例)에 따라 소위 '삼반지례'(三反之禮)로서 사양한 후 수락하게 된다. 왕은 곧 가사(袈裟)와 장신구 등 물품을 하사한다. 고승(高僧)은 이들을 갖고서 하산(下山)하여 개경에 도착하면 '왕으로부터

---

33 고려시대의 왕사(王師)와 국사(國師)제도에 관하여는 허흥식 씨의 자세한 연구가 있으므로 여기서는 본 논문에 관련된 것만을 취급하기로 한다. "高麗時代의 國師·王師制度와 그 機能," 「歷史學報」 67집 (1959년 9월) 참조.

제자의 예(禮)'를 받고 책봉의식(册封儀式)을 거행하게 되는 것이다. 그리고 이 책봉과 더불어 그는 책봉장(册封狀)과 같은 관고(官誥)를 수여받는다.

다카하시 도루(高橋亨)가 지적하였듯이 왕사(王師)나 국사(國師)는 승계의 일부가 아니라 승직(僧職)으로 보아야 한다.[34] 이것은 무엇보다도 당시 쓰인 비문들의 제액(題額)을 관찰하여 보면 알 수 있다.

예를 들어 「보원법인국사보승탑비」(普願法印國師寶乘塔碑)의 제액에는 「가야산보원사고국대사제승익법인삼중대사지비」(迦耶山普願寺故國大師制贈謚法印三重大師之碑)[35]라고 하여 국사(國師)의 칭호 외에 분명히 삼중대사(三重大師)라는 법계를 밝히고 있다. 물론 탄문(坦文)은 태조로부터 광종까지에 걸친 인물이었으므로 아직 승계가 완전하게 시행되지 못하고 있었다. 그러나 탄문 이후로는 왕사가 되기 전에 반드시 대선사(大禪師)나 승통(僧統)을 지내야만 된 것으로 보인다. 고려 현종 때 건립한 「거돈사원공국사승묘탑비」(居頓寺圓空國師勝妙塔碑)에는 「고려국원주현계산거돈사고왕사혜월광천편조지상지만원헌적연보화대선사증익원공국사승묘지탑비명병서」(高麗國原州賢溪山居頓寺故王師慧月光天遍照至賞智滿圓黙寂然普化大禪師贈謚圓空國師勝妙之塔碑銘并序)[36]라고 제명(題名)이 붙어 있다. 여기서도 왕사(王師)와 대선사(大禪師)를 따로 언급하고 있으며, 만약 왕사가 승계의 하나였다면 대선사를 언급할 필요가 없다. 왕사(王師)와 국사(國師)는 선교(禪教)의 구별 없이 가장 추앙받던 고승(高僧)에게 주어진 영예로서 승계의 일부가 아니라 국가종교로서의 고려 불교 전체를 대표하는 최고의 승직이었던 것이다. 그러

---

34 高橋亨, "大覺國師義天の高麗佛教に對する經綸に就いて," 「朝鮮學報」, 第十輯(1956 년 10월), 121.

35 『金石總覽』 上, 223.

36 같은 책, 253.

나 고려시대 스님들의 비문을 자세히 살펴보면 후대에 가서는 왕사와 국사가 거의 승계처럼 간주되지 않았나 하는 느낌을 준다. 그것은 무엇보다도 후대에 가서는 왕사와 국사의 비명(碑名)에 그들의 법계(法階)가 명시되어 있지 않다는 점으로 미루어 볼 수 있다. 그 첫 예는 문종 8년에 세워진 부석사원융국사비(浮石寺圓融國師碑)로서, 원융국사(圓融國師)는 분명히 그 비문이 언급하고 있는 대로 수좌(首座)와 승통(僧統)의 법계를 받았음에도 불구하고 비명(碑名)에는 그것을 언급하지 않고 다만 '원융국사'라고만 하고 있는 것이다.[37] 그러나 같은 문종 때의 비(碑)로서 칠장사혜소국사탑비(七長寺慧炤國師塔碑)에는 '…도승통증익혜소국사비명병서'(都僧統贈諡慧炤國師碑銘幷序)[38]라고 되어 있어, 아마도 문종 당시만 하여도 아직 왕사·국사와 승계를 구별하고 있었던 것처럼 보인다. 아무튼 문종(文宗) 다음 선종(宣宗) 2년에 세운 「법천사지광국사현묘탑비」(法泉寺智光國師玄妙塔碑)[39] 이후로는 왕사와 국사의 비명(碑名)에 그들의 법계를 명시하고 있는 것은 거의 찾아볼 수 없게 된다. 이것은 곧 선종 때부터는 사람들이 왕사와 국사를 승계의 일부로 간주하게 되었다는 것을 나타낸다고 하겠다. 물론 왕사나 국사의 지위가 워낙 존귀함으로 승통(僧統)이나 대선사(大禪師)의 법계를 구태여 언급할 필요를 느끼지 않았을지도 모르겠다. 하여튼 고려 초기에는 엄연히 왕사와 국사를 법계와는 구별하여 별개의 직(職)으로 생각한 것만은 분명한 사실이다. 또한 승계가 광종 때에 와서야 비로소 체계가 갖추어졌음에 비하여 왕사와 국사의 제도는 태조 때부터 비롯된 것으로서 고려의 건국이념 그 자체와 불가분의 관계를 지닌 제도인 것이다.[40]

---

37 같은 책, 267.

38 같은 책, 273.

39 같은 책, 283.

왕사(王師)의 직책에 관해서 다카하시(高橋)는 "왕사는 상례(常例)로서 왕성(王城)에 거사(居寺)를 받고, 거기에 왕사부(王師府)를 열어 관원(官員)을 상치(常置)한다. 그 직사(職事)는 과연 어떤 것인지 상세치는 않으나 왕과 왕비를 위하여 설법(說法)하고 수법(修法)하며 또 병역(兵役), 수난(水難), 천재(天災)가 발생하면 마음을 다해서 기도하는 일이다"라고 말하고 있다.[41]

서긍은 「고려도경」에서 왕사와 국사에 관하여 다음과 같이 진술하고 있다:

> 국사의 칭호는 대체로 중국에 강유(綱維)가 있는 것과 같다. 그 위의 한 등급은 왕사라고 하는데 왕이 만나면 그에게 배례를 한다. 산수납가사(山水衲袈裟)와 긴 소매의 편삼(偏衫)과 금발차(金跋遮)를 착용하고 아래에는 자상(紫裳)과 오혁검리(烏革劍履)가 있다. 인물과 의복은 비록 대략은 중국과 같지마는 고려인은 대개 머리에 침골(枕骨: 후두부에 돌출한 骨)이 없으나 중이 되어 머리를 깎아버리면 그것이 보이는데 퍽 놀랍고 이상하다.[42]

여기서 우선 우리가 문제 삼아야 할 것은 서긍이 국사(國師)를 중국의 '강유'에 비교하고 있다는 점이다. 중국에 있어서 강유(綱維)라는 말은 상

---

40 신라 시대에는 왕사제도는 없었고 국사는 효소왕(孝昭王, 692~702) 때부터 혜통(惠通)을 효시로 하여 두기 시작하였다. 허흥식, "高麗時代의 國師·王師制度와 그 機能," 2-8 참조.

41 高橋亨, "大覺國師義天の高麗佛敎," 121. 高橋亨은 그러나 '왕사부'(王師府)에 대한 전거(典據)를 밝히지 않고 있다.

42 「국역고려도경」, 고전국역총서 119 (서울: 한국고전번역원, 1977), 119-120에서 인용. '금발차(金跋遮)란 승려들이 번뇌를 파괴하는 상징으로 손에 들고 있는 무기로서 범어(梵語) 'Vajra'의 음석(音釋)이다('跋闍羅'라고도 한다). '오혁검리'(烏革鈐履)란 검은색 가죽으로 만든 조이개가 달린 신발. 이상은 같은 책의 각주 참조.

좌(上座), 사주(寺主)와 더불어 사찰(寺利)을 강령(綱領)하는 삼강(三綱) 의 하나이다. 그렇다면 이것은 서긍이 크게 잘못 본 것이다. 일국의 국사 (國師)를 한 사찰의 직분에 비유할 수는 없기 때문이다. 이것은 따라서 서 긍이 국사의 성격을 이해 못했거나 아니면 고의로 고려의 국사를 얕잡아 보아 중국에서의 일개 사찰의 직분에 비유하거나 했을 것이다.

다음에 문제가 되는 것은 서긍이 국사(國師)를 왕사(王師)보다 한 등 급 아래로 보았다는 것이다. 이것도 역시 서긍의 착오임이 분명하다. 현 존하는 여러 기록을 살펴볼 것 같으면 국사가 오히려 왕사보다 한 등급 높은 직책이었음이 분명하기 때문이다. 광종 때의 왕사탄문(王師坦文)을 비롯하여 현종 때의 법경(法鏡), 문종 때의 결의(決疑), 해린(海麟) 등 많은 스님이 왕사로 봉직하다가 국사의 자리가 비게 되면 국사로 추대된 것을 우리는 볼 수 있다. 더욱이 린각사보각국존(麟覺寺普覺國尊)의 비문(碑 文)에는 분명히 "왕께서 여러 신하에게 말씀하시기를 '우리의 선왕(先王) 들께서는 모두 석문(釋門)에서 덕(德)이 큰 자를 얻어서 왕사(王師)를 삼 고 덕(德)이 더욱 큰 자를 국사(國師)로 삼으셨다'"[43]고 하고 있다. 또한, 이규보 찬(李奎報撰) 「고보경사주지대선사증익원진국사교서」(故寶鏡寺 住持大禪師贈謚圓眞國師教書)에는 "대개 왕사(王師)라는 것은 한 임금이 본받는 것이요, 국사(國師)라는 것은 한 나라가 의지하는 것이다"[44]라고 하여 국사(國師)의 우위성(優位性)을 말하고 있다.

국사(國師)의 직무가 과연 어떠한 것이었는지에 대하여 자세히 알기 는 어렵다. 다카하시(高橋)는 말하기를 "왕사(王師)가 퇴로(頹老)하여 왕 성(王城)을 떠나서 장수(藏修)하는 산사(山寺)에 귀와(歸臥)할 때는 즉 국

---

43 『金石總覽』上, 471. "我先王皆得釋門德大者爲王師 德又大者爲國師."
44 「東文選」第二十七卷. "夫王師者 特一王之修範 國師者迺一國之所資."

사(國師)에 올리는 것을 예로 한다. 요컨대 한마디로 말한다면 국사(國師)는 재야(在野)에 왕사(王師)요 왕사(王師)는 왕측(王側)에 있는 국사(國師)이다"라고 하고 있다.[45] 그러나 기록을 자세히 보면, 반드시 왕사가 은퇴하여 산사(山寺)로 돌아간다고 하여 국사가 되는 것은 아니다. 우선 국사(國師)의 자리가 비어 있어야 하기 때문이다. 이 때문에 「고려사」를 보면 국사가 죽는 것과 왕사(王師)가 국사(國師)로 승급되는 것은 종종 같은 해에 되는 것을 본다. 따라서 왕사(王師)가 반드시 퇴로(頹老)하여 은퇴할 때 비로소 국사가 되는 것도 아니며 국사(國師)는 언제나 왕성을 떠나서 산사(山寺)에 거하는 것도 아니다. 오히려 국사(國師)가 되어서도 노년에 은퇴하여 산사에 돌아가기를 왕에게 간청하는 것을 볼 수 있다. 이것은 국사(國師)로 왕성(王城)에서 어떤 일을 맡아보고 있었다는 것을 의미한다. 국사(國師)는 "재야(在野)의 왕사(王師)" 이상의 존재였던 것이다.[46]

IV. 결어

승계제도와 왕사, 국사 제도는 우리가 이미 본대로 국가불교로서의 고려 불교의 골격을 이루는 제도였다. 유감스럽게도 현존하고 있는 자

---

45 高橋亨, "大覺國師義天の高麗佛教," 122.
46 허홍식 씨는 "高麗時代의 國師·王師制度와 그 機能"에서 왕사와 국사는 책봉되자마자 곧 왕성을 떠나 산사로 돌아간다고 말하고 있는데 이것은 반드시 그런 것은 아니었던 것 같다. 오히려 대부분의 경우에는 개경에 있는 사찰에 거하면서 지내다가 노쇠한 후에야 산사에 돌아가기를 왕에게 간청하는 것이 상례였다. 법인국사탄문(法印國師坦文)의 경우를 비롯하여 그 외에 많은 경우가 그러하였다. 그리고 허홍식 씨의 논문이 밝히고 있듯이 왕사의 직권은 고려 후기에 가서는 더한층 실질적인 것으로 발전하였던 것 같다. 태고보혜(太古普惠)의 원융부설치(圓融府設置)는 그 좋은 예이다.

료들은 이 제도에 대하여 우리의 관심을 만족시킬 만큼 충분한 지식을 제공하고 있지 않다. 이러한 가운데서 서긍의 「고려도경」(高麗圖經)이 미약하나마 당시의 승계 및 왕사, 국사에 대하여 자기의 관찰을 남기고 있는 것은 다행한 일이라 하겠다. 그러나 우리가 이미 고찰한 바대로 서긍의 관찰은 대체로 보아 정확성과 체계성이 결핍되어 있어 우리에게 큰 도움을 주지는 못하고 있다. 서긍의 관찰은 주로 자기가 접할 수 있었던 몇몇 승려들에게 국한되었던 것 같으며 승계제도의 체계적인 조직과 그것의 근본적 의의를 물을 정도의 관심과 통찰력을 지닌 사람은 아니었던 것으로 보인다.

고려 불교의 창조적 종합

— 의천과 지눌

I. 한국 불교의 회통적 성격

불타는 제자들에게 그의 사후 그가 가르친 법(法)과 율(律)에 의하여 승가의 화합과 일치를 이루어나갈 것을 당부하고 입적했다. 그러나 승가의 불타의 법(法)과 율(律)의 내용과 해석을 둘러싸고 이견을 보임에 따라 분열을 거듭하게 되었다. 그리하여 불멸(佛滅) 후 100년을 전후한 상좌부(上座部)와 대중부(大衆部)의 근본 분열을 필두로 하여 서력기원 2세기경에는 승가가 20여 개의 분파로 나뉘게 되었다. 그뿐만 아니라 서력기원을 전후로 하여서는 대승불교(大乘佛教) 운동이 전개되기 시작하여 그 안에서도 중관(中觀)이나 유식(唯識)과 같은 불법(佛法)에 대한 철학적 이해의 대립이 생겨났다.

불교가 중국에 전래되어 확고한 자리를 굳히게 되기까지는 적어도

3~4백 년이라는 장구한 세월이 소요되었다. 중국인들은 결코 인도에서 전개된 다양한 형태의 불교 사상과 신앙을 어느 한 시기에 한꺼번에 받아들인 것이 아니었다. 새로운 경전이 유입되거나 새로운 번역가가 나타날 때마다 한 특정한 경전의 중심으로 하는 학파나 종파가 성립되었으며, 대승불교 사상은 중국인들에 의하여 더욱 다양하고 정교하게 발전하게 되었다. 그리하여 천태(天台)나 화엄(華嚴)과 같은 포괄적이고 체계적인 불교 이해가 성립되기까지 중국에는 많은 학파와 종파들이 형성되었으며, 화엄 이후에도 불립문자(不立文字), 교외별전(敎外別傳)을 강조하는 선(禪)이라는 독특한 중국적 불교가 꽃을 피우게 되었다. 그뿐만 아니라 오가칠종(五家七宗) 등 다양한 선풍(禪風)이 일어났는가 하면 다른 한편으로는 선(禪)과 정토신앙(淨土信仰), 선(禪)과 교(敎)를 융합하는 운동도 전개되었다.

이러한 다채롭고 복잡다단한 중국 불교의 모습은 한국에도 그대로 전해져 4세기 후반 불교가 한국에 전래된 이래 삼론(三論), 열반(涅槃), 계율(戒律), 천태(天台), 법상(法相), 화엄(華嚴), 정토(淨土), 진언(眞言), 선(禪) 등 중국 불교의 대부분의 종파와 사상들이 한국에도 모습을 드러내게 되었다.

그러나 이와 같은 다양한 학파나 종파들이 중국에서는 이렇다 할 만한 심각한 종파적·정치적 대립 없이 번창했음에도 불구하고 한국에서는 종파 간의 갈등이나 대립은 심각한 문제로 등장했다. 따라서 이러한 대립을 융화시키며 회통(會通)시키려는 통불교적(通佛敎的) 사상 또한 한국 불교의 중요한 특징으로서 나타나게 되었다. 이러한 사상적 영향이든 혹은 여타 다른 이유에서든 한국 불교는 일본 불교와는 매우 대조적으로 하나의 통불교적인 종합불교적 성격을 띠게 된 것이 사실이다.

한국 불교가 이러한 화쟁적(和諍的)이고 융합적 성격을 띠게 된 데에는 그만한 정치·사회적 이유가 존재했을 것이다. 우선, 중국의 경우와는 달리 한국에서는 불교가 왕권과 중앙집권적 정치체제의 확립과 밀집한 연관을 지녀왔다는 점을 들 수 있다. 이에 따라 통일왕조는 사회적·정치적 갈등의 가능성을 지닌 종파 간의 대립보다는 이념적 조화와 통일을 선호했고, 불교계의 지적 엘리트들 또한 이러한 성향을 보여온 것이 아닌가 하는 점을 지적할 수 있다. 물론 분쟁을 지양하고 화합을 이루려는 것 자체가 불교의 근본정신 중에 하나라는 사실도 무시되지 않아야 하겠지만, 그것은 유독 한국의 불교에만 적용되는 것은 아니다. 둘째로, 불교가 국교(國敎)가 되다시피 한 신라와 고려조에서는 하나의 종단이나 종파는 자연히 정치적·경제적 힘을 지닐 수밖에 없었으며, 따라서 종파 간의 대립이 중국의 경우보다 더 심각할 수밖에 없었다는 사실도 고려해야 할 점이다. 사상적·종교적 대립 이후에는 정치·경제적인 현실적 대립이 존재했고, 그로 인해 뜻있는 고승 대덕들은 언제나 그 같은 종파적 갈등을 불교의 세속적 타락으로 보고 깊이 한탄했다. 한국 불교 사상의 통불교적 성향을 가장 잘 대표하고 있는 사람은 두말할 필요 없이 통일신라기에 활약했던 원효(元曉)일 것이다. 그러나 7세기 말엽에 활동한 원효의 화쟁사상(和諍思想)에는 하나의 역사적인 한계가 있었다. 그것은 곧 그가 사상을 전개하던 당시의 불교계에는 다양한 불교 경전이나 교리상의 갈등이 있었다고 해도 그것이 구체적이고 현실적인 종파 간의 대립으로는 나타나지 않았다는 사실이다. 더욱이 신라말 선(禪)불교의 정착 이후 물론 심각한 문제로 등장한 선(禪)과 교(敎)의 대립은 원효가 고심할 바가 아니었다. 반면에 선교(禪敎)의 갈등은 고려 불교계의 가장 심각한 문제의 하나였으며, 우리가 이제 고찰하고자 하는 대각국사 의천(大覺國師 義天, 1055~1101)이나 보조국사 지눌(普照國師 知訥, 1158~1210)은 이 문제의 해결을 위하여 각기 고심할 수밖에 없었다. 고려 불교의 두 거봉(巨

峰) 의천과 지눌은 분명 원효와 같이 화쟁(和諍)의 길을 걸어야만 했던 통불교적(通佛敎的) 사상가임이 틀림없으나 그들이 처했던 역사적 상황과 문제는 달랐으며 그들이 내린 처방도 달랐었다. 그리고 그들의 한국 불교사에 남긴 유산 또한 크게 다를 수밖에 없었다. 이제 그들의 삶과 사상을 고찰해 보자.

II. 의천의 생애

신라 하대의 정치·사회적 혼란기에 들어온 남종선(南宗禪) 계통의 선문(禪門)들은 불립문자(不立文字), 교외별전(敎外別傳)의 기치 아래 교학(敎學) 중심적 기성 교단의 권위에 도전하는 세력으로 등장하게 되었다. 화엄이나 법상과 같이 중앙 귀족들의 지원을 받는 종파들과는 달리 선불교(禪佛敎)는 수도에서 멀리 떨어진 지방에서 호족 세력들의 비호를 받으며 성장하여 기성 종파들과 대립하게 되었다. 왕건(王建)의 후삼국(後三國) 통일과 새로운 왕조의 건립에 직접·간접으로 도움을 준 선불교는 고려조에 들어와 더욱더 번창하게 되었으며 선(禪)과 교(敎)는 그야말로 막상막하의 세를 과시하게 되었다. 그리하여 광종(光宗) 때에 이르러 승과(僧科)를 실시하고 법계(法階)를 수여하는 데서도 선과 교를 명확히 구분하여 따로 할 정도가 된 것이다. 아마도 광종이 고려의 승려들을 대거 중국에 파견하여 선교융합적(禪敎融合的)인 성향을 띤 새로운 선문(禪門) 법안종(法眼宗)을 들여오게 한 것도 이러한 선교(禪敎)의 대립을 완화해 보려는 의도에서였다고 추측된다.

현종대(顯宗代)에 이르러 고하는 중앙집권적 관료체제가 어느 정도 공고히 되고 지방의 호족들보다는 문관 중심의 문벌 귀족정치가 자리를 잡게 되었다. 이에 따라 고려 초기에 선불교가 지녔던 세력은 상대적으로 약화되고 중앙의 귀족 세력과 밀착되어 오던 화엄종이나 법상종과 같은 보다 전통적인 교학적 종파들의 교세는 확장되게 되었다. 의천(義天)이 출생할 당시에는 흥왕사(興王寺)를 중심으로 한 화엄종과 외척 세력인 인주 이씨(仁州 李氏) 가문의 지원을 받던 현화사(玄化寺)를 근거로 한 법상종 간에는 적지 않은 알력이 존재하고 있었다.[1]

의천은 문종(文宗)의 넷째 아들로 태어나 성은 왕씨(王氏)요, 이름은 후(煦)였다. 의천(義天)은 그의 자(字)였으나 후(煦)가 송나라 철종(哲宗)의 휘(諱)였기 때문에 피하고 그 대신 쓰이게 되었다. 그가 11세 되던 해에 문종이 하루는 형제들을 불러 놓고서 "누가 능히 승(僧)이 되어 복전(福田)의 이익(利益)을 짓겠는가?"라고 물으니 의천이 일어나 출가의 뜻을 밝혔다고 한다. 그리하여 그는 화엄사찰 영통사(靈通寺)의 경덕국사(景德國師, 당시는 王師) 밑에서 출가하여 수업(修業)을 했다. 김부식(金富軾)이 지은 영통사 대각국사비문(靈通寺 大覺國師碑文)에는 그의 초기 수업에 관해서 다음과 같이 말하고 있다.

일정한 스승이 없이 도(道)가 있는 곳이면 곧 따라가서 배웠다. 현수(賢首, 華嚴)의 교관(敎觀)으로부터 돈교(頓敎)와 잠교(漸敎), 대승(大乘)과 소승(小乘)의 경률론(經律論) 장소(章疏)에 이르기까지 탐색하지 않은 것이 없었으며, 또 여력으로는 외학(外學)에도 견문을 넓혀 공자(孔子)와 노자(老子)의 책으로부터 하여 자사집록(子史集錄)과 백가(百家)의 교설의 정수를 일찍이 익히고 그 뿌리를 찾았다. 그런고로 그의 논의는 종횡으로 치닫고 줄

---

1 이 문제에 관하여는 崔炳憲, "高麗中期 玄化寺의 創建과 法相宗의 隆盛," 『高麗中·後期 佛敎史論』 (서울: 민족사, 1986) 참조.

줄이 끝이 없었으니, 비록 노사대덕(老師大德)이라 할지라도 모두 스스로 그에 못 미친다고 하였다. 사람들이 말하기를 그의 명성이 퍼지어 그때 법문(法門)에 종장(宗匠)이 있다고 하였다. 정미년 7월 을유에 왕께서 교서를 내리시어 우세승통(祐世僧統)이라 찬양했다.

의천(義天)의 조숙함과 그의 폭넓은 수학과 사상적 관심을 나타내주는 말이다. 의천은 송(宋)에 가서 불법(佛法)을 더 연마하고자 여러 번 주청했으나 허락을 받지 못하던 중 드디어 30세 되는 해(1085)에는 왕의 허락 없이 도송(渡宋)을 결행했다. 그가 모후(母后)와 선종(宣宗)에게 글을 남긴 채 제자 수개(壽介)를 데리고 선편으로 떠나자 선종은 이 소식을 듣고 낙진(樂眞) 등 다른 제자들을 보내서 수행하게 하였다. 송에 도착하자 철종(哲宗)은 그를 극진히 예우하고 당대의 고승들을 만날 수 있도록 알선해 주었다. 그리하여 먼저 화엄학의 대가 유성법사(有誠法師)를 만나 "현수(賢首)와 천태(天台)의 판교(判敎)의 동이(同異)와 양종의 심오한 뜻에 대하여 문답하니 그 설(說)함이 정성스러웠다"고 한다.[2] 송(宋)의 수도 변경(汴京)에서 유성법사와 한 달 남짓 보내고는 의천(義天)은 항주(杭州)로 내려가 본국에서부터 서신 연락을 취해오면서 그가 흠모하던 화엄의 대가 정원법사(淨源法師)를 만나 본국으로부터 가지고 온 불교 문헌들, 특히 화엄학의 귀중한 장소(章疏)들을 선사하며 그로부터 화엄학의 강의를 듣는다. 의천은 그 밖의 여러 종파의 학승들도 만나 법(法)을 논하는데, 그 가운데서도 항주 전당(錢唐)에 있던 천태(天台)의 대가 자변 종간(慈辯 從諫)을 만나 그로부터 천태학(天台學)을 배운 것은 주목할 만하다. 만남은 더 오래 지속되었을 것이지만 때마침 본국으로부터 두

---

2 임존(林存) 찬, 「南嵩山僊鳳寺 海東天台始祖 大覺國師之碑銘序」.

법사의 의천(義天)을 환국시켜 달라는 요청이 있어 그는 떠날 수밖에 없었다. 선봉사 대각국사비문(大覺國師碑文)은 의천과 종간의 만남에 대해서 다음과 같이 말하고 있다.

국사(國師)가 귀국의 길에 오르려 하자 자변대사 종간(慈辯大師 從諫)은 시 한 수를 지어주고 손향로와 여의(如意, 구패(俱貝)의 일종)를 주었다. 국사는 본국에 계실 때부터 자변(慈辯)이 강의해 줄 것을 특청하여 매번 주객(主客)과 여러 제자와 더불어 강의를 들었기 때문에 지금 이 같은 (법의) 부속(付屬)이 있는 것이다.

자변대사(慈辯大師)를 떠나 정원법사와 함께 변경에 이른 의천은 철종 황제에게 작별을 아뢴 후 다시 항주로 와서 정원법사와 얼마간 지나면서 가르침을 받는다. 법사는 의천에게 불사(佛事)를 널리 펴고 한 등불을 전하여 백천 등(燈)이 계속되어 무궁토록 계속되기를 바란다고 말한 후, 경서(經書)와 향로와 불자(佛子)를 부법(付法)의 신표로 준다. 비문의 저자 김부식의 표현대로, "의천은 정원(淨源)의 도움으로 도(道)가 더욱 진보했으며 정원의 이름이 더욱 높아진 것은 의천 때문이었다." 정원과 작별한 후 의천은 천태산(天台山)에 이르러 지의대사(智顗大師)의 탑을 참배하고 발원문을 지어 귀국 후에 천태의 교관(敎觀)을 널리 펼 것을 서원한다. 이것은 아마도 정원이나 종간과의 만남 못지않게 중요한 사실로서 의천의 도송(渡宋) 동기와 관심을 이해하는 데 하나의 중요한 단서가 된다.

의천(義天)은 송(宋)에 체류한 지 불과 14개월 만에 귀국하게 된다. 그 기간에 그는 중국의 많은 명산 승경과 유적들을 탐방하였으며 만나본 고승이 50여 명이나 된다고 영통사(靈通寺) 비문은 전하고 있다. 귀국할 때

의천은 불교 경전 3천여 권을 얻어 돌아왔으며 귀국 후 부왕 문종(文宗)이 창건한 화엄종(華嚴宗)의 수사찰(首寺刹) 흥왕사(興王寺)의 주지로 있으면서 불교 서적의 수집과 정리에 힘쓴다. 화엄의 강학은 물론이요, 그는 요(遼), 송(宋), 일본(日本) 등 해외로부터도 장소(章疏)들을 수집하여 교장도감(敎藏都監)을 두고서 간행하니 이것이 곧 그가 단행한 속장경(續藏經)으로서 「신편제종교장총록」(新編諸宗敎藏總綠)이라는 경서 목록을 작성하여 그것에 따라 체계적으로 간행한 것이었다.

한편 의천은 천태(天台)에 대한 그의 관심과 서원을 망각하지 않았다. 선종(宣宗) 6년(1089)에는 의천의 모후 인예태후(仁睿太后)가 그의 천태종에 대한 관심을 알고서 발원하여 천태종(天台宗)의 본산 국청사(國淸寺)를 짓기 시작한다. 그러나 인예태후는 그 완성을 보지 못하고 의천이 38세 되던 선종 9년(1093)에 세상을 떠났다. 의천은 그가 40세 되는 해 (1094) 봄에 홍원사(洪圓寺) 수지로 가고, 곧이어 5월에는 해인사(海印寺)에 은거하게 된다.

흥왕사를 중심으로 하여 진행되던 수많은 일을 제쳐놓고 지방으로 떠난 직후에는 무슨 연유가 있었을까? 아마도 화엄종단을 영도하면서 또 하나의 새로운 종파 천태종의 개종을 추진하던 일이 타 종파의 눈에는 너무 야심적으로 보여 질시와 반목을 살 가능성이 있었을 것이다. 국청사의 건설이 일시 중단되었던 사실이 있었던 것에 비추어 볼 때 무엇인가 일이 계획대로 순조롭게 진행되지 않았기에 흥왕사를 떠나야만 했던 것은 아닐까? 특히 그 해 선종이 승하하고 그의 병약한 어린 아들 헌종(獻宗)이 즉위함에 외척인 인주 이씨(仁州 李氏)의 세력이 강화되자 그 지원을 맡던 법상종(法相宗)의 힘에 밀려난 것이 아닌가 하는 추측도 가능하다.

어쨌든 인주 이씨(仁州 李氏) 세력을 축출하고 숙종(의천의 셋째 형)이

즉위하자 곧 의천은 흥왕사의 주지로 다시 오게 되며 드디어 숙종 2년 (1097)에 국청사가 완공되자 국청사 주지도 겸하면서 천태교자(天台教字)를 강의하니 "일종(一宗)의 학자와 제종(諸宗)의 석덕(碩德) 무려 수천 수백이 학풍을 듣고 앞을 다투어 모였다"(僊鳳寺碑). 천태(天台) 지의대사(智顗大師)의 탑 아래서 했던 그의 서약이 이제 이루어진 셈이며, 의천은 이때의 기쁨을 그의 「신창국청사계강사」(新倉國清寺啓講辭)에서 다음과 같이 말하고 있다.

국청(國清)과 천축(天竺)의 교관(教觀)을 이어받고 불롱(佛隴; 천태산 서남쪽의 산명, 智者大師를 가리킴)과 고산(孤山; 智圓, 981-1027, 송의 天台僧)의 탑묘에서 정성스럽게 서약한 바에 따라 목숨을 다하여 등불을 전했다. 이제 평생의 소원… 손으로 춤을 춘들 어찌 끝이 없으랴. 감격스럽고 경사롭도다.

아마도 이때가 학승으로서 의천의 삶에 있어서 절정기였을 것이다. 그가 천태학(天台學)을 강의한 지 2년 후에는 천태종의 제1회 승선(僧選)도 시행되니 명실공히 천태학은 하나의 종파로서 공인된 셈이다. 그러나 그 2년 후 숙종 6년(1101) 의천은 신병으로 인해 향년 47세, 법랍 36세로 입적함으로써 더 많은 활동을 할 수 있는 나이에 아깝게도 일생을 마쳤다. 만약 그가 좀 더 오래 활동을 할 수 있었더라면 불교계의 판도는 그 이후 전개되었던 것과는 매우 다른 양상으로 전개되었을지도 모른다.

의천의 주요 저술로는 『신편제종교장총록』(新編諸宗教藏總錄), 『신집원종문류』(新集圓宗文類) 22권, 『석원사림』(釋苑詞林) 250권, 『간정정성유식론단과』(刊定政成唯識論單科) 3권, 『팔사경직석』(八師經直釋), 『소재경직석』(消災經直釋) 등 10여 부(部), 300여 권(卷)이 있었으나 현존하는 것은 『신편제종교장총록』(新編諸宗教藏總錄) 3권과 『대각국사문집』

(大覺國師文集) 그리고『신집원종문류』(新集圓宗文類)와『석원사림』(釋苑詞林)의 일부분 정도만 남아 있다.

III. 의천의 불교 사상

의천(義天)의 생애와 업적 가운데서 가장 우리의 주목을 끄는 것은 그의 천태(天台) 사상에 대한 관심과 천태학의 개창이었다. 화엄종(華嚴宗) 승려로서 그의 화엄학에 대학 정열이나 불교 문헌의 수집과 발간 등은 오히려 당연지사였을 수도 있다. 그러나 화엄종 승려로 출가하여 화엄사찰 흥왕사에서 화엄종단을 영도하고 끝내 화엄종 사찰이자 그가 출가했던 영통사에 유골을 남기고 입적한 그가 어찌하여 천태종(天台宗)이라는 새로운 종파를 수립할 정도의 관심을 지니게 되었을까? 이 문제에 대한 답은 아마도 그의 불교 사상 전체의 핵심적 이해에 직결되는 문제일 것이다. 우선 천태에 대하여 그가 보여주었던 관심을 다시 한번 정리해 보자.

천태종 사찰이었던 선봉사비(僊鳳寺碑)에 의하면 의천은 도송(渡宋) 이전 본국에서부터 천태종에 대하여 깊은 관심을 지녔다고 전한다. 어느 날 그는 우연히 모후와 그의 형(나중에 숙종이 된) 앞에서, "천태(天台)의 삼관(三觀)은 최상의 진승(眞乘)인데 이 땅에서는 종문(宗門)이 아직 세워지지 않았으니 심히 애석한 일입니다. 제게 가만히 뜻이 있습니다"라고 조용히 말했다. 그 말을 듣고 모후는 그의 뜻을 따라 기뻐했고 숙조(肅祖) 또한 후에 외호(外護)해 줄 것을 서원했다고 한다. 이 이야기는 물론 천태종 계통에서 지은 선봉사 비문에만 나오므로 의천과 천태의 인연을 강조하려고 지어낸 애기일 수도 있다. 그래도 의천은 분명히 도송 이

전부터 이미 천태에 깊은 관심을 지녔었음을 우리는 추측해 볼 수 있다.

첫째로, 그는 송(宋)에서 제일 먼저 만난 화엄의 대가 유성법사와 천태(天台)와 화엄판교(華嚴判敎)의 동이(同異)에 대해서 토론했다고 한다. 이것은 의천이 이미 본국에서부터 천태에 대하여 깊은 관심을 지니고 있었다는 사실을 말해 준다. 둘째로, 의천은 천태대사(天台大師)의 탑 아래서 한 발원 가운데 우리나라에도 이전에 제관(諦觀)과 같은 훌륭한 천태학자가 있어 천태 교관(敎觀)을 해외에까지 유통시켰음을 언급하고 있다. 그는 또 국청사의 창건과 더불어 천태학의 강의를 시작하는 글에서도 원효·체관의 천태 전통이 국내에 있었음을 상기시키고 있다. 이것은 의천이 국내의 천태교학적(天台敎學的) 전통에 대하여 이미 깊은 관심과 자각을 지니고 있었음을 입증하는 것이 틀림없다. 그리하여 그는 송에 들어가서 기회가 있을 때마다 천태 교관에 대해 묻고 토의하고 했으며, 급기야는 지의대사(智顗大師)의 탑 아래서 귀국하면 천태(天台)를 선양하겠다는 서원을 하기까지에 이르렀다. 이 발원문은 중요하므로 그 전문(全文)을 인용할 필요가 있다.

의천(義天)은 머리를 조아려 귀명(歸命)하옵고 천태대사(天台大師)에게 아룁니다. 일찍이 듣자오매 대사는 오시(五時)와 팔교(八敎)로써 동쪽으로 흘러들어온 일대(一代)의 성언(聖言)을 남김없이 판석(判釋)하였으니, 후세에 부처를 배우려는 이로서 누가 그것을 의지하지 않겠습니까? 그러므로 우리 조사(祖師) 화엄소주(華嚴疏主)께서도 '현수(賢首)의 오교(五敎)는 대체로 천태(天台)의 오시(五時)와 같다'고 말했습니다. 가만히 생각하면 우리나라에도 옛날 제관(諦觀)이라 불리는 스승이 계셨습니다. 그는 대사의 교관(敎觀)을 강연하여 해외에까지 유통시켰으나, 전하고 익히는 이가 간혹 끊어지더니 지금은 없어졌습니다. 저는 발문하여 몸을 돌보지 않고 스승을 찾아 도(道)를 묻다가, 지금은 전당(錢唐) 자변대사(慈辯大師)의 강하(講下)에서 교관(敎觀)을 이어받아 그 대략을 약간 알게 되었습니다. 뒷날 고향으로 돌아가면 목숨을 다해 널리 펴서 대사(大師)에게 중생을 위해 가르침을 베푸시기에 고생하신 덕을 갚고자 하는 것이 그 서원입니다.[3]

화엄종 승려로서 이러한 발원을 한다는 것은 결코 예사로운 일은 아니었다. 사실 의천 자신도 일말의 불안감이나 갈등을 느꼈기에 '우리 조사(祖師) 화엄(華嚴) 소주(疏主)'(淸凉澄觀)를 인용하면서 화엄(華嚴)과 천태(天台) 사이에는 근본적인 차이는 없음을 확인하고 있다.

그만큼 천태사상에 대한 의천의 관심은 깊고 절실했다. 그리고 이와 같은 관심은 단순히 의천 자신의 정신적 필요에서가 아니라, 그가 화엄종 승려였음에도 불구하고 그가 그러한 관심을 가질 수밖에 없도록 만들었던 당시 고려 불교계의 상황에서 기인한 것이 틀림없다.

과연 의천이 지녔던 문제의식은 무엇이었는가? 그것은 아무래도 나말여초(羅末麗初)부터 줄곧 불교계의 큰 문제로 부각되어 왔던 선(禪)과 교(敎)의 대립과 갈등의 문제였다. 더 정확히 말하자면, 의천의 문제의식은 교학(敎學)을 무시한 선불교(禪佛敎)의 피해와 관행(觀行)을 무시한 교학(敎學)의 맹목성을 극복하려는 데에 있었다. 그리고 그는 이 문제의 해결을 위해서, 특히 무지(無知)한 선(禪)의 폐단을 시정하고자 이미 선(禪)과 첨예하게 대립하던 화엄보다는 교(敎)와 관(觀)을 균형 있게 강조하는 천태관(天台觀)을 하나의 새로운 운동으로서 전개하고자 했던 것이다.

의천은 그가 편집한 『신집원종문류』(新集圓宗文類)에서 스스로를 '전현수교관겸 강천태교관'(傳賢首敎觀兼 講天台敎觀)이라 표현하고 있

---

3 『大覺國師文集』, 卷第十四, 「大宋天台塔下親參發源疏」.

다. 이것은 단적으로 의천의 불교 이해를 나타내는 말로써, 그에 의하면 불교 공부는 모름지기 이론적인 교학(敎學)과 실천적인 관행(觀行)을 겸해야 한다는 것이다. 이것이 그의 교관병수(敎觀並修) 사상이며 그는 이와 같은 정신이 무엇보다도 천태교관(天台敎觀)에 가장 잘 구현되어 있다고 본 것이다. 그리하여 그는 천태사상을 보급함으로써 교(敎)와 관(觀)을 함께 닦지 않고 하나에 치우쳐 대립을 일삼던 당시 고려 불교계의 폐단을 극복하는 하나의 새로운 전기로 삼고자 했다. 이 같은 사상은 그의 화엄학에도 영향을 미쳐 '현수교관'(賢首敎觀)이라는 표현을 의식적으로 사용하게 한 것이다. 다시 말해 화엄종(華嚴宗)도 너무 지적인 이론과 사변에만 치우치지 말고 관행(觀行)에도 꼭 같이 힘써야 한다는 점을 강조하고 있다. 본래 법장(法藏)이나 징관(澄觀)의 화엄학이 교학(敎學)에만 전적으로 치중한 것은 아니었으나 화엄은 아무래도 천태 사상만큼 교(敎)와 관(觀)을 균형 있게 다루지는 못한 것이 사실이다. 특히 의천은 이와 같은 약점을 당시 고려 화엄가들의 폐단으로 의식하고 있었기에 일부러 '현수교관'이라는 흔히 쓰이지 않는 표현까지 사용하면서 화엄에서의 교관병수를 강조하고 있다. 그는 관행을 무시한 화엄학에 대하여 다음과 같이 비판하면서 교관병수를 촉구하고 있다.

> 관(觀)을 배우지 않고 경(經)만 공부한다면 비록 오주인과(五周因果)를 듣는다 해도 삼중성덕(三重性德)에는 달(達)하지 못하고, 경(經)을 배우지 않고 관(觀)만 공부한다면 비록 삼중성덕(三重性德)을 깨달았다 하더라도 오주인과(五周因果)를 분변(分辨)치 못한다. 그런즉 관(觀)은 배우지 않을 수 없고 경(經)은 공부하지 않을 수 없다. … 이에 알지니, 대경(大經, 華嚴經)을 전하면서도 관문(觀門)을 공부하지 않는 자는 비록 강자(講者)라 할지라도 나는 믿지 않는다. … 혹은 편사(偏邪)에 빠지고 혹은 성리(聲利)에 빠지고

혹은 교만하고 혹은 게을러서 (道가) 있는 것 같기도 하고 없는 것 같기도 하여 죽을 때까지도 그 도(道)에 들어가지 못하고 만다.[4]

그리하여 천태를 공부하는 사람들이 지(止)와 관(觀), 심삼관(心三觀) 등을 닦듯이 화엄에서도 법계삼관(法界三觀: 眞理觀, 理事無碍觀, 周偏含容觀)을 닦아야 한다.[5]

실천문(實踐門)에 대한 의천의 이러한 관심이 그의 화엄학에서 법장(法藏)보다는 징관(澄觀)을 선호하도록 했는지도 모르겠다. 십현록기(十玄錄起)에 근거한 사사무애(事事無碍)의 진리를 극치로 한 법장의 화엄학이 아무래도 이론적 성격이 강한 데 비하여 징관의 화엄학은 성기설(性起說)과 사리무애(事理無碍)를 강조하는 일보다 실천적인 면을 지니고 있으며 나아가서 교선일교사(敎禪一敎師) 성향마저 보이면서 선(禪)을 화엄 사상 안에 포용하고 있기 때문일 것이다. 그리하여 의천은 화엄경을 강의할 때는 언제나 징관(澄觀)의 80권 화엄경소인 『화엄경수소연의초』(華嚴經隨疏演義鈔)에 의거할 정도로 청량(淸涼)의 화엄학을 좋아했다.

그러나 한편 의천은 중국 화엄의 제5조이자 본격적인 선교(禪敎) 일치론의 기수였던 규봉(圭峰) 종밀(宗密)의 화엄학은 그리 높이 평가하지 않았던 것 같다. 그것은 의천이 말년에 한때 화엄사찰인 홍원사의 주지로 있으면서 화엄종의 조사 아홉 분을 모시는 구조당(九祖堂)을 세우면서 징관(澄觀)을 마지막으로 하고 종밀(宗密)을 포함시키지 않았다는 사실에서 나타난다. 물론 의천은 종밀의 원각경(圓覺經)에 관한 주석서들

---

4 『大覺國師文集』, 卷第十六, 「示新參學徒緇秀」.

5 같은 글.

을 매우 높이 평가하여 강의에 사용하고 있기는 하나 그의 선교일치적 (禪敎一致的) 입장을 수용할 자세는 없었던 것 같다. 이러한 이유에서 그는 그가 편집한 『신편제종교장총록』(新編諸宗敎藏總錄)에 선교일치를 논증하는 종밀의 명저 「선원제전집도서」(禪源諸詮集都序)를 포함시키지 않았을 것이다. 의천은 어디까지나 화엄종 승려이며 부처님의 가르침으로서의 경전의 일차적 권위, 특히 화엄경(華嚴經)이나 법화경(法華經)의 권위는 일단 인정되어야 하며 어떤 수행도 이러한 바탕 위에서만 가능하다고 생각했다. 그는 경전을 무시하는 선승(禪僧)들의 태도를 몹시 못마땅하게 여겼으며 이러한 선(禪)과는 타협이나 수용이 있을 수 없었다.

의천은 교(敎)를 무시한 선(禪)을 '설선'(說禪)이라 부르면서 신랄히 비판하고 있다.

> 옛날의 선(禪)과 오늘날의 선(禪)은 거리가 멀다. 옛날의 이른바 선(禪)이란 교(敎)에 의거하며 선(禪)을 익히는 것(習禪)이었는데 오늘의 이른바 선(禪)은 교(敎)를 떠나 선(禪)을 설하는 것(說禪)이다. 설선(說禪)은 명(名)에 집착하여 그 실(實)을 잃고 있음에 반하여 습선(習禪)은 (부처님의) 말씀에 기초함으로 인하여 그 뜻을 얻는 것이니, 오늘날의 교사(矯詐)한 폐를 구(救)하고 옛 성인들의 순정(醇精)한 도(道)를 회복하는 것이다.[6]

의천에 의하면 진리란 언어와 문자가 없는 것이지만 그렇다고 해서 언어와 문자를 떠나서 있는 것도 아니다. 그러기 때문에 선(禪)과 교(敎)는 내외로서 겸비되어야 한다.

---

6 『續藏經』, 제1집, 3편, 제6투, 제2책, 「別傳心法議後序」.

대저 법(法)이란 언상(言像)이 없는 것이다. 언상을 떠난 것은 아니다. 언상을 떠난즉 도감(倒感)하고 언상에 집착한즉 진리(眞理)로부터 미혹된다. 다만 세상에는 완전한 재능이 적은 만큼 사람들이 그 아름다움을 갖추기가 어려워 교(敎)를 공부하는 사람은 내적인 것을 버리고 외적인 것을 구하는 일이 많고, 선(禪)을 익히는 사람은 연(緣, 외적 대상)을 잊고 내적으로 밝히기를 좋아한다. 둘 다 편집(偏執)으로서 모두 이변(二邊)에 걸려 있는 것이다. 마치 토끼 뿔의 길고 짧음에 대하여 싸우고 공중의 꽃의 짙고 엷음을 두고 다투는 것과 같다.[7]

의천은 돈오(頓悟)를 주장하는 선수행자(禪修行者)로서 불교의 교학을 공부하지 않는 무식한 승려들을 경멸했다.

근세에 불교를 공부하는 사람이 스스로 돈오(頓悟)했다고 말하며 권교(權敎)와 소승(小乘)을 멸시하다가 성(性)과 상(相)을 논할 때 왕왕 사람들의 웃음거리가 되는 것은 모두 겸학(兼學)을 하지 못한 탓이다.[8]

교(敎)와 관(觀)의 병수(竝修)와 겸학(兼學)이야말로 불교의 정도로서 의천은 당시에 교(敎)에 대립하여 경(經)과 교관(敎觀)의 연구를 무시하던 선불교(禪佛敎) 자체를 큰 폐단으로 보고 천태교관(天台敎觀)을 통하여 선(禪)을 흡수해버리고자 한 것이다.

실제로 그가 천태종을 개창했을 때 그 대다수 문도는 법안종(法眼宗) 계통의 선승(禪僧)—이들은 본래부터 천태(天台)와 어느 정도 깊이 연관되어 있었다—과 기타 선문납자(禪門納子)들이었다. 의천과 동시대의

---

7 『文集』, 卷第三, 「講圓覺經發辭第二」.

8 『文集』, 卷第一, 「刊定成唯識論單科序」.

고승 원응국사(圓應國師) 학일(學一)의 비문은 당시의 상황을 다음과 같이 전하고 있다.

> 국사(國社, 義天)는 송(宋)에 유학하여 화엄(華嚴)을 전하고 아울러 천태교관(天台教觀)을 배우고 선종(宣宗) 3년에 돌아왔다. 그는 천태지의(天台智顗)를 존숭하여 별도로 종가(宗家)를 세우니 그때 총림 납자로서 천태종(天台宗)에 전향하는 자가 10에 6, 7이 되었다. 대사(學一)는 조도(祖道, 禪)가 조락(凋落)함을 슬프게 여기고 홀로 버티기를 자신의 임무로 생각했다. 대각국사(大覺國師)는 자주 사람을 보내어 (협력을) 논(論)했으나 끝내 명(命)을 받아들이지 않았다.

실로 이와 같은 의천의 고압적인 정책은 당분간은 선(禪)에 적지 않은 타격을 안겨 주었음에 틀림없었을 것이다. 의천의 압력은 여기에 그치지 않았다. 당시에 승과는 선(禪)과 교(敎)를 달리하여 치러졌는데 천태종(天台宗)의 승선(僧選)은 선(禪)의 승과(僧科)에 소속되게 되었다. 이것은 천태종이 선종(禪宗)이라는 것을 분명히 하는 것으로서, 실로 당시 선문(禪門)들로 보아서는 하나의 노골적인 탄압 혹은 대체 작업으로 보일 수밖에 없었다. 의천은 그가 편찬한 『교장총록』(敎藏總錄)에 선종 계통의 문헌은 하나도 싣지 않을 정도로 선을 무시했다. 추측건대 의천은 이미 선과의 대립이 심화되어 있던 화엄종으로써 선(禪)을 흡수·극복하고자 한 것이 아니었나 한다. 그러나 결과적으로 볼 때 이러한 의천의 꿈은 실현되지 못했으며 오히려 기존의 조계선문(曹溪禪門)들의 반발을 사기에 족했다. 사실, 의천이 과연 직지인심(直指人心), 견성성불(見性成佛)의 선(禪)의 진수를 제대로 파악하고 있었는지는 의문스럽다. 과연 남종선(南宗禪)이 지향하는 바가 천태의 지관(止觀)이나 그가 말하는 '습선'(習

禪)으로 대체될 수 있는 성질의 것인가를 우리는 진지하게 묻지 않을 수 없다.

의천은 천태종을 내세워 선(禪)을 흡수하려 했는가 하면 다른 한편으로는 화엄 사상으로 기타 교학(敎學)을 포괄하고 포용할 수 있다고 믿었다. 사실, 의천 당시에는 선(禪)과 교(敎)의 대립만 있었던 것은 아니고 교학사상이나 교종(敎宗) 내에서의 대립도 만만치 않았다. 특히 화엄종과 법상종과의 갈등은 더욱 그러하였던 것이며 의천은 이 문제에 대하여서도 고심하지 않을 수 없었던 것이다. 그의 겸학사상(兼學思想)은 다만 교관겸수(敎觀兼修)뿐만 아니라 모든 교학사상을 골고루 연구하여 섭취한다는 것을 의미한다. 그는 말한다.

> 구함론(俱舍論)을 배우지 않으면 소승(小乘)의 설(說)을 알지 못하고 유식(唯識)을 배우지 않으면 어찌 대승(大乘) 시교(始敎)의 종지를 볼 수 있으며 기신론(起信論)을 배우지 않고 어찌 경교(經敎)와 돈교(頓敎)의 뜻을 밝힐 수 있겠는가? 화엄(華嚴)을 공부하지 않으면 원융(圓融)의 문을 들어가기 어려우니 얕은 것으로써는 깊은 것에 이르지는 못하나 깊은 것은 반드시 얕은 것을 갖추고 있으니 이치가 당연히 그러한 것이다.[9]

이 말은 우선 불교의 다양한 가르침 사이에는 어떤 모순도 없고 각기 그 존재 이유가 있으므로 빠짐없이 공부할 필요가 있음을 강조하고 있다. 그러면서도 여러 경론(經論)의 사상들 가운데는 엄연히 심천(深淺)의 차이가 존재하며 얕은 것부터 깊은 데로 들어가야 하며 깊은 경지에 들어간 자는 얕은 경지의 가르침을 모두 이해하고 포용할 수 있다는 것이

---

9 『文集』, 卷第一, 「刊定成唯識論單科序」.

다. 그리고 의천에게는 이 깊은 가르침이란 두말할 필요 없이 화엄 사상이다. 화엄의 판교(判敎) 안에서 모든 가르침은 각기 제자리를 차지하며 그러면서도 하나의 전체적 조화와 체계를 지니게 되는 것이다.

주목할 만한 사실은 위에 인용한 의천의 말이, 그가 법상종과의 알력으로 개경을 떠나 해인사(海印寺)에서 일시 은거하고 있으면서 유식(唯識)의 주요 논서인 『성유식론』(成唯識論) 10권을 간추린 『성유식론단과』(成唯識論單科) 3권을 간행하는 서문에서 나오고 있다는 사실이다. 이렇듯 그는 복잡다단하고 까다로운 유식사상(唯識思想)까지도―그것도 자신의 종파와는 대립하던 법상종의 사상― 무시하지 않고 철저히 연구했다. 그러나 물론 의천은 법상(法相)을 연구하는 데서도 화엄의 오교판(五敎判)이라는 근본 테두리를 벗어나지 않고 그 안에서 법상(法相)의 위치를 자리매김한다. 같은 글에서 의천은 화엄경과 성유식론은 경(經)과 론(論), 본(本)과 말(末)의 현격한 차이가 있음을 지적하고 있으며, 나아가서 "성(性, 화엄)과 상(相, 법상)은 하늘의 해와 달 같고 주역(周易)의 건(乾)과 곤(坤) 같으니 이 두 가지 자취를 겸해서 배워야 비로소 통달한 사람이라 말한다"는 징관(澄觀)의 말을 인용하고 있다. 이것은 즉 징관의 성상결판(性相決判) 사상을 인용하여 화엄과 법상의 우열을 분명히 가리면서도, 동시에 법상을 포용하는 의천 본인의 생각을 잘 반영하는 것이다.

의천은 물론 송나라의 불교학(佛敎學)을 높이 평가하여 그곳으로 건너가 여러 종파의 대가들을 만나 공부했지만 언제나 본국의 불교 사상적 전통을 기억하고 있었으며 그것을 자신의 사상적 뿌리로서 깊이 의식하고 있었다. 우리가 이미 본대로, 의천은 원효(元曉)와 제관(諦觀) 그리고 지종(智宗)과 같이 한국에도 이미 천태(天台)의 전통이 있었음을 분명히 의식하면서 그것이 중도에 단절되었음을 아쉬워하고 있다. 의천의 폭넓은 겸학사상과 포용적 불법 연구의 태도 뒤에도 역시 원효라는 존재가 있었던 것이다. 의천은 물론 한국 화엄종의 초조(初祖)로서 의상대사(義湘大師)도 높이 존경했다. 그의 「신편원종문류」(新編圓宗文類) 서문에서 그는 말하기를 "우리 해동에서는 부석존자(浮石尊者, 義湘)가 그 법(法)을 전한 뒤로 원돈(圓頓)의 교(敎)가 제종(諸宗)의 우두머리로서 400여 년을 지내 왔다"고 하면서 의상과 더불어 시작된 한국의 토착적 화엄 전통에 대한 긍지를 표시하고 있다. 그러나 의천은 누구보다도 원효를 가장 흠모했다. 이것은 그가 지은 「제분황사효성문」(祭芬皇寺曉聖文)에 잘 나타나 있다. 경주 분황사의 원효 상 앞에서 제전(祭奠)을 드리고 아뢰는 이 글에서 의천은 원효를 '해동보살'(海東菩薩), '해동교주'(海東敎主), '성사'(聖師)라고 부르고 있으며, 오직 그만이 성(性)과 상(相)을 융화시켜 밝히고 백가이쟁(百家異諍)의 실마리를 화합시키는 일대의 지극히 공평한 논리를 얻었다고 찬양하고 있다.[10]

그리고 의천 자신은 불승(佛僧)을 사모하여 선철(先哲)들의 저술을 두루 읽어보았으나 원효보다 나은 이가 없었다는 극찬을 아끼지 않고 있다. 그리하여 의천은 속장경(續藏經) 간행을 위하여 편집한 『신편교장총록』(新編敎藏總錄)에서 균여대사(均如大師) 등을 위시한 고려 화엄 주석자들의 저술은 일절 수록하지 않으면서도 원효의 장소(章疏)만은 모두 44부 87권이나 수집하여 수록하고 있다. 그뿐만 아니라 원효의 저술을 송(宋)과 요(遼)에까지 보내주기도 했다.

원효의 사상에서 의천이 가장 높이 산 것은 역시 원효의 화쟁적·통불교적 불교 이해일 것이다. 이것은 이미 언급한 「제분황사효성문」에서도 분명하게 나타나고 있지만 그 외에도 의천이 입적하기 두 달 전인 숙종 6년(1101) 8월에 원효에게 '화쟁국사'(和諍國師)라는 시호가 내려졌다는

---

10 『文集』, 卷第十六, 「祭芬皇寺曉聖文」.

사실에서도 입증된다. 이것은 필경 의천 본인의 천거에 의한 것이었을 것이며 그만큼 의천은 원효의 화쟁 정신을 숭앙했던 것이다. 그뿐만 아니라 의천은 그의 『원종문류』에서 '화쟁편'(和諍篇)이라는 항목을 따로 둘 정도로 화쟁 사상에 대한 그의 지대한 관심을 보여주고 있다.

의천은 송(宋)에서 귀국하기 직전 어느 법사에게 고금제종(古今諸宗)의 장소목록(章疏目錄)을 보여달라고 요청하면서 말하기를, "고향에 돌아가는 날에 고금제종의 교승(敎乘)을 모아서 통틀어 일장(一藏)으로 만들어 만세에 드리워서 끝없는 근기(根機)들을 이끌어 근본에 돌아가고 근원에 돌아가게 하려는 것이 나의 본래 소원이다"라고 하고 있다.[11]

실로 '반본환원'(返本還元)이야말로 다양한 불교의 경전과 사상들을 대하는 의천의 기본적 입장이자 관심사였으며, 의천은 이와 같은 정신이 바로 원효에게서 가장 이상적으로 구현되었다고 보았기에 그토록 그를 흠모했던 것이다.

그렇다면 의천은 반본환원(返本還元)에서 '본'(本)과 '원'(元)을 어디에다 두고 있을까? 다시 말해, 무엇을 중심으로, 혹은 기준으로 하여 그는 제종(諸宗)의 교리와 제가(諸家)의 사상을 모순 없이 수용하고 소화할 수 있었는가? 원효가 「기신론」(起信論)을 해석하는 가운데서 상(相)과 성(性), 유(有)와 무(無)의 대립을 회통(會通)하는 논리를 발견했다면, 의천의 회통 논리는 무엇인가? 이 물음에 대하여 만족할 만한 대답을 줄 수 있는 본격적인 저술은 그에게서 찾아보기 어렵다. 이 점에 있어서 그는 원효와 같은 창조적이고 독창적인 사상가는 아니었다고 보아야 틀리지 않을 것이다. 그는 여러 종파의 주장들과 사상적 다양성을 포용하면서 그 가운데서 하나의 질서를 찾으려는 지대한 관심은 있었으나 원효와 같

---

11 『文集』, 卷第十一.

이 입파(立破)와 여탈(與奪)을 자유로이 구사하는 독특한 초종파적 화쟁(和諍)의 논리를 구사하지는 못했다. 의천은 어디까지나 화엄종에서 출가하여 화엄종에서 생을 마친 화엄종 승려로서 화엄의 오교판적(五教判的) 테두리를 벗어나지 않았다. 그리고 천태도 그것이 화엄과 배치되지 않고 근본적으로 일치된다는 확신하에서만 수용할 수 있었으며 천태의 교관병수(教觀竝修)의 정신으로 당시의 선(禪)과 교(教)의 대립적 편파성을 극복하고자 했다. 그러나 선(禪)은 그러한 교관병수의 이념만으로 소화되기에는 너무나도 역동적이고 발랄한 것이었다. 선(禪)의 눈으로 볼 때 선은 결코 천태교관(天台教觀)의 일부로 수용될 성질의 것은 아니었다. 여기에 선종(禪宗)으로서는 일시적 타격에도 불구하고 자신을 지킬 수 있었던 근본적인 힘이 있었던 것이다. 선교(禪教)의 대립은 의천의 노력에도 불구하고 여전히 존속했을 뿐만 아니라 오히려 그 때문에 더욱 첨예화될 뿐이었다. 흥왕사의 대각대화상묘지명(大覺大和尚墓誌銘)에 의하면 의천 당시 학불자에게는 계율종(戒律宗), 법상종(法相宗), 열반종(涅槃宗), 법성종(法性宗), 원융종(圓融宗) 및 선적종(禪寂宗)의 육종(六宗)이 있었다고 한다. 그러나 이제 천태종(天台宗)과 더불어 모두 칠종(七宗), 이른바 오교양종(五教兩宗)의 시대가 열린 셈이며, 종파 간의 대립은 더욱 심화된 채 그 해결은 다른 기회를 기다리지 않으면 안 되었다.

IV. 지눌과 정혜결사 운동

태조 왕건에 의하여 수립된 고려조의 숭불 정책은 대대로 이어져갔으며 불교는 국가종교, 왕실종교, 귀족종교로서 고려 사회에서 확고한 위치를 차지하게 되었다. 승과(僧科)제도에 의하여 승려들은 국가관료가 되다시피 했으며 면세의 특전, 왕실과 귀족들에 의한 토지의 기진(寄進) 그리고 각종 영리사업 등으로 승가는 물질적인 번영을 누리게 되었다. 이러한 사원의 번창은 자연히 수도 정신의 해이와 도덕적 타락을 초래했다. 성종(成宗) 때 최승로(崔承老)가 올린 시무책 28조(時務策 28條)에도 이미 불교의 폐단을 논하고 있으며, 고려 불교의 융성이 그 극에 달했다고도 할 수 있는 문종(文宗) 때에 왕은 다음과 같은 교시를 내릴 정도였다.

> 석가가 밝힌 가르침은 청정을 우선으로 하며 더러움을 멀리하고 탐욕을 끊어 제거해야 한다. 그러나 오늘날 부역을 피하는 무리가 사문이라 일컬어 제물을 불리고 생계를 운영하며, 경작과 사육으로 업을 삼는가 하면 장사를 하는 것이 풍습이고 생계를 운영하며, 경작과 사육으로 업을 삼는가 하면 장사를 하는 것이 풍습이 되어 있으니 나아가서는 계율의 문을 어기고 물러가서는 청정의 기약도 없게 되었다. … 짐은 선악을 구분하여 기강을 바로 잡고자 하니 마땅히 중외(中外)의 사원들로 하여금 추려내서 계행(戒行)을 잘 닦는 자들은 모두 안주케 하고 계율을 범한 자들은 법으로 다스리게 하라.[12]

한편, 세속적 이권과 직결된 종파 간의 교권 다툼 또한 치열하게 전개되었다. 신라 말기부터 전개되기 시작한 선(禪)과 교(敎)의 대립은 물론이요 대각국사(大覺國師) 의천(義天)을 전후로 한 화엄종(華嚴宗)과 법상종(法相宗)의 알력 그리고 천태종(天台宗)과 조계선종(曹溪禪宗)과의 갈등 또한 불교계의 심각한 문제로 제기되었던 것이다.

12세기로 접어들면서 고려는 의천의 대(代)에 누렸던 평화와 번영은

---

12 『高麗史』, 七卷, 文宗十年條.

사라지고 극심한 사회적 혼란기를 맞게 된다. 문벌 귀족 세력들의 전횡과 이자겸의 난(李資謙의 亂, 1126), 묘청의 난(妙淸의 亂, 1135), 귀족들의 사치와 탐욕, 지방 관리들의 부패와 수탈 그리고 농토로부터 유리된 유민(遊民)들의 발생 등으로 고려 사회는 걷잡을 수 없이 흔들리기 시작했으며 급기야 무민의 난(武民의 亂, 1170)으로 이어졌다. 곧이어 무신들 간의 치열한 권력 싸움이 벌어졌으며 종래 왕실과 귀족들의 비호 아래 특권을 누려왔던 승려들과 무신정권 간의 피비린내 나는 무력 충돌도 잇달아 일어나게 되었다. 이러한 암울한 시대적 상황 속에서 불교계 내에는 결사라는 조용한 자기 혁신의 운동들이 전개되게 되었으니 지눌(知訥, 1158-1210)의 정혜결사(定慧結社)가 그 대표적 예라 하겠다.

결사(結社)란 특별한 종교적 수행을 목적으로 하여 승속(僧俗)의 구별 없이 하나의 수도 단체를 형성하는 것으로서, 기존의 승가를 통해서는 정신적 만족을 얻지 못하기에 전개된 일종의 개혁 운동이라 할 수 있다. 고려 중엽에는 지눌 이전에도 이러한 결사 운동들이 있었으나 ―예컨대 인종(仁宗) 7년에 법상종 승려 진억(津億)에 의해 창립된 지리산 수정사(水精社)― 시대적 자각과 개혁적 의지가 뚜렷한 결사 운동은 지눌의 정혜결사가 처음이라 해도 무방하다.

지눌의 아버지는 정광우(鄭光遇)로서 국자감(國子監)의 학정(學正)이었다. 정구품(正九品)의 벼슬이었던 것으로 보아 지눌은 의천과는 달리 이렇다 할 만한 가문의 출신이 아니었음을 알 수 있다. 그는 어려서 선문(禪門) 도굴산(闍堀山) 파의 종휘(宗暉) 선사 밑에서 출가하여 24세(1182) 때에 개경 보제사(普濟寺)에서 개최된 선(禪)의 승과(僧科)인 담선법회(談禪法會)에 참여했다. 그곳에서 그는 당시 승려들의 타락상을 신랄히 비판하면서 동료 10명과 더불어 명리(名利)를 버리고 산림(山林)에 은거하여 정혜(定慧)를 닦는 일에 힘쓰는 결사(結社)를 하자고 제안했다.

회(會)가 파한 후 우리는 마땅히 명리(名利)를 버리고 산림에 은둔하여 동사(同社)를 맺고 항시 습정균혜(習定均慧)로 일을 삼으며 예불(禮佛)이나 전경(轉經) 내지 일하고 노동하는 것까지 각자 맡은 바에 따라 경영하고 주어진 조건에 따라 우리의 성품을 키우고 평생 자유로이 살며 달사(達士)와 진인(眞人)들의 고행(高行)을 멀리서 좇으면 어찌 즐겁지 않겠는가?[13]

이것은 세간적 명리에 몰두하던 불교에서 불교 본연의 출세간적 자세로의 전환을 촉구하는 말이었으며, 도시불교에서 산림불교, 국도 중심의 불교에서 지방의 불교, 국가불교에서 개인불교로 그리고 기복적 불교에서 수도적 불교로의 전향을 촉구하는 제의였다. 그것은 또한 사노(寺奴)를 둔 사원의 귀족적 생활로부터 청빈낙도(淸貧樂道)하며 육체적 노동까지도 스스로 하는 서민적 불교로의 전향을 의미했다.

이러한 지눌(知訥)의 제의에 대하여 동학(同學)들의 반대와 이론(異論)도 없지 않았다. 가장 큰 쟁점으로 등장한 것은 말법사상(末法思想)에 근거한 정토신앙(淨土信仰)이었다. 즉 어떤 이들은 주장하기를 지금은 말법시대(末法時代)이므로 정(定)과 혜(慧)를 닦아서 해설(解說)을 기대하기보다는 아미타불의 타력(他力)을 믿고 염불(念佛)로서 정토왕생(淨土往生)의 길을 택해야 한다는 것이었다. 이러한 주장에 대한 지눌의 태도는 단호했다. 시대는 변하나 인간의 심성은 불변한다는 것이다.[14]

그는 말법사상을 배척하고 염불을 다만 삼매(三昧)를 닦는 방편으로만 인정했다. 궁극적으로는 자신의 마음이 정토(淨土)요, 자신의 성품이 아미타불이라는 선적(禪的) 정토관(淨土觀)을 편 것이다. 동학(同學)들을

---

13 知訥/金呑虛 譯,「勸修定慧結社文」,『懸吐譯解普照法語』(서울: 법보원, 1963), 2.
14 같은 책, 3.

설득한 지눌은 정혜결사(定慧結社)하기로 맹문(盟文)까지 작성했다. 그러나 사정이 여의치 않아 ─비문(碑文)은 '선불장득실지사'(選佛場得失之事)가 있었다고만 전하고 있다─ 뜻을 실천에 옮기지는 못한다. 그리하여 지눌은 개경을 떠나 홀로 구도의 길을 걷는다. 창평 청원사(昌平 淸源寺; 現金南 潭陽郡)라는 절에서 지눌은 혜능(慧能)의 『육조단경』(六祖壇經)을 읽다가 큰 깨달음을 얻는 체험을 한다. 청원사에서 3년 정도를 지낸 후 그는 하구산 보문사(下枸山 普門寺; 現慶北 醴泉郡)로 옮긴다. 그곳에서도 역시 지눌은 그의 사상에 결정적 영향을 미칠 중요한 종교적 각성의 체험을 하게 된다. 그 자신의 말을 들어보자.

대정을사(大定乙巳, 1185)년 가을, 나는 하구산(下枸山)에 은거하기 시작했다. 나의 마음은 항시 선문(禪門)의 '즉심즉불'(即心即佛)에 있었으며 이 문(門)을 만나지 못하면 여러 겁을 헛수고만 하고 성성(聖城)에는 이르지 못한다고 생각했다. 그러나 끝내 화엄교(華嚴敎) 가운데는 깨달아 들어가는 문이 과연 어떤 것인지 의심하였다. 드디어 강자(講者)를 찾아가 물으니 그가 대답하기를 마땅히 사사무애(事事無碍)를 관(觀)하라 했다. 이어서 훈계하기를 네가 만약 자기 마음만 관(觀)하고 사사무애(事事無碍)를 관(觀)하지 않으면 불과(佛果)의 원덕(圓德)을 잃을 것이라 말했다. 나는 대답하지 않고 아무 말 없이 스스로 생각하기를 마음을 가지고 사(事)를 관(觀)하면 사(事)에 곧 장애가 생겨 쓸데없이 자기 마음만 어지럽히니 어찌 끊일 때가 있겠는가, 다만 마음이 밝고 지혜가 깨끗하면 털 하나와 온 세계가 용융(容融)하여 필시 외경(外境)이 아닐 것이다라고 했다. 물러나 산으로 돌아와 앉아서 대장경(大藏經)을 열람하며 불어(佛語)가 심종(心宗)에 합치되는 것을 구하기 무려 3년이나 되더니 화엄경(華嚴經)의 여래출현품(如來出現品)에 나오는 먼지 하나가 대천경권(大千經卷)을 포함하고 있다는 비유를 읽기에 이르렀다. 후에 합하여 말하기를 "여래(如來)의 지혜(智慧)도 역시 이와 같아 중생(衆生)이 몸에 갖추어져 있건만 다만 범부(凡夫)들이 알고 깨닫지 못한다"고 했다. 이 경권(經卷)을 머리에 이고 나도 모르게 눈물이 흘렀다.[15]

우리는 여기서 한 젊은 선승(禪僧)의 치열한 구도심을 본다. 그는 선(禪)의 심즉불(心卽佛)이야말로 참된 해탈의 길임을 굳게 믿고 있었음에도, 화엄교(華嚴敎)에서의 오입지문(悟入之門)이 어떤 것인가에 대하여 억누를 수 없는 관심이 있었던 것이다. 도대체 선(禪)과 교(敎)가 어떻게 다르기에 그토록 원수처럼 싸우는 것일까 하는 것이 이 젊은 수행승의 양심적인 질문이었다. 그리고 그의 마음에는 이미 결론이 내려져 있다. 그것은 '불어'(佛語, 敎)와 '심종'(心宗, 禪)이 다를 수 없다는 것이었다. 그리하여 그는 3년 동안이나 경전(經典)을 샅샅이 뒤지면서 '심종(心宗)에 계합(契合)하는 불어(佛語)'를 찾았다. 마침내 그는 화엄경 여래출현품(華嚴經 如來出現品)에 나오는 한 비유에서 그 해답을 얻게 된다. 즉 그는 이 비유에서 중생심(衆生心)이 곧 불(佛)이라는 선(禪)의 근본정신을 확인하게 되는 것이다.

그러나 지눌의 탐구는 여기서 그치지 않는다. 그렇다면 과연 화엄(華嚴)에서는 구체적으로 어떻게 범부(凡夫)가 이러한 심즉불(心卽佛)의 진리를 처음에 믿고 들어가도록(信入) 가르치는가 하는 것이 그의 계속되는 질문이었다. 그리하여 대장(大藏)의 탐색을 계속하던 중 그는 당(唐)의 이통현(李通玄) 장자(長者)가 지은 『화엄론』(華嚴論, 新華嚴經論)에서 그의 십신초위(十信初位)에 대한 해석을 보면서 화엄(華嚴)에도 선(禪)과 같이 돈오(頓悟)의 길이 있음을 크게 깨닫는다. "범부(凡夫)로부터 십신

<hr>

15 「華嚴論節要序」, 『韓國佛敎全書』, 第四册, 767.

(十信)에 들어가기 어려운 것은 모두 스스로 범부(凡夫)라고 인정하며 자심(自心)이 곧 부동지불(不動智佛)임을 긍정적으로 인정하지 않기 때문이다"라는 것이다.[16]

이와 같은 화엄(華嚴)의 돈오(頓悟)의 길을 발견하게 된 지눌은 읽던 경권을 놓고서 깊은 탄식을 한다.

> 세존(世尊)이 입으로 설(說)한 것은 곧 교(敎)가 되며 조사(祖師)가 마음에 전한 것은 곧 선(禪)이 되니 불(佛)과 조(祖)의 심(心)과 구(口)가 결코 서로 어긋나지 않음이라. 어찌하여 근원(根源)은 철저히 보지 않고 각기 배운 것에만 안주하여 헛되이 쟁론(諍論)만 일으키며 시간을 허비하는가?[17]

실로 피눈물 나는 인고(忍苦)의 투쟁 끝에 얻어진 귀중한 결실이었다. 이로써 지눌은 선교일치(禪敎一致)의 체험적 결론에 도달한 것이며 이것은 동시에 한국 불교사의 한 결정적 순간이기도 했다.

이처럼 지눌이 보문사(普門寺)에서 통현 장자의 화엄경을 통하여 화엄의 '원돈관문'(圓頓觀門)에 깊이 들어가 있을 때, 1188년 이른 봄 어느 날 공산(公山) 거조사(居祖寺)에 있던 득재(得才)라는 친구로부터 예기치 않은 부름을 받는다. 득재는 옛날 결사하기로 같이 맹세한 도반(道伴)으로서 옛 서약을 잊지 않고 있다가 이제 정혜결사(定慧結社)를 위하여 지눌에게 간곡한 서신을 띄워 거조사로 올 것을 간청하게 된 것이다. 그리하여 1188년, 그가 33세 되는 해에 거조사로 옮겨 오랜 꿈을 실현하게 된다. 이제 지눌은 더 성숙하고 확신에 찬 선승(禪僧)으로서 지난날 함께 결

---

16 같은 책, 768.
17 같은 곳.

사의 서약을 맺었던 동료들을 다시 모으려 했으나 몇을 얻지 못한다. 어떤 자는 이미 유명을 달리했거나 병상에 있었고 어떤 자는 세상의 명리를 좇고 있었다. 이에 지눌은 1190년 당시 전 불교계를 향하여 공개적으로 결사의 취지문을 띄우게 되니, 이것이 그의 유명한 「권수정혜결사문」(勸修定慧結社文)이다. 이 글은 실로 한국 불교사에 기억될만한 역사적 문헌으로서, 당시 부패하고 무기력한 고려 불교계에 던져진 지눌의 도전장이며 고발이요 동시에 새로운 삶으로의 초대장이었다.

어두운 시대에 햇불을 밝힌 지눌의 정혜결사(定慧結社) 운동은 전국 각지의 호응을 받아 많은 동참자를 얻는다. 제종(諸宗)의 고사(高士)들이 이름을 버리고 와서 밤낮으로 습정균혜(習定均慧)에 힘썼다 한다.

1197년에는 장소가 협소하여 새로운 곳을 물색하던 중 전남(全南) 송광산(松廣山)의 길상사(吉祥寺)라는 100여 간 되는 낡은 절을 중수하기로 결정한다. 지눌은 그곳으로 향하는 중 지리산 상무주암(上無住庵)이라는 곳에서 또 하나의 결정적인 선 체험(禪體驗)을 얻게 된다. 즉 그 자신의 말 대로 그는 오랜 기간에 걸쳐 정혜를 닦았으나 아직도 정견(情見)을 떨치지 못하고 고심하던 중, 우연히 송나라 임제종(臨濟宗) 간화선(看話禪)의 대가인 대혜선사(大慧禪師, 1089-1163)의 어록(語錄)을 읽게 된다. 그리고 "선(禪)은 고요한 곳에 있지도 않으며 시끄러운 곳에 있지도 않으며 일상적인 사물을 대하는 곳에 있지도 않고 생각하고 분별하는 곳에 있지도 않다. 그러나 무엇보다도 조용한 곳, 시끄러운 곳, 일상적 사물을 대하는 곳, 생각하고 분별하는 곳을 버리지 않고 닦아야 할지니 홀연히 눈이 열리면 비로소 이것이 집안의 일임을 안다"는 말에 접하여 큰 깨달음을 얻고 지금껏 그의 마음을 짓눌러 왔던 장애로부터 해방되어 안락을 얻었다 한다.[18] 이것은 아마도 지눌이 마지막 정신적 갈등을 극복하는 장면이자 그가 대혜(大慧)의 간화선을 접하게 되는 중요한 계기가 되었을 것이다. 그리고 이와 더불어 간화선은 지눌의 선(禪)에 있어서 빼놓을 수 없는 요소가 되었다.

지눌은 지리산에서 3년을 보낸 후 1200년에 길상사(吉祥寺)로 가서 이미 진행되고 있던 중수(重修) 사업에 동참한다. 드디어 1205년 9년간에 걸친 중창사업이 끝나고 희종(熙宗)으로부터 수선사(修禪寺)라는 이름을 하사받는다. 이것은 인근에 이미 정혜사(定慧寺)라는 이름의 절이 있었기 때문이었다고 한다. 1210년 52세를 일기(一期)로 입적(入寂)하기까지 10여 년간 수선사(修禪寺)에서 학인을 가르치고 저술 활동을 했다. "승려와 속인들이 그의 선풍(禪風)을 듣고 폭주해와 번성하니, 이름과 벼슬을 던지고 처자를 버리고 승복을 입고 삭발하여 친구들과 함께 오는 사람들까지 있었으며 왕공사차(王公士遮)로서 이름을 던져 입사(入社)한 사람 또한 수백 인이나 되었다"고 한다.[19]

비문에 의하면, 지눌은 학인들을 가르침에 있어 세 가지 문을 세웠다고 한다. 즉 성적등지문(惺寂等持門), 원돈신해문(圓頓信解門), 경절문(徑截門)으로서, 성적등지문은 성(惺)과 적(寂), 혜(慧)와 정(定)을 똑같이 닦는 길로서 본래 정혜결사 때부터의 그의 관심을 반영하는 것이다. 원돈신해문은 이통현의 화엄 사상을 통하여 발견한 선적(禪的) 돈오(頓悟)의 길로서 그의 교선일치(教禪一致) 사상을 나타내는 길이며, 경절문은 선(禪) 특유의 깨달음의 길인 간화선(看話禪)을 가리킨다. 지눌은 또한 그의 수행(修行) 원리인 돈오점수(頓悟漸修) 사상을 통하여 오(悟)와 수(修), 선(禪)과 교(教)의 균형을 유지하려 했다. 앞으로 우리가 고찰하겠지만, 지눌의 선 사상(禪思想)에 있어서 한국 불교는 실로 하나의 커다란 사상

---

18 金君綏 撰, 「昇平府 曹溪山 修禪寺 佛日普照國師 碑銘竝序」.
19 같은 곳.

적 종합과 통일을 이룩하기에 이른 것이다.

지눌의 수선사 운동이 일단 성공하는 데는 당시의 최 씨 무신정권과의 관계를 무시할 수 없다. 본래 최충헌은 그의 집권 후 당시 개경의 승려들이 정치 경제적 활동에 관여하고 있는 것을 못마땅하게 여기던 차에,[20] 그를 죽이려고 수차에 거사한 승려들이 모두 화엄종과 법상종을 중심으로 한 교종(敎宗)의 승려였다는 점이 그로 하여금 선종(禪宗)에 더 관심을 두게 하였을지도 모른다.

여하튼 최충헌은 대선사 지겸(大禪師 志謙, 1145-1229)을 특별히 존숭하여 왕사(王師)를 삼고 그의 아들을 그 문하에 출가시키기도 했다. 최충헌과 그의 아들 최우(崔瑀)는 1207년에 쓰인 수선사중창기(修禪寺重創記)인 「대승선종조계산수선사중창기」(大乘禪宗曹溪山修禪寺重創記)를 감집했으며 지눌의 사후 수선사 제2세인 진각국사(眞覺國師)와 각별한 친교를 가졌다. 그는 두 아들 만종(萬宗)과 만회(萬會)를 수선사로 보내서 혜심(慧諶) 밑에서 출가하게 했으며, 그에게 음식과 법복을 보내는 등 수선사에 특별한 관심을 표시했다.[21] 혜심 또한 최우(崔瑀, 崔怡)의 정치를 칭찬하는 글을 보내기도 했다. 수선사의 입사자들 가운데는 최 씨 가문들 그리고 특히 최 씨 정권과 밀착되어있던 인물들이 많았음을 알 수 있으며,[22] 최우(崔瑀, 崔怡)가 강화도에 세운 선원사(禪源寺)는 마치 수선사 분사(分社)와 같은 관계였다. 최 씨 정권의 몰락 이후에도 수선사는 많은 고승 대덕들을 배출하면서 고려말까지 고려 불교계를 주도해 나갔다.

---

20 『高麗史』, 129 烈傳 42, 최충헌(崔忠獻)이 왕께 올린 시무책(時務策) 10조 가운데 책6조 참조.

21 閔賢九, "月南寺址 眞覺國師碑의 陰記에 대한 一考察," 『高麗後期佛教展開史研究』(서울: 민족사, 1986), 49, 51-52.

22 같은 책, 30-37 참조.

이로부터 한국 불교는 교(敎)보다는 선(禪) 위주의 불교로 전향하기 시작했다.

V. 지눌의 심성론

1. 서언

선불교(禪佛敎)를 이해하는 데서 '심'(心)과 '성'(性)의 개념처럼 중요한 것은 없다. 이 두 개념은 종종 함께 붙여서 '심성'(心性)이라는 단어로 사용되기도 한다. 이 개념들의 중요성은 선(禪)의 원리를 요약하며 말해주는 '직지인심'(直指人心)이나 '견성성불'(見性成佛)과 같은 문구에 잘 나타나 있다. 선불교를 '심종'(心宗)이라 부르는 이유도 여기에 있는 것이다. 그러나 이 '심'(心)의 개념은 중국 불교에 있어서 여러 가지 의미로 사용되고 있으며, 결코 그 개념을 정확히 파악하기란 쉬운 일이 아니다.

중국의 화엄종 조사(祖師)이기도 한 유명한 종밀선사(宗密禪師)는 이 점에 유의하여 '심'(心) 개념의 네 가지 의미를 구별하고 있다. 첫째는 육체적인 마음 즉 심장(hrdaya, 肉團心)의 뜻, 둘째는 여덟 가지 식(識)을 모두 일컫는 말로서 우리의 보통 생활에서 여러 가지 사물들을 인식하고 구별하는 마음(緣慮心), 셋째는 제팔식(第八識), 즉 모든 식(識)의 종자(種子)를 간직하고 있는 아뢰야식(ālayvijñāna, citta, 集起心) 그리고 마지막으로 진실심(眞實心, hrdaya, 堅實心 혹은 如來藏, tathāgatagarha)의 뜻이다.[23] 선불교에서 말하는 심(心)이란 주로 이 넷째의 마음, 즉 인간이 본래부터

---

23 「禪源諸詮集都序」, 『大正新修大藏經』, 48-401下.

가지고 있는 부처의 마음이나 불성(佛性)을 의미하며 혹은 진여(眞如)라고 부르기도 한다. 지눌(知訥)은 이것을 그의 저서「진심직설」(眞心直說)에서 직심(直心)이라 부르며 종밀(宗密)은 그의 명저「선원제전집도서」(禪源諸詮集都序)에서 이 마음을 선(禪)의 근원(根源, 禪源)이라 부르고 있다. 그는 말하기를 선원(禪源)이란 "모든 중생이 가지고 있는 본래적인 각(覺)의 참다운 성품"이라고 한다.[24] 종밀은 더 나아가서 이 선원(禪源)은 선의 원리(禪理)라 부르고, 우리로 하여금 이 선리(禪理)를 실천을 통하여 깨달아 알게 하는 선행(禪行)과 구별하고 있다.[25]

선(禪)을 이러한 주관과 객관의 두 가지 측면에서 접근하여 이해하고 있는 것은 종밀선사로부터 사상적 영향을 맺은 지눌의 경우에도 분명하다. 지눌의 선불교 이해의 가장 이론적인 지침서인『법집별행록절요』(法集別行錄節要)에서 우리는 다음과 같은 중요한 구절을 찾아볼 수 있다.

지금까지 열거한 법문은 모두 말에 근거하여 이해를 일으킴으로써 깨달음에 들어가려는 사람들을 위한 것이다. 그것은 법(法)은 불변(不變)과 수연(隨緣)의 두 면을 가지고 있고, 인(人)은 돈오(頓悟)와 점수(漸修)의 두 길이 있다는 것을 상세히 변별(辨別)하고 있다. '불변(不變)과 수연(隨緣)'의 두 면으로써 우리는 모든 경(經)과 논(論)들의 지취(旨趣)가 곧 자기 마음의 성(性)과 상(相)이라는 것을 알며 '돈오(頓悟)와 점수(漸修)'의 두 길로써 우리는 모든 성현(聖賢)을 따르는 길이 다름 아닌 우리 자신의 행위의 시작과 끝이라는 것을 알게 된다.[26]

---

24 같은 책, 399上.
25 같은 곳.
26 『韓國佛教全書』, 第四册, 764上.

이 구절은 지눌의 선리론(禪理論)의 구조를 단적으로 알려주는 말이다. 특히 우리는 '법'(法)과 '인'(人)이라는 두 글자에 유의하여야 한다. 왜냐하면 두 개념은 우리가 위에서 말한 선(禪)의 주관과 객관적 측면에 정확하게 들어맞는 개념이기 때문이다. 다시 정리해서 말하자면, 법(法)의 불변(不變)과 수연(隨緣)의 두 면(心의 性과 相)은 선(禪)의 존재론적 측면을 말하는 것으로서 종밀의 '선원'(禪源)에 해당하는 것이며, 인(人)의 돈오(頓悟)와 점수(漸修)는 인간이 선(禪)의 세계에 들어가기 위하여 따라야 하는 '선행'(禪行)을 의미하는 것이다. 이러한 지눌의 선 사상(禪思想)의 전반적인 배경을 마음에 두고 이제부터 그의 심성론(心性論), 즉 선(禪)의 존재론적 기반에 관한 그의 설명을 살펴보자.

2. 적과 지

위의 인용한 구절에서 이미 우리가 알 수 있는 것은 지눌에 의하면 법(法)은 불변(不變)과 수연(隨緣)의 두 면을 지니고 있다는 사실이다. 여기서 '법'(法)이라 함은 「대승기신론」(大乘起信論)에서 말하듯이 바로 중생의 마음(衆生心)을 가리키는 말로, 이 마음이 변하지 않는(不變) 성(性)과 현상세계의 조건들에 따라(隨緣) 변하는 상(相)의 두 면을 가지고 있다는 것이다. 「기신론」(起信論)에서는 이 두 면을 가리켜 심(心)에는 '진여'(眞如)와 '생멸'(生滅)의 이문(二門)이 있다고 표현하고 있다. 지눌은 이러한 「기신론」의 사상적 영향을 받아 그의 「진심직설」(眞心直說)에서 진심(眞心)을 체(體)와 용(用)의 면에서 고찰하고 있다.

이상과 같은 점들에서 우리가 처음부터 분명히 기억할 것은 불변(不變)과 수연(隨緣), 성(性)과 상(相), 체(體)와 용(用)은 다 같이 선(禪)에서 말하는 궁극적 실재인바 진심(眞心)의 두 가지 면을 각기 다른 용어로 표현하고 있다는 점이다. 종밀선사는 이 두 면을 말에 쉽게 비유로 표현하여서 불변(不變: 性, 體)이란 금(金)이 금(金) 되는 변하지 않는 성질이며 수연(隨緣)이란 금이 금으로 만든 여러 가지 물건들을 통하여 나타나게 되는 변하는 형태들에 비유하고 있다. 그러면 지눌은 이 금(金)의 금성(金性), 즉 심(心)의 변하지 않는 심성(心性)을 어떻게 이해하고 있는가? 이 문제의 핵심으로 들어가기 위하여 우리는 여기서 잠깐 지눌의 선이해(禪理解)에 관한 선 사상사적(禪思想史的) 위치를 고찰해 볼 필요가 있다.

지눌은 원래 그의 생에 있어서 대혜선사(大慧禪師, 1089~1163)의 간화선(看話禪)에 접한 이후로는 선(禪)의 진리란 '불립문자'(不立文字), '교외별전'(敎外別傳)으로서 어떠한 지적인 이해도 초월한다는 것을 깊이 느꼈고 또 그것을 그의 「간화결의론」(看話決疑論)에서 역설하고 있다. 그러나 그는 동시에 화두선(話頭禪)이란 상근기(上根機)의 사람들에게만 적합한 길이며 하근기(下根機)의 사람들은 어디까지나 우선 선(禪)에 대한 분명한 지적 이해가 선행되어야 한다고 믿었다. 그리고 이러한 선(禪)의 분명한 지적 이해에 관한 한 그는 종밀선사와 또한 종밀이 숭앙하던 하택신회(荷澤神會, 668~760)를 가장 높이 평가하였다. 그러기에 그는 선(禪)의 지적이고 이해적인 기초를 제공하기 위하여 만든 「법집별행록절요」(法集別行錄節要)의 서두에서 다음과 같이 진술하고 있다.

하택신회(荷澤神會)는 지적 이해(知解)를 하는 종사(宗社)이다. 조계(曹溪: 六祖慧能)의 적자(嫡子)는 못되나 그의 깨달음과 이해가 고명(高明)하며 그의 (眞理를) 결택(決擇)함이 요연(了然)하다. 종밀(宗密)은 그의 뜻을 이어받았다. 따라서 이 록(錄: 法集別行錄)에 그것을 펴고 밝히니 활연(豁然)히 볼 수 있다. 지금 교(敎)로 인하여 마음을 깨닫는 자들을 위하여 그 번거로운 말들을 빼고 그 강요(綱要)만을 뽑아서 관행(觀行)의 거울로 삼노라.[27]

그러면 왜 지눌은 그의 당시 이미 명성이 거의 사라져버린 신회(神會)의 선이해(禪理解)를 이토록 높이 평가했는가? 신회의 선 사상(禪思想)의 어떤 면이 지눌의 마음을 끌었는가? 이것을 밝히는 것은 곧 「법집별행록요절」(法集別行錄節要)의 중심이 되는 내용을 건드리는 것이며, 지눌의 심성론(心性論)의 핵심으로 들어가게 되는 것이다.

종밀(宗密)의 선전통(禪傳統)에 관한 이해에 따를 것 같으면 —지눌도 이것을 받아들인다— 진심(眞心)의 진리는 조사(祖師)들에 의하여 마음에서부터 마음으로 전해져 오다가 하택신회(荷澤神會)가 드디어 "'지'(知)라는 한 글자는 모든 묘(妙)함의 문이다"(知之一字 衆妙之門)라는 말로써 말 없는 이심전심(以心傳心)의 전통을 깨고 처음으로 심(心)의 본성(本性)을 말로써 분명히 표현했다고 한다. 종밀에 의하면 본래 불교의 발상지인 인도에서는 심법(心法)의 전수가 경론(經論)을 통하여 이루어졌지만, 중국에 와서는 사람들이 문자(文字)에 집착하는 경향이 있으므로 보리달마(菩提達磨)는 묵묵한 벽관(壁觀)을 통하여 제자들로 하여금 진리를 직접 스스로 깨닫게 하였지 결코 말로써 설명하지 않았다고 한다. 그러던 것이 육조(六祖) 혜능대사(慧能大師) 이후 신회(神會)에 와서 여러 종파가 경쟁하여 이설(異說)들을 내는 가운데 신회 자신은 그의 법(法)을 말없이 깨달아 얻을 만한 제자를 찾지 못하여 선(禪)의 진리가 세상에서 끊어질까 봐 두려워 드디어 '지지일자 중묘지문'(知之一字 衆妙之門)이라는 말로써 이심전심(以心傳心)의 전통을 깰 수밖에 없었다는 것이다.[28] 종밀에 따르면 신회의 특별한 공헌은 종전의 '무위'(無爲), '무상'(無相) 등과 같은 부정적인 언사(言辭: 遮過之辭)들을 넘어서서 심(心)의 체(體; 性

---

27 『韓國佛教全書』, 第四册, 741上.
28 같은 책, 763上, 下.

不變)를 '지'(知)라는 한마디로 적극적으로 드러냈다는 데 있다(現示心體). 마치 물의 체(體)는 그 습성(濕性)에 있는 것처럼 심(心)의 체(體)는 그 지(知)에 있다는 것이다.[29]

그러면 이 '지'(知)란 무엇을 말함인가? 어째서 그것이 심(心)의 본성을 단적으로 드러내는 개념인가가 문제이다. 신회의 지(知)의 개념에 대하여 지눌은 종밀(宗密)의 말을 빌려 다음과 같이 말하고 있다.

> 하택(荷澤)의 견해는 모든 성인은 제법(諸法)이 꿈과 같다고 다 같이 얘기한다. 고로 망념(妄念)들은 본래 적(寂)하고 티끌이 같은 세계는 본래 공(空)하다. 이 공적(空寂)한 마음은 영지(靈知)가 있어 어둡지 않다. 이 공적(空寂)한 마음이 곧 전(前)에 보리달마(菩堤達磨)에 의하여 전해진 깨끗한 마음이다. 매혹되거나 깨닫거나 마음은 본래 스스로 안다. 이 앎은 조건에 따라 생기지도 않으면 외적인 경계 때문에 일어나지도 않는다. 미(迷)하면 번뇌(煩惱)가 있으나 앎은 번뇌가 아니며 깨달을 때는 신통(神通)한 변화가 있으나 앎은 신변(神變)이 아니다. 혹은 다른 곳에서 '지'(知)라는 한 글자는 모든 묘(妙)함의 근원(根源)이다.[30]

혹은 다른 곳에서 또 말하기를,

> 제법(諸法)이 모두 공(空)한 곳에 어두워지지 않는 영지(靈知)가 있어 지각(知覺)이 없는 물건들과 같지 않다. 성(性)이 스스로 신통(神通)한 해(解)를 가지고 있다. 이것이 너의 공적(空寂)하고 영지(靈知)스러운 청정(淸淨)한

---

29 같은 책, 745上, 中.
30 같은 책, 741中, 下.

마음의 체(體)이다. 그리고 이 '청정(淸淨)하고 공적(空寂)한 마음'이 삼세 (三世)의 모든 부처의 뛰어난 깨끗하고 맑은 마음이며 그것이 중생의 본래 적인 깨달음의 성품이다.[31]

이상과 같은 말들은 물론 모두 진심(眞心)의 경지를 깨달은 자들의 경험 세계를 표현하는 것으로서 우리들의 개념적으로 분명히 이해하기에는 어려운 점을 안고 있다. 그러나 이 말들을 자세히 분석하여 볼 것 같으면 우리는 다음과 같은 결론을 얻을 수 있다. 즉 선(禪)의 궁극적 실재인 진심(眞心)의 체(體)는 공(空)하고 적(寂)할 뿐 아니라 그보다 더 적극적인 성격인 신비스러운 지(知 혹은 靈知)의 면도 갖고 있다는 것이다. 다시 말하면 심(心)의 체(體)의 세계는 단지 모든 현상적 다양성이 다 사라져 없어진 조용한 공(空, śūnyatā)의 세계가 아니라, 이 공(空)한 경지에 동시에 어떤 스스로 밝게 아는 앎(知)이 존재한다는 것이다. 그리하여 이 앎이야말로 진심(眞心)의 세계를 아무 감각과 사고도 없는 무정(無情)의 세계와 구별시켜 주는 결정적인 차이라는 것이다. 지눌은 이 앎을 「기신론」에 따라 중생에 본래적으로 존재하는 불성 혹은 각성(覺性)이라고 말한다. 기신론(起信論)에서 구별하고 있는 본각(本覺)과 시각(始覺) 중에서 본각과 동일시해도 무방할 것이다. 그런데 여기서 특별히 우리의 주목을 끄는 것은 지눌이 이 심체(心體)의 양면, 즉 공적(空寂)과 영지(靈知)를 또 하나의 체(體)와 용(用)의 관계로 해석하고 있다는 사실이다.

우리는 이미 지눌의 진심(眞心)을 체와 용, 성과 상, 불변과 수연으로 구별하여 이해한다고 말했거니와 지금은 진심의 체자체(體自體) 내에 또 하나의 체용(體用)의 구분을 짓고 있다는 것을 기억하여야 하며, 이 나중

---

31 知訥, 「修心訣」, 『普照法語』, 47.

의 체용을 먼저의 체용으로부터 엄격히 구별하여야 한다. 즉 우리가 지금 고찰하고 있는 진심(眞心)의 불변한 체자체(體自體)가 또 하나의 체용(體用)의 관계로 간주되는 두 개의 면을 가지고 있다는 것이다. 공적(空寂)과 영지(靈知), 혹은 단순히 공(空)과 지(知)의 양면이다. 지눌은 이 적(寂)과 지(知)를 우리의 자성(自性, 本性, 佛性)이 본래(本來)부터 갖고 있는 정(定)과 혜(慧)와 각각 동일시하고 있다. 지눌에게 정혜(定慧)의 개념은 매우 중요한 것으로서, 그는 인간이 본래 타고난 성품상 가지고 있는 자성정혜(自性定慧)와 후천적으로 오랫동안의 닦음으로 갖게 되는 수상정혜(隨相定慧)를 구별한다. 전자는 돈오(頓悟)에 의하여 문득 깨달아 알게 되는 우리의 심성(心性)이 본래부터 가지고 있는 바 두 가지 면이고, 후자는 점수(漸修)에 의하여 점차로 달성하게 되는 두 가지 덕(德)이다. 이 문제에 관한 자세한 고찰은 선행(禪行)에 관한 것이므로 여기서는 피한다. 여하튼 여기서 유의할 점은, 지눌은 진심(眞心)의 체(體)의 양면인 적(寂)과 지(知)를 자성(自性)의 정(定)과 혜(慧)와 동일시하며 그 둘 다 체용(體用)의 관계를 지닌 것으로 규정하고 있다.

만일 법(法)과 그 의(義)를 세운다면 그 원리(原理)에 들어가는 천 가지의 길이라도 정(定)과 혜(慧) 아님이 없다. 우리가 이들의 강요(綱要)를 취한다면 그 둘은 단지 체(體)와 용(用)이라는 자성(自性)의 양면(兩面)이다. 우리가 전에 공적 영지(空寂靈知)라 부른 것이 이것이다. 정(定)은 체(體)요 혜(慧)는 용(用)이다. 체(體)에 즉(卽)한 용(用)이기에 혜(慧)는 정(定)으로부터 떨어져 있지 않다. 용(用)에 즉(卽)한 체(體)이므로 정(定)은 혜(慧)로부터 떨어져 있지 않다. 정(定)이 혜(慧)이기에 적(寂)하나 항상 지(知)하고, 혜(慧)가 정(定)이기에 지(知)하나 항상 적(寂)하다. 마치 조계(曹溪: 慧能)가 혼란 없는 심지(心地)가 자성(自性)의 정(定)이요 어리석음 없는 심지(心

地)가 자성(自性)의 혜(慧)라 함과 같다.[32]

인용문의 마지막에 담긴 혜능(慧能)의 말은 『육조단경』(六祖壇經)으로부터 온 것이며, 이 『육조단경』과 깊은 사상적 연관을 가진 신회(神會)에게서도 우리는 이와 같은 생각을 찾아볼 수 있다.

무주(無住)는 적(寂)이며 적체(寂體)는 공(空)이라 부른다. 이 체상(體上)에 자연적(自然的) 지혜(智慧)가 생기어 본래(本來)부터 적(寂)한 체(體)를 안다. 이것을 혜(慧)라 부른다.[33]

본체(本體)는 적(寂)하다. 이 적(寂)한 체(體)로부터 지(知)가 생겨서 파랑, 노랑, 빨강, 하얀색 등과 같은 세상의 여러 가지 색깔들을 잘 분별한다. 이것을 혜(慧)라 부른다.[34]

이와 같은 인용문 등을 통하여 볼 때 지눌이 『단경』(壇經)이나 신회(神會)의 선 사상(禪思想)에 나타나 있는 '지'(知)의 개념을 그대로 이어받고 있음을 알 수 있다. 또한 지(知)와 적(寂)의 관계를 적(寂)과 혜(慧)와 같이 진심(眞心)의 체상(體上)에 있는 체용(體用)의 관계로 보는 것도 같은 사상적 배경에서 유래함을 알 수 있다.

지눌에 의하면 우리가 외부 세계와의 감각을 통한 접촉을 끊고 자신의 마음을 비추어 보면 고요한 상태가 나타나며 이 상태는 결코 단순한 공(空)의 세계가 아니라 어떤 밝고 어둡지 않은 것, 즉 어떤 앎(知)이 거기

---

32 「修心訣」, 『普照法語』, 51.
33 鎌田茂雄, 『宗密敎學의 思想史的硏究』(東京: 東京大學出版會, 1975), 376에서 인용.
34 같은 책, 974.

에 있다는 것이다. 이 앎은 보통의 앎과는 달리 항시 고요함을 잃지 않고 다양한 현상세계의 여러 대상에 의해 조금도 동요됨이 없다. 이 앎은 망심(妄心)의 앎과는 전혀 다른 진심(眞心)의 체(體)에 속한 앎이다. 지눌은 이러한 앎을 '앎이 없는 앎'이라고 역설적인 표현을 한다.

> 망령된 마음은 대상과 접할 때 앎을 가지고 있다. 마음에 들거나 거슬리는 대상을 대할 때 탐욕과 노여움의 마음을 내며 그 중간적인 대상을 대할 때는 바보와 같은 마음을 낸다. 대상에 접하여 탐욕과 노여움과 무지의 마음이 일어나면 그것은 망령된 마음임이 틀림없다. 한 조사(祖師)가 이르기를 거슬리는 것과 마음에 드는 것이 서로 싸움은 마음의 병이라 했다. 그런고로 가(可)하고 가(可)하지 못한 것을 대하는 것이 망령된 마음임을 알라. 진심(眞心)은 반면에 앎이 없이 안다. 생각이 평온한 가운데 둥글게 비춰 풀이나 나무와 다르고 미움과 사랑을 내지 않아 망령된 마음과 다르다. 대상에 접할 때 비고 밝아 미움과 사랑이 없어 앎이 없이 아는 진심(眞心)이다.[35]

지눌은 『조론』(肇論)의 저자 승조(僧肇)의 말을 빌려 또 다른 표현을 한다.

> 대저 성인의 마음은 미묘하고 상(相)이 없어 유(有)로 간주될 수 없다. 그것은 사용할수록 더욱더 부지런하기에 무(無)로 간주될 수도 없다. 유(有)가 아니므로 알되 알지 않고 무(無)가 아니기에 알지 않으나 안다. 이러한 이유로 이 앎이 없이 앎은 성인의 마음과 다름이 있다고 할 수 없다.[36]

---

35 知訥, 「眞心直說」, 『普照法語』, 85.
36 같은 책, 85-86.

한마디로 말해서 지눌은 우리 진심(眞心)의 체(體)는 고요하나 앎이 있어, 한편으로 앎이 있으나 고요하지 않은 보통 사람들의 마음과 다르며 다른 한편으로는 고요하나 앎이 없는 무정(無情)의 세계와도 다르다는 것이다. 그렇다고 해서 깨달음을 깨닫는 지혜(智慧)도 아니라고 지눌은 말한다. 깨달음을 하는 지혜는 자연상(自然上)의 혜(慧), 즉 우리가 지금 고찰하고 있는 진심(眞心)의 체(體)로서의 지(知)와 구별되어야 한다는 것이다.[37] 말하자면 「기신론」의 본각(本覺)과 시각(始覺)의 구별과 마찬가지라 하겠다.

3. 지와 현상세계

그러나 지눌에 의하면, 비록 이 지(知)가 보통의 의식과도 다르고 깨달음을 체험하는 지혜(智慧)와도 다르지만 우리의 모든 사상(思想)과 지식(知識)의 근거가 된다고 한다. 여기서 우리는 진심(眞心)의 다른 면인 용(用)의 세계에 관한 지눌의 이론을 접하게 된다. 진심(眞心)의 불변한 체(體)의 세계가 고요한 가운데 앎이 있는 경지라면 진심의 용(用)의 세계는 갖가지 외적 조건에 따라 항시 변하는 수연(隨緣)의 동적인 세계이다. 진심(眞心)은 이 체(體)와 용(用)의 양면을 다 지니고 있다는 것이다. 우선 이 양자의 관계를 말해 주는 지눌의 말을 들어보자.

지금 밝힌바 공적 영지(空寂靈知)는 비록 분별을 하는 식(識)도 아니고 깨달음을 체험하는 지혜(智慧)도 아니지만 식(識)과 지혜(智慧)를 산출해 낼 수 있다. 범부(凡夫)도 되고 성인(聖人)도 되며 선(善)도 짓고 악(惡)도 짓는다.

---

37 知訥, 「法集別行錄節要並入私記」, 『韓國佛敎全書』, 第四册, 756上-757上.

마음에 들거나 거슬리거나 하는 용(用)의 힘이 만 가지로 변한다. 그 이유인
즉 그 체(體)가 지(知)이기 때문이다. 여러 가지 연(緣)에 대했을 때 모든 옳
고 그름, 좋고 싫음 등을 구별한다.[38]

이 구절이 우리에게 말해주는 것은 고요하고 불변한 진심(眞心)의 체
(體)가 동시에 우리 일상생활에서 경험하는 모든 특수성과 차별성을 되
살려내는 변(變)하는 면을 가지고 있다는 것이며, 그 이유인즉 진심의 체
(體)가 지(知)이기 때문이라는 것이다. 여기서 우리는 왜 신회(神會)가 말
한 "지지일자 중묘지문"(知之一字 衆妙之門)이라는 말이 그토록 중요한
지 그 물음의 답을 발견하게 된다. 즉 진심(眞心)이 그 체(體)에 있어서 밝
고 투명한 지(知)의 면이 있으므로 때에 따라 항시 변하는 외적 대상의
세계를 그 다양성에 있어서 그대로 알 수 있으며 다양성의 세계가 진심
의 체(體)를 떠나서 따로 존재하지 않는다는 것이다. 아니 오히려 진심의
체(體)가 지(知)를 갖고 있으므로 동적인 용(用)의 세계가 가능하다는 것
이다.

우리는 이 진리를 나중에 지눌의 여러 가지 비유적인 설명을 통해서
좀 더 명확히 알 수 있게 될 것이다. 지금 우리가 우선 기억해야 할 것은
「기신론」(起信論)의 용어를 빌려 표현한다면 하나의 마음에 고요하고
변치 않는 진여(眞如)의 면과 수시로 변하는 생멸(生滅)의 면이 동시에 있
고, 이 두 면을 연결 짓는 원리가 다름 아닌 심진여(心眞如) 자체상(自體
上)의 지(知)라는 것이다. 불교학상(佛敎學上)으로는 이 진리를 여래장연
기(如來藏緣起)라 부른다. 생멸의 세계 자체가 다름 아닌 여래장(如來藏),
즉 진여의 연기(緣起: 用)에 의하여 존재한다는 사상이다. 이러한 세계관

---

38 같은 책, 756 上.

은 중국의 화엄 사상에서 극도로 발전되었으며 선불교(禪佛敎)의 핵심을 이루는 진리이다. 이 세계관의 실제적 종교적 의미는 진속(眞俗)의 대립을 극복하려는 데 있다. 즉 생멸(生滅)의 현상세계(現象世界)가 진여자체(眞如自體)의 동적인 나타남에 지나지 않으며 따로 어떤 독립적인 실제로서 진여(眞如)에 대립하는 것이 아니라는 것이다. 선(禪)에서 말하는 절대적 실재인 진심(眞心)을 바로 깨달으면 진(眞)의 세계와 속(俗)의 세계의 대립은 저절로 사라지며 속(俗)의 세계는 부정될 것이 아니라 오히려 진심(眞心)의 용(用)으로서 자유자재로 받아들여진다는 것이다. 이것을 진속원융관(眞俗圓融觀)이라고도 부르며 화엄(華嚴)의 술어로 말하자면 사리무애(事理無碍)의 진리이다. 혹은 대화불교(大華佛敎)의 기본적 진리인 생사(生死)가 열반(涅槃)이며 열반이 생사이며 중생(衆生)이 불(佛)이요 불이 중생이라는 것이다. 이러한 진리를 지눌은 다음과 같이 표현한다.

진심(眞心)의 묘(妙)한 체(體)는 본래 움직이지 않는다. 그것은 안락하고 조용하고 참되고 항구적이다. 그러나 이 참되고 항구적인 체(體) 위에 묘한 용(用)이 나타나서 우리로 하여금 흐름에 따라 묘함을 얻는 것을 방해하지 않는다. 한 조사(祖師)의 송(頌)이 말하듯이 "마음이 수많은 대상을 따라 굴러간다. 그러나 어디로 굴러가든지 참으로 그윽할 수 있다. 흐름을 따르면서도 성(性)을 인식(認識)하여 얻으면 기쁨도 슬픔도 없다." 그런고로 모든 때에 있어서, 움직이거나 사용하거나, 주거나 무엇을 할 때, 동(東)으로 가거나 서(西)로 가거나, 음식을 먹거나 옷을 입거나, 숟갈을 들 때나 젓가락을 놀릴 때나, 우(右)를 보거나 좌(左)를 보거나, 이 모든 것이 진심(眞心)의 묘한 용(用)의 나타남이다. 범부(凡夫)들은 미(迷)하고 전도(顚倒)되어 옷을 입을 때 옷 입는 것만 생각하고 음식을 먹을 때 먹는 것만 생각한다. 모든 사업에 오로지 상(相)만을 따라 움직인다. 이것이 그들(眞心)이 일상생활 속에 있음에도 깨닫지 못하며 목전에 있음에도 알지 못하는 까닭이나, 그들이 만약 성(性)을 아는 자들이라면 움직이고 사용하고 수고하는 데서 결코 어둡지 않을 것이다.[39]

여기서 지눌이 말하는 것은 만약 우리가 "흐름에 따라 성(性)을 인식한다면" 우리의 일상생활 그 자체가 진심(眞心)의 용(用)이라는 것이다. 우리가 일상생활을 살되 상(相)에 정신을 팔아 집착하지 말고 그 성(性), 즉 진심(眞心)의 체(體), 진여(眞如), 공(空)을 인지(認知)하여 살면 우리의 삶 그 자체가 새로운 차원에서 진여의 용(用)으로서 자유롭게 전개된다. 우리의 삶을 수시로 변하는 주위 환경에 맡겨서 무비판적으로 사는 것은 상(相)만을 따르는 삶이다. 그러나 상을 따르되 성(性)을 아는 자는 진속(眞俗)의 구별을 초월하여 참 자유의 삶을 영위하게 된다. 선약심경(般若心經)의 말을 빌려서 표현할 것 같으면 색(色)을 따라 살되 색즉시공(色卽是空)을 인식하며 살아야 한다. 그렇다고 해서 공(空)이 색(色)을 떠나서 따로 어디에 존재하는 것이 아니다. 공즉시색(空卽是色)이기 때문이다. 혹은 진공(眞空)이 묘유(妙有)이기 때문이다. 진심(眞心)의 체(體)를 떠난 용(用)이 없고 용이 없는 체가 없기 때문이다. 상(相)을 따르되 그 상을 성(性)에서부터 일어난 것으로 알면 상(相)에 붙잡히지 않고 상을 따라 살 수 있다.

지눌은 따라서 화엄(華嚴)에 있어서 성기(性起)의 사상을 매우 중요시한다. 성기란 상(相)이 상(相)을(事가 事를) 서로서로 의지하면서 일으킨다는(pratītya-samutpāda) 연기(緣起)의 개념과 구별되어, 성(性) 그 자

---

39 「眞心直說」, 『普照法語』, 67-68.

체가 상(相)을(理가 事를) 일으킨다는 이론이다. 상(相)이 상인 한 그 상(相)을 상 되게 하는 성(性: 理, 空, 眞如 등)을 떠나서 존재할 수 없다는 관점에 근거한 이론이다. 이 성기(性起)의 사상은 지눌의 심성론에서 중심이 되는 사상이다. 왜냐하면 진심(眞心)의 체(體)가 용(用)을 일으킨다는 것은 이 화엄의 성기 사상(性起思想)에 입각한 것이기 때문이다. 화엄의 유명한 사리무애(事理無碍)의 개념은 이것을 표현하는 말이다. 지눌의 전(傳)을 살펴보면 우리는 이 성기 사상(性起思想)이 그의 종교적 체험에서 결정적인 역할을 했음을 찾아볼 수 있다. 즉 그는 수도 개경을 떠나 창평(昌平) 청원사(淸源寺)에서 『육조단경』(六祖壇經)을 읽다가 문득 다음과 같은 구절을 읽고서 크게 깨달음이 있었다고 전한다.

진여(眞如)의 자성(自性)이 생각들을 일으키니 비록 육근(六根)이 보고 듣고 지각하고 아나 만상(萬像)에 물들지 않고 진성(眞性)은 언제나 자재(自在)한다.[40]

다시 말해 우리의 보고 듣고 하는 일상적 경험이 진여자성(眞如自性)의 나타남(用 혹은 性起)이므로 양자가 서로 방해함이 없다는 것이다. 진속(眞俗)의 대립을 초월한다는 말이다. 지눌은 말하기를 우리가 일단 성기(性起), 즉 진심(眞心)의 묘용(妙用)을 깨닫는다면 우리가 설사 상(相)과 용(用)을 따라 변하는 삶을 산다고 할지라도 우리는 이미 생멸(生滅)의 피안(彼岸)에 있는 것과 마찬가지이다. 왜냐하면 용(用)은 영원한 체(體)의 용(用)이고 기(起)는 변함없는 성(性)의 기(起)이기 때문이다.[41]

---

40 知訥, 「佛日普照國師碑銘」, 『普照法語』, 140.
41 「眞心直說」, 『普照法語』, 89.

4. 마니주의 비유

다시 문제의 핵심으로 돌아가야 할 때이다. 우리가 지금까지 고찰해온 바는 아직도 전에 제기했던 핵심적인 문제를 밝히지 못했다. 즉 지눌은 진심(眞心)의 체(體)가 용(用)을 일으킬 수 있는 것은 그 체 자체(體自體)가 가지고 있는 용(用)의 면인 지(知) 때문임을 우리는 이미 보았다. 진심(眞心)에는 이 밝고 아는 성품이 있어 현상세계의 모든 차별과 다양성을 진심(眞心)의 공적(空寂)한 세계에 다시 나타나게 만든다. 문제는 어째서 그러한가이다. 이 '지'(知)라는 신비, 즉 선(禪)의 세계를 역동적으로 우리의 일상생활의 경험과 연결해주는 이 지(知)의 성격에 대하여 더 분명한 인식이 가능한가? 우리는 여기서 지눌의 지(知)에 대한 비유적인 설명을 고찰할 필요가 있다. 그 이상의 더 분명한 설명은 우리는 찾아볼 수 없기 때문이다. 이 비유는 지눌 자신의 것이 아니라 종밀(宗密)의 것으로서 진심(眞心)을 마니주(mani 珠)에 비유하여 설명하고 있다.

오로지 둥글고 깨끗하고 맑아서 여러 가지 색상(色相)을 전혀 가리지 않은 마니주(珠)와 같이 하나의 영적 심성(心性)이 비고 고요하고 항시 안다. 본래 아무런 분별도 없고 일체의 선악도 없다. 그 체(體)가 맑기 때문에 바깥의 사물들과 대할 때 모든 차별적 색상(色相)을 나타낼 수 있다. 그 체(體)가 앎이므로 여러 가지 연(緣)들과 대할 때 모든 종류의 옳고 그름, 좋고 싫음을 분별할 수 있으며 세간적(世間的)이거나 출세간적(出世間的)이거나 모든 종류의 일들을 경영(經營)하고 만들어낼 수 있다. 이것이 연(緣)을 따르는 (변하는) 면이다. 비록 색상 자체(色相自體)는 차별이 있으나 맑은 구슬은 변하지 않았다. 비록 어리석음과 지혜(智慧), 선(善)과 악(惡) 자체들은 차별이 있고 걱정과 기쁨, 미움과 사랑 자체들은 생기고 사라지지만, 아는 마

음은 그침이 없었다. 이것이 불변(不變)하는 면이다.[42]

이 비유의 핵심은 이 마니주(珠)가 깨끗할 뿐만 아니라 맑기도 하다—즉 진심(眞心)의 체(體)가 적(寂)할 뿐 아니라 지(知)하기도 하다—는 사실이다. 왜냐하면 이 맑음의 면이 있으므로 그 구슬은 밖의 대상들과 접할 때 여러 가지 색상을 취하여 반영할 수 있기 때문이다. 그러나 물론 그 구슬 자체가 대상에 따라 변하는 것은 아니다. 우리가 이미 고찰한 바와 같이 지눌은 적(寂)과 지(知: 구슬의 깨끗함과 맑음) 혹은 자성(自性)의 정(定)과 혜(慧)를 진심(眞心)의 체(體) 자체가 가지고 있는 체(體)와 용(用)의 관계로 해석하고 있다. 따라서 진심(眞心)의 체(體) 안에 있는 불변(不變)의 용(用: 구슬의 맑음)이 진심(眞心)의 변(變)하는 용(用: 구슬 위에 나타나는 여러 가지 色相들)을 일으키는 것이다. 즉 이 비유는 진심(眞心)의 불변(不變)하는 용(用)인 지(知)가 변(變)하는 용(用)인 현상세계를 일으킨다는 사실을 분명하게 설명하고 있다. 그렇기 때문에 이 불변(不變)하는 용(用)으로서의 지(知)를 깨닫는 것이 결정적으로 중요한 것임을 알 수 있다. 신회(神會)가 왜 "'지'(知)라는 한마디는 모든 묘함의 문(門)"(知之一字 衆妙之門)이라고 말한 까닭이 여기에 있는 것이다. 신회는 지(知)라는 한마디로 진심(眞心)의 체(體)를 그 정곡을 찔러 적극적으로 표현했다. 그런고로 지눌은 종밀선사(宗密禪師)와 더불어 예리하게 용(用)에 두 가지 종류가 있음을 지적하고 그 두 가지를 분명히 구별한다.

진심(眞心)의 본체(本體)는 두 가지의 용(用)을 가지고 있다. 하나는 자성(自性)의 본래적(本來的) 용(用)이요 다른 하나는 (外的) 연(緣)에 따른 용

---

42 知訥,「節要」,『韓國佛敎全書』, 743下.

(用)이다. 이것을 동경(銅鏡)에 비유한다면 동(銅)의 질(質)은 자성(自性)의 체(體)요 동(銅)의 맑음은 자성(自性)의 용(用)이고 그 맑음이 나타내는 영상(影像)들은 연(緣)에 따르는 용(用)이다. … 마찬가지로 마음의 상적(常寂)함은 자성(自性)의 체(體)요 마음의 상지(常知)는 자성(自性)의 용(用)이고 이 지(知)가 말을 하고 분별(分別)하는 (행위들은) 연(緣)에 따른 용(用)이다.[43]

종밀(宗密)에 의할 것 같으면 (馬祖道一의) 홍주종(洪州宗)은 연(緣)에 따라 변(變)하는 용(用)의 면을 잘 알고 있다. 그래서 홍주종은 우리 일상 생활의 모든 활동을 진(眞)으로 간주한다. 평상심(平常心)이 도(道)라 한다. 진심(眞心)의 용(用)이기 때문이다(맑은 구슬에 나타나는 色相들). 그러나 홍주종은 자성(自性)의 불변(不變)하는 용(用), 즉 진심(眞心)의 체(體) 가운데 있는 지(知)의 면을 잘 모르고 있다고 평가한다.

따라서 그들은 색깔이 있는 구슬에만 친숙하기 때문에 색깔이 있는 구슬과 색깔이 없는 구슬을 잘 분별할 줄 모른다. 다시 말하면 평상심(平常心)이 도(道)라고 해서 일상생활의 활동을 떠나서 따로 진심(眞心)을 구하지 않는 것은 좋으나, 너무 진심의 변하는 용(用)에 치우치는 나머지 색상이 없는 맑은 구슬 자체(自體), 진심의 체(體)를 대하면 그것을 잘 알아보지 못하는 폐단이 있다고 지적한다. 지눌은 종밀(宗密)의 이러한 홍주종(洪州宗)에 대한 평가를 그대로 받아들이지는 않는다. 종밀 당시에는 이미 하택종(荷澤宗)은 거의 자취를 감추고 임제(臨濟)와 조동종(曹洞宗) 등이 선계(禪界)를 풍미한 후이기에 지눌의 선전통(禪傳統)에 관한 역사적 관점은 하택신회(荷澤神會)를 따르는 종밀과는 다를 수밖에 없었

---

43 같은 책, 45下.

다. 그러나 지눌도 신회(神會)가 진심(眞心)의 체(體), 특히 그 지(知)의 면을 가장 명확히 이해하고 가르친다는 것에 대하여는 종밀과 의견을 같이 한다.

다른 한편으로는 지눌은 종밀(宗密)과 같이 신수(神秀)에 의하여 대표되는 북종(北宗)을 가장 열등한 것으로 보고 있다. 북종의 결정적인 약점은 연(緣)에 따른 진심(眞心)의 변하는 용(用)을 전혀 깨닫지 못하는 고로 진망이견(眞妄二見)에 사로잡혀 있다는 것이다. 그리하여 북종 사람들은 맑은 구슬 위에 비치는 여러 가지 색상(色相)들을 보고서 구슬이 정말로 그러한 색깔들을 가지고 있다고 생각하여 깨끗한 구슬을 찾아내기 위하여 열심히 구슬을 닦아 구슬 위의 때를 벗기고자 한다. 북종은 결정적으로 구슬의 깨끗함만 알았지 맑음을 보지 못하기 때문에 그 수행(修行)의 방법조차 올바를 수 없다고 지눌은 평한다.[44] 한마디로 말해 북종은 신회(神會)가 말하는 "지지일자 중묘지문"(知之一字 衆妙之門)을 전혀 깨닫지 못하는 고로 진심(眞心)의 용(用)을 알 리 없고 성기(性起)의 진리(眞理)도 모른다는 것이다. 또 다른 한편으로 종밀(宗密)은 법융(法融)에 의하여 대표되는 우두종(牛頭宗)을 평가한다. 우두종은 공(空)에 너무 집착하기 때문에 구슬 위에 나타나는 여러 색상을 공하다고 생각할 뿐 아니라 깨끗하고 맑은 구슬 자체까지도 공하다고 한다. 따라서 우두종의 견해는 북종(北宗)과는 달리 색상의 공(空)함은 깨닫고 있기는 하나 진심자체(眞心自體)를 부정하기 때문에 진리를 반쯤만 알고 있다고 평한다. 지눌은 종밀의 평가 역시 전적으로 받아들이지는 않는다. 다만 진심(眞心)의 여러 가지 면들을 명확하게 파악하고 조화있게 이해하는데 있어서 신회(神會)의 견해가 가장 훌륭하다고 인정한다. 따라서 그의 견해를

---

44 같은 책, 741下-742上.

추천한다.

그런고로 이 말법시대(末法時代)에 있어서 마음을 닦는 사람은 먼저 하택
(荷澤)의 말과 가르침에 따라 자기 마음의 성(性)과 상(相), 체(體)와 용(用)
을 결택(決擇)하여 공적(空寂)에도 떨어지지 말며(牛頭宗의 경향) 연(緣)을
따름에 의하여도 걸리지 말지니라(洪州宗의 위험).[45]

이렇게 먼저 하택(荷澤)의 견(見)에 따라 진정한 이해를 얻은 후에 홍
주(洪州)와 우두(牛頭)의 종지(宗旨)를 더 배우면 모든 가르침이 상호 잘
부합하여 함부로 취사심(取捨心)을 내지 않을 것이다라고 지눌은 결론짓
는다.[46]

VI. 지눌의 수행론

지금까지 우리가 고찰한 지눌(知訥)의 심성론(心性論) 혹은 진심론
(眞心論)은 어디까지나 이미 수행을 통하여 진심(眞心)을 득(得)한 선사
들의 여실언교(如實言敎), 특히 하택신회(荷澤神會)와 규봉종밀(圭峰宗
密) 그리고 지눌의 설명에 근거한 것이다. 그러나 선(禪)이란 물론 이론
이 아니며 문자적 설명이 대신할 수 없는 것이다. 그렇다고 해서 지눌이
문자와 언어가 필요 없다는 것은 아니다. 지눌에 의하면 선수행(禪修行)
은 어디까지나 참다운 언교(言敎)에 지적인 근거를 두고 해야지 아니면

---

45 같은 책, 742中.
46 같은 곳.

아무런 진전도 없이 안개 속에서 헤매는 하나의 치선(癡禪)밖에 되지 않는다. 그럼에도 불구하고 언교란 어디까지나 '달을 가리키는 손가락'일 뿐이며 관행(觀行)을 위한 보조에 지나지 않는다. 선(禪)은 궁극적으로 자기 자신의 체험을 요구하고 있다. 자심(自心)을 반조(返照)하는 공(功)이 있는 후에야 비로소 진심(眞心)이 한낱 지적 관념이 아니라 자신을 해방하는 주체적 진리가 되는 것이다. 따라서 지눌의 선 사상(禪思想)은 심성론에서 그치지 않고 진심(眞心)을 자신의 진리로 실현하기 위한 실천수행론으로 이어지는 것이다. 종밀(宗密)의 용어로 말하자면 선리(禪理)에 이어 선행(禪行)의 문제가 다루어져야 하는 것이다.

우리는 이미 지눌이 종밀의 사상을 빌어 선(禪)을 법(法)과 인(人)으로 나누어 고찰함을 보았다. 법(法), 곧 진심(眞心)에는 불변(不變)과 수연(隨緣)의 이의(二義)가 있고, 인(人)에게 돈오(頓悟)와 점수(漸修)의 양궤(兩軌)가 있다는 것이다. 법의 이의(二義)는 심성론에서 고찰한 것이므로 이제 법수행자(法修行者)가 따라야 할 양궤(兩軌), 즉 돈오와 점수에 관한 지눌의 견해를 살펴보자.

1. 돈오

지눌에 의하면 선(禪)에 들어가는 시작은 돈오(頓悟), 즉 갑작스러운 깨달음이다. 오(悟)는 선(禪)의 시작이지 점차적 수행 끝에 비로소 얻어지는 결과가 아니다. 돈오가 점수(漸修)보다 앞서며 선(禪)은 모름지기 이러한 돈오의 체험으로부터 시작해야 한다는 것이다. 이것은 물론 남종선(南宗禪) 이래 내려온 선불교의 특징적 전통이다. 우선 돈오가 어떻게 설명되고 있는지 보자.

돈오(頓悟)란 범부가 미혹됐을 때 사대(四大)를 몸이라 하고 망상을 마음이라 하여, 제 성품이 참 법신(法身)임을 모르고 자기의 신령한 앎(靈知)이 참 부처인 줄 알지 못하여 마음 밖에서 부처를 찾아 허덕이며 헤매다가 갑자기 선지식의 지시를 받고 바른길에 들어가 한 생각에 빛을 돌이켜 제 본성을 보면 이 성품에는 본래 번뇌가 없고 번뇌 없는 지혜의 본성이 본래부터 갖추어져 있어 모든 부처와 털끝만큼도 다르지 않음을 아나니 그 때문에 돈오(頓悟)라고 한다.[47]

돈오는 자기 존재의 실상(實相)을 문득 자각하는 행위이다. 본래부터 아무런 번뇌도 없이 맑고 깨끗한 자기 자신의 마음, 본래부터 지혜의 본성을 갖추고 있는 자신의 성품이 곧 부처임을 갑자기 깨닫는 행위이다.

돈오는 악몽에 시달리다 깨어난 고관대작이 자신에게 아무런 이상이 없음을 깨닫고 안도하는 것에 비유되기도 한다.[48] 이러한 돈오의 체험을 위해서는 자신의 본래의 모습, 곧 자신의 불성(佛性) 혹은 진심(眞心)을 일깨워 주는 선지식(禪知識)의 지시가 필요할 뿐만 아니라 이러한 지시를 믿는 믿음(信)이 필요하다. 스스로를 범부라 비하하는 자굴심(自屈心)을 버리고 자기의 마음이 곧 부처임을 긍정하는 용기와 믿음이 필요하다는 것이다. 지눌에 있어서 신(信)과 오(悟), 신(信)과 해(解)는 같이 간다.[49] "믿음이 지극해지면 깨달음이 열린다"고 말한다.[50]

지눌에 의하면 진정한 깨달음은 외적 대상들을 향해 치닫던 삶에서 자신의 마음을 향해 빛을 돌이켜 비추어 보는 회광반조(廻光返照)의 공

47 知訥, 「修心訣」, 『普照法語』, 43.
48 「節要」, 『韓國佛教全書』, 746上.
49 「眞心直說」, 『普照法語』, 62.
50 「節要」, 756上.

(功)을 요한다. 이러한 공이 없이 말이나 관념만으로 얻어지는 깨달음은 진정한 오(悟)가 아니다. 진리를 들은 후에는 반드시 이 진리를 주체적으로 깨닫기 위한 반조의 행위가 뒤따라야 한다.[51] 그러나 깨달음 자체는 갑작스러운 것이며 점차로 주어지는 것은 아니다. 진리는 단계나 부분들이 있는 것이 아니기 때문에 점차로 알 수 있는 것이 아니다. 대번에 깨닫든지 아니면 전혀 깨닫지 못하든지 둘 중 하나라는 것이다(理頓悟).

지눌은 이러한 돈오의 진리를 화엄교(華嚴敎)에서도 발견했다. 우리가 이미 본대로, 지눌은 화엄경을 읽다가, 특히 이통현(李通玄)의 「신화엄경론」(新華嚴經論)을 통하여 화엄에도 돈오문(頓悟門)이 있음을 확신하게 되었다. 지눌을 감동시킨 것은 무엇보다도 통현(通玄) 장자(長者)의 십신초위(十信初位)에 관한 해석으로서,[52] 화엄의 수행 단계 52위(位) 가운데서 가장 낮은 단계, 다시 말해서 불교에 들어가기 시작하는 십신(十信)의 바로 첫 단계에서부터 범부는 무명(無明)과 번뇌(煩惱)로 가득 찬 자신의 마음이 곧 부동지불(不動智佛)이며 근본선광명지(根本善光明智)임을 믿고 들어간다는 것이다. 수행(修行)의 절차와 계위를 뛰어넘고 시간과 인계(因界)를 초월하는 돈오(頓悟)의 길이 화엄에도 있다는 것을 지눌은 확신하게 된 것이다. 그리하여 지눌은 관행(觀行)에 도움이 되도록 방대한 이통현의 화엄론을 발췌하여 「화엄론절요」(華嚴論節要)를 만들었을 뿐만 아니라 이러한 '화엄선'(華嚴禪) 즉 화엄의 돈오문을 밝히고 옹호하는 「원돈성불론」(圓頓成佛論)을 저술하기도 했다. 그리고 그의 지도 체계 속에서는 원돈신해론(圓頓信解論)이라는 것을 두어 화엄을 통한 오(悟)의 길을 가르친 것이다. 이로써 실로 지눌은 선(禪)과 교(敎: 화엄으로

---

51 「節要」, 744上.
52 「華嚴論節要序」, 767下-768上.

대표되는)의 일치와 통합을 몸소 체험하고 가르치고 이론화한 것이다.

이것은 약 1세기 전 의천(義天)이 천태교관(天台敎觀)을 통하여 선(禪)과 교(敎)의 대립을 지양시키고자 했던 노력과는 참으로 대조적이라 아니할 수 없다. 의천이 과연 선(禪)의 핵심을 간파했는지 의심스러운 반면에 지눌은 수년간에 걸친 화엄 사상과의 씨름 끝에 화엄(華嚴)을 철저하게 선적(禪的)으로 소화해낸 것이다. 그럼으로써 지눌은 선의 화엄화(華嚴化) 혹은 화엄의 선화(禪化)를 체험적으로 확인했을 뿐만 아니라 이론적으로까지 확립했다. 의천의 시도가 어디까지나 무리한 교(敎) 위주의 선교(禪敎) 통합이었다면 지눌이 이룩한 것은 내면적 체험의 깊이로부터 이루어진 선(禪) 위주의 선교(禪敎) 일치였다고 할 것이다.

2. 점수

돈오(頓悟)에 의하여 자신의 참모습이 곧 부처임을 깨달았으나 그렇다고 해서 자기가 곧바로 부처와 같이 행할 수 있는 것은 아니라고 지눌은 말한다. 그 이전 범부의 모습을 한꺼번에 벗어버릴 수는 없다. 진리는 단박 깨닫지만(理頓悟) 번뇌는 단박 제거되는 것이 아니다(事非頓除). 따라서 깨달았다 해도 우리는 여전히 번뇌에 의하여 괴로움을 당하는 자신의 모습을 발견한다. 그렇기 때문에 지눌은 돈오 이전의 사람들에게는 스스로를 범부라 여기는 자굴심을 버리라고 촉구하지만 돈오의 사람들에게는 스스로를 높여 오만하지 말 것을 권한다. 교학자(敎學者)의 병이 자신을 비하하는 것이라면 선학자(禪學者)의 병은 깨달았다 하여 자만하면서 수행을 게을리하는 것이다.[53] 앎과 실천, 깨달음과 행위 사이에는

---

53 「節要」, 746中, 下.

건너야 할 간격이 있다. 따라서 우리는 돈오(頓悟)만으로 만족할 수 없으며 곧 점수(漸修)의 행이 뒤따라야 한다.

점수(漸修)란 비록 자신의 본래의 성품이 부처와 다르지 않음을 깨달았으나 오랫동안의 습기(習氣)는 갑자기 버리기 어려우므로, 깨달음에 의해 닦아 점점 공(功)이 이루어져 성태(聖胎)를 키워 훈습(薰習)해서 오랜 시간이 지난 후에야 성인(聖人)이 되기 때문에 점수를 한다. 마치 어린애가 처음 태어날 때 모든 기관이 갖추어져 있어서 어른과 다를 것이 없지만 그 힘이 아직 충실하지 못하기 때문에 제법 세월이 지난 후에야 비로소 사람이 되는 것과 같다.[54]

비록 돈오에 의하여 자신과 사물을 보는 인식의 일대전환이 이루어졌다 해도 계속해서 과거의 그릇된 습관적 힘과 싸워나가는 진지한 수행(修行)의 과정이 필요하다는 것이다.

지눌은 오후(悟後)의 수(修)로서 부단한 성적등지(惺寂等持)와 정혜쌍수(定慧雙修)의 실천을 권장한다. 이것은 물론 지눌 자신이 결사(結社)의 발원(發願) 이래 꾸준히 실천해온 수행문이었다. 지눌에 의하면 정(定, 止), 혜(慧, 觀)의 닦음에는 두 가지가 있다. 하나는 자성정혜(自性定慧)요 다른 하나는 수상정혜(隨相定慧)다. 전자는 우리가 이미 전장(前章)에서 본 바와 같이 자기 자신의 심성(心性), 곧 공적 영지지심(空寂靈知之心) 자체가 본래 갖추고 있는 정(定: 空寂)과 혜(慧: 靈知)를 그대로 발휘하는 행위로서, 선문(禪門)에 있어서 번뇌의 장애가 지극히 엷고 능력이 뛰어난 사람만이 할 수 있는 '노력 아닌 노력'이며 가벼운 형태의 점수(漸修)이

---

54 「修心訣」, 43-44.

다. 반면에 후자는 번뇌의 장애가 두텁고 능력이 뒤떨어지는 사람들이 닦는 것으로서 번뇌 하나하나를 점차적으로 대처해 나아가는 구체적인 수행 방법이다.[55] 이것은 본래 돈문(頓門)으로서의 선문(禪門)의 수행 방법은 아니나 그래도 현실적으로는 많은 사람이 오후(悟後)에도 아직 번뇌의 장애를 경험하기 때문에 현실적인 방편으로서 빌려 쓸 수밖에 없다고 지눌은 말한다.[56]

그렇다면 과연 어째서 돈오(頓悟)의 체험이 미리 필요한 것이며, 깨닫기 이전의 수행과 그 이후의 수행에 무슨 차이가 있는 것일까? 지눌에 의하면 선(禪)에 있어서 진정한 수행은 반드시 오후(悟後)의 수(修)이어야 한다. 오전(悟前)의 수(修)는 번뇌가 본래 공(空)함을 모르고 자신의 본성 자체가 정(定)과 혜(慧)임을 모르고 하는 수행이기 때문에 닦음에 있어서 번뇌를 억누르고 끊으려는 부단한 노력을 하나 돌로 풀을 누르는 것 같아 끝이 없으며, 이러한 노력 자체가 도리어 또 하나의 장애가 되어 끝없는 악순환에 빠지고 만다는 것이다. 지눌은 이런 수행을 오염수(汚染修)라 부른다.[57] 이와는 달리 오후(悟後)의 수(修)는 번뇌와 망념이 본래부터 공(空)함을 깨닫고 하는 무함수(無含修)로서 끊음이 없는 끊음, 닦음이 없는 닦음과 같은 쉬운 길이라는 것이다.[58] 이것은 자성정혜(自性定慧)의 경우는 물론이요 수상정혜(隨相定慧)를 닦는 경우도 마찬가지다. 오전(悟前)의 수(修)가 범부로부터 부처가 되려는 한없는 노력의 길인 반면에 오후(悟後)의 수(修)는 이미 자기 자신이 부처이며 범부와 부처의 구별이 본래적인 것이 아님을 확연히 깨달은 다음에 얻어진 완성이요, 이미 이

---

55 이 두 가지 정혜(定慧)의 차이에 대해서는 「修心訣」, 51-56 참조.
56 같은 책, 51-52.
57 같은 책, 54.
58 「結社文」, 10.

긴 싸움이나 진배없다는 것이다. 지눌의 표현을 사용한다면, 오수(悟修)의 점수(漸修)는 수상정혜(隨相定慧)의 닦음이라 하더라도 '원점'(圓漸)이지 '점원'(漸圓)이 아니다.[59]

지눌에게서 오(悟)와 수(修)의 관계는 분명하다. 오(悟)로부터 시작하지 않고 수(修)로부터 시작하는 것은 점문열기(漸門劣機)의 길이요, 결코 돈문(頓門)으로서의 선(禪)의 길은 아니다. 바른 오(悟)가 선행되어야 수(修)도 바로 될 수 있다는 것이 지눌의 입장이다. 그렇다고 해서 오(悟)로서 모든 것이 끝나는 것도 아니다. 오(悟)에도 불구하고 실재적 고뇌와 갈등은 남아 있기 때문이다. 따라서 오후(悟後)의 점수(漸修)가 요청되는 것이요, 이와 같은 이유로 해서 지눌은 징관(澄觀)의 설을 따라 오(悟)의 삼중(三重)을 구별한다. 수(修) 이전의 깨달음은 해오(解悟)라 부르고, 수(修) 이후에 얻어지는 깨달음은 증오(證悟)라 부른다.[60]

따라서 지눌에게 올바른 선(禪) 공부의 과정은 해오(解悟)→수(修)→증오(證悟)의 순서를 밟는다고 하겠다. 이것이 적어도 일반적인 수준의 사람들을 위한 정상적인 과정이다.

지눌에게 수행은 자기 자신만을 위한 수(修)가 아니다. 오후수(悟後修)에는 자신의 완성을 위한 부단한 노력뿐만 아니라 고통받는 중생을 위한 보살도(菩薩道)의 실천이 함께 간다. 지눌은 말한다.

이 오후(悟後)의 수문(修門)은 불오염수(不汚染修)일 뿐만 아니라 역시 만행(萬行)을 훈수(薰修)하여 자타 모두 건지는 것이다. 오늘날 선자(禪者)들은 모두 말하기를 단지 불성(佛性)만 밝히 보면 이타행(利他行)이 자연히 원

---

59 「節要」, 750上.
60 「節要」, 749上;「圓頓成佛論」, 119.

만히 이루어진다고 한다. 나는 말하노니 그렇지 않다고 본다. 불성을 밝히 본즉 다만 중생과 부처가 평등하고 피(彼)와 아(我)가 차별이 없음이라. 만약 비원(悲願)을 발하지 않으면 적정(寂靜)주의에 걸릴까 두려운 것이다. 「화엄론」에 이르기를 지성(知性)은 적정(寂靜)이라 원(願)으로써 지(智)를 방호(防護)한다고 한 것이 이것이다. 그런고로 알라. 오전(悟前)에는 미혹이 있어 비록 원(願)이 있어도 심력(心力)이 부족한 고로 원(願)을 세울 수가 없다. 오해(悟解) 후에야 차별지(差別智)로서 중생고(衆生苦)를 관(觀)하고 비원심(悲願心)을 발하여 힘과 분수에 따라 보살도(菩薩道)를 행하면 각행(覺行)이 원만해지리니 어찌 경쾌(慶快)한 일이 아니랴![61]

3. 간화

이상과 같은 돈오점수(頓悟漸修)의 길은 선(禪)의 정규적이고 일반적인 수행 절차이다. 그러나 지눌은 이러한 정규적 수행법을 벗어나서 특별한 역량(過量之機)을 지닌 수행자를 위하여 하나의 파격적인(格外) 선(禪)의 길을 제시하고 있다. 곧 화두(話頭, 公案)를 통해서 깨달음에 들어가는 간화선(看話禪)의 길이다. 이것 역시 지눌 자신이 지리산 상무주암(上無住庵)에서 간화선(看話禪)의 대가 대혜선사(大慧禪師)의 어록을 읽다가 얻은 체험에 근거한 것이며, 그는 이 길을 그의 「간화결의론」(看話決疑論)에서 천명하고 있다.

무의하고 불합리한 선사들의 문답이나 말들을 참구(參究)하여 얻어지는 깨달음은 지눌에 의하면 수(修) 이전의 오(悟)인 해오(解悟)와 결정적인 차이가 있다. 해오의 가장 큰 문제는 그것이 제아무리 자신의 심성

61「節要」, 755中, 下.

(心性)을 반조(返照)하는 체험행위에 근거한다고 하더라도 지적 이해의 자취를 지우기 어렵다는 것이다. 타인의 말이나 선지식(善知識)의 가르침, 즉 여실언교(如實言敎)에 의거하는 한 해오는 이른바 '지해병'(知解病)을 수반하기 마련이며, 지눌은 바로 이러한 지해병을 극복하는 가장 좋은 방법으로서 화두(話頭)의 참구를 가르치고 있다. 화두를 통해서 얻어지는 깨달음은 수(修) 이전의 해오(解悟)와 원돈신해문(圓頓信解門)의 화엄사(華嚴師) 돈오(頓悟)와도 전혀 다르다. 그것은 교외별전(敎外別傳)을 주장하는 선(禪) 고유의 비밀스러운 길로서 지눌은 이 길을 경절문(徑截門), 즉 진리로 바로 질러 들어가는 지름길이라 부른다. 말하자면 해오와 점수의 일을 거치지 않고서 대번에 완전한 깨달음인 해오를 얻는 길인 것이다. 그러나 지눌에 의하면 돈오점수(頓悟漸修)의 과정을 그치지 않고서 이렇게 대번에 진리로 들어갈 수 있는 특출한 근기(根機)의 소유자는 매우 드물다. 따라서 대다수 수행자는 아무래도 돈오점수의 과정을 거치면서 마지막 완성의 길로서 화두(話頭) 공부를 해야 한다. 대체적으로 말해 지눌의 「법집별행록절요」(法集別行錄節要)는 이 후자의 길을 제시하는 반면에, 그의 「간화결의론」(看話決疑論)은 어렵기는 하지만 처음부터 화두선(話頭禪)으로 들어가는 전자의 길을 강조하고 있다고 볼 수 있다.

지눌은 이통현(李通玄)의 「화엄론」을 빌어 말하기를, "오늘날의 관행자(觀行者)는 문해(聞解)를 좋아하므로 반드시 견문(見聞)과 해행(解行)을 경과한 후에야 증입(證入)한다. 증입해서는 종전의 문해를 깨끗이 벗어나 무사(無思)로써 (진리와) 합하여 하나가 된다"고 한다.[62] 화두(話頭) 공부는 바로 이 '무사계동'(無思契同)의 구체적 방법이라 할 수 있다. 문

---

62 「圓頓成佛論」, 『普照法語』, 131.

해에 근거한 해오(解悟)에 따르는 지해(知解)의 병을 극복하는 길은 지해로는 도저히 풀 길이 없고 일체의 지적 이해가 발붙일 곳 없는 화두와의 대결을 통해서만 가능하다는 것이다.

이와 같은 간화선의 경지에서 보면 '지지일자 중묘지문'(知之一字 衆妙之門)이라고 밝힌 하택신회(荷澤神會)와 같은 종사는 단지 '지해종사'(知解宗師)에 지나지 않는다. 지눌은 이러한 지해종사와는 다른 진정한 선(禪)의 종사(宗師), '본분종사'(本分宗師)의 전형적인 모습을 대혜화상(大慧和尙) 그의 간화선에서 발견한다.

> 종사(宗師)가 보여주는바 정전백수자(庭前栢樹子), 마삼근(麻三斤), 구자무불성(狗子無佛性) 등의 화두는 도대체 단적으로 보여주는 법(法)이 없다. 다만 재미없고 잡을 수도 없는 화두를 준 후에 경계해 말하기를 정식(情識)을 파하지 않으면 마음의 불이 활활 탈 것이다. 바로 이런 때에 다만 의심을 품고 있는 화두를 붙잡되 어떤 스님이 조주(趙州) 스님께 '개도 불성(佛性)이 있습니까?'라고 묻자 조주(趙州) 스님은 '무'(無)라고 대답했던 것과 같으니, 이어서 대혜(大慧)는 '무자'(無字) 화두(話頭)를 들 때 경계할 바를 다음과 같이 열거하고 있다.
>
> 다만 붙잡고 깨닫고자 하되 왼쪽으로 해도 안 되고 오른쪽으로 해도 안 되고, 있다 없다고 알려 해서도 안 되고, 참으로 없다는 없음인가 하고 헤아려도 안 되고, 도리(道理)로 알려고 해도 안 되고, 생각으로 헤아려도 안 되고 (禪師들이) 눈썹을 치켜올리거나 눈을 깜짝이는 곳에 들어앉지도 말며 말로써 살 궁리를 하지도 말며, 무사(無事)의 갑옷 속에서 드날려 있지도 말며, (화두를) 생각하는 곳을 향하여 알려 하지도 말며, 문자(文字)로 인증(引證)하려 하지도 말며, 모른다고 하여 깨치기를 기다려서도 안 되고, 다만 마음을 쓰는 곳이 없어야 하며 마음이 갈 곳이 없을 때 공(空)에 떨어질까 두려워 말

라. 이것이 오히려 좋은 경지라. 갑자기 늙은 쥐가 소뿔로 들어와 거꾸러짐을 보리라.[63]

지눌은 이러한 대혜(大慧)의 화두참구(話頭參究)법에 대하여 다음과 같이 결론짓는다.

이와 같은 설명을 내리면서 화두를 주는 고로 학자(學者)는 십이시(十二時) 사위의(四威儀) 가운데서 다만 붙잡고 깨달으려 할 뿐 그는 심성도리(心性道理)에 관해서 전혀 이명절상(離名絶相)의 해(解)도 없고 연기무애(緣起無礙)의 해(解)도 없다. 한 생각이라도 불법(佛法)의 지해(知解)가 생겼다 하면 갑자기 십종지해병(十種知解病)에 걸리는 고로 하나하나 방하(放下)하고 또 방하(放下)와 무방하(無放下), 체병(滯病)과 무체병(無滯病)의 생각조차 없다가 홀연히 재미도 없고 잡을 수도 없는 화두상에 한번 단박 깨지면 일심법계(一心法界)가 동연명자(洞然明自)하게 되므로 심성(心性)에 갖추어져 있던 백천삼매(百千三昧)와 무량(無量)한 의문(義門)이 구하지 않아도 완전히 얻어진다. 종전의 치우친 의리(義理)와 문해(聞解)로 얻은 바가 없기 때문이다. 이것이 이른바 선종(禪宗) 경절문(徑截門)에서 화두(話頭)를 참상(參詳)하여 증입(證入)하는 비결인 것이다.[64]

다소 장황한 인용을 한 것은 화두(話頭)를 드는 기본 태도와 방법 그리고 목적에 관한 지눌의 견해를 엿볼 수 있기 때문이다. 지해병(知解病)으로부터 우리를 해방시키는 경절문(徑截門) 화두는 우리를 살리는 '활

63 「看話決疑論」, 『普照法語』, 129.
64 같은 책, 129-130.

구'(活句)이며 이에 비하면 원돈신해문(圓頓信解門)의 여실언교(如實言教)는 모두 '사구'(死句)에 지나지 않는다. 이 면에 있어서는 교내(教內)와 교외(教外), 교(教)와 선(禪) 사이에는 질적인 차이가 존재한다는 것이다.[65]

이렇게 볼 때 교(教)에 대한 지눌의 입장은 이원적임을 알 수 있다. 한편으로 그는 원돈신해문(圓頓信解門)을 세워 화엄(華嚴)의 돈오(頓悟)를 인정하여 선교일교(禪教一教)를 주장하는가 하면, 다른 한편으로는 경절문(徑截門)을 세워 선(禪)만이 지닌 교외별전(教外別傳), 이심전심적 종지(宗旨)를 최고의 완성으로 간주하는 것이다. 지눌 당시에 이러한 간화선은 그리 널리 보급되어 있지 않았다. 지눌의 간화선은 당시 선계(禪界)에 새로운 활력소가 되었으며, 지눌 이후로 한국의 선(禪) 전통에서 화두(話頭)는 중심적 위치를 차지하게 된 것이다.

지눌은 그의 「법집별행록절요병입사기」(法集別行錄節要竝入私記)에서 선문(禪門)에는 돈오점수(頓悟漸修)와는 다른 무심합도문(無心合道門)이라는 아주 간단하면서도 요긴한 길이 있음을 말하고 있다. 지눌에 의하면 이 무심(無心)으로 합도(合道)하는 길은 수상정혜(隨相定慧)는 물론이요 자성정혜(自性定慧)를 닦는 수(修)보다도 한층 더 고차적인 수행법이라 한다.[66] 그리고 지눌은 이 무심합도는 곧 경절문을 통해서 들어가는 것이라고 말한다.[67] 결국, 선(禪)의 극치는 무심(無心)에 있으며 화두 공부는 무심에 이르는 첩경이라는 것이다.

지눌의 비문(碑文)은 그가 학인을 가르치는 데에 삼문(三門)을 세웠다고 한다. 즉 원돈신해문(圓頓信解門)과 성적등지문(惺寂等持門: 定慧雙

---

65 같은 책, 135.
66 「節要」, 748下-749上.
67 같은 곳.

修門)과 경절문(徑截門)이다. 원돈신해문은 곧 돈오(頓悟)의 문(門)으로서 인간의 참다운 자기 발견의 길이며, 성적등지문은 곧 점수(漸修)의 문(門)으로서 끊임없는 자기 수양(修身)의 길이요, 경절문은 최종적 자기완성의 길이라 하겠다. 그리고 이와 같은 선행(禪行)의 배후에는 언제나 선리(禪理), 곧 선의 근원(禪源)이자 우리 자신의 본래면목(本來面目)인 진심(眞心)이 자리 잡고 있다.

보조(普照) 사상 이해의 해석학적 고찰

I. 보조 사상의 이해

　본 논문은 '보조 사상 이해'의 의미를 해석학적 관점에서 고찰해 봄으로써 보조 사상 연구의 성격과 방향의 설정에 도움이 되고자 하는 의도에서 썼다. '도대체 보조 사상을 이해한다는 말은 무엇을 뜻하는가?' '"이해"란 말의 의미는 무엇이며, 어떻게 하여 그것은 성립되는가?' '보조 사상을 연구한다는 것과 이해한다는 것의 관계는 무엇일까?' 등이 본고에서 고찰하게 될 문제들이다. 이와 같은 문제들을 다룸에 있어서 우리는 현대 서양 철학에서 논의되고 있는 몇 가지 해석학적 이론들과 이와 관련된 종교학의 이론들을 도입해서 문제에 접근해보고자 한다.[1]

---

1 현대의 해석학적 이론들을 동양사상의 연구에 적용하거나 비추어 보려는 최근의 논문들로서 필자의 "동양철학 연구 방법론의 일 성찰-철학적 해석학의 관점에서," 「철학」 제21호 (1984)와 김용옥, "동서 해석학 이론의 역사적 개괄," 『절차탁마 대기만성』(통나무, 1987)를 참조할 것.

현대 해석학(Hermeneutics)적 이론들이란 주로 '이해'라는 인간의 정신적 활동에 대한 반성적 사고들로서, 인간의 삶에 있어서 끊임없이 진행되고 있는 해석과 이해라는 평범하면서도 신비스러운 현상을 좀 더 정확하게 밝혀보려는 노력이다. 말하자면 철학적 해석학은 이해의 이해를 추구하는 학문이라고 표현할 수도 있겠다. 본 고는 현대의 해석학적 관점들을 보조 사상의 이해라는 우리의 과제에 적용하여 '보조 사상의 이해'라는 하나의 정신적 활동을 올바로 파악하고 규정할 뿐만 아니라 나아가서 현대인들이 보조 사상을 이해하는 데도 일조(一助)하기를 바란다.

'이해'라는 것이 무엇인지 정확히 규정하기는 어렵더라도 분명히 앎 혹은 인식의 한 형태임이 틀림없다. 무엇을 이해한다는 것은 그것을 안다는 인식 작용의 하나이다. 문제는 어떤 종류의 인식일까 하는 것이다. 안다는 것은 그 앎의 대상과 양식에 따라 다양한 현상으로 나타난다. 이해, 통찰, 직관, 해명, 분석, 설명, 느낌 등이 모두 앎의 양식들이며, 이러한 다양한 앎의 양식들은 인식 대상의 성격과 밀접한 관계가 있다. 가령 친구와의 우정을 논할 때 우리는 그를 이해한다고는 말하지만 설명한다고 말하지는 않는다. 인간 혹은 인간적 현상에 접할 때는 우리의 앎이 주로 느낌, 이해, 직관 등을 통하여 주어지지만, 자연현상을 연구하거나 인식할 때는 냉철한 관찰과 합리적 분석이나 설명이 필요하다. 하나의 예술작품 또한 설명이나 해명의 대상보다는 이해나 직관의 대상이다. 물론 친구나 하나의 예술작품을 이해하는 데도 설명이 필요한 요소들이 없는 것은 아니다. 친구의 습성이나 옷차림, 예술작품의 시대적 배경이나 양식 등은 어느 정도 설명할 수도 있고, 또 설명되어야만 진정으로 이해할 수 있게 된다. 그럼에도 불구하고 다정한 친구의 말이나 사랑하는 연인의 편지, 한 권의 소설이나 바위에 새겨진 비문과 같은 것들은 기본적으로 설명보다는 이해, 분석보다는 느낌으로서 우리에게 다가온다.

이러한 사실에 근거하여 인식의 두 양태를 분명히 구별한 사람은 독일의 생철학자 빌헬름 딜타이(W. Dilthey)였다. 그는 자연현상에 관한 인간의 인식은 인과적 설명(erklären)을 통하여 주어지지만, 인간이 산출해 놓은 문화적 현상들—언어, 문학, 종교, 철학, 예술, 법률, 역사적 기록, 사회제도 등—은 설명보다는 이해(verstehen)를 통하여 인식된다고 한다. 자연과학적 지식은 반복적으로 일어나는 자연현상의 관찰을 통하여 자연에 대한 법칙적 설명을 추구하지만 인간적 현상들에 대한 의미성을 지닌 인식은 개별적이고 독특한 정신적 현상들을 같은 인간의 입장에서 추체험(nacherleben)함으로써 이해하는 것이라고 한다. 이와 같은 근본적 구별에 입각하여 딜타이는 자연과학의 방법론과는 다른 정신과학(Geistes Wissenschaft)의 독자적인 인식론이나 방법론의 수립을 모색했다. 이것이 곧 그의 해석학적 방법론이다. 그에 의하면 역사와 문화에 나타난 제반 가시적(可視的) 현상들은 인간의 삶의 체험(Erlebinis)이 외적으로 표출된 표현들(Ausdruck)로서 우리는 이러한 외적 표현들에 근거하여 자신의 체험을 매개로 하여 타인들이 체험했던 내적 세계를 이해할 수 있다. 문화나 역사의 현상들은 우리에게 아무런 의미도 없는 죽은 물리적 현상들이 아니라 우리의 이해를 촉구하면서 우리에게 말을 하는 살아 있는 언어와 같은 것이다.

딜타이의 해석학적 방법론은 그것이 지닌 여러 가지 난점들에도 불구하고 —예컨대 주관주의적 방법론이나 인식의 상대성의 문제 등— 분명히 인간의 정신적 현상마저도 기계적이고 계량적인 현상으로 환원시켜 버리려는 근대 실증주의적 과학의 그릇된 태도를 비판하고, 인간의 존엄성과 인문학의 독자성을 지키려는 노력의 발로였다. 그의 해석학적 방법론은 현대 종교학에도 큰 영향을 끼치게 되었다. 시카고대학의 종교학 교수였던 요아킴 바흐(Joachim Wach)는 종교를 기본적으로 종교적 체험(experience)과 그 다양한 표현들(expressions)—사상적, 행위적 그리고 사회적—로 구성되어 있다고 보고, 종교학의 임무는 이러한 표현을 통하여 종교적 체험의 세계를 이해(understanding)하는 것이라고 한다.[2] 같은 시카고대학의 종교학자 엘리아데(Eliade) 또한 종교학의 근본 사명을 종교적 인간(homo religiosus)의 실존적 자기 이해를 이해하는 하나의 해석학으로 보았다.[3] 하버드대학의 종교학자 윌프렌 켄트웰 스미스(Wilfred Cantwell Smith) 역시 종교를 전수될 수 있는 가시적인 축적적 전통(cumulative tradition)과 보이지 않는 내적 신앙(faith)의 상호 관계로서 파악하면서 전통의 연구를 통한 신앙의 이해를 종교학의 근본 사명으로 삼고 있다.[4] 물론 우리는 종교적 체험이 지닌 특성을 간과할 수는 없을 것이다. 종교적 체험은 여타의 삶의 체험과는 달리 인간의 일상적 경험을 초월하는 초월적 성격을 지녔기 때문에 종교적 체험의 이해에는 특별한 어려움이 따를 수밖에 없다. 그럼에도 불구하고 우리는 결코 종교적 현상들을 종교 아닌 다른 현상으로 환원시켜 연구하려는 회의적인 연구 방법을 거부해야 하며 종교적 현상들을 그들이 지향하고 있는 초월적 실재 및 그 체험과의 관계 속에서 이해해야 한다. 이것이 상기 종교학자들의 근본 주장이다.

이와 같은 해석학적 관점들을 보조 사상의 이해에도 적용하여 생각해 볼 필요가 있다. 보조국사는 무엇보다도 한 선사(禪師)였다. 불립문자

---

2 Joachim Wach, *The Comparative Study of Religions* (New York; Columbia University Press, 1958) 참조.

3 Mircea Eliade, *The Sacreds and the Profane* (New York; Harcourt, Brace and Co., Inc., 1959) 참조.

4 Wilfred C. Smith, *The Meaning and End of Religion* (New York; Harper & Row, 1978) 참조.

교외별전(不立文字敎外別傳)을 표방하고 있는 선의 진수는 두말할 필요 없이 그 선적인 체험, 곧 깨달음의 체험에 있다. 이 체험이 우리들의 일상적 언어로 표현될 수 없다는 것은 모든 선사들의 공통된 증언이다. 그러나 말로 표현할 수 없는 이 초월적 체험이 선사들에 의하여 문자로 표현되어 온 것 또한 부인할 수 없는 사실이다. 우리는 바로 그들이 남긴 이러한 문자적 유산을 통해 문자 밖의 소식을 조금이나마 엿볼 수 있게 되었다. 증도가(證道歌)나 오도송(悟道頌), 시화나 서장(書狀)들, 깨달음의 기연(機緣)을 전하는 문답들, 나아가서 학인들을 가르치기 위하여 써놓은 보다 체계적인 논서들이 우리의 해석과 이해를 기다리고 있다. 더욱이 보조의 경우, 수도(修道)의 자세와 방법을 논한 『정혜결사문』(定慧結社文)과 『수심결』(修心訣), 깨달음의 경지를 곧바로 설한 『진심직설』(眞心直說), 또는 깨달음에 드는 여러 문을 다루고 있는 『원돈성불론』(圓頓成佛論)과 『간화결의론』(看話決疑論) 등의 풍부한 저서들이 전해져서 우리로 하여금 그의 선 체험의 깊은 세계를 엿볼 수 있게 해준다.

사실 지눌의 생애를 고찰해 볼 때, 그것은 끊임없는 구도(求道)와 이에 따른 새로운 진리 체험들이 연속되는 삶이었다. 일정한 스승도 없이 당시의 부패한 승가에 불만을 품고 홀로 구도의 길에 나섰던 그로서는 고인(古人)들의 전적(典籍)에 많이 의존할 수밖에 없었으며, 그들이 남긴 문자적 증언을 이해하는 과정에서 그 자신이 진리를 증득하는 체험을 얻었다. 예컨대 육조단경(六組壇經)을 읽던 중 그의 마음에 경희(驚喜)를 안겨준 구절, "眞如自性 起念 六根 雖聞覺知 不染萬像 而眞性常自在"(진여자성 기념 육근 수문각지 불염만상 이진성상자재), 통현장자(通玄長者)의 화엄론(華嚴論)을 읽다가 터져 나온 자탄(自嘆)의 소리, "世尊說之於口即爲敎 祖師傳之於心即爲禪 佛祖心口必不相違"(세존설지어구즉위교 조사전지어심즉위선 불조심구필불상위) 그리고 지리산 상무주암에서 들었던 대혜선사의 음성, "禪不在靜處 亦不在鬧處 不在日用應緣處 不在思量分別處 然第一不得 捨却靜處鬧處 日用應緣處 思量分別處參"(선부재정처 역부재료처 부재일용응연처 부재사량분별처 연제일부득 사각정처료처 일용응연처 사량분별처참)은 모두 지눌에게 강한 선 체험의 계기가 되었다. 그는 바로 이러한 스스로의 체험에 근거해서 자신 있게 후학들을 위한 지침서들을 쓸 수 있었다. 그의 저서들은 따라서 결코 건혜(乾慧)의 교학자(教學者)들이 써놓은 현학적이고 추상적인 교리의 번잡한 논의가 아니라, 그 자신의 체험에서 우러나온 절실한 증언이었다. 그가 남긴 두 개의 절요(節要)는 비교적 교학적 성격을 많이 지니고 있기는 하나 그들도 역시 지눌 자신이 언명한 대로 관행(觀行)의 귀감이 되도록 한다는 실천적 동기에서 쓰인 선수행의 지침서였다. 인언오도(因言悟道)와 적교명종(籍教明宗)의 가능성을 믿었던 그로서는 문자를 많이 다루었으나, 이것은 다만 후학들을 위한 그의 자비심의 발로였지 결코 불립문자의 경지를 몰라서가 아니었다. 누구보다도 그는 "無語路義路心識思惟之處"(무어로의로심식사유지처)와 교외별전의 소식을 강조했다. 그러기에 우리는 보조 사상의 연구에 있어서 근본적으로 지(指)와 월(月), 표현과 체험을 혼동해서는 안 될 것이다. 보조 사상의 이해란 곧 그의 문자적 사상을 통하여 그 배후에 있는 선 체험을 추체험해 나가는 하나의 종교적 체험의 과정이다. 장자의 얘기대로 득의이망언(得意而忘言)의 정신으로 그의 문자화된 사상을 대하여야 하는 것이다. 이것이 보조 사상의 이해에 있어 우리가 지녀야 할 기본적 태도이다. 다만 한 가지 기억해야 할 사실은 선 체험의 세계는 단지 문자화된 사상만으로는 이해하기 불충분하며 그것과 더불어 선의 수행이 필요하다는 점이다. 지눌이 했던 각고의 수행 노력 없이 그의 말에만 의존하여 진리를 깨달으려 하는 것은 지눌 자신이 누누이 경고하고 있는 그릇된 자세임을 우리는 기억해야만 할 것이다. 보조 사상의 근본적 의의는 그 사상이 지닌 철학적 깊이나 논리적 명료성—이 모든 장점에도 불구하고— 이전에 그것이 지닌 선 체험적 뿌리에 있는 것이며, 문자화된 사상의 이해는 어디까지나 문자 이전의 체험 세계에 들어가는 방편과 도구에 지나지 않는다.

종교현상의 연구에 있어서 이해와 설명이 확연히 구별된다거나 하나가 다른 하나에 대하여 배타적일 필요는 없다. 우리말의 이해라는 말은 사실 흔히 설명적 이해라는 뜻으로 사용되기도 한다. 예를 들어 어떤 자연현상을 이해한다고 말하기도 하는 것이다. 이 경우 이해란 말은 친구를 이해한다는 말과는 달리 자연현상을 어느 정도 과학적으로 설명할 수 있다는 말이다. 보조 사상을 연구하는 데서도 이해와 설명은 공존해야 한다. 그렇지 않으면 우리의 이해는 다분히 주관적 자의성을 띨 가능성이 크다. 보조의 사상에는 이해될 측면이 있는가 하면, 설명될 부분도 적지 않게 존재하는 것이다.

우선 가장 기본적으로 보조 사상에 대한 역사적 고찰이 필요하다. 보조 사상의 이해에는 그의 종교적 체험 못지않게 그가 살았던 시대적 상황과 배경에 대한 이해가 필수적이다. 모든 생의 체험은 역사성을 지니고 있기 때문이다. 인간의 종교적 체험 역시 제아무리 초월적이고 순수하다 해도 언제나 어떤 구체적인 역사적 상황의 제약하에서 일어난다. 그뿐만 아니라 설령 문자와 언어를 초월한 순수한 종교적 체험이 가능하다 하더라도 그 체험의 언어적 표현으로서의 사상은 사회적, 문화적 제약을 받으며 형성되기 마련이다. 무시간적 종교체험이나 초시간적 사상이란 어디에도 존재하지 않는다. 따라서 보조 사상의 이해를 위해서는 한 시대를 살았던 역사적 인물로서의 지눌이 겪어야만 했던 고려 중기의 격심한 사회적 변동과 그가 몸담았던 고려 승가의 제반 문제들, 그리고 이러한 역사적 상황 속에서 그에게 제기됐던 종교적 문제의식과 도전 등이 고찰되어야만 한다. 물론 이러한 문제들을 극복하고 그에게 해방의 기쁨을 안겨 주었던 그의 선 체험들이 결코 단순히 그가 겪었던 역사적 체험의 반영으로만 간주되어서는 안된다. 그렇다고 해서 그의 선 체험이 어떤 무역사적 공간에서 이루어진 것이 아닌 한 역사적 체험과 전혀 무관한 것으로 이해되어서도 안 될 것이다.

보조 사상의 이해에는 그의 사상과 선 체험이 지닌 역사성 외에도 불교 사상사적 전통성이 고찰되어야 한다. 엄밀히 말해서 한 사상의 전통성은 역사성의 범주 안에 든다. 하지만 전자가 종교적 전통만을 국한해서 지칭하는 반면에, 역사성이란 사회 문화적 상황 전체를 총괄해서 지칭하는 말이다. 종교학자 스미스에 의하면 종교적 체험(신앙)과 축적적 전통은 불가분의 관계에 놓여있는 것으로서 어떠한 신앙도 그 신앙이 속해있는 종교적 전통을 떠나서는 가능하지 않다. 동시에 신앙이란 전통에 의하여 기계적으로 형성되는 일률적인 현상은 아니다. 각자의 신앙과 종교적 체험은 동일한 종교적 전통 안에서 일어난다고 하더라도 개인에 따라 다양한 양상을 띠게 되는 것이다. 신앙이 교리나 상징체계와 같은 어떤 특정한 전통 없이 형성되는 것이 아니고 종교적 체험이 항시 전통을 통하여 형성되는 것이 사실이라면 개인의 종교적 체험이나 신앙은 주어진 전통을 새롭게 이해하고 재해석하며 새로운 전통을 만들어가기도 한다. 한마디로 말해 전통과 신앙은 상호 변증법적 관계에 놓여있다.[5]

이러한 의미에서 보조 사상의 전통성과 창조성은 불교 사상사적으로 고찰되어야 할 것이다. 다시 말해서, 지눌은 언제 어떻게 누구의 불교 사상의 영향을 받아 자신의 선 체험을 해석했으며 자신의 선 사상을 형성하게 되었는가, 그리고 그가 전수받은 그 이전의 불교 사상 내지 선 사

---

5 W. C. Smith, The Meaning and End of Religion.

상을 어떻게 소화하고 수용했으며, 그 과정에서 어떻게 자신의 체험을 통하여 새로운 선 사상을 창출하게 되었는가 하는 것들이 우리가 밝혀야 할 문제들이다. 예컨대, 원효, 기신론(起信論), 육조 혜능, 이통현장자, 청량 증관, 종밀선사, 영명 연수, 대혜선사 등이 보조 사상의 형성에 미친 영향 그리고 이들의 사상이 보조 자신의 역사적 문제의식과 선 체험을 통하여 어떻게 새로이 재해석되었는가 등이 밝혀져야 한다.

보조 사상의 역사성, 전통성, 창의성과 더불어 또 한 가지 고찰되어야 할 사상은 보조 사상 자체 내의 통일성 내지 문제이다. 저서와 저서 사이, 관념과 관념 사이의 정합성은 물론이요. 동일 저서 내의 논의의 구성 및 체계들이 밝혀져야 한다. 주지하는 바와 같이 지눌은 결코 불교나 선에 대해서 어떤 철학적 체계를 구축하려고 노력하지는 않았다. 다만 선 수행의 구체적 도움을 주기 위하여 자신이 경험하고 깨달은 바를 기회가 주어지는 대로 다루었을 뿐이다. 그러나 그의 사상에는 그가 의도했든 안 했든 간에 어떤 일정한 체계와 질서가 내재해 있으며 이러한 잠재적 체계를 발굴하고 밝혀내는 것 역시 보조 사상 연구의 중요한 과제 중의 하나이다. 다양한 측면들을 지닌 보조 사상 전체의 통일성을 규명하기 위해서는 하나의 포괄적 연구가 요구된다. 그러나 전체의 이해는 부분들의 이해 없이는 불가능하며 부분들의 올바른 이해 또한 전체의 이해 없이는 주어질 수 없다. 이른바 '해석학적 순환'의 문제를 우리는 여기서도 발견하게 되는 것이다.

이상과 같은 연구 과제들은 이미 국내외 학자들에 의하여 어느 정도 수행되고 있는 것이 사실이나 좀 더 구체적이고 세부적인 작업은 아직도 많은 학자의 연구를 기다리는 실정이다.

II. 객관주의적 이해를 넘어서서

이상에서 우리는 '보조 사상의 이해'가 무엇을 의미하며, 보조 사상에서 이해가 필요한 면과 보다 객관적인 설명이 필요한 제반 문제를 고찰해 보았다. 보조 사상의 이해란 근본적으로 그의 사상이 지향하고 있는 초월적 선 체험의 이해를 의미한다. 그러나 언어로 표현된 그의 선 체험, 곧 그의 선 사상은 동시에 역사성과 전통성을 지녔기에 이는 자료의 객관적 검토를 통하여 설명되어야 할 측면들이다. 나아가서 그의 사상이 지닌 창의성과 통일성도 함께 구명되어야 함을 지적했다. 그러나 이상에서 논의한 바와 같은 보조 사상의 이해와 설명은 하나의 근본적인 문제를 안고 있다. 곧 객관주의적 접근 방식이 지닌 맹점들이다. 이해를 추구하든 설명을 모색하든 간에 위와 같은 접근 방식은 주관과 객관의 엄격한 분리를 전제로 하는 객관주의적 인식론에 근거하고 있다. 즉, 연구자 자신의 주관적 사상이나 감정을 떠나서 보조 자신이 생각하고 느끼고 체험했던 대로 그 자신의 정신적 세계를 재현해 보고자 하는 연구 자세이다.

분명히 보조 자신의 사상을 연구하는 사람이 자기의 사상을 논한다든지 객관적 증거를 무시하고 자의적인 해석을 가함으로써 보조 사상을 왜곡시켜서는 안 될 것이다. 연구자와 연구 대상 사이에 엄연히 존재하는 시간과 공간의 거리는 분명히 의식되어야 한다. 그러나 문제는 과연 이러한 객관주의적 이해라는 것이 현대의 우리에게 있어서 얼마만큼이나 가능한가 하는 점이다. 비록 우리가 보조의 글을 대할 때 그의 사고의 세계와 선 체험의 세계에 그대로 순수하게 들어가 보려고 하지만 과연 이것은 도달될 수 있는 이상일까? 아무리 우리가 자신의 체험을 매개로 하여 타인의 체험을 이해한다고 하더라도 자신의 체험은 어디까지나 자신의 체험이지 타인의 체험 그대로는 아니다. 설령 그런 것이 가능하다 하더라도 그것이 진정한 이해이며 우리가 추구해야만 하는 이상일까? 지눌과 오늘의 우리 사이에 존재하는 실로 팔백 년의 역사적, 사회적, 문화적 단절은 간과돼서는 안 될 사실임이 틀림없다. 그러나 그렇다고 해서 이해자 자신이 처한 역사적 상황과 문화적 환경이 그렇게 쉽게 건너뛰어질 수 있는 것인가?

보조 사상의 역사성 못지않게 보조 사상을 연구하고 이해하려는 연구자들 자신의 역사성 또한 초월할 수 없는 조건임이 틀림없다. 우리는 결코 20세기 후반의 이 땅과 이 사회, 이 문화와 이 언어, 이 관심과 문제의식을 떠나서 천상에서 사물을 초연히 관찰할 수 있는 신이나 초지성(超知性)이 아니다. 우리의 지성과 의식은 언제나 우리의 존재와 실존적 상황에 의존하고 있는 것이며 순수의식이란 실제로는 아무 데도 존재하지 않는 추상적 관념에 불과한 것이다. 그러기 때문에 아무런 선입견 없는 객관적 이해라는 것은 사실상 불가능한 것이며, 우리는 이러한 제약을 ─우리 자신의 역사성에서 오는─ 더 이상 한탄하거나 탓해서는 안 된다. 바로 우리가 서 있는 이 자리에서 진정한 이해는 일어나기 때문이다. 우리의 이해에는 언제나 우리가 처한 상황과 우리가 지닌 관심으로부터 주어지는 전이해(Vorverständnis)와 전제(Voraussetzung)가 따르기 마련이다. 전제와 편견이 없는 이해란 존재할 수도 없으며 존재한다고 하더라도 무의미한 이해일 것이다. 도대체 나의 관심과 나의 입장 그리고 내가 지닌 물음을 떠나서 보조 사상의 객관적 의미란 무엇을 말함이며, 무슨 의미가 있단 말인가? 한낱 지나간 역사의 박물관의 한 소장품밖에 안 될 것이다. 그것은 결코 살아있는 나를 위한 살아있는 목소리는 못될 것이다. 객관이란 그것이 자연의 현상이든 또는 보조 사상과 같은 역사적 현상이든 어디까지나 객관이지 주관과는 근본적으로 무관한 것이다. 보조 사상이 오늘의 살아있는 음성으로 들려지기 위해서는 객관주의적인 인식론과 연구 태도는 궁극적으로 지양되어야 한다.

철학자 가다머(Gadamer)의 지적대로 우리의 의식은 역사적 전통의 영향 아래 서 있는 작용사적 의식(Wirkungsgeschichtliche Bewußtsein)으로서, 우리와 역사적 대상과의 사이에는 단절만 있는 것이 아니라 연속성도 존재하는 것이다.[6] 이것은 특히 보조의 사상을 금과옥조처럼 대대로 공부해온 한국 불교인들의 경우 더욱더 그러하다. 지금 내가 서 있는 역사적 지평이란 전적으로 폐쇄되어 있거나 고립된 것이 아니라 개방적이고 유동적이며, 우리가 연구하고자 하는 전통 또한 이미 우리 안에 그 영향을 남기고 있는 살아있는 실재이다.

우리는 불교 사상의 현대화나 보조 사상의 현대화란 말을 가끔 사용하곤 한다. 이러한 표현들은 보조 사상이나 불교 사상을 본래부터 우리와는 동떨어진 하나의 객체로 전제하고 난 후 그것이 오늘날의 우리 현실 속에서 의미를 지니도록 하자는 사고방식을 나타내고 있다. 그러나 사실을 말하자면, 연구자 자신을 떠난 보조 사상의 객관적 의미란 존재하지도 않으며 존재하더라도 우리에게는 주어질 수 없는 어떤 것이다.

의미란 언제나 어떤 구체적인 인간이 구체적인 상황 속에서 이해하고 있는 것이지 객관적 의미란 어디에도 존재하지 않는다. 그러기 때문에 보조 사상의 이해 그 자체를 떠나서 따로 보조 사상의 현대화란 있을 수 없다. 우리 현대인들이 진정으로 보조 사상을 이해한다면 그것 자체가 이미 보조 사상의 현대화이다. 따라서 우리는 지금 나 자신의 언어로써 내가 지닌 실존적 물음과 관심 속에서 그리고 내가 처한 역사적, 문화적 상황 속에서 보조의 사상을 진정으로 이해하고 있는가 하는 물음을

---

6 H. G. Gadamer, Wahrheit und Methode(Tübingen; J. C. B. Mohr, 1975. 4 Auflage) 참조.

해야 할 것이다. 우리는 보조 자신의 어휘와 술어들을 우리 자신의 언어로서 이해함이 없이 그것들을 다만 반복만 하는 것이 아닐까? 우리들의 관심과 문제의식, 우리들의 인식 양태와 사고방식은 이미 변했는데도 구태의연한 관심과 문제의식에 사로잡혀 보조 사상의 현대적 의미를 스스로 외면하고 있는 것은 아닐까? 보조 사상의 현대화는 곧 보조 사상과 현대인들과의 진정한 만남과 대화 속에서 이루어진다. 이러한 만남은 언어적으로 볼 때는 800년 전에 한문으로 쓰인 보조의 글과 현대 한국어와의 만남이기도 하다. 보조의 저술과 사상은 현대 우리말로 해석되고 이해되어야만 한다. 이것이 진정한 이해요 현대화다. 바로 여기에 번역의 중요성이 있는 것이다. 보조의 저서들은 반드시 현대 한국어로 번역되어야 한다. 우리가 정녕 보조의 저술을 이해했다고 할진대 분명히 현대 한국어로 이해될 수 있는 번역을 산출하지 않으면 안 되고 또한 그럴수밖에 없을 것이다. 현재 우리가 사용하고 있으며 그것을 통하여 사고하고 있는 현대 한국어를 떠나서는 보조 사상의 진정한 이해란 있을 수 없기 때문이다. 적어도 우리 자신의 이해는 있을 수 없다는 말이다. 너무나도 당연한 말이기에 흔히 간과하기 쉬운 진리이다. 보조 전서의 현대한국어 역은 보조 사상의 진정한 현대적 이해와 전수는 물론이요, 현대한국인의 언어생활을 넓혀주며 심화시킴과 동시에 현대 한국인이 보조의 사상에 자연스럽게 접하도록 할 것이다. 이러한 의미에서 보조사상연구원이 보조 전서의 편집과 더불어 그 번역을 계획하고 있는 것은 매우 중대하고 적절한 연구 과제라 생각된다.

이상에서 우리는 보조 사상의 이해란 것이 무엇을 뜻하며 어떻게 하여 이루어지는가 하는 방법론적인 성찰을 해보았다. 보조 사상의 객관적 이해와 다른 한편으로는 이러한 객관주의적 이해를 넘어서는 이해는 보조와 우리 사이에 놓여있는 역사적 간격이 우리에게 제기하고 있는 인식적 요구의 양면이다. 이 양자 사이에 존재하는 긴장은 보조와 우리 사이에 존재하는 동질성과 이질성, 연속성과 단절성이 만들어내는 어쩔 수 없는 긴장이며, 우리는 이러한 긴장 속에서 언제나 보조의 사상에 친근함과 놀라움을 갖고 대하는 것이다.

『법집별행녹절요병입사기』와 지눌 선(禪) 사상의 구도

I. 서론

부처님의 말씀을 담은 경전을 제외하고 한국 불교 사상 가장 중요한 저술을 꼽으라면 나는 주저 없이 지눌의『법집별항록절요병입사기』(法集別行錄節要並入私記: 이하『절요』)를 꼽을 것이다. 그것은 무엇보다도『절요』가 한국 불교사에 미친 영향력 때문이다. 한 저술의 가치가 내재적 가치 못지않게 후세에 끼친 영향사(Wirkungsgeschichte)적 관점에서도 평가되어야 한다면, 지눌의『절요』는 이 두 가지 기준을 다 충족시키고도 남음이 있다.

비록『절요』가 형식 면에 있어서는 지눌의 독자적 저술이 아니고, 그의 사상에 심대한 영향을 끼친 규봉종밀(圭峯宗密)의『법집별행록』[1]을

---

1 현존하지 않는 이 책의 정체에 대하여는 많은 논란이 있어 왔으며, 나는 지금까지의 논의에 새로운 것을 추가할 것이 없으므로 이 글에서는 그것에 대한 자세한 논의를 피하고자 한다. 다만 지눌이 그의 저술에서「錄曰」이라고 하여 그 책을 인용하고 있는 점으로 보아 그가『법집별행록』이라는 서명을 지닌 책을 직접 보고 인용하고 있다는 점, 그리고 바로 그 책을 다시

요약하고 거기에 필요에 따라 자신의 견해(私記)를 첨부한 것이지만, 지눌 사상의 전모를 가장 포괄적으로 담고 있다는 점에서 그 자신의 저술로 간주해도 무방하다. 나는 이 논문에서 『절요』가 지눌 사상 일반에서 차지하고 있는 위치를 지눌의 여타 저술들과의 관계를 살펴보면서 논하고 이를 통해서 지눌 선(禪) 사상의 전체 구도를 밝혀보고자 한다.

선(禪)의 생명은 그 생동성에 있으며 선은 본래 체계나 구조를 혐오하지만, 지눌의 선 사상은 비교적 체계성과 논리적 정합성이 강한 편이다. 그 이유를 정확히 밝히기는 쉽지 않지만, 아마도 그것은 지눌이 무사독오(無師獨悟)한 선사(禪師)였다는 사실과 무관하지 않을 것이다. 고려 중기 무신 집권의 사회적 혼란기에 선교(禪敎)의 대립과 도덕적 타락으로 혼탁해진 불교계에 입문하여 일정한 스승 없이(學無常師)[2] 구도의 길을 걷는다는 것은 대단한 주체성을 요한 일이었을 것이며, 자기가 걷고 있는 길에 대한 부단한 반성과 체계적 숙고를 요구했을 것이다.

물론 우리는 지눌의 저술들이 전부 남아 있지 않은 상황에서 이 문제에 대해서 속단해서는 안 된다. 지눌에게는 『수심결』(修心訣), 『진심직설』(眞心直說), 『원돈성불론』(圓頓成佛論), 『간화결의론』(看話決疑論)과 같이 선 수행에 관한 이론적 저술만 있었던 것은 아니고, 『상당록』(上堂錄), 『법어』(法語), 『가송』(歌頌) 같은 것도 있었음을 「승평부조계산수선사불일보조국사비명병서」(昇平府曹溪山修禪社佛日普照國師碑銘幷序)는 전하고 있다.[3] 이들이 우리에게 전해졌더라면 아마도 우리는 지눌 선의 다른 면을 볼 수 있었을지도 모른다. 실제로 「비명」은 지눌이 임종 전에 문인들과

간추리고 자신의 私記를 첨부했다는 점만은 분명한 사실임을 강조하고 싶다.

2 「昇平府曹溪山修禪社佛日普照國師碑銘幷序」(이하 「비명」), 『普照全書』(불일출판사, 1989), 419.

3 『보조전서』, 422.

나눈 문답을 소개하고 있는데 활달한 선사로서의 그의 면모를 유감없이 보여주고 있다.[4] 그러나 다른 한편, 지눌이 선에 관하여 이론적 성격이 짙은 저술을 다수 남겼다는 것은 선사로서의 그의 특성 가운데 하나라고 평할 수 있으며, 그의 저술들 속에 발견되는 사상의 명료성과 체계성은 그가 한국 불교사에 지속적 영향을 미칠 수 있게 만든 한 요인이 되었을 것이다.

그의 저술들 가운데서도 『절요』는 만년의 저술로서 선의 이론과 실천 양면에서 그의 사상을 가장 포괄적으로 보여주고 있다. 그러나 『절요』는 지눌 사상을 구성하고 있는 다양한 주제들을 거의 총망라하여 다루고 있어, 『수심결』이나 『진심직설』과 같은 다른 저술에 비해 복잡한 구조이고 체계성이 다소 떨어지는 산만한 저술이라는 느낌을 주는 것도 부인하기 어려운 사실이다. 따라서 우리는 『절요』에서 지눌이 다루고 있는 다양한 주제들을 그의 다른 저술들과 대비해보면서 지눌 사상의 전체 구도와 체계를 밝힐 필요가 있다.

II. 지눌 선(禪) 사상의 체계와 구조

지눌이 선사로서는 보기 드물게 체계적 이론가의 성격을 띤 인물이었음은 분명하다. 하지만 그는 자신의 저술 어디에서도 자기 사상의 전모를 드러내놓고 밝히고 있지는 않아, 다양하고 폭넓은 그의 사상의 체계와 구조를 밝히는 일은 그리 쉽지 않다.[5] 그는 오(悟)와 수(修)의 문제,

---

4 같은 곳, 421.

5 나는 이미 이에 대하여 논한 바 있다. 졸고, "지눌 선사상의 구조," 『지눌의 사상과 그 현재적 의미』(정신문화연구원, 1996).

화두를 드는 방법과 그 효능, 선학자들의 병폐, 교학자들의 병폐, 정토신
앙의 문제, 선과 교의 갈등 문제, 화엄을 공부하는 사람들이 깨달음을 얻
는 방법, 승가의 도덕적 타락상 등 그가 12세기 후반 고려 불교계가 당면
했던 시급한 문제들을 필요에 따라 그때그때 다루는 글을 썼을 뿐이다.
그는 결코 어떤 정합적인 사상 체계를 의도적으로 구축한 사상가는 아니
었으며 처음부터 어떤 완결된 사상적 구도를 가지고 출발한 사상가는 더
욱 아니었다. 그러나 이것은 결코 그의 사상에 체계성이 없다거나 그의
사상이 단편적임을 뜻하지는 않는다.

흔히 어떤 사상가의 사상의 전모는 그의 사후 다른 사람들에 의해 밝
혀진다. 이는 어떤 사상가도 인간의 유한성을 면하기 어렵기 때문이다.
누구도 자기 삶의 전부를 경험하지 못하며 어느 사상가도 자기 사상의
전모를 의식하는 특권을 누리지는 못한다. 아무리 천재적 사상가라 해
도 처음부터 자기 사상의 구도를 세워 놓고 사상을 전개하는 사람은 없
다. 사상이란 한 개인의 인생 체험의 과정을 통해 우여곡절을 겪으면서
발전하기 마련이다. 한 사상가가 다루었던 다양한 주제들과 채 정리되
지 못한 생각의 실마리들 혹은 본인도 의식하지 못했던 주제들 사이의
연계성이 드러나는 것은 그의 사후 그의 삶의 전모를 볼 수 있으며 그의
저작 전체를 접할 수 있는 후세 사람들이 누리는 일종의 '특권'인 셈이다.

이런 의미에서 지눌 선(禪) 사상의 체계와 구도 또한 바로 우리와 같
은 후세 연구자들에 의해 '구성'되어야 할 것이지, 지눌 자신의 글에서 발
견하기를 기대할 성질의 것은 아니다. 한 사상에 대한 '연구'란 이런 의미
에서 항시 단순한 연구 이상이며, 그 사상의 연장 또는 저자와의 말 없는
대화이며 창조적인 해석학적 작업이다.

지눌이 비록 스스로 자기 사상의 구도를 밝혀 놓은 바는 없지만, 우리
는 그래도 그의 저술을 통해 이에 대한 암시를 얻을 수 있고, 그의 사상의

구도를 비교적 명료하게 드러내는 부분들도 접할 수 있다. 그 어느 것도 현재 우리의 관점에서 볼 때 그의 사상 전모를 밝히기는 부족하지만 우리는 우선 그런 부분들에 주목하지 않을 수 없다.

다음 두 가지를 들 수 있다.

1. 三門論

지눌 사상의 구도를 밝히는 데 가장 많이 사용되고 있는 것은 그의 「비문」이 언급하고 있는 이른바 삼문(三門)일 것이다. 즉, 성적등지문(惺寂等持門), 원돈신해문(圓頓信解門), 경절문(經截門)이다. 이는 비록 지눌 자신이 밝히고 있는 것은 아니지만 입적 후 얼마 안 되어 그의 문인들이 제공한 정보에 기초하고 있다는 점에서 매우 주목할 만하다. 삼문에 대한 언급은 지눌 사상의 단편적 이해를 넘어서 체계적 파악을 위해 없어서는 안 될 귀중한 정보를 제공하고 있기 때문에 지눌 사상을 연구하는 사람들 거의 모두가 공히 의거하고 있는 지눌 이해와 해석의 틀이 되고 있다.

「비문」이 비록 김군수에 의해 쓰였다고는 하나 삼문으로써 지눌의 사상을 요약하는 것은 아무래도 유학자 김군수의 견해라기보다는 그 자신이 밝히고 있듯이 그에게 비문의 자료를 제공한 지눌의 문인들, 특히 진각국사 혜심의 생각이 반영된 것으로 보아 틀림없을 것이다. 이런 가정하에서 우리가 유의할 사항은 이 삼문에 대한 언급이 오늘 우리의 관점에서 볼 때 지눌 사상의 전모를 드러내기에는 두 가지 한계를 지니고 있다는 사실이다.

첫째로, 삼문은 어디까지나 수행자들을 깨달음의 세계로 인도해 주는 선 수행에 관한 것일 뿐 깨달음 자체의 세계에 대한 지눌의 설법은 포괄하지 못한다는 점이다. 즉, 심성론은 거기에 포함되지 않았다는 것이다. 조금 후에 언급할 종밀 선사의 개념으로 말하자면, 삼문은 수행하는 사람(人)에 관한 것일 뿐 수행해서 증득할 진리(法)에 관한 것은 아니라는 점이다. 둘째로, 삼문이 단지 병렬적으로 나열되고 있을 뿐 삼문 사이의 관계에 대한 언급이 없다는 점이다. 이 때문에 우리는 혜심을 비롯한 지눌의 문인들이 삼문 사이의 관계, 즉 지눌의 수행「체계」를 어떻게 이해하고 있었는지 파악할 길이 없다. 이 문제는 물론 지눌 사상을 체계적으로 파악하는 데서 결정적이다.

2. 불변수연(不變隨緣)과 돈오점수론(頓悟漸修論)

비록 지눌 자신이 자기 사상의 체계를 밝히고 있지는 않으나, 이에 가장 근접하는 구절을 우리는 『절요』의 한 부분에서 발견한다. 이 부분은 종밀에게는 없는 간화선을 소개하기 직전에 지눌이 지금까지의 논의 전체를 마무리 지음과 동시에 종밀 사상의 핵심을 요약하고 있다는 점에서 매우 중요한 의미가 있으며, 지눌 사상의 구조를 파악하는 데도 결정적이다. 지눌은 마음을 깨치려는 사람들은 모름지기 남의 말만 의존할 것이 아니라 직접 반조(返照)의 공(功)을 통해 스스로 마음을 깨달아야 함을 강조한 후 다음과 같이 결론짓고 있다:

> 그러나 지금까지 열거한 법문은 모두 말에 의존해서 이해하여(依言生解) 깨달음에 들어가려는 사람들을 위하여, 法에는 不變과 隨緣의 두 면이 있고 人에는 頓悟와의 漸修의 문이 있다는 것을 상세히 변별해 주고 있다[不變 隨緣]. 두 면으로써 우리는 모든 經과 論의 취지가 곧 자기 마음의 性과 相이라는 것을 알며[頓悟 漸修], 두 문으로써 우리는 모든 성현이 따른 길이 다름아닌 우리 자신의 수행에서 시작과 끝이라는 것을 본다. [위의 법문은] 이처럼

본말을 분명히 가리고 분별하여 사람들이 헤매지 않고 방편적인 것을 떠나 참다운 것으로 나아가 속히 깨달음을 증득하게 한다.[6]

이 구절을 비문의 삼문과 비교할 때, 우리는 몇 가지 주목할 만한 차이점들을 발견한다. 첫째, 이 구절에서 지눌은 우리가 어떤 과정을 통해 진리의 세계에 들어가는가 하는 수행론(人)만 다루고 있지 않고 진리(法) 그 자체에 대하여도 간략히 논하고 있다는 점이다. 즉, 법에는 불변(不變)과 수록(隨緣)의 양면이 있으며, 이것은 곧 우리 마음의 성(性)과 상(相)이라는 것이다. 둘째, 삼문을 병렬적으로 언급하고 있는 비문과는 달리 지눌은 여기서 종밀의 돈오점수설에 따라 수행의 체계적 이론을 밝히고 있다는 점이다. 이것은 물론 지눌이『절요』이전에 이미『권수정혜결사문』(勸修定慧結社文)이나『수심결』등에서 일관되게 제시해온 수행 이론이다. 이 돈오점수론에 삼문을 대비해 보면, 우리는 삼문에서 단지 병렬적으로 제시된 원돈신해문과 성적등지문이 사실상 선돈오 후점수(先頓悟後漸修)의 이론적 구조 위에 서 있는 것임을 알 수 있으며, 이는 지눌 선의 체계를 파악하는 데 매우 중요한 의미를 지닌다.

그러나 종밀의 사상을 요약하고 있는 이 구절은 다른 한편으로는 삼문론에 비해 그 나름의 약점을 가지고 있으며, 지눌 사상의 전모를 밝히는 데 두 가지 근본적 제약이 있다. 그리고 이 제약은 결국 지눌과 종밀 사상의 차이에 기인한다. 첫째, 지눌 자신이 밝히고 있듯이, 종밀은 경절문(徑截門) 화두 참구의 길을 몰랐다. 따라서 삼문이 언급하고 있는 경절문이 언급되지 않았고, 이로 인해 지눌 선의 한 중요한 측면이 누락되어 있다. 둘째, 원돈신해문이라는 화엄적 돈오의 길이 언급되어 있지 않다.

---

6 절요. 804.

물론 원돈신해문은 돈오의 한 특별한 형태이므로 돈오점수론에 포함된 것으로 보아야 하나, 그럼에도 그것이 지눌 선(禪) 사상에서 점하는 중요성, 특히 선-교 갈등의 고질을 앓고 있던 당시 고려 불교에서 지니고 있던 역사적 의미와 한국 불교 전통 일반에서 지니는 의미를 감안할 때, 돈오점수라는 일반적 도식만으로는 잡을 수 없는 지눌 사상의 한 중요한 측면이 누락되어 있다고 해야 할 것이다. 삼문이 원돈신해문을 언급하는 이유, 그리고 지눌이 그 길을 밝히기 위해 『원돈성불론』이라는 논문을 저술했을 뿐 아니라 이통현(李通玄)의 방대한 『신화엄경론』을 요약하여 『화엄론절요』를 짓는 수고로움을 마다한 이유를 생각해 볼 때, 원돈신해문은 단순히 선의 돈오문에 포섭되기에는 그 의미가 너무 크다고 해야할 것이다.

결론적으로 말해, 지눌은 종밀에 사상적 빚을 지고 있음에도 불구하고 두 가지 면에서 커다란 차이를 보인다. 하나는 종밀과 달리 지눌은 원돈신해문을 통해 화엄적 돈오의 길을 제시하고 있다는 점이며, 다른 하나는 종밀이 접할 수 없었던 경절문 화두 참구의 길을 제시하고 있다는 점이다. 전자는 지눌이 이통현의 사상에서 영향받은 것이고, 후자는 대혜종고(大慧宗果) 선사를 통해 받은 영향이다. 지눌은 종밀과는 다른 시대에 살았으며, 그가 해결해야 했던 문제도 종밀과는 달랐던 것이다. 중국 남종선이 만개한 후에 활약한 지눌은 종밀이 숭상하던 하택신회가 그 사상의 명료성에도 불구하고 일개 '지해종사'(知解宗師)라는 사실을 강하게 의식하고 있었으며, 고려 불교계가 당면하고 있던 선-교 갈등의 문제도, 종밀이 교학 사상의 세 유형을 선의 세 유형에 대비시켜 극히 포괄적 이론으로 다루려 했던 것과는 달리, 화엄이라는 대표적 교학 사상과 종파를 염두에 두고 치열하게 고민하다가 통현 장자의 글을 통해 탈출구를 발견하는 극적 체험에서 나온 결과물이었다.

여하튼『절요』에서 지눌이 종밀에 의거하여 언급하고 있는 법(法)의 불변수록과 인(人)의 돈오점수론의「비문」의 삼문과 비교해 볼 때, 지눌 사상을 포괄적으로 다루는 데 일장일단이 있음을 알 수 있다. 단점을 말하자면, 돈오사상에 관한 한 한편으로는 원돈신해문이 가진 화엄적 돈오의 길이 지닌 특수성이나 구체성이 드러나지 않는다는 점이며, 다른 한편으로는 교외별전적 간화선의 길이 언급되지 않는다는 점이다. 장점이라면, 수행을 하는 인(人)뿐만 아니라 수행이 지향하는 법(法)의 측면에 대해서도 언급하고 있다는 점이다. 따라서 지눌 사상의 체계와 구조를 밝히려면 우리는 이 둘을 상보적으로 통합해야 한다.

나는 이미 종밀의『선원제전집도서』(禪源諸詮集都序)에 나오는 선행과 선리(禪理)의 개념을 빌려 이를 시도한 바 있다.7 즉, 진심(眞心)의 체(體)와 용(用)을 논하는 심성론이 선리에 관한 것이라면, 돈오점수와 간화선은 선행, 즉 선 수행에 관한 것이다. 그리고 선행에서 돈오점수와 삼문의 관계를 논한다면, 우선 돈오는 지눌에게 있어서 선적 돈오와 화엄적 돈오를 아우르는 것이며, 점수는 물론 성적등지문 혹은 정혜쌍수(定慧雙修)를 가리킨다. 삼문 상호 간의 유기적 관계를 논한다면, 돈오는 선의 시작이요 점수는 선의 과정이며, 간화는 선을 완성하는 길이라 할 수 있다. 다만 간화선에 관한 한 지눌 자신이 이중적 접근을 보인다. 하나는 간화선의 교외별전적 특성을 한껏 강조하면서 그것이 선 수행자 일반에게 타당한 길이기보다는 특출한 근기를 타고난 자만이 따를 수 있는 예외적 길임을 강조하는 입장이 있는가 하면, 다른 한편으로는 돈문의 기를 지닌 자 모두가 따를 수 있는 돈오점수의 길 이후에 별도로 지해(知解)의 병을 극복하기 위한 방편으로 사용하는 길이다. 이 후자가 더 일반적

---

7 졸저『지눌의 선 사상』(동연, 2021), 41-42를 볼 것.

인 길이며 지눌 자신이 실천했던 길로 보인다. 그리고 이 후자의 관점에서 우리는 경절문을 선의 완성이라고 부를 수 있다.

이제 이러한 지눌 사상의 전체 체계와 구도를 염두에 두면서『절요』에 등장하는 여러 주제들과 지눌의 여타 저술들과의 관계를 좀 더 자세히 고찰해 보자.

III.『절요』에서 본 지눌의 선(禪) 사상 체계와 지눌의 여타 저술들

지난 1998년 2월 보조사상연구원이 주최한 제1차 선전연구 발표회에서 최연식은 "「法集別行錄節要並入私記」를 통해 본 普照의 三門의 性格"[8]이라는 논문에서 비문에 언급된 삼문과 절요에 나타난 보조 사상의 다양한 주제들과의 관계에 대한 치밀한 분석을 보여주었다.『절요』가 지눌의 가장 탁월한 저서는 아닐지 몰라도 적어도 그의 말년의 저술로서 그의 사상을 가장 포괄적으로 다루고 있다는 데에는 이론의 여지가 없다. 그러나『절요』는 얼핏 보면 잡다한 주제들이 산발적으로 다루어지면서 체계성이 결여된 듯 보이는 것이 사실이다. 최연식의 연구는 이러한 인상을 불식하기에 부족함이 없다. 최연식은 한편으로 회암정혜(晦菴定慧)나 연담유일(蓮潭有一) 그리고 최근 버스웰(R. Buswell)이 파악한『절요』의 구도를 면밀히 검토하고, 다른 한편으로는『법집별행록』이 다루고 있지 않은 주제들을 지눌 사기(私記)의「부가적 설명」부분이 어떻게 보완하는지를 삼문과의 대비를 통해 검토하면서,『절요』가 종밀의

8『普照思想』제12집, 113-146.

『법집별행록』에 대한 「절요」 및 「사기」라는 형식상의 제약에도 불구하고 사실상 지눌의 선(禪) 사상 전체, 즉 선 수행의 이론뿐만 아니라 구체적 수행법까지도 가장 포괄적이고 체계적으로 다루고 있는 저술임을 명확하게 보여주고 있다. 그의 말을 들어보자

> 이와 같이 정리해보면 『법집사기』의 구성, 특히 『법집』의 節要 부분과 그에 대한 逐條的 설명 부분 그리고 부가적 설명 부분이 명확하게 구분됨을 알 수 있다. 결과적으로 부가적 설명 부분은 定·慧, 心性論, 看話禪인데, 이 부분은 앞에서 이야기한 것처럼 구체적 수행의 방법에 관한 내용들이다. 그리고 정·혜 부분의 핵심어로 惺寂等持, 心性論의 결론으로서는 圓頓悟解가 사용되고 있는 것에서 알 수 있듯 곧바로 普照의 三門인 惺寂等持門, 圓頓信解門, 徑截門에 대응되는 것이다. 이와 같이 비문에 나타나는 三門이 함께 보이면서 동시에 지눌 최만년의 저술이라는 점에서 『법집사기』에 설명된 三門의 내용은 지눌의 禪修行 방법론을 가장 분명하게 제시하고 있다고 생각된다.[9]

다시 말해서, 종밀의 『법집』이 사종선(四種禪)에 대한 평가와 돈오점수론만 다루는 데 반해, 지눌의 『절요』는 거기에다 사기의 부가적 설명을 통해 삼문에 해당하는 정혜쌍수, 원돈신해, 간화선의 구체적 수행 방법을 첨가함으로써 명실공히 지눌 사상의 총화가 되었다는 것이다.

나는 여기서 이상과 같은 『절요』의 구조와 성격에 관한 최연식의 해석에 전적으로 동의하는 한편, 『절요』와 지눌의 여타 저술들과의 관계에 대한 그의 논의 가운데서 약간 수정하고 보완할 부분을 지적함으로써 『절요』와 지눌 선 사상 일반과의 관계를 이해하는 데 도움이 되고자 한

---

9 위 논문, 124.

다. 특히 "『법집사기』에 설명된 三門의 내용은 지눌의 禪修行 방법론을 가장 분명하게 제시하고 있다"는 그의 판단이나 "『法集私記』는『法集』을 토대로 하면서도, 그것에 제한되지 않는 지눌 스님의 독자적인 禪修行論을 펼치고 있는데, 특히 주목되는 것은 이 책에 스님의 다른 주요 저술들(勸修定慧結社文, 修心訣, 圓頓成佛論, 看話決疑論)에서 다뤄지고 있는 내용들이 종합적으로 언급되면서 더욱 진전된 모습을 보인다"[10]는 그의 견해는 재고될 필요가 있다.『절요』가 지눌의 단일 저술로서는 그의 사상을 가장 포괄적으로 다루고 있음은 분명하지만, 과연 그의 선 사상을 구성하고 있는 여러 주제들에 대하여, 특히 그의 선 수행론을 가장 '분명하게 제시한다'든지 혹은 그것에 관해 '더욱 진전된 모습을 보인다'는 판단은 재고되어야 한다. 이와 더불어 주로『절요』와 삼문의 대비에 치중하고 있는 최연식의 논문이 언급하지 않는 몇 개의 문제들도 추가로 다뤄질 필요가 있다.

2.『절요』의 三門에 대한 평가의 문제

최연식의 주장대로『절요』가『법집』과는 달리 삼문이라는 구체적인 수행법을 추가하고 있는 것은 사실이지만, 과연 그것이 삼문을 개별적으로 다루고 있는 지눌의 여타 저술들보다 더 '분명'하거나 '진전'된 것인지는 의문이다. 먼저 원돈신해문에 대해 살펴보자. 최연식은『결사문』이나『수심결』이『사기』와 달리 심체(心體)의 공능(功能)인 전수(全收), 전간(全揀)에 대한 설명, 혹은 심체를 체득하는 방법에 대한 구체적 논의를 다루고 있지 않다고 말한다.[11] 사실일까?

---

10 같은 글, 118.

우선『결사문』에 관한 한 이는 타당한 관찰이라 여겨진다.『결사문』
은 지눌의 첫 작품으로서 거기에 이미 지눌 사상의 중요한 부분들이 간
화선을 제외하고는 거의 다 망라되어 있다고 해도 과언이 아니다. 하지
만『결사문』은 그 성격상 당시 불교계를 향한 하나의 성명 혹은 선언적
성격을 띤 문서였기에 어떤 한 주제에 대한 심도 있는 논의를 기대할 수
는 없다. 다만 당시 유행하던 말법사상(末法思想)과 정토신앙(淨土信仰)
에 대한 논의만은 지눌의 다른 어느 곳에서보다도 자세하게 다루어져 있다.

그러나『수심결』의 경우는 이와 다르다.『수심결』은 주로 종밀에 의
거하여 돈오점수라는 선의 이론적 체계를 다루고 있는 저술이지만, 지
눌의 다른 어느 저술에서도 찾아보기 어려운 돈오의 구체적 방법, 즉 '심
체를 체득하는 방법'에 대하여 언급하고 있는 점이 눈에 띈다. 즉, 자심의
반조를 통해 공적 영지지심(空寂靈知之心)을 깨닫는 구체적 수행법의 하
나로서『능엄경』에 나오는 관음입지지문(觀音入理之門)을 언급하고 있
다. 이는『절요』에 나오는 달마와 혜가의 문답에 준하는 수행법의 구체
성을 띠고 있으며, 두 대화가 지향하고 있는 바는 심체의 성격이 공적(寂,
空)일 뿐 아니라 명명불매한 영지(知, 不空)의 면을 지니고 있음을 깨닫게
하려는 데에 있다.

심체를 드러내는 전수, 전간의 방법은 문자적으로는『절요』에서만
본격적으로 논의되고 있는 것이 사실이지만, 실제 내용상으로는 지눌의
저술 도처에서 발견되며, 특히 최연식이 전혀 언급하지 않는『진심직설』
에서는 더욱 구체적으로 드러나고 있다. 즉, 진심의 체와 용에 관한 담론
이 그러하고, 이른 근거로 한 진심 공부의 열 가지 구체적 방법 가운데서
특히 존심존경(存心存境)은 전수(全收)에 그리고 민심민경(泯心泯境)은

---

11 같은 글, 134.

전간(全揀)에 해당한다고 볼 수 있다.

그러나 무엇보다도 우리는『원돈성불론』그 자체에 주목할 필요가 있다. 비록 최연식의 지적대로『절요』가 일념(一念)을 관조하여 심체를 깨닫는 원돈오해를 논하고 있는 것은 사실이지만『원돈성불론』의 원돈 신해문에 대한 논의와 비교해 볼 때 더 구체적이라고 말하기는 어렵다.『원돈성불론』은 신초(信初)에서 자심(自心)의 한본보광명지(恨本普光名智)를 깨닫는 화엄적 돈오문을 둘러싼 각종 의혹에 대하여 이론적 해명을 할 뿐 아니라, 중생의 무명번뇌의 마음이 그대로 부처의 근본지와 본래 하나임을 초심 범부들이 긍정하는 용기 있는 믿음(信)을 강조함과 동시에, '密室에 靜坐하여 흉금을 비우고 생각을 맑게 하여 자기 마음을 반조하는'12 회광반조(廻光返照) 혹은 허회내조(虛懷內照)13의 수행법을 강조하고 있다.『원돈성불론』은 지눌의 다른 어느 저서보다도 원돈신해문의 핵심인 '신'(信)을 강조하고 있으며 '반조'(返照)라는 말을 자주 사용하고 있음을 유의할 필요가 있다.

다음으로 성적등지문(惺寂等持門)에 대해서도『절요』보다는 오히려『수심결』이 더 자상한 편이다. 특히『수심결』은 돈문의 사람이라 해도 방편적으로는 점수적인 수상문정혜(隨相門定慧)를 닦는 일이 중요함을 강조하고 있기 때문에, 방편문에 관해서『절요』보다 더 적극적 자세를 보이고 있으며, 논의 또한 더 구체적이다.

마지막으로, 경절문에 관해서도『간화결의론』보다『절요』가 화두 참구법에 관해 더 구체적이라고 말하기는 어렵다. 다만『절요』는 경절문에 관하여 지눌 사상 전체의 구도를 이해하는 데 중요한 두 가지 정보

12『원돈성불론』,『보조전서』, 82.
13 같은 글, 같은 책, 76.

를 우리에게 주고 있다. 하나는 경절문이 돈오문의 자성정혜(自性定慧)보다도 훨씬 높은 경지인 무심합도문(無心合道門)이라는 점, 그리고 자기 자신의 본래 마음, 즉 공적 영지지심(空寂靈知之心)에 대한 지해(知解)를 먼저 갖춘 다음 수행하는 돈오점수의 길과 그러한 지적 이해의 틈을 전혀 용납하지 않는 경절문 사이의 수행상의 선후관계에 대하여 암시를 주고 있다는 점이다. 절요의 말미에 지눌은 말하기를:

> 모름지기 알지니, 오늘날 말법 시대에 도를 닦는 사람은 먼저 如實知解로써 자기 마음의 眞妄과 生死와 本末을 분명하게 결택한 다음, 못을 뽑고 쇠를 자르는 말(화두)로써 세밀하고 자세히 참구하여 몸이 벗어나는 경지가 되면 이른바 책상의 네 모퉁이가 땅에 꼭 붙어 들어도 꿈쩍도 하지 않는다는 것이니, 나고 죽음에 큰 자유로움을 얻을 것이다.[14]

지눌에게 있어 돈오점수의 길과 화두 참구의 길의 관계는 양면성을 가지고 있다. 하나는 특별한 근기를 지닌 사람들의 경우는 처음부터 돈오점수의 과정을 거치지 않고 직접 화두로 뛰어드는 길이고, 다른 하나는 돈오점수의 과정을 거친 후 마무리 단계로서 지해병(知解病)을 말끔히 떨쳐버리기 위해 화두를 참구하는 길이다. 후자가 더 일반적이며, 위의 인용문도 이 방법을 권하고 있다. 그것은 또한 지눌 자신이 걸었던 길이기도 하다. 이는 화두를 드는 길에서도 참의(參意)가 아니라 참구(參句)로써 증지(證智)를 드러내는 뛰어난 근기의 소유자는 매우 드물다는 그의 현실적 판단에 근거하고 있다.[15] 그리고 위의 인용문 직후에 지눌 자

---

14 『법집별행록병입절요사기』, 『보조전서』, 164.
15 『간화결의론』, 『보조전서』, 102.

신이 경고하고 있듯이, 자칫 화두를 잘못 드느니 차라리 종밀 여실언교(如實言教)에 따라 돈오점수의 길을 좇는 것만 못하다는 그의 판단을 반영하고 있다.[16] 이러한 지눌의 처방은 결국 사교입선(捨敎入禪)이라는 한국 불교의 전통으로 자리 잡게 되었다.

3. 『절요』의 심성론과 『진심직설』의 심성론

최연식의 논문은 『절요』와 비문에 언급된 삼문의 관계에 치중하기 때문에 지눌의 심성론에 대해서는 다루고 있지 않다. 지눌은 『절요』에서 사종선에 대한 평가를 통해 신회와 종밀의 설을 수용하면서 법의 불변과 수연의 개념을 중심으로 하여 그의 심성론을 전개하고 있다. 이것은 진심(眞心)의 체(體)와 용(用)의 개념을 중심으로 하여 전개되는 『진심직설』의 심성론과 대조적이다. 『절요』도 물론 종밀에 의거하여 체용(體用) 개념을 사용하고 있으며, 그 내용도 근본적으로는 『진심직설』과 다르지 않다. 다만 『절요』가 하택종의 입장에서 홍주종을 비판하면서 용에 불변의 자성용(自性用)과 수연용(隨緣用)을 구별하여 전자를 지(知)라는 핵심 개념으로 제시하고 있는 반면, 『진심직설』은 이러한 구별을 하고 있지 않다는 것이 하나의 차이점으로 지적될 수 있다. 그러나 이것은 표면적인 차이일 뿐 내용상으로는 『진심직설』도 자성용의 핵심인 '지' 개념을 강조하고 있음을 볼 수 있다. 진심으로서의 무심 공부를 말하면서 『진심직설』은 한편으로, 무심이란 심중무물(心中無物)을 말하는 것이지 초목과 같이 심의 체가 없다는 말이 아님을 강조하는가 하면,[17] 다

---

16 『절요』, 『보조전서』, 164.
17 『보조전서』, 55.

른 한편으로는 『조론』(肇論)을 인용하여 진심이 지이무지(知而無知)요, 무지이지(無知而知)[18]임을 강조하고 있다. 이는 모두 지눌이 『진심직설』에서도 역시 지를 진심묘체(眞心妙體)가 지니는 불변의 자성용(自性用)으로서 의식하고 있음을 보여준다.

4. 『절요』의 무심합도문(無心合道門)과 『진심직설』의 무심 공부

『절요』는 분명히 무심합도문이 수상정혜는 물론이고 자성정혜마저도 뛰어넘는 간화선의 경지임을 지적하고 있다. 그렇다면 『진심직설』에서 말하는 10종 무심 공부는 어떠한가? 지눌은 10종 진심식망(眞心息忘)의 수행법이 수고로운 점수적 대치(對治)의 노력이 아니라 근본적으로 무공지공(無功之功)이요 유심공력(有心功力)이 아니라고 한다.[19] 즉, 무심 공부는 수상정혜의 공용(功用)이 아니라 자성정혜를 닦는 것처럼 자유로운 수행법이라는 것이다. 이를 감안할 때, 10종 무심 공부의 근본 성격은 지눌이 『수심결』 등에서 제시하는 오후점수(悟後漸修)의 성격과 기본적으로 다르지 않음을 우리는 알 수 있다. 따라서 『진심직설』의 무심 공부는 자성정혜마저 뛰어넘는다는 간화선의 무심합도문과는 차원이 다른 수행법이다.

5. 정토신앙의 문제

마지막으로 우리는 지눌의 정토사상에 대하여 잠시 언급할 필요가

---

18 『보조전서』, 65.
19 『보조법어』, 58.

있다. 만약『염불요문』(念佛要門)을 지눌의 저술로 간주하지 않는다면,[20]『권수정혜결사문』이 그의 정토사상을 알 수 있는 가장 중요한 문헌이 된다. 지눌이 비록 이 글에서 유심정토(唯心淨土) 사상에 입각하여 조잡한 정토신앙을 경계하고 있는 것은 사실이지만, 그렇다고 그가 정토왕생(淨土往生) 혹은 환생의 개념 자체를 부정한 것은 아니다. 지눌에게도 정토신앙이 발붙일 여지는 남아 있다. 여하튼『절요』는 정토신앙에 대하여는 전혀 언급하고 있지 않다는 사실만을 여기서 지적해 둔다. 지눌 선과 정토신앙의 문제는 앞으로 더 진지한 검토를 요한다.

IV. 결어

이상에서 나는 지눌의『절요』와 여타 저술을 비교하면서 지눌 선(禪) 사상의 전체 체계와 구도를 살펴보았다.

지눌 만년의 작품인『절요』는 정토사상을 제외하고는 위에서 논한 지눌 사상의 모든 면을 총망라하는 포괄적인 저술임이 틀림없다. 그러나『절요』는 지눌 선의 다양한 주제들을 일관성 있게 체계적으로 다루고 있는 저술은 아니다. 적어도 처음부터 그러한 의도로 저술된 것은 아닌 것 같다.『절요』는 기본적으로 종밀의『법집별행록』에 대한「절요」및「사기」라는 형식상의 한계를 지니고 있다. 물론 이러한 형식상의 제약에도 불구하고 우리는 거기서 선의 중요한 주제들을 가능하면 모두 다루어 보고자 하는 지눌의 '야심 찬' 의지 혹은 의도를 충분히 엿볼 수 있다.

---

20 나는 아직『염불요문』이 지눌의 저술이 아님을 입증하는 결정적 단서를 알지 못한다. 무릇 의심하는 쪽이 먼저 의심의 근거를 확실히 제시해야 하는 부담을 안고 있다.

하지만 『절요』가 『수심결』이나 『진심직설』 혹은 『원돈성불론』과 같은 체계적 저술이 아님은 분명하다. 지눌이 처음부터 자기 사상의 체계를 담기 위해 '기획한' 저술은 아니라는 말이다. 그뿐 아니라 우리는 『절요』를 지을 당시 지눌이 자기 사상의 다양한 측면과 주제들이 상호 어떻게 연결되어 하나의 일관된 체계를 형성하는지에 대하여 과연 충분히 정리된 생각이 있었는지 의문을 제기할 수도 있다. 그렇지 못했을 가능성을 우리는 배제할 수 없다. 한 사상의 전모는 역시 저자나 사상가 자신보다는 그의 사후 제자들이나 후학들에 의해 비로소 논의되면서 드러나는 것이 일반적이기 때문이다. 우리가 오늘날 지눌 사상의 체계와 구도를 논하는 것도 같은 맥락에서이다.

결론적으로 말해, 우리는 지눌을 읽을 때 그의 사상의 '종합교과서'와도 같은 『절요』와 여타 개별적 저술을 항시 대비시키고 연관시키면서 읽어야 한다. 둘은 상호보완적이기 때문이다. 무엇보다도 우리는 양자의 대비를 통해 드러나는 지눌 사상의 체계와 전체 구도를 항시 염두에 두면서 지눌의 개별 저술을 읽어야 한다. 전체는 부분들의 고찰을 통해 그리고 부분들은 전체의 이해를 통해 해석된다는 해석학적 원리는 지눌을 읽을 때도 타당하기 때문이다. 『절요』는 지눌 사상의 「종합」일지언정 「통합」은 아니다.

지눌, 반야(般若)에서 절대지(絶對知)로

　　보조국사 지눌(知訥, 1158~1210)의 심성론을 한마디로 말하면 공적 영지론(空寂靈知論)이다. 지눌은 공(空)과 지(知) 혹은 적(寂)과 지(知)라는 두 글자로 마음의 본성을 밝히고 있다. 이 두 글자는 중국인들이 인도에서 온 낯선 종교를 이해하고자 500여 년의 노력 끝에 도달한 결정체와도 같다. 9세기 중엽 규봉 종밀(圭峰 宗密, 780~841)이라는 선사(禪師)에 의해 확립된 이 두 개념 이후로, 내가 아는 한 중국 불교와 그 영향권 아래 있는 한국 불교 사상 전체를 통틀어 그것을 능가하는 새로운 사상은 없었다. 사상사적으로 볼 때 동아시아 불교는 일본 가마쿠라(鎌倉) 시대의 이른바 신불교(新佛敎)를 제외한다면 종밀의 이 두 개념을 중심으로 해서 종합적으로 정리되고 마침표를 찍었다 해도 과언이 아니다. 지라는 개념을 핵심으로 하는 지눌의 심성론이 종밀의 심성론과 근본적으로 다르지 않기 때문에 이 글은 먼저 종밀의 심성론과 그 사상사적 배경을 논한 다음 지눌의 심성론을 고찰할 것이다. 그리고 지 개념과 토미즘(Thomism)

계통의 지성 개념을 간략히 비교하는 것으로 이 글을 마치고자 한다.

I. 공적 영지론의 사상사적 배경

잘 알려진 대로, 종밀의 선(禪)은 중국 선불교에서 주류가 되지 못하고 그가 비판했던 마조 도일(馬祖道一, 709~788)의 홍주종(洪州宗)계의 선에 주도권을 내주고 사라졌다. 그러나 역사의 우연이라고나 할까? 종밀의 사상은 고려 중엽의 선사 지눌에 의해 계승되면서 한국 불교에 지대한 영향을 미치게 되었다. 특히 지눌이 저술한『법집별행록절요병입사기』(法集別行錄節要竝入私記, 이하『절요』)는 종밀의『법집별행록』[1]을 요약하고 간간이 자신의 해석을 첨가한 책으로,『금강경』이나『부모은중경』(父母恩重經)과 더불어 조선조를 통해 가장 많이 출간된 불서 가운데하나이다. 이는 18세기 후반경에 확립된 것으로 추정되는 한국 사찰의 강원 교육에서 지금까지 핵심을 점하고 있다. 이와 더불어 종밀의 또 다른 저술『선원제전집도서』(禪源諸詮集都序, 이하『도서』)도 강원(講院) 교육의 필독서로 편입되어 한국 불교계에 지대한 사상적 영향을 주고 있다.

공적 영지의 개념을 이해하기 위해서는 우선 그것을 둘러싼 사상사적 맥락을 간략하게나마 살펴볼 필요가 있다. 먼저 고찰해야 할 문제는

1『법집별행록』이 과연 종밀에 의해 하나의 독자적 저술로 쓰였는지는 논란이 있지만, 그것이 종밀 자신의 글이며 지눌이 '록(錄)에서 말하기를'이라고 하면서 인용하고 있는 점으로 보아 지눌 당시 고려 불교계에서 책으로서 유통되고 있었다는 데에는 의심의 여지가 없다. 이 문제에 대해서는 길희성, 『지눌의 선 사상』(서울: 동연, 2021), 85-86의 각주를 참고할 것. Robert Buswell, Jr., tr. *The Korean Approach to Zen: the Collected Works of Chinul* (Honolulu: University of Hawaii Press, 1983)도 부록(374-383)에서 이 문제를 상세히 논하고 있다.

왜 단지 공적(空寂) 혹은 공(空)이 아니고 영지(靈知) 혹은 지(知)인가 하는 물음이다. 여기에는 선(禪)이든 교(敎)이든 종밀이 당시 중국에서 접한 다양한 불교 사상을 종합적으로 파악하는 시각이 반영되어 있다. 선과 교의 일치를 주장하는 종밀에 따르면 둘은 사상적으로 전혀 다를 것이 없다. 이를 보여주기 위해서 종밀은 『도서』에서 당 중엽 중국 선불교계에서 유행하던 세 종파의 이념적 유형과 교학 사상 3종을 대비하고 있다. 선의 세 유형은 '망심을 쉬게 해서 마음을 닦는 종'(息妄修心宗), '(일체가) 절멸해서 아무것도 의지할 곳 없다는 종'(泯絶無寄宗), '마음의 성품을 곧바로 드러내는 종'(直顯心性宗)이며, 이에 상응하는 3종 교학 사상은 '뜻을 감추면서 성에 의거해서 상을 설하는 가르침'(密意依性說相敎, 특히 唯識의 將識破境敎), '뜻을 감추면서 상을 파하여 성을 드러내는 가르침'(密意破相顯性敎), '진심이 곧 성임을 드러내 보이는 가르침'(顯示眞心卽性敎)이다. 이 세 유형의 교학 사상을 한 단어로 요약하면 각각 상종(相宗), 공종(空宗), 성종(性宗)이 된다.

이 셋 가운데서 북종선(北宗禪)은 상종을 배경으로 하는 종파로, 공의 진리를 모르거나 철저하지 못해 상(相)에 집착함으로써 번뇌가 실재한다는 생각으로 끊으려 하기 때문에 잘못된 수행법을 가르친다. 둘째 유형을 대표하는 우두종(牛頭宗)의 선은 공종에 입각한 종파로, 상을 부수는 데만 전념하고 진리를 적극적으로 드러내지는 않는다. 상에 사로잡힌 북종보다는 낫지만, 곧바로 심성(心性: 佛性, 本覺, 眞性, 眞心)을 드러내는 셋째 유형의 선, 즉 홍주종(洪州宗)이나 종밀이 속한 하택종(荷澤宗)보다는 열등하다.

종밀은 『도서』에서 공종과 성종을 비교하면서 성종의 우위를 주장하고 있다. 열 가지 차이점을 논하고 있지만, 핵심은 공종이 진리를 부정적으로만 파악하고 논하는 차전(遮詮)에 치중하는 불완전한 가르침인

데 반해 성종은 부정적 가르침을 넘어서 그것이 전제하고 가리키고 있는 실재인 마음의 본성을 적극적이고 단도직입적으로 드러내는 표전(表詮)의 정확한 가르침이라는 것이다. 공종이 단지 모든 법의 무자성(無自性)을 성(性)으로 삼는 반면, 성종은 공을 넘어 영명(靈明)하고 상주(常主)하는 불공(不空)의 지를 마음의 성품으로 삼으며 무아(無我)의 진리를 넘어 진아(眞我)를 말한다는 것이다(T48.406.). 공종을 사상적 배경으로 하는 우두종의 한계도 여기에 있다고 종밀은 본다. 여기서 우리는 중국 불교가 대승의 핵심 사상인 공을 어떻게 이해하고 있는지에 대한 단적인 예를 본다. 중요한 점은 이것이 단지 종밀 한 사람의 견해가 아니라는 사실이다.

잘 알려진 대로, 초기 중국 불교는 공을 이해하기 위해 수많은 시행착오를 거듭하다가 5세기 초 구마라습(鳩摩羅什) 삼장(三藏)이 당나라 장안에 와서 핵심 대승 경전들을 번역하고 제자들을 가르친 다음에야 비로소 공에 대해 제대로 이해하게 되었다. 특히 구마라습의 뛰어난 제자였던 승조(僧肇)는 공이 허무나 단순한 부정적 개념이 아니라 유와 무에 걸림이 없는 비유비무(非有非無)의 중도임을 철저히 깨달았던 인물이다. 그럼에도 중국 불자들은 여전히 공과 무 개념을 혼동 또는 혼용했으며 — 이에는 물론 충분한 이유가 있지만— 공을 허무적인 것으로 보는 부정적 인식을 완전히 불식하지 못했다. 그들의 눈에 공은 단지 진리에 대한 부정적 접근법일 뿐 결코 대승 최고의 진리를 완전히 드러내는 가르침은 아니었다. 사실 이는 이미 인도 불교에서부터 진행된 일이었다. 인도 불자들 자신이 중관(中觀) 사상에 만족하지 않고 유식(唯識)과 여래장(如來藏, 불성) 사상을 발전시켰다는 사실 자체가 이 점을 말해주고 있다. 중국에서는 여래장(tathāgatagarbha)을 명시적으로 아트만(ātman)으로 간주하며 열반 혹은 법신(法身)의 상락아정(常樂我淨)을 말하는 『열반경』이나 『승만경』 그리고 『화엄경』, 『능가경』, 『보성론』, 『불성론』, 『대승기신론』 등 중국 불교의 난숙기에 지대한 사상적 영향을 끼친 경전들이 모두 공을 넘어서 인간의 심성이 본래부터 부처와 같은 깨달음의 성품이 감추어져 있음을 설하고 있다.

중국선(禪) 그리고 한국, 일본, 베트남의 선불교는 모두 불성 사상을 떠나서 이야기할 수 없다. '제5조' 홍인(弘忍)에 이르기까지 초기 중국선의 이념적 기반이 주로 『능가경』이나 『대승기신론』 같은 유식과 불성 사상을 절충하는 경전들이라는 것은 잘 알려진 사실이다. 『금강경』이나 『유마경』(維摩經) 같이 공을 설하는 경전들도 중국선을 깨달음 위주의 역동적 선으로 전환하는 데 큰 역할을 했지만, 선불교 역시 공만으로는 만족하지 못하고 불성에서 궁극적 가르침을 보는 교학 사상 일반의 추세를 반영하고 있다. 공(空)과 성(性), 적(寂)과 지(知)를 핵심 개념으로 하되 지에서 초고의 가르침을 찾는 종밀의 선(禪) 사상은 바로 이러한 흐름을 뚜렷이 보여주는 대표적인 예이다. 종밀 이후의 선사들의 가르침에서도 공과 불성 사상은 여전히 긴장 관계를 유지하며 공존하지만, 실천 종교로서의 선의 중심은 어디까지나 자기 자신의 마음에 내재하는 불성의 자각과 실현에 있다고 말할 수 있다.

II. 무아론을 넘어

이러한 중국 불교 일반의 사상적 경향을 어떻게 이해해야 할까? 공 사상이 과연 무엇이 부족하기에 중국 불자들은 최고의 지위를 부여하지 않았는가? 우리는 좀 더 시야를 확대해서 이 문제를 초기 불교의 사상에까지 소급할 수 있을 것 같다.

붓다의 가르침의 핵심을 점하며 철학적으로도 가장 중요한 것은 무아(anātman)론이다. 그러나 엄격히 말해서 붓다는 무아(無我)보다는 비아(非我)를 설했다. 붓다는 무상하고 고통스럽고 내 마음대로 되지 않는 오온(色, 受, 想, 行, 識) 하나하나를 두고 그 어느 것도 '나' 또는 '나의 것' 혹은 '나의 자아'라고 말할 만한 것이 못 된다는 비아를 설했으며, 나머지 사온 하나하나에 대해서도 같은 말을 했다. 한 수행자를 향해 "비구여, 그대는 자아 아닌 것에 대해서 욕망을 끊어버려야 한다"고 붓다가 말하자 수행자는 "대덕이시여, 색(몸)은 실로 자아가 아닙니다. 나는 그것에 대한 욕망을 끊어야만 합니다"라는 식으로 나머지 사온에 대해서도 답했다. 그는 붓다의 가르침으로 깨달음을 얻어 아라한이 되었다고 한다.[2]

내가 이렇게 후세에 정설로 굳어진 무아설에 대해 비아설을 강조하는 것은 붓다가 우파니샤드적 상주 불변의 아트만을 인정했다고 주장하려는 것이 결코 아니다. 인간 존재가 오온 이상이 아니고 오온의 어느 요소도 자아가 아니라면 붓다는 무아를 설했다고 결론지을 수 있으며, 실제로 붓다 이후의 불교계는 무아를 붓다의 정설로 간주해왔다. 내가 자아에 관한 붓다의 설법에서 주목하고 싶은 점은 부정과 긍정의 관계이다. 종교 언어에서 부정은 항시 긍정을 전제로 한다는 점에서 붓다도 예외가 아니라고 생각하기 때문이다. 서구의 부정신학(theologia negativa) 전통이 보여주듯이, 하느님이라는 초월적 실재에 대해서 아무 말도 하지 못한다는 부정적 인식의 배후에는 긍정적 언어로는 표현할 수 없다고 해도 부정적 표현을 통해서라도 가리키고자 하는 어떤 실재가 존재한다는 의식이 깔려 있다. 이런 이유로 아우구스티누스는 일찍이 하느님의 불가언성을 말하는 행위의 수행적 자기모순을 지적했다. 하느님은 말로

---

2 中村元, 『無我と自我』(京都: 平樂寺書店, 1966), 67-68에서 인용.

표현할 수 없다는 말 자체가 이미 하느님에 대한 어떤 관념이나 이해를 전제로 하고 있다는 것이다.[3]

우리는 동일한 관점을 붓다의 무아설에도 적용할 수 있을까? 쉽게 그렇게 하지는 못한다. 그리스도교 신학의 경우는 처음부터 신의 실재를 전제로 하여 담론을 전개하지만, 붓다가 형이상학적 실체로서의 자아 개념을 인정했다는 아무런 증거도 없기 때문이다. 다만 한 가지 분명한 사실은 비아를 통해 무아를 말하는 그의 간접적 설법이 적어도 모종의 자아 개념을 전제로 한다는 점이다. 사실, 나카무라 하지메(中村 元)가 초기 경전의 증거를 들어 설득력 있게 보여주듯이, 붓다는 적어도 수행의 주체, 책임 있는 행위의 주체 또는 인격으로서 '자기', '자신', '자아'에 대해 많은 설법을 했다.[4] '자기를 의지하다', '자기를 깨끗이 하다', '자기를 본다', '자기를 성찰한다', '자기를 보호한다', '자기를 멸하는 자', '자기를 버리는 자' 등의 표현이 있으며, '자기 복리'와 '자기 사랑'의 중요성을 강조하기도 했다.[5] 이 모든 것은 무엇을 뜻하는가? 상주 불변의 형이상학적 아트만은 아니라 해도, 적어도 오온의 일부나 전부와 동일시될 수 없는 인격의 주체, 결코 오온으로 해체되지 않는 수행의 주체를 상정하고 있음은 의심의 여지가 없어 보인다. 붓다의 초기 설법을 위주로 하여 이 문제를 상세히 고찰한 나카무라는 다음과 같이 결론 내린다.

이상의 고찰에서 판명된 대로, 초기의 불교에서는 객체로 파악될 수 있는 모든 것이 아트만이 아닌 것, 즉 비아라고 할 것을 강조했다. 결코 아트만이 존

---

3 D.W. Robertson, Jr., tr., *St. Augustine: On Christian Doctrine* (Indianapolis: Bobbs-Merrill, 1958), 10.

4 같은 책, 6-65.

5 中村元, 『無我と自我』, 28-47.

재하지 않는다고는 말하지 않았다. 그리하여 윤리적 행위 주체로서의 아트만은 인정했지만, 그 형이상학적 성격에 대해서는 완전히 침묵을 지키고 있다. 그런 형이상학적 문제를 건드리기를 피하고 있었다는 것이다.[6]

비아를 통해 무아를 설하는 붓다의 부정적 방식에서 우리는 인격적 주체 개념을 넘어서 어떤 '초월'을 향한 열망이나 열정을 읽을 수 있을지도 모른다. 무엇이 붓다에게 오온은 자아가 '아니라는' 생각을 추동하고 있었을까? 오온이 자아가 아니고 우파니샤드적 아트만도 인정한 것이 아니라면, 붓다가 찾고 있는 혹은 전제로 하는 자아란 과연 어떤 것일까? 무아가 참 자아라는 말인가? 여하튼 붓다 당시부터 제기되었던 여래 사후의 존재 문제, 오온과 같지도 않고 다르지도 않다고 하는 푸드갈라(pudgala; 사람, 인격)의 존재 문제 그리고 자성청정심(自性淸淨心)의 개념 등이 모두 유사한 문제의식에서 나왔다고 할 수 있다. 이런 흐름이 대승불교에 와서 여래장 사상으로 개념화한 것이다. "여래장이 없다면 괴로움(苦)을 싫어하는 마음이나 열반을 향한 갈망도 열성도 없을 것"이라는 『승만경』의 말은 이를 잘 보여주고 있다.[7]

시각을 약간 달리하여 우리는 문제를 이렇게 생각해볼 수도 있다. 오온이 자아가 아님을 아는 지혜, 즉 끊임없이 현상적 자아를 부정하고 집착을 끊게 하는 이 통찰은 어디서 오는 것일까? 적어도 무아를 실천하려면 무아를 깨닫는 지혜(prajñā)만은 수행자에게 있어야 한다. 그러나 아라한의 사후 회신멸지(灰身滅智)의 무여열반(無餘涅槃)을 말하는 초기 불교의 가르침에 의하면, 지혜라는 것도 무상한 유위법(有爲法)의 범주

---

6 같은 책, 59.

7 Paul Williams, *The Mahayana Buddhism: the Doctrinal Foundation* (London and New York: Routledge, 1989), 102에서 인용.

를 벗어나지 못한다. 지혜를 보리(bodhi)로 대체한다면, 보리와 열반의 관계가 문제가 된다. 붓다의 가르침이 당시 불교 이외의 가르침인 외도(外道)들의 가르침과 차별화되는 요소 중 하나는 바로 이 깨달음의 지혜에 있다. 붓다는 그것을 통해 열반을 '보았'으며 깨달은 자가 되었다. 그렇다면 보리와 열반은 불가분적이며 보리도 열반처럼 무위법(無爲法)에 속해야 하는 것은 아닐까? 내가 이런 문제를 천착하는 것은 붓다의 무아설이나 열반 개념에 무언가가 그의 가르침 속에 있었던 것이 아닌가 하는 의문이 들기 때문이다. 결국 이런 것이 그의 입멸 후 지속적인 논란의 소지를 제공한 것이다.

우리는 동일한 관점과 문제를 대승불교의 반야(般若) 경전들과 중관(中觀) 사상에도 제기할 수 있다. 공이라는 존재론적 개념과 그것을 인식하고 깨닫는 반야라는 인식론적 개념의 관계는 무엇일까? 이 둘은 당연히 불가분적이다. 공이라는 진리가 없다면 반야는 성립될 수 없을 것이고, 이 진리를 아는 지혜가 없다면 공은 무의미하다. 반야는 주객분리에 입각한 일상적 인식이 아니며 공도 반야라는 인식의 '대상'이 아니다. 그렇다면 모든 반야바라밀다 경전이 그토록 중시하고 찬양하고 있는 이 반야의 존재론적 위상은 무엇일까? 모든 법이 공이라 해도 이 공을 인식하는 반야도 허망한 꿈이나 환상이란 말인가? 『금강경』은 "부처님이 설한 반야바라밀은 반야바라밀이 아니기 때문에 반야바라밀이라고 한다"는 말로 반야에 대한 집착마저 끊을 것을 말하지만, 이러한 진리를 깨닫는 것 역시 반야가 아닌가 하는 의문은 여전히 남는다. 반야 경전들은 반야바라밀다에 대해 "사유로 알아야 하거나 접근할 수 있는 것이 아니며", "천명하거나 배우거나 분별하거나 사유하거나 진술할 수 있는 것이 아니다"라고 말하고 있지만,[8] 바로 이러한 사실을 아는 것이 반야라면 그런 말 자체가 수행적 자기모순을 범하고 있는 셈이다.

이는 용수의 경우도 마찬가지다. 그는 『중론』(中論)에서 팔불(八不)로 시작해서 일체의 개념을 해체하고 있지만 반야 자체를 해체의 대상으로 삼지는 않는다. 이는 결구 반야를 해체하는 논리나 언사가 수행적 자기모순을 범하기 때문이 아닐까? 해체하는 행위 자체가 반야이기 때문이 아닐까? 나는 이러한 문제의식이 인도 불교에서 유식과 불성 사상을 낳는 원동력이었다고 생각하며 중국 불자들을 공에 만족하지 못하게 만든 근본 원인이었다고 믿는다. 결국 그들은 공을 '불완전한 가르침'(不了義)으로 간주하고 공종을 넘어 성종을 '최고의 가르침'(了義)으로 삼은 것이다. 명쾌한 사상가 종밀은 바로 이 점을 누구보다도 명시적이고 이론적으로 밝혔다. 종밀과 지눌의 지(知) 개념은 바로 그 결정체라 할 수 있다.

III. 종밀의 지(知) 개념

종밀이 말하는 지(知)는 무지에 대비되는 상대적 지혜가 아니다. 생겼다 사라졌다 하는 '상에 따른 지혜'(隨相之慧), 즉 유위법으로서의 지혜가 아니라 일체중생이 '본성으로 지닌 지혜'(自性之慧)이다. 보리나 번뇌, 성인의 지혜나 범부의 무지를 막론하고 인간의 모든 심적 활동의 배후에 항상 존재하는 절대지이다.[9] 아니 진여 자체, 실재 그 자체가 지의 성격을 지닌다. "진여(眞如)는 조명(照明)을 성품으로 지니고 있으며", "진여 자체가 진실한 식지다"(眞實識知)라고 한다. 종밀은 여러 대승 경전을 전

---

8 Edward Conze (tr.), *Selected Sayings from the Perfection of Wisdom*, 2nd ed. (London: the Buddhist Society, 1968), 71, 73.

9 '絶對知'라는 말은 아라키 겐고(荒木見悟)에서 취한 개념이다. "宗密の絶對知論: 知之一字 衆妙之門に ついて," 「南都佛教」 3 (1957) 참조.

지눌, 반야에서 절대지로 • 275

거로 들면서 성종, 즉 진심이 곧 성품임을 드러내 보이는 '현시진심즉성교'(顯示眞心卽性教)에 대해 다음과 같이 설명한다.

이 가르침은 일체중생이 모두 공적한 진심이 있다고 설한다. 시작이 없이 본래부터 성품 자체가 청정하다(미혹을 끊어 깨끗해지는 것이 아니므로 본성이 깨끗하다고 말한다. 청정에는 두 가지가 있으니 자기 성품 자체가 청정하다는 자성청정(自性清淨)과 더러움을 제거한 후 얻는 이구청정(離垢清淨)이 있다. 승만경에 이르기를 "자성청정심은 뚜렷이 알기 어렵고 이 마음이 번뇌로 더럽혀짐도 뚜렷이 알기 어렵다"고 한다. 해석: 이 마음은 앞에서 말한 공종(空宗)과 유종(有宗)의 이치를 초월하기 때문에 뚜렷이 알기 어려운 것이다). 밝고 어둡지 않아 또렷또렷하게 항시 안다. (아래는 부처님의 말씀을 인용한 것이다.) 미래가 다하도록 상주불멸하니 이름하여 불성(佛性)이라 하고 여래장(如來藏)이라고도 하며 심지(心地)라고도 한다(달마가 전한 것이 바로 이 마음이다). 시작이 없는 때부터 망상이 그것을 가려 스스로 깨닫지 못하고 생사를 탐하고 집착한다. 부처님은 이를 불쌍히 여겨 세상에 출현하셔서 생사 등의 법이 모두 공임을 설하시고 이 마음이 모든 부처와 전적으로 동일하다는 것을 열어 보여주셨다. … 앎(知)이라고 부르는 이것은 깨달음의 앎(證知)이 아니라 참된 본성(眞性)이 허공이나 목석과 다르다는 것을 뜻한다. 그래서 앎이라고 하는 것이다. 대상을 분별하는 식(識)과 같은 것이 아니며 사물을 비추어 분명히 아는 지(智)와 같은 것도 아니다. 그것은 곧 진여 자체의 성품으로서 항시 저절로 아는 자연상지(自然常知)이다. 그런고로 마명보살은 [大乘起信論에서] "진여란 그 자체가 진실한 식지(眞實識知)이다"라고 말하며, 화엄경 회향품(華嚴經廻向品) 역시 "진여는 조명을 성품으로 한다"고 말하는 것이다.

종밀은 계속해서 지(知)와 지(智)의 근본적인 차이를 말하고 있다.

또 문명품(問明品)에 따르면 지(知)와 지(智)는 다르다. 지(智)는 성인에게
만 국한되고 범부에게는 통하지 않지만 지(知)는 범부이든 성인이든 모두가
가지고 있으며 진리(理)에도 지(智)에도 통한다. 따라서 문수보살 등 아홉
보살들은 문수보살에게 "어떤 것이 부처님의 경지인 지(佛境界智: 證悟之
智)이며 어떤 것이 부처님의 경계인 지(佛境界知: 本有眞心)입니까?"라고
물은 것이다. 문수보살은 지(智)에 대해서는 "모든 부처님의 지는 자유자재
하여 삼세에 구애받음이 없다"고 답하고, 지(知)에 대해서는 "식(識)으로써
능히 알 수 있는 것이 아니고 마음의 대상이 되는 것도 아니고 (識으로 알 수
없다는 것은 식이 분별에 속하기 때문이다. 분별은 곧 진지가 아니며 진지는
오직 무념으로만 본다) 그 성품이 본래 청정하다"고 답하여 모든 중생에게
열어 보여주셨다. 보장론(寶藏論) 역시 "지(智)는 허물어짐이 있고 지(知)는
패함이 없음이 없으나 진지(眞知)의 지(知)는 유무를 분별하지 않는다"고
영묘한 지(靈知)를 열어 보여준다. 그런즉 이 참다운 본성(眞性)은 부처와
다름없는 고로 현시진심즉성교(顯示眞心卽性敎)이다. 화엄경, 밀엄경, 원
각경, 불정경, 승만경, 여래장경, 법화경, 열반경 등 40여 부 경과 보성론, 불
성론, 기신론, 십지경론, 법계 열반 등 15부 론이 혹은 갑작스러운(頓) [깨달
음] 혹은 점차적(漸) [닦음]을 설해 비록 동일하지는 않지만, 그 드러내주는
법의 본체(法體)에 의거하면 모두 이 가르침에 속하며, 선문(禪門)의 셋째
인 직현심성종(直顯心性宗)과 전적으로 동일하다.[10]

---

10 T48.2015, 『禪源諸詮集都序』, 404中-405上. 괄호 안에 있는 것은 경전 인용문에 대한 종밀
자신의 설명이거나 나의 한자 표기다.

이렇게 종밀 선사의 말을 길게 인용하는 것은 두 가지 이유에서이다. 하나는 그가 말하는 지(知)가 '상주불변'의 절대지로서 일반적 앎(識)이나 성인의 지혜(智)와는 차원이 다른 '진여 자체의 성품'(一眞如之性)이자 일체중생의 본성이라는 점이다. 다른 하나는 초기 불교나 공사상의 관점에서 보면 자칫 외도의 상주론(常住論)에 빠지는 듯한 이 개념이 결코 종밀 한 사람의 독단이 아니라 적어도 5~8세기 중국 불교의 난숙기에 불자들의 사상을 지배한 일련의 중요한 경전들에 근거하고 있다는 사실을 보여주려는 것이다. 결론적으로, 중국 불교는 공(空)이나 유식(唯識)의 유(相)를 넘어 불성의 성(性)에서 불교 최고의 가르침을 보았다고 해도 과언이 아니다. 종밀은 바로 이 성의 핵심을 지(知)라고 꼬집어 밝힌 것이다. 지눌도 이러한 사상적 배경을 공유하면서 종밀의 불성 사상에 크게 영향을 받았다.

IV. 지눌의 진심 개념

지눌은 불성을 범부의 망심과 구별하여 진심(眞心)이라 부르며, 진심을 불변하는 본체(體)와 대상에 따라 변하는 작용(用)으로 구별하여 설명한다. 불변하는 진심의 체는 공적 영지(空寂靈知), 즉 '비고 고요하며 영묘한 앎'으로서, 간단히 적(寂)과 지(知)의 양면을 지닌다. 더욱 전통적인 불교 용어로는 정(定)과 혜(慧)라고 부른다. 그러나 수행을 통해 비로소 얻는 '상에 따른 정혜'(隨相定慧)가 아니라 자기 마음이 본래부터 본성으로 지니는 자성정혜(自性定慧)이다. 진심의 본체, 즉 마음의 본성은 본래 텅 빈 고요(空寂)이면서 동시에 영묘한 앎(靈知)의 활동성을 지니고 있다. 따라서 진심은 앎은 있으나 고요하지는 않은 범부의 분별심(分別心)과

다르고, 고요하나 앎은 없는 무정(無情)과도 다르다. 불변하는 진심의 체
는 변하는 심적 상태들 가운데 하나가 아니다. 진심은 모든 심적 상태나
인식 활동의 배후에 있는 부동심이며 언제나 활동을 멈추지 않는 앎(常
知)이다. 지눌의 설명을 들어보자.

> 지금 우리가 말하고 있는 바는, 어리석고 지혜롭고 선하고 악함의 구별 없이
> 모든 중생이 금수에 이르기까지 가지고 있는 심성이 자연히 언제나 밝은 앎
> 이 있어서 목석과 다르다는 것이다. 그것은 또 대상을 접해서 분별하는 인식
> 이 아니며 (깨달음을) 깨닫는 지혜도 아니다. 그것은 곧 진여 자체의 성품으
> 로서, 우둔한 허공과 달리 성(性) 스스로 안다.[11]

지(知)는 대상에 의존하는 대상 지향적 앎이 아니며 수시로 변하는 마
음의 상태에 상관없이 항시 존재하는 마음의 본래적 성품 자체이다. 현
상학적 용어로 말하면 노에마(noema) 없는 노에시스(noesis)이며, 유식
사상으로 말하면 견분(見分)과 상분(相分)으로 나뉘기 전의 식(識)이다.
지눌은 이 지를 '앎이 없이 아는 앎'(無知而知)이라고도 표현한다. 승조
(僧肇)의『반야무지론』(般若無知論)을 인용하면서 지눌은 이렇게 말한다.

> 진심은 앎이 없이, 아니 평온한 생각으로 두루 비추는 고로 초목과 다르고,
> 미움과 애착을 내지 않는 고로 망심과 다른즉, 대상을 대함에 비고 밝으며
> 미움과 애착이 없어서 앎이 없이 아는 진심이다. 그러므로 조론(肇論)에 이
> 르기를 "성인의 마음이 미묘하고 상(相)이 없어 유(有)라고 할 수 없다. 그러

---

11 안진호 역해,『절요』(서울: 법륜사, 1976), 766. (이하 본문에『절요』로 표기하고 쪽수를
  달았다).

나 사용할수록 더욱 부지런하기에 무(無)라고도 할 수 없다. 유가 아니므로
알되 알지 않고, 무가 아니므로 앎이 없으되 안다. 그러므로 앎이 없는 앎은
성인의 마음과 다르다고 말할 수 없다"고 하는 것이다.[12]

여기서도 '비고 밝다'(虛明)는 말이 핵심이다. 적(寂)과 지(知) 개념과
마찬가지다. 비록 성인의 마음에 대한 묘사지만, 이 앎은 성인이나 범부,
부처나 중생, 선인이나 악인 가릴 것 없이 모든 인간이 본성으로 지니는
진심의 체이다.

지눌에 따르면, 바로 이 불변하는 본체가 마음의 성품으로 깔려 있어
서 온갖 차별상을 연출한다.

> 지금 밝힌바 공적 영지는 비록 분별식도 아니고 깨달음을 증득하는 지혜도
> 아니지만, 식(識)과 지(知)를 산출해낼 수 있다. 범부도 되고 성인도 되며 선
> 도 짓고 악도 지으며 마음에 들거나 거슬리거나 하는 작용의 힘이 만 가지로
> 변한다. 그 이유인즉 그 체(體)가 지(知)이기 때문이다. 온갖 대상을 대할 때
> 모든 옳고 그름, 좋고 싫음 등을 능히 분별한다(『절요』, 768).

여기서 핵심은 작용(用)이라는 개념인데, 진심의 불변하는 체(體)인
공적한 지가 대상에 따라 움직이는 다양한 마음의 작용(隨緣用)을 일으
킨다는 것이다. 지눌은 따라서 진심의 두 면을 구별한다. 하나는 진심의
체로서 적(寂)과 지(知)이다. 다른 하나는 이 불변하는 진심의 체가 온갖
변하는 대상과 환경에 반응하는 진심의 용(用)이다. 전자를 진심묘체(眞

---

12 김탄허 역해, 『현토역해 보조법어』 (서울: 교림, 1982), 85-86. (이하 본문에 『보조법어』로
   표기하고 쪽수를 달았다).

心妙體), 후자를 진심묘용(眞心妙用)이라 표현하기도 한다. 중요한 점은, 이렇게 불변하는 진심의 체가 변하는 작용을 할 수 있는 것은 진심의 체 자체가 지닌 지의 성품 때문이라는 것이다. 바로 이 지가 우리로 하여금 일상생활에서 다양한 사물을 인식하고 반응하게 하기 때문이다. 그런데 지가 이렇게 만물을 상대하려면 그 자체는 텅 비어 있어야만 한다. 공적해야만 한다. 그래서 진심의 체가 적(寂)과 지(知)라는 것이다.

지눌은 진심의 체가 지닌 적(寂)과 지(知)를 알기 쉽게 설명하기 위해서 진심을 깨끗하고(淨) 투명한(明) 구슬에 비유한다. 구슬이 맑고 투명해야 주위 사물을 있는 그대로 반영하듯이 진심의 묘체인 공적 영지도 비고 맑이 있어야 다양한 묘용을 산출할 수 있다. 구슬이 주위 사물의 색깔을 있는 그대로 반영하려면 먼저 더러움이나 흠이 없이 비고 깨끗해야 한다. 자체의 색깔을 지니고 있으면 안 된다. 그러나 단순히 비고 깨끗하기만(寂, 淨)해도 안 된다. 더 중요한 것은 구슬이 주위 사물에 반응하고 반영할 수 있도록 밝고 투명(知, 明)해야만 한다. 바로 이 밝음으로서의 지(知)가 진심의 묘용을 가능하게 하는 것이다. 지눌은 다음과 같이 말한다.

> 진심의 묘체는 본래 움직이지 않는다. 그것은 편안하고 조용하며 참되고 항구적이다. [그러나] 이 참되고 항구적인 체 위에 묘용이 나타나서 흐름에 따라 묘함을 얻기를 방해하지 않는다. 그러므로 어떤 조사의 송(頌)에 이르기를 "마음은 수많은 대상을 따라 굴러가되 가는 곳마다 참으로 그윽할 수 있다. 흐름을 따르되 성(性)을 인식할 수 있으면 기쁨도 슬픔도 없다"고 했다. … [범부들은] 모든 일에 단지 상(相)에 따라 굴러간다. 그런 까닭에 [진심이] 일상 속에 있는데도 깨닫지 못하며 목전에 있는데도 알지 못한다. 만약 성(性)을 아는 사람이라면 결코 움직이고 베풂에 어둡지 않을 것이다(『보조법어』, 67-68).

범부들처럼 상(相)만 알기 때문에 상에 흔들리지 않고 성(性), 즉 진심의 체인 공적 영지심을 알아서 "흐름을 따르되 성(性)을 인식할 수 있으면" 먹고 자고 활동하는 일상이 곧 진심(불성)의 묘용이 된다는 말이다. 진속불이(眞俗不二)의 세계, 임제 선사가 말하는 수처작주(隨處作主), 입처개진(立處皆眞)의 경지가 열린다. 이런 역동적 세계를 교학적 용어로는 진여수연(眞如隨緣), 또는 연기(緣起)와 구별하여 성기(性起)라고 부른다. 지가 그토록 중요한 이유를 알 수 있다. 바로 진심의 묘용을 가능하게 하기 때문이다.

이미 언급했듯이, 종밀은 선문의 세 가지 유형 가운데서 공종에 입각한 민절무기종(泯絶無寄宗)보다는 성종에 입각해서 마음의 본성, 즉 불성을 곧바로 드러내주는 직현심성종(直顯心性宗)을 선의 최고봉으로 간주한다. 그러나 선(禪)과 교(教)의 일치뿐만 아니라 선이나 교 안에 존재하는 여러 종파를 회통하고 조화시키려는 의도에서 저술한 『도서』와 달리, 종밀은 『법집별행록』에서 직현심성종을 둘로 구분하여 다시 우열을 가리고 있다. 하나는 마조 도일의 홍주종, 다른 하나는 자신이 속하는 하택 신회(荷澤神會)의 하택종이다. 둘 다 직현심성종이고 진속불이를 말하지만, 홍주종은 일체개진(一切皆眞), 즉 일상적 행위 자체가 모두 그대로 진(眞)이라는 점을 지나치게 강조한 나머지 대상에 따라 변하는 진심의 용과 이 용을 가능하게 하는 불변하는 진심의 체인 지(知)를 구별하지 못하는 우를 범한다고 비판한다. 종밀은 따라서 불성의 작용을 자성용(自性用)과 수연용(隨緣用)으로 명확하게 구별한다. 지(知)는 불성(진심)의 체(體) 자체가 지니는 불변하는 자성용인 반면, 다양한 일상사는 대상에 따라 변하는 불성의 수연용이다. 홍주종은 수연용에 치우친 나머지 자성용을 놓치거나 무시하는 문제점을 가지고 있다는 것이 종밀의 비판이다. 구슬의 비유로 말하면, 홍주종은 구슬에 나타나는 변하는 색상들이 곧 불성의 작용이라고 하여 일체개진을 강조하다가 정작 중요한 구슬 자체가 지닌 투명성(知)을 놓치는 어처구니없는 어리석음을 범하는 경향이 있다는 것이다. 공에 치우쳐 진심의 체와 용을 모두 공으로 간주해 버리는 우두종보다는 홍주종이 한 수 위지만, 자성용과 수연용의 차이를 알면서 둘 다 긍정하는 하택종만 못하다는 것이 종밀의 평가이다.

지눌은 『절요』에서 이러한 종밀의 견해를 매우 높이 평가하면서 수용한다. 비록 하택 신회가 후세에 불법(佛法)의 지적 이해에 치우친 지해 종사(知解宗師)라고 부정적으로 평가된 사실을 알고 있었음에도 지눌은 적어도 종밀의 눈을 통해 보는 신회의 가르침이 다른 누구의 가르침보다도 명석하게 진심의 세계를 보여준다고 판단했다. 지눌은 또한 종밀 당시에는 없었던 간화선을 알고 있었으며 이를 통해서 지해의 병을 불식하는 길을 터득했지만, 지적 명료성을 좋아한다는 면에서는 종밀과 통한다. 이 명료성 때문에 지눌이 종밀의 한계를 인식하면서도 그의 사상을 과감하게 수용했다고 생각한다. 특히 교외별전의 구호에 사로잡혀 부처님의 가르침과 지적 이해를 무시하는 치선(痴禪)의 병폐를 일찍부터 알고 있었던 지눌은 종밀의 사상에 크게 공감하지 않을 수 없었다.

종밀과 지눌에게 불법의 핵심은 바로 지(知)라는 개념 하나에 모인다 해도 과언이 아니다. 지는 불변하는 진여 자체, 실재 자체의 속성이며 인간의 모든 정신 활동을 가능하게 하되 그 어떤 특정한 마음의 작용이나 상태와 동일시될 수 없고 '비고 고요하고 영묘한 앎'이다. 실로 종밀의 표현대로, "지라는 한 글자는 모든 묘함에 들어가는 문"(知之一字 衆妙之門)인 것이다.

V. 지와 지성

지눌의 '무지이지'(無知而知)는 니콜라스 쿠자누스(1401~1464)가 말하는 '무지(無知)의 지(知)(docta ignorantia)'를 연상케 한다. 더 소급해서, 쿠자누스의 사상에 큰 영향을 준 중세 독일의 수도승이자 신비주의 신학자인 마이스터 에크하르트(Meister Eckhart, 1260?~1328)와 그의 선배 도미니크회 신학자였던 토마스 아퀴나스 그리고 더 멀게는 아리스토텔레스와 아낙사고라스에까지 거슬러 올라가는 지성(intellectus) 개념과 매우 유사하다.[13]

에크하르트는 신(神, Gott)과 신성(神性, Gottheit)을 구별한다. 신은 성부·성자·성령 삼위의 하느님으로서 이런저런 속성을 지닌 신이지만, 신성은 일체의 속성을 떠난 하느님, 삼위의 옷마저 벗어버린 '신의 벌거벗은 본질'(nuda essentia dei)이며 '신의 근저'(Gottesgrund)이다. 에크하르트 신비주의의 핵심은 이 하느님의 근저와 인간 영혼의 근저(Seelengrund)가 지성(intellectus)에서 완전히 하나(Einheit)라는 데 있다. 이 일치는 불성과 마찬가지로 번뇌와 더러움으로 숨겨져 있지만 수행을 통해 완전하게 실현된다. 수행의 요체는 일체의 욕망과 집착, 모든 관념과 심상(心像, Bild), 심지어 신에 대한 관념이나 집착까지 끊고 떠나는 철저한 초탈(超脫, Abgeschiedenheit) 혹은 초연(超然, Gelassenheit)함에 있다. 무심(無心), 무념(無念) 등 마음 비우기와 모든 것을 내려놓는 방하(放下)를 강조하는 선과 매우 유사하다.

에크하르트가 말하는 지성은 지눌의 지(知)처럼 활성적 앎(intelligere)

---

13 이에 대해서는 길희성, 『마이스터 에크하르트의 영성 사상』 (서울: 동연, 2021), 203-213의 '지성과 불성'을 참고할 것.

이지만 수시로 변하는 특정한 인식이나 마음 상태가 아니라 그 배후 혹은 근저에 있는 불변의 실재이다. 마음은 수시로 변하지만 지성 자체는 일체의 상(像; 불교적으로는 相)을 '여의고 자유롭다'(ledig und frei). 지성은 아무런 특정한 성격을 지니지 않은 '어떤 무한정적인 것'(aliquid in-determinatum)이다. 바로 이러한 지성의 순수성과 보편성이 지성으로 하여금 다양한 사물을 대하고 인식할 수 있게 한다. 마치 우리 눈이 다양한 색깔을 보려면 눈 자체가 특정한 색깔이 없이 비어 있어야 하는 것과 마찬가지다.[14] 구슬의 예에서 보듯이, 지눌의 지가 공적하듯이 에크하르트의 지성 역시 본성이 텅 비고 고요하다. 토마스 아퀴나스는 이러한 지성의 순수성과 보편성을 지성의 비물질성을 보여주는 것으로 이해하지만, 에크하르트는 지성을 아예 유(有, esse, 존재)가 아니라 무(無, nihil, Nichts)라고 하면서,[15] 지성을 '고적한 황야'(stille Wüste)에 비유하기도 한다.

에크하르트는 "마음이 가난한 자는 복이 있다"는 그리스도의 말에 따라 초탈의 수행을 통해 얻어지는 상태를 '가난'(Armut)이라고 부른다. 초탈, 초연, 가난은 그에게 거의 동의어들이다. 에크하르트는 이 가난의 수행을 세 마디로 정의한다. '아무것도 원하지 않기'(Nichts wollen, 무욕), '아무것도 알지 않기'(Nichts wissen, 무지) 그리고 '아무것도 가지지 않기'(Nichts haben, 물질적 무소유뿐 아니라 마음 비움의 무소유)다. 철저한 가난을 통해서 에크하르트는 자신의 영혼의 근저이자 신성의 근저로 돌파(Durchbruch)해 들어가며, 하느님 아들의 탄생 혹은 '신의 탄생'(Gottes-geburt)을 경험한다. 에크하르트 신비주의 영성의 극치다. 그에게 영혼의

---

14 이러한 지성의 성격에 대한 이해는 그리스 철학의 아낙사고라스와 아리스토텔레스로까지 소급된다.

15 J.D. Caputo, "The Nothingness of the Intellect in Meister Eckhart's 'Parisian Questions,'" *The Thomist* 39(1975)는 이에 대한 심도 있는 논문이다.

무성(無性)과 신성의 무성은 하나이다. 지성이 텅 빈 무이듯, 어떤 속성도 발붙일 곳 없는 신성도 무이다. 지성과 신성은 하나이다.

지성은 본래 신의 것이며, 신은 '하나'이다. 따라서 인간은 지성이나 사유 능력을 지닌 것만큼 신을 가지고 있으며, 그만큼 '하나'를 가지며 그만큼 신과 더불어 하나됨을 지닌다. 왜냐하면 하나로서의 신은 지성이며, 지성은 하나로서의 신이기 때문이다.[16]

여기서 신성의 다른 이름과도 같은 '하나'(unum)라는 개념은 사물에 적용되는 수 '하나' 혹은 다른 수와 구별되는 상대적 하나가 아니라, 모든 차별상을 여의고 초월하는 신의 순수성과 보편성을 나타내는 말이다. 무와 마찬가지로 부정신학에 속하는 개념이다.

이상에서 우리는 에크하르트 영성의 세계가 지눌의 진심의 세계와 크게 다르지 않음을 알 수 있다. 그러나 물론 같은 점만 있는 것은 아니다. 여기서는 양자의 역사적·사상적 배경의 차이에서 오는 두 가지 차이만을 지적하고자 한다. 우선 에크하르트의 지성이나 신성 개념이 중세 스콜라 철학의 실체론적 사고를 기반으로 하고 있음에 비해 지눌의 심성론과 불성 개념은 여전히 반실체론적인 불교 사상에 기초하고 있다는 일반적 차이를 지적할 수 있다. 하지만 공을 넘어 지로서의 '불성의 상주'(常住不變)을 말하는 종밀과 지눌의 절대지 개념이 실체론적 사고에 근접하고 있음은 부인하기 어렵다.

또 하나의 차이는 초탈, 즉 마음의 가난에 도달하는 에크하르트의 구체적 수행법과 선의 수행법 사이에 발견되는 차이다. 상세한 논의는 피하겠지만,[17] 선의 수행이 어디까지나 번뇌가 자성이 없는 공임을 깨닫는

---

16 Meister Eckhart, *Lateinische Werke* IV, 269.
17 길희성, 『마이스터 에크하르트의 영성사상』, 6장 '초탈과 돌파'를 참고할 것.

데 기초하고 있는 반면, 공 사상을 접해본 일이 없는 에크하르트의 수행법은 번뇌의 공은 말하지 않고 지성 자체의 공과 지에 초점을 맞추고 있다.

여하튼 지눌 스님의 공적 영지심이나 마이스터 에크하르트의 지성 모두 우리의 망상이 말끔히 사라질 때 드러나는 영원불변의 실재로서, 텅 비고 고요하면서도 환한 밝음이 있는 무한한 광명의 세계다. 우리의 삶은 이 광명을 바탕으로 하여 전개될 때 비로소 참되고 자유로운 삶이 된다는 것이다.

비교 사상 관점에서 본
지눌의 선(禪) 사상

I. 초인격적인 정신세계

현대의 가장 주목할 만한 영성(spirituality) 사상가 가운데 한 사람인 켄 윌버(Ken Wilber)는 인간의 의식 발달 단계를 간단하게 셋으로 구분한다. 첫째는 인격 형성 이전의(prepersonal) 단계, 둘째는 인격의 단계 그리고 셋째로 마지막 단계는 초인격적(transpersonal) 단계다. 나는 윌버의 이러한 관점을 일단 수용하면서 그의 이론에 얽매이지 않고 자유롭게 이 세 가지 정신적 차원과 거기에 상응하는 인간관에 대해 논한 후, 지눌의 선 사상(禪思想)을 14세기 가톨릭 도미니꼬 수도회 수사이며 신학자였던 마이스터 에크하르트(Meister Eckhart, 1260?~1328)의 신비주의 사상과 19세기 인도의 성자 스리 라마나 마하르쉬(Sri Ramana Maharshi, 1879~1950)의 베단타(Vedānta) 사상과 비교하면서 초인격적 정신이 지향하는 세계의 모습에 대해 논해보고자 한다.

윌버는 위에서 언급한 정신의 세 단계를 인간의 행복과 구원이라는 관점에서 각기 '무의식적 지옥'(unconscious hell), '의식된 지옥'(conscious hell) 그리고 '무의식적 천국'(unconscious heaven)에 배대한다. 자의식 (self-consciousness)의 발달과 인격 형성 이전 어린아이들의 정신세계를 천진난만한 행복, 그러나 아직 의식의 발달 이전이므로 그것을 의식하지는 못하는 무의식적 천국으로 간주하는 낭만주의자들의 견해와는 정반대로, 제어되지 못한 욕망이 난무하기는 하지만 자의식이 발달하기 이전이므로 자신의 불행을 의식하지 못하는 무의식적 지옥으로 간주한다. 그다음의 정신세계는 언어, 자의식, 합리성, 인격이 형성된 단계로서, 끝없는 욕망과 갈등이 야기되는 의식되는 지옥의 세계다. 마지막으로 인간은 이러한 지옥과 같은 삶을 벗어나고자 의식과 분별적 이성과 개별적 인격 자체를 초월하는 무의식적 천국을 갈망하고 실현하고자 한다.[1] 그리고 이 단계야말로 인간 정신이 도달할 수 있는 최고의 경지이며 모든 종교, 특히 신비주의적 영성이 궁극적으로 도달하고자 하는 구원의 경지라고 윌버는 본다.

언어능력과 의식과 합리성에 기초한 개체적 인격(individual person)이 아직 형성되지 않은 어린아이들의 정신세계가 과연 천국인지 지옥인지의 문제를 떠나서, 우리는 맹목적 욕망과 충동이 지배하며 현실과 상상의 세계를 명확히 구분하지 못하는 정신세계를 비단 어린아이들만이 아니라 정신적으로 미숙한 성인들의 세계에서도 발견할 수 있다. 한마디로 말해서 '생물학적 인간' 유형에 속하는 성인들이다. 합리적 판단과 자제력이 없이 오로지 욕망과 충동에 따라 행동하는 사람, 자신을 객관화해서 성찰할 능력이 결핍된 채 즉자적으로 행동하며 타인에 대한 배려

---

1 Ken Wilber, *The Essential Ken Wilber: An Introductory Reader* (Boston & London: Shambhala, 1998), 95-100, "The Romantic View"를 볼 것.

나 양보 같은 것은 안중에 없는 유형의 사람들이라 하겠다.

서양의 반이성주의 철학자들 가운데는 어른 아이 할 것 없이 이것이 인간의 본래적 모습, 적나라한 인간의 참모습이라고 주장하면서 생물학적 인간관을 펴는 사람들도 있다. 이런 생물학적 인간관은 서양 근대로 접어들면서 본격적으로 등장하기 시작하였는데, 그 가장 대표적인 사람은 토마스 홉스(Thomas Hobbes, 1588~1679) 그리고 후대에 와서는 니체나 프로이트 같은 사상가들이다. 홉스나 프로이트 등에 의하면, 인간은 철두철미 생물학적 욕망의 지배를 받는 존재로서, 제아무리 이성과 합리적 사고가 발달한 사람이라 해도 욕망 앞에서는 맥을 못 춘다. 이성은 자신의 이기적 욕망을 억제하거나 교묘히 합리화하는 도구에 지나지 않으며 인간은 결코 이기적 욕망의 사슬로부터 해방될 수 없다. 홉스에 의하면 개인의 욕망이 그대로 방치된 자연 상태(state of nature)는 만인이 만인의 적이 되어서 늑대처럼 싸우는 상태이기 때문에 모두가 생존의 위협을 받으면서 불안해한다. 따라서 우리의 생존을 보장하고 이기적 욕망을 충족시키기 위해서라도 사회질서를 관장하는 강력한 국가권력—심지어 독재자라 해도 무질서보다는 낫다—이 필요하다고 주장한다. 사회질서나 도덕 같은 것은 모두 이러한 합리적 이기주의의 산물일 뿐 인간의 이기적 본성은 끝내 사라지지 않는다는 것이다. 프로이트도 이와 유사하게 인간을 철저히 성욕(libido)의 지배하에 있는 존재로 보았다. 이성이 발달하고 사회와 문화의 강요에 의해 우리는 원초적 욕망을 어느 정도 제어하면서 살지만, 원초적 욕망은 결코 사라지지 않고 의식의 수면 아래로 가라앉아 여전히 우리의 사고와 행동에 영향을 준다는 것이다. 프로이트에게 사회, 문화, 종교, 사상 같은 것은 모두 표피적 현상에 지나지 않으며, 인간의 진실은 감추어진 권력 의지를 말한다. 다윈은 생존경쟁과 적자생존을 인간의 진실로 강조한다.

이들은 모두 인간의 이성이니 도덕성이니 영성 같은 것은 억압된 생물학적 욕망의 부차적 산물로 간주하며, 인류 역사는 본능적 욕구를 충족시키기 위한 투쟁과 수단의 역사일 뿐 인생의 더 고차적 목적이나 의미 같은 것은 존재하지 않는다. 어른이든 아이든 인간은 욕망의 노예다. 그리고 욕망의 사슬을 벗어날 길 없는 존재인 인간은 욕망의 일시적 충족에도 불구하고 결국 불행할 수밖에 없다.

정신 발달의 다음 단계는 인간이 유아기를 지나 말을 배우고 합리적 사고 능력이 생기며, 자기 자신과 타인, 특히 부모의 존재를 명확히 구별하고, 나아가서 자의식의 발달과 더불어 하나의 독자적 인격체(person)가 형성되는 단계다. 인간은 이때부터 자신의 말과 행동에 책임을 지는 합리적 주체(rational subject)로서 사회생활을 영위하게 된다. 불가피하게 어떤 사회집단이나 공동체에 속해 살지만, 각자가 자신을 인격적 주체로 의식하며 자신의 자유와 권리를 주장하게 된다. 그리고 자기 자신뿐 아니라 타인들도 그들이 소속된 집단이나 사회적 관계를 넘어서 모두 독자적 인격체로 이해하고 존중하는 성숙성을 보이는 단계에 이른다. 모든 인간의 인격과 인권을 존중하고 인간으로서의 평등성을 인정하며, 나아가서 보편적 인류에도 발휘하는 성숙성을 보일 수 있는 정신세계가 가능한 것이다.

인류 역사상 인간을 이렇게 인격적-합리적 주체로 이해하는 인간관이 보편화된 것은 단연 18세기 서구 계몽주의 시대 이후부터라 해도 크게 틀리지 않는다. 그 이전에도 물론 인간은 자의식을 지닌 존재로서 결코 자기가 속한 집단—혈연이나 지연이 의한—에 전적으로 함몰된 존재는 아니었다. 하지만 근대 이전의 전통사회에서는 인간을 독자적 개인이나 주체로 간주하기보다는 한 특정한 집단에 속한 존재로 보는 인간관이 지배적이었다. 인간은 항시 사회적 존재로 이해되었으며, 사람의 사회적 정체성이 개인 인격체로서의 독자적 정체성에 우선했다. 서양의 근대 사상은 수천 년, 아니 수만 년 인류 역사를 지배해오던 이러한 집단적 인간관이나 타율적 인간관에 종지부를 찍고, 인간의 개체적 인격성과 자율성, 자유와 권리를 인정하고 존중하는 평등주의적 인간관을 보편화시켰다. 종래에 인간을 규정해오던 각종 우연적 차이들—부족이나 민족, 사회집단이나 계급, 문화나 종교의 차이—로부터 인간을 해방시켜서 각자 자신의 삶에 책임을 지는 독자적 존재로 간주하는 인간관을 보편화한 것이다. 인간을 단지 인간이라는 이유 하나만으로 그의 자유와 권리를 평등하게 인정하는 지극히 추상적인 보편주의적 인간관이 근대 사회에서 상식으로 자리 잡게 된 것이다. 이른바 '보편인'(universal man)의 출현으로서, 이것이 근대 민주사회의 시민, 자본주의 사회의 경제 활동의 주체로 등장한 근대인이다. 이러한 근대적 인간관이 실제로 사회에서 보편화되기까지는 오랜 시간이 걸렸고 아직도 세계 곳곳에서 진행되고 있는 미완성의 역사이기도 하다. 인간을 온갖 사회적 편견과 차별로부터 해방시키는 보편주의적 인간관은 아직도 현대 세계를 주도하는 미완성의 이념이다.

하지만 이러한 개인 인격 중심의 정신세계와 삶이 인간의 궁극적 행복을 약속해 주지는 않는다. 인간은 자의식의 출현과 더불어 자기 분열 혹은 자기 소외를 경험하게 되는 존재다. 즉자적 존재인 동물들과 달리 인간은 자기 존재를 의식하는 대자적 존재가 되는 순간, 존재와 의식, 몸과 마음의 괴리를 경험하며 이중적 자아를 경험하게 된다. 생물들 가운데 인간만이 이러한 자기 분열과 자기 소외를 경험하는 존재이며, 이것이 인간의 특권이자 비극이다. 인간은 자신의 몸뿐만 아니라 마음이나 생각까지도 의식하고 성찰할 수 있는 존재다. 인간은 자신을 의식하고 대상화하고 살필 수 있는 자기초월적 존재이며 자유로운 존재이다. 이와 더불어 인간은 자신의 행위와 인격에 대해서 책임을 지는 존재가 된다. 이로써 인간은 항시 불안을 느끼게 되며 불안정한 존재가 된다. 동물들과는 달리 인간은 자신의 유한성과 죽음을 의식하며, 자연적 욕구 이상의 욕심에 사로잡히는가 하면 끊임없이 자신의 욕망과 갈등하며 싸워야 한다. 이중적 존재인 인간만이 현실적 자기와 당위적 자기 사이에 괴리와 갈등을 경험한다. 인간은 자의식을 통해 자신의 존재를 확인함으로써 주체성과 자유를 확보하지만, 바로 이것 때문에 자기 자신이나 공동체로부터 소외되고 나아가서 자연 세계로부터도 소외되는 존재가 되는 것이다.

자의식을 통해 자기 분열을 경험하는 인간은 끊임없이 자신과 갈등하며 방황하는 존재가 된다. 주어진 사회공동체나 자연으로부터 소외되는 고독한 존재가 된다. 일단 주체성을 확보한 인간에게 주체와 객체의 대립은 피할 수 없는 운명이며, 인간은 이러한 분열과 대립을 넘어서는 원초적 전체성과 완전성의 세계를 되찾고자 끊임없이 노력하게 된다.[2] 분열된 존재, 갈등하고 괴로워하는 자신을 벗어나 치유되고 통합된 존재가 되고자 애쓰며 분열 이전의 온전하고 완전했던 자아의 평안을 갈망한다. 소외되고 고립된 주체가 아니라 우주와 자연, 자기가 속한 사회공동체, 혹은 신이나 절대적 존재와 하나가 되는 완벽한 평화를 경험하고자 한다. 개체성을 넘어 전체성, 인격성을 넘어 초인격적 세계, 의식을 넘어 무의식, 이성을 넘어 초이성적 진리, 분별지를 넘어 평등지의 무차별적 세계를 갈망하며, 주객의 대립을 넘어선 통합된 세계를 인간 정신이

---

2 Erich Fromm, *Psychoanalysis and Religion* (New Haven: Yale University Press, 1950), 특히 3부장 "An Analysis of Some Types of Religious Experience"를 볼 것.

도달할 수 있는 최고 경지, 지고의 선으로서 간주하는 것이다. 윌버의 용어로, 초인격적 영성이 추구하는 '무의식적 천국'이다.

이러한 초인격적 영성의 관점에서 볼 때, 이성을 중시하고 주체성을 강조하는 근대 서구의 인간관은 그 장점과 공로 못지않게 근본적 한계를 지닌다. 인간의 진정한 행복은 어디서 오는가? 해소되지 않는 욕망과 이성의 갈등, 개인과 개인의 대립, 개인과 사회와의 갈등, 인간과 자연의 대립, 고립된 자아의 유한성에서 오는 불안 등이 '성숙성'을 자처하는 근대인을 끊임없이 괴롭히고 있다. 계몽주의가 성취한 사회적 억압으로부터의 인간 해방에도 불구하고, 켄 윌버가 주체적 인격들의 정신세계를 '의식된 지옥'으로 특징짓는 것이 과연 지나치게 부정적 견해인지 우리는 묻게 된다. 적어도 주객(subject-object)의 분열과 대립 그리고 분별과 분석적 사고를 바탕으로 하여 끊임없이 소외와 대립과 갈등을 생산하고 조장하는 정신세계는 완벽한 행복과 선을 추구하는 종교적 영성의 관점에서 볼 때 극복되어야 할 '지옥'임에 틀림없다.

아래에서는 이러한 초인격적 영성이 지눌의 선 사상(禪思想)에서 어떻게 말해지고 있는지를, 지눌과 시대적으로 그리 멀지 않게 활약했던 서양 중세의 가톨릭 신학자이며 영성가인 마이스터 에크하르트의 신비주의 사상 그리고 힌두교의 불이론적 베단타(Advaita Vedānta) 사상과 영성을 고스란히 계승하고 실천함으로써 현대 인도의 성자로 추앙받았던 스리 라마나 마하르쉬의 영성과 비교하면서 살펴보고자 한다.

지눌, 에크하르트, 라마나 모두 각기 자기가 속한 종교 전통의 언어를 사용하여 초인격적 영성이 실현하는 '무의식적 천국'의 신비 경험을 말한다. 지눌은 그것을 진심(眞心) 혹은 공적 영지(空寂靈知)라 부르고, 에크하르트는 지성(intellectus) 그리고 라마나는 진아(眞我, I-I)라고 부른다.

삼자 모두 인간에게는 감성이나 욕망, 이성적 사고나 분별지를 넘어서 모든 인간에게 공통된 보편적인 영적 본성이 있음을 말하고 있으며, 이 영적 본성, 영적 인간성의 완벽한 실현이야말로 인간이 실현해야 할 최고의 행복임을 말하고 있다.

먼저 에크하르트의 지성 개념과 지눌의 진심을 비교한 후, 스리 라마나의 진아 개념을 살펴보고자 한다.

II. 지성과 불성

주지하는 대로 지눌의 불성 개념은 규봉 종밀 선사의 사상에 크게 영향을 받았다. 특히 '지'(知) 개념을 불성의 핵으로 간주하는 종밀의 불성론은 지눌의 진심 사상에 결정적 영향을 미쳤고, 그를 통해 한국 선불교의 핵심 사상으로 자리 잡게 되었다. 불성 사상에 관한 한 지눌이 종밀의 사상을 그대로 계승하고 있으므로, 나는 여기서 굳이 둘을 구별하지 않고 그 요체를 에크하르트의 지성과 대비하면서 논하고자 한다.[3]

'마음이 곧 부처다'(心卽佛)를 말하는 선불교는 불성 사상에 기초하고 있다. 불성은 문자 그대로 부처님의 성품, 부처님의 순수한 마음으로서, 번뇌로 더럽혀져 있는 중생심도 본래는 부처의 마음과 조금도 다르지 않으며, 누구든 이 본래의 마음(本心)을 깨닫고 실현하면 부처가 된다는 것

---

3 지눌에 관한 논의는 주로 길희성, 『지눌의 선 사상』 (서울: 동연, 2021), 제3장 '심성론'; 荒木見悟, "宗蜜の絶對知論: 知之一字衆妙之門に ついて, 「南都佛敎」 3 (1957); Peter N. Gregory, *Tsung-mi and the Signification of Buddhism* (Princeton: Princeton University Press, 1991), 206-223에 의거하고 있으며, 에크하르트의 신비주의 사상은 길희성, 『마이스터 에크하르트의 영성사상』 (서울: 동연, 2021), 147-213에 의거하고 있다.

이 선의 요지이다. 불성은 인간의 참 마음(眞心)이며 본래 성품(本性)이다.

종밀에 의하면 달마대사가 중국에 온 후 이 부처님의 마음이 제6조 혜능 대사(638~713)까지는 오직 마음에서 마음으로만 전해졌으며 각자가 자신의 수행을 통해서 직접 체험할 뿐 그것이 무엇인지 전혀 언표하지 않았다고 한다. 그야말로 불립문자(不立文字), 이심전심(以心傳心)으로 비밀리에 전수되어 왔다는 것이다. 그러다가 사람들의 근기가 타락하고 약해져서 이 비밀스러운 진리가 멸절 위기를 맞자 하택 신회(荷澤神會, 685~760) 선사가 출현하여 불성의 핵심(體)을 지(앎)라는 한 글자로 밝혀주었다는 것이다. 신회의 사상을 계승한 종밀은 이를 두고 "'지'라는 한 글자는 모든 묘함의 문이다"(知之一字衆妙之門)라고 표현했다.

지눌은 신화와 종밀의 설에 따라서 불성 혹은 진심을 공적 영지지심(空寂靈知之心)이라고 부른다. 공적과 영지, 혹은 단순히 적(寂)과 지(知)가 진심의 두 본질적 측면이라는 것이다. 일체중생의 본래적 마음인 이 진심은 모든 번뇌와 생각을 여읜 비고 고요한(空寂) 마음이며, 동시에 그 자체에 신묘한 앎(靈知)이 있다는 것이다. 적과 지는 전통적 용어로는 정(定, samādhi)과 혜(慧, prajñā)로서, 선에서는 이것이 수행을 통해 비로소 얻어지는 것이 아니라 우리의 성품이 본래부터 갖추고 있는 자성(自性)의 정과 혜로 파악한다.

종밀은 공적 영지지심을 깨끗하고 투명한 구슬(摩尼珠)에 비유한다. 구슬이 티 없이 맑고(공적) 투명해서(영지) 주위 사물을 있는 그대로 비추듯, 진심은 일체의 번뇌와 망상을 여읜 깨끗한 마음이며 동시에 만물을 비출 수 있는 투명한 구슬과도 같이 신묘한 앎을 본성으로 가지고 있다는 것이다. 지눌은 진심의 본체(體)가 가지고 있는 이 두 측면, 즉 적과 지, 혹은 정과 혜를 또다시 체와 용의 관계로 설명한다.

이것을 에크하르트의 지성(intellectus) 개념과 대비해보자. 스콜라 철학의 용어로 말하자면, 진심의 체는 영혼의 실체(substantia) 개념에 해당한다. 연기법을 위주로 하는 불교는 물론 실체론적 사고를 거부한다. 따라서 불성이라 해도 우파니샤드(Upanisad)의 아트만(ātman)과 같은 영적 실체는 아니다. 그러나 중국에서 전개된 불성 사상, 특히 종밀의 불성론은 실체론적 사고에 매우 근접하고 있음을 부인하기 어렵다. 적어도 불성 사상에 기초한 선불교는 실재를 공종(空宗)의 부정적 개념을 넘어 불성이라는 적극적 개념으로 표현하는 성종(性宗)에 속한다.4

여하튼 에크하르트에게도 영혼의 실체는 적과 지의 양면을 지닌다. 에크하르트의 지성은 일체의 '이런저런' 사물들의 상(Bild, image, 像, 相)을 떠난 순수한 실재며, 유(有)라기보다는 텅 빈 무(無)의 성격을 지닌다. 그것은 '적막한 황야'(stille Wüste)와도 같이 고적하며 공적하다. 그러나 지성은 동시에 '앎'(intelligere)으로서, 이런저런 잡다한 사물들을 상대하고 분별하는 인식 활동이나 영혼의 기능들과 달리 불변하는 앎 그 자체다. 모든 사물을 인식하고 의식하되 그 자체는 어떤 사물에도 구애받지 않는 맑고 순수한 앎, 그야말로 영묘한 앎(靈知)이다.

지눌에 의하면 정과 혜, 적과 지 가운데서도 지가 특히 중요하다. 지야말로 '중묘지문'(衆妙之門)으로서 불성 혹은 진심의 체 중의 체이며 핵이다. 지는 에크하르트의 지성과 마찬가지로 온갖 사물을 상대하되 그 자체는 아무런 영향을 받지 않고 순수하고 초연하다. 지는 우리의 일상적 분별지(分別知)가 아니며 상(像, 相)을 통해 사물을 인식하고 분별하는 지성이 아니다. 그것은 또한 깨달음을 얻는 지혜 혹은 반야(般若)와도 구별된다. 지는 분별지는 물론이고 반야지를 통한 인식의 대상도 아니다. 종밀은 이 원초적 지, 절대지를 다음과 같이 묘사한다.

---

4 종밀의 「禪源諸詮集都序」 참조.

"그것은 식(識)에 의해 알 수 있는 것이 아니며"(非識所能識, 그것은 식에 의해 알 수 없다. 식은 분별의 범주에 속한다. "분별이 된다면 그것은 眞知가 아니다" "진지는 단지 무심에서만 볼 수 있다"), "마음의 대상도 아니다"(亦非心境界, 그것은 지혜에 의해 알 수 없다. 즉, 그것이 지혜에 의해 깨달을 수 있는 것이라면, 그것은 깨달을 대상의 범주에 속할 것이다. 그러나 진지는 대상이 아니기 때문에 지혜에 의해 깨달을 수 없다).5

지(知)는 부처든 중생이든, 성이든 범부든 누구나 공유하고 있는 인간의 본래적 참 마음(本有眞心)으로서 순수한 앎 그 자체이며 항구불변이다.

이 가르침은 모든 중생이 예외 없이 공적진심(空寂眞心)을 가지고 있다고 가르친다. 그것은 무시(無始) 이래 본래 깨끗하고 빛나고 막힘이 없고, 밝고 환한 상존하는 앎(常知)이다. 그것은 상주(常住)하며 무궁토록 결코 멸하지 않을 것이다. 그것은 불성(佛性)이라 이름하여 또 여래장(如來藏), 심체(心體)라고도 부른다.6

에크하르트에 의하면 지성은 '영혼의 불꽃'(scintilla animae)과도 같은 실재로서, 인간 '영혼 안에 있는 어떤 창조되지 않은 힘'이다. 그것은 영혼의 근저(Seelengrund)이자 신의 근저(Gottesgrund)로서 거기서 신과 인간 영혼은 조금도 차이가 없이 완전히 하나다. 에크하르트의 지성 역시 불성과 마찬가지로 잡다한 사물들을 대하고 분별하는 우리의 일상적 인식으로는 알 수 없다. 그것은 오직 일체의 상(像, 相)을 비우는 철저한 초

---

5 『大正新修大藏經』48권, 405a. 종밀은 문수보살의 말을 인용하고 있으며, 괄호 속에 있는 것은 종밀 자신의 해설이며, 괄호 속 따옴표 부분은 징관(澄觀)의 말을 종밀이 인용한 것이다.
6 『大正新修大藏經』48권, 404b. '常知', '常住' 등 불성에 대한 종밀의 실체론적 사고가 분명하게 드러나고 있다.

탈(Abgeschiedenheit) 혹은 영적 가난을 통해서만 접할 수 있다. 선불교적으로 말해 오직 무심, 무념, 무상이 아니고는 접할 수 없는 것이다.

지는 지눌에 있어 진심의 세계와 일상생활의 세계를 연결하고 매개해주는 신비한 실재다. 마치 맑고 투명한 구슬이 바로 그 투명성으로 인해 온갖 바깥 사물들을 비출 수 있듯이, 진심은 지라는 자성의 작용(自性用)으로 인해 일상의 사물들을 인식하고 행위하는 조건에 따른 작용(隨緣用)의 세계를 연출한다. 지를 통해 일상적 세계가 불성의 작용으로서 전개되는 것이다. 보고 듣고 생각하는(見聞覺知) 행위 모두가 깨달음의 행위며 '평상심이 곧 도'가 된다. 그러나 이 평상심은 번뇌 망상으로 뒤덮인 범부들의 경험 세계가 아니라 어디까지나 진심묘용(眞心妙用)으로서의 순수한 세계다.

에크하르트의 지성도 이렇게 일상적 세계와 연결되고 만난다. 지눌에게 일상적 지각 활동이 바로 불성의 작용이듯, 에크하르트에게도 영혼의 다양한 기능—인식, 감정, 의지 등—은 영혼의 실체이며 근저인 지성으로부터 흘러나오며 지성의 빛을 떠나 독자적으로 기능하지 않는다. 둘은 '존재의 일치'(Seinseinheit) 속에 있다고 에크하르트는 말한다.[7] 영혼의 실체와 활동, 지성의 빛과 영혼의 다른 기능들은 결코 이원적으로 구별되지 않는다. 영혼의 다양한 기능과 활동들이 지성에 뿌리를 두고 있는 한, 지성은 이 기능들보다 조금도 우월하지 않다. 이 둘은 '존재의 통일성', 즉 본질상 하나이기 때문이다. 하지만 지눌에서 불변하는 자성용과 가변적인 수연용이 구별되듯이, 에크하르트에게도 영혼의 본체인 지성과 영혼의 다양한 기능들은 엄연히 구별된다. 전자는 불변하고 후

---

7 Joseph Quint (Hg.), *Meister Eckhart; Deutsche Predigten und Traktate* (München: Carl Hanser, 1963), 315.

자는 변하는 잡다한 일상성의 세계다. 중요한 것은 영혼이 무슨 활동을 하든, 이 활동이 영혼의 근저이자 신의 근저인 지성 자체에 근거해서 이루어져야 한다는 사실이며, 그러는 한 모든 일상적 활동이 그대로 고귀하다. 강건기 교수는 원효의 말을 빌려 이를 아래와 같이 표현한다:

> 우리는 보고 듣고, 냄새 맡고, 맛보고, 촉감을 느끼고, 또 생각을 하며 산다. 그런데 그렇게 감각, 지각하는 대상만 가지고 분별하며 시비할 뿐 그렇게 하는 바탕, 원천에 대해서는 전혀 관심을 두지 않고 산다. 이것이 마음의 원천을 등진 삶이다. 원효 스님은 마음의 원천을 등진 삶을 이렇게 지적한 바 있다. "뭇 생명 있는 자들의 감각적 심리적 기관은 본래 하나인 마음에서 생겨난 것이지만 그것들은 그 근원을 배반하고 뿔뿔이 흩어져 부산한 먼지를 피우기에 이르렀다."[8]

에크하르트 역시 우리가 영혼의 근저를 떠나 잡다한 감각 대상에 휘둘려 자신의 영혼을 해체(zerlassen), 분산(zersteuen), 외화(veraeusseren)시키는 삶을 살지 말도록 경고한다.[9] 결론적으로, 지눌이나 에크하르트에게 진과 속은 하나도 아니고 둘도 아니다(不一不二). 영혼의 본체와 활동, 자성용과 수연용, 마음의 원천과 일상적 지각 활동은 구별은 되지만 분리될 수가 없기 때문이다.

종밀과 지눌의 불성 사상이 스콜라 철학의 실체론적 사고와 완전히 일치한다고 말하기는 어렵지만, '상주'하는 '상지' 개념을 불성 사상의 중심으로 삼고 있다는 점에서 다분히 실체론적 사고에 근접하고 있다는 사

---

8 강건기, 『마음 닦는 길: 수심결 강의』 (불일출판사, 2008; 개정증보판), 152-153.
9 길희성, 『마이스터 에크하르트의 영성사상』, 244를 볼 것.

실을 부인하기 어렵다. 사실 불성 사상 자체가 공 사상을 넘어서 힌두교 베단타 사상의 영적 실체론의 영향 아래 형성된 것이라면, 에크하르트 의 지성 개념이 종밀과 지눌의 불성 개념과 놀라운 유사성을 보이는 것 은 결코 이상한 일이 아니다.

이러한 유사성은 힌두교의 불이론적 베단타(Advaita Vedānta)의 영성 전통을 고스란히 이어받아 체현함으로써 현대 힌두교의 성자로 추앙받 았던 스리 라마나의 진아 개념과 지눌의 사상을 비교하면 더 현저하게 드러난다.

III. 진아의 탐구

지눌의 공적 영지나 에크하르트의 지성은 모든 인간의 불변하는 본 성이며 본심이다. 그것은 인간을 인간답게 만드는 인간성(humanitas) 그 자체다. 우리가 무엇을 의식하고 어떻게 행동하든 이 진심 혹은 지성은 아무런 영향을 받지 않는다. 그것은 마음의 본성이며 영혼의 본체다. 우 리 마음이 미혹의 상태에 있든 지혜의 상에 있든, 범부의 마음이든 성인 의 마음이든 우리의 모든 의식과 정신 활동의 배후에 있는 변하지 않는 마음의 성품 그 자체다. 그것은 이런저런 의식이 아니라 언제 어디서나 만물을 비추는 순수한 의식의 빛이다.

우리의 일상적 의식과 정신 활동은 주체와 객체가 분리된 상태에서 활동한다. 유식 사상의 용어로 말하자면, 견분(見分)과 상분(相分)으로 나뉘어 끊임없이 분별심을 낸다. 우리의 의식은 주체로서 대상 세계를 향해서 대상을 의식하기도 하며 때로는 자기 자신의 의식 상태를 향해 그것을 대상으로 삼아 의식하고 성찰하기도 한다. 우리는 이렇게 주객이 나뉜 상태로 인식 활동을 하는 인식의 주체를 '나' 즉 자아(self)로 생각하지만, 이렇게 대상과 관계하는 인식 주체는 결코 나의 진정한 자아, 깊은 자아가 아니다. 그것은 단지 의식적 주체로서, 대상을 의식하고 또다시 의식을 대상화해서 포착되는 자아는 결코 진정한 자아, 불변하는 심층적 자아가 아니라는 말이다. 우리는 흔히 자기 자신을 안다고 생각하지만, 이렇게 앎의 대상이 되는 자아는 진정한 자아가 아니다. 그것은 대상과 관련하는 자아, 대상 세계에 의해 형성된 자아, 세상과의 관련 속에서 형성된 자아, 즉 내 안에 들어와 있는 세상일 뿐이다.

지눌의 공적 영지와 에크하르트의 지성은 이러한 주객의 분리와 대립에 의한 주체 혹은 대상을 상대하는 의식이 아니라, 이보다 더 근원적이고 심층적인 불변하는 식(識) 그 자체다. 불성과 지성은 그야말로 텅 비어 있는 순수한 식으로서, 아무런 내용이 없으므로 결코 의식의 대상이 될 수 없다. 모든 상과 생각을 여읜 무상, 무념의 경지이기 때문에 우리는 그것에 대해 어떤 생각이나 관심을 가질 수 없으며 어떤 이미지나 특징을 포착할 수도 없다. 불성과 지성은 순수 의식(pure consciousness)으로서, 모든 구체적 의식과 인식을 가능하게 하지만 그 자체는 텅 비어 있는 의식(awareness) 혹은 앎(knowing) 그 자체다. 우리 마음의 본체인 공적 영지와 지성은 바로 그 자체가 텅 빈 것이기 때문에 잡다한 대상들을 상대할 수 있으며 모든 인식을 가능하게 한다. 지와 지성은 주객의 나뉨 이전의 근원적 앎이므로 절대지 혹은 절대 주체이며, 대상과 대립하는 주체가 아니다. 그것은 절대아 혹은 참 자아다. 개별화된 인격적 주체가 아니라 보편적 인간, 초인격적 주체 혹은 자아다.

이 절대 주체는 결코 의식에 포착되거나 인식의 대상이 될 수 없다. 우리가 그것을 대상화하고 의식하려는 순간 그것은 이미 그 뒤로 물러가 있기 때문이다. 자기가 자기 그림자를 밟을 수 없듯이 혹은 자기 눈으로 자기 눈을 볼 수 없듯이, 절대 주체 혹은 진아는 결코 인식의 대상이 될 수 없다. 대상이 되는 순간 이미 그것은 절대 주체가 아니기 때문이다. 지눌은 「수심결」에서 이에 대해 다음과 같이 말하고 있다:

> 묻는다: 어떤 방편으로써 한 생각 기틀을 돌려 문득 자기의 성품을 볼 수 있습니까?
> 답한다: 단지 그대 자신의 마음인데, 다시 무슨 방편이 있겠는가? 만약 방편을 사용해서 다시 알기를 구한다면, 마치 어떤 사람이 자기 눈을 볼 수 없다는 이유로 눈이 없다고 하면서 새삼 눈을 보려는 것과 마찬가지다. 이미 자기 눈인데 다시 어떻게 보겠는가? 만약 눈을 잃은 것이 아님을 알면 즉시 눈을 보는 것이 되어 다시 보려는 마음이 없을 것이니, 어찌 보지 못한다는 생각이 있겠는가? 자기의 신령한 앎(영지) 역시 이와 같다. 이미 자신의 마음인데 무얼 다시 알기를 구하겠는가? 만약 알기를 구한다면 얻을 수 없음을 알아라. 단지 알 수 없음을 알면 그것이 곧 [자기] 성품을 보는 것이다.[10]

아마도 인류 역사상 이러한 절대 주체 혹은 진아의 진리를 가장 일찍 간파한 사람은 인도의 고전 『브르하드 아라니야카 우파니샤드』(Brhad-āranyaka Upanisad)에 나오는 현자 야즈나발키야(Yājnavalkya)였을 것이다. 그는 자아(Ātman)란 모든 봄(seeing)의 보는 자(seer), 들음(hearing)의 듣는 자(hearer), 앎(knowing)의 아는 자(knower)이지만, 이 아는 자 자체는 결코 앎의 대상이 될 수 없음을 설파했다.[11] 지눌의 공적 영지나 에크하르트의 지성과 마찬가지로 모든 인식 활동의 주체이며 순수 의식의 빛

---

10 「修心訣」, 『普照全書』, 34-35.
11 Brhad-āranyaka Upanisad, IV. 5, 15.

이지만, 그 자체는 인식의 대상이 되지 않는다. 지눌의 표현으로, "견문각지(見聞覺知)하는" 주체로서의 불성이며,[12] 임제 선사가 말하는 "법을 설하고 듣는", "목전의 뚜렷이 밝은 형상 없는 것"이지만[13] 객체적 인식을 초월하는 절대 주체다.

이러한 진아를 17세의 어린 나이에 직접 깨달아 현대 힌두교의 성자로 추앙받게 된 사람이 바로 스리 라마나 마하르쉬다. 그의 가르침은 한마디로 요약하면 자아 탐구를 통한 자아 발견이다.

라마나는 인간의 깊은 자아, 참 자아, 결코 대상화되지 않는 절대적 자아, 모든 앎과 경험의 진정한 주체이지만 항시 깊이 감추어져 있는 자아로서 결코 일상적 앎의 대상이 되지 않는 절대적 주체를 피상적 '나'(I)와 구별하여 '나-나'(I-I)라고 불렀다. 우리의 의식이 깨어있든 꿈을 꾸든 혹은 깊은 수면의 상태에 있든, 이 자아는 아무런 영향을 받지 않고 언제나 이 '세 가지 정신상태의 주시자'(sākṣin, witness)로서[14] 그 배후에서 스스로 빛을 발하는(self-luminous, svayamprakāśa) 존재다. "진아는 모든 지각에 있어서 '지각하는 자'로 현존한다."[15]

이 '나-나'는 결코 인식이나 의식의 대상이 되지 않는다. 그것을 의식하려는 의식 그 자체의 배후에서 그것을 가능하게 하는 심층적 의식이기 때문이다. '나-나'는 어떤 차별성도 지니고 있지 않은 의식, 그러나 모든 구체적 의식 활동의 배후에서 간단없이 빛을 발하는 무의식적 의식, 무한한 의식, 순수 의식(pure knowledge)이다. '나-나'는 나의 몸이 아님은 물론이고, 나의 몸이나 다른 대상들을 의식하는 마음(manas)도 아니며,

---

12 "能見聞覺知者 必是汝佛性." 「修心訣」, 『普照全書』, 32.

13 "目前 歷歷孤明 勿形段者." 같은 책, 32.

14 『라마나 마하르쉬 저작 전집』, 아서 오즈번 엮음/대성 옮김 (서울: 탐구사, 2001), 103.

15 같은 책, 99.

마음 상태를 의식하고 살피는 의식도 아니다. 그것은 의식이나 자의식(self-consciousness)의 대상이 되는 자아가 아니다. 이런 것들은 모두 나의 참 '나'가 아니라 수시로 변하는 현상적 자아, 상대적 자아, 껍데기 자아, 거짓 자아일 뿐이다.

우리가 일상적으로 사용하고 있는 '나'라는 말은 나의 신체나 마음이나 어떤 의식 상태를 가리키는 말이다. 그것은 결국 다양한 경험을 통해 형성된 현상적 자아다. 대상과 인식 내용에 따라 수시로 변하는 자아, 아파하고 슬퍼하고 욕망하고 갈등하는 자아다. 라마나에 의하면 인간의 모든 불행은 이러한 현상적 자아, 세속적 자아—울고 웃고 슬퍼하고 즐기며, 비교하고 비교되기도 하며 항시 변하는 자아—를 참 나로 오인하는 데서 온다. 반대로 인간의 궁극적 행복, 즉 해탈은 지혜의 길(jñānamārga)을 통해서 참 나를 발견하는 자기 탐구와 자기 발견으로만 가능하다. 무지로 인해 참 나에 겹겹이 덮여 씌워진(假托, adyāropa, superimposed) 껍데기들을 제거하여 깊이 감추어진 참 나를 만나 참 나로서 사는 데 있다.

참 나를 만나려면 참 나를 가리고 있는 모든 의식, 생각, 마음, 언어와 정신 활동을 멈추어야 한다. 무엇보다도 참 나를 현상적 자아로 오인하는 무지에서 벗어나야만 한다. 아상(我相, ahamkāra)과 아소상(我所相, mamakāra)을 벗어나야만 한다.[16] 스리 라마나는 "마음속에 일어나는 모든 생각 중에서 '나'라는 생각('I'-thought)이 첫째 생각이다. 다른 생각들은 이 '나'라는 생각이 일어난 뒤에야 일어난다"고 말한다.[17] 따라서 이 '나'라는 거짓된 생각을 제거하는 일이야말로 해탈의 지름길이다. 인도 철학자 마하데반(T. M. P. Mahadevan)은 라마나의 사상에 대해 이렇게 말

---

16 『라마나 마하르쉬 저작 전집』, 83.
17 같은 책, 69.

한다:

스리 라마나의 철학은 불이론적 베단타와 동일하게 자아실현을 목적으로
한다. 이 철학이 가르치는 중심되는 같은 자아(Self)의 본성에 관한 탐구, '나'
라는 관념의 내용에 대한 탐구다. 일상적으로 '나'라는 영역은 변하며 다수의
요소를 담고 있다. 그러나 이 요소들은 참 '나'가 아니다. 예를 들어, 우리는
물리적 신체를 '나'라고 말하고 "나는 살쪘다", "나는 야위었다" 등으로 말한
다. 우리는 이것이 올바른 말이 아님을 곧 알 수 있다. 정신이 없는 몸 스스로
가 '나'라는 말을 할 수 없다. 아주 무지한 사람이라도 '나의 몸'이라는 말의
의미를 안다. 그러나 '나'와 아상(egoity, ahamkāra)의 그릇된 동일시를 푸
는 일은 쉽지 않다. 그 이유는 탐구하는 마음 자체가 에고(ego)이기 때문이
며, 이 잘못된 동일시를 제거하기 위해서는 말하자면 에고가 자신에 대한 사
형선고를 내려야 하기 때문이다. 이는 결코 용이한 일이 아니다. 에고를 지
혜의 불에 봉헌하는 일이야말로 가장 위대한 제사다.[18]

켄 윌버는 우파니샤드와 라마나의 가르침에 따라 거짓 자아를 물리
치고 참 나, 즉 초인격적 자아(transpersonal self)를 발견하는 길로서 다음
과 같은 '주시자 훈련'(witness exercise)을 권장한다:

나에게 몸이 있으나, 나의 몸이 나는 아니다. 나는 나의 몸을 보고 느낄 수 있
으나, 보고 느낄 수 있는 것은 참 보는 자(true Seer)가 아니다. 나의 몸은 피
곤하거나 흥분되거나 아프거나 건강하거나 무겁거나 가벼울 수 있지만, 이

---

18 T. M. P. Mahadevan, *Ramana Maharshi and His Philosophy of Existence* (Sri
    Ramanasraman: Tiruvannamalai, 1959), 15-16.

것은 나의 내면과는 아무런 상관이 없다. 나에게 몸이 있지만 나의 몸이 나는 아니다.

나에게 수많은 욕망이 있으나, 나의 욕망이 나는 아니다. 나는 나의 욕망을 알 수 있으며, 알 수 있는 것은 참 아는 자(true Knower)가 아니다. 욕망은 나의 의식 속을 떠다니면서 오가지만, 그것들은 나의 내면에 영향을 주지 않는다. 나에게 욕망이 있으나, 욕망이 나는 아니다.

나에게 수많은 감정이 있으나, 나의 감정이 나는 아니다. 나는 나의 감정을 느끼고 의식할 수 있으며, 느낄 수 있고 의식할 수 있는 것은 참 느끼는 자(true Feeler)가 아니다. 감정은 나를 통과하지만 나의 내면에 영향을 주지 않는다. 나에게 감정이 있지만, 감정이 나는 아니다.

나에게 수많은 생각이 있으나, 나의 생각이 나는 아니다. 나는 나의 생각을 알 수 있고 직관할 수 있으며, 알 수 있는 것은 참 아는 자(true Knower)가 아니다. 생각들은 나에게 왔다가 나를 떠나지만, 나의 내면에 영향을 주지 않는다. 나에게 생각이 있지만, 나의 생각이 나는 아니다.[19]

이것은 선에서 마음의 본성을 찾아 들어가는 일종의 회광반조(廻光返照)의 행위라고 말할 수 있으며, 다른 한편으로는 비파샤나(vipaśyanā) 관행을 설하는 『사념처경』(四念處經, Satipatthāna-sutta)을 읽는 듯도 하고, 색수상행식(色受想行識) 하나하나를 두고 비아(非我, anatta)를 설하신 부처님의 설법을 연상시키기도 한다:

비구들이여, 색(色, 몸)은 나가 아니다. 만약 색이 나라면 병에 걸릴 리가 없으며, 나의 몸더러 이렇게 되라 저렇게 되라 말할 수 있을 것이다. 그러나 색

19 *Essential Ken Wilber*, 36-37.

은 나가 아니기 때문에 병에 걸리고 또 이렇게 되라 저렇게 되라 말할 수 없다. 수(受)에 대해서도 마찬가지며, 상(想), 행(行), 식(識)에 대해서도 마찬가지 사실을 알 수 있다. 이에 "무상하고 괴로우며 변하는 것을 두고 '이것은 나의 것이다, 이것은 나다, 이것이 나의 자아다'라고 할 수 있겠는가?"[20](팔리어 『무아상경』(無我相經)에는 오온 각각에 대해서, "이것은 나의 것(mama)이 아니다, 나는 이것이 아니다, 이것은 나의 자아가 아니다. … 무상하고 괴롭고 변하는 것을 두고 '이것은 나의 것이다, 나는 이것이다, 이것은 나의 자아다'라고 말하는 것이 옳으냐?"로 되어 있다.)[21]

부처님은 과연 여기서 무아를 설하셨는가, 아니면 아상(我相)과 아소(我所)를 물리치고 참 나를 찾으라고 말씀하신 것일까? 대승불교의 불성사상이나 여래장 사상은 후자라고 답하는 것 같으며, 종밀과 보조 그리고 임제와 같은 선사들도 그렇게 가르친다. 나아가서 힌두교의 정수인 불이론적 베단타와 에크하르트 신비 사상도 공통적으로 이러한 초인격적 자아, 보편적 자아인 진아의 실현을 최고의 정신적 경지로 간주하는 데서 일치한다.

IV. 맺음말

이상에서 나는 지눌과 에크하르트와 라마나의 신비주의 사상을 간략히 비교하면서 살펴보았다. 신비주의의 핵심은 절대적 실재―신(神),

---

20 다섯 비구를 향한 불타의 初轉法輪(律藏大品).
21 Anattalakhana-sutta, Samyutta-nikāya, iii, 66.

천(天), 도(道), 브라만(梵), 법신(法身) 혹은 진여(眞如)—와 인간의 본래적 마음(本心) 혹은 영혼과의 일치, 이른바 신비적 합일(unio mystica)의 경험에 있다. 비교종교학적 관점에서 볼 때 신비적 합일에는 크게 두 가지 유형이 있다. 하나는 주로 유대교, 그리스도교, 이슬람과 같이 인격적 하느님의 초월성을 강조하는 유일신 신앙의 종교에서 발견되는 신비주의로서, 인간 영혼과 하느님과의 완벽한 일치보다는 관계적 일치를 추구한다. 인간 영혼이 끝까지 개체성을 상실하지 않고 하느님과 사랑으로 하나가 되는(loving union) 경험을 강조하는 사랑의 신비주의(love mysticism)다. "나는 사탕을 맛보고 싶은 것이지 사탕이 되고 싶지는 않다"는 현대 힌두교 성자 라마크리쉬나(Ramakrishna)의 말과 같이, 절대자와의 일치를 경험하는 영혼의 개체적 정체성이 보존되는 신비 체험이다. 지혜의 길(jñāna-mārga)보다는 신애의 길(bhakti-mārga)을 강조하는 대중적 힌두교 신비주의도 이 범주에 속한다.

이와는 달리 불이론적 베단타 사상에 기초한 신비주의 그리고 불교, 도교, 유교 등 동양 종교에서는 일체의 차별성이 사라진 완벽한 일치, 다시 말해 절대와 상대의 합일(union)보다는 동일성(identity)의 신비 경험을 추구한다. 여기서는 신비 경험을 하는 주체의 개체성과 정체성이 완전히 사라지고 경험의 주체와 객체의 구별도 완전히 사라진다. 절대적 실재는 우리가 도달해야 할 목표라기보다는 이미 인간 내면에 자리하고 있는 우리의 참 자아(眞我)이며, 신비 체험은 곧 이 진아의 자각이고 실현일 뿐이다. 이 진아는 인간의 영적 본성 자체로서, 진아의 실현은 '나'와 '너'의 구별이 사라진 초인격적(transpersonal) 구원을 뜻한다. 지눌의 공적 영지, 에크하르트의 지성 그리고 라마나의 자아(Self, Atman)는 모두 개체성을 초월한 보편의식 혹은 순수 의식으로서, 초인격적 우주정신(cosmic spirit), 초이성적 수퍼마인드(super-mind)의 세계다.

지눌과 라마나의 신비주의는 의심의 여지 없이 절대와 상대 사이에 털끝만큼의 차이나 간격도 허락하지 않고 완벽한 일치를 추구하는 신비주의에 속한다. 에크하르트는 인격적 하느님의 초월성을 강조하는 가톨릭 신학을 배경으로 하는 신비주의 전통에 속하지만, 하느님과 인간 영혼의 완벽한 일치를 신비 경험의 최고봉으로 설하는 데까지 나아갔다는 점에서 극히 예외적 존재다. 이로 인해 그는 가톨릭교회에서 이단적 사상가로 정죄 받았다. 정통 그리스도교 신학에서는 하나님과 인간의 완벽한 일치는 오직 하느님의 육화(incarnation)인 예수 그리스도에게서만 실현되었다. 그리스도는 본성상(by nature) 하느님의 아들이고, 그를 믿고 따르는 그리스도인들은 하느님의 은총(by grace)으로 그의 아들이 된다. 에크하르트는 이러한 구별을 인정하지 않았다. 모든 인간의 영혼이 본성상 하느님과 조금도 다름없는 하느님의 모상(imago dei)일 뿐 아니라, 신의 근저(Gottesgrund)가 곧 인간 영혼의 근저이며 신과 인간과 만물의 차별상이 완전히 사라진 신성(Gottheit)의 무(無, Nichts)로의 돌파(Durch- bruch)를 신비 경험의 정점으로 말한다. 영혼이 일체의 상을 떠나 비고 자유로워지는(ledig und frei) 철저한 영적 가난과 초탈, 그야말로 무념, 무상, 무심의 경지에서 신과 인간과 만물이 모두 하나가 되는 경지를 에크하르트 신비주의는 강조하고 있다.

이러한 면에서 볼 때 에크하르트의 신비주의 영성을 연구하는 서구 학자들이 힌두교나 불교와 같은 동양사상, 특히 선불교에 관심을 가지고 오래전부터 양자의 유사성에 주목해온 것은 별로 놀랄 일이 아니다. 한편 동양에서도 선불교를 배경으로 지닌 일본 학자들에게 에크하르트는 비상한 관심의 대상이 되었고, 그를 매개로 하여 불교와 그리스도교의 대화도 활발하게 이루어져 왔다. 이른바 교토학파(京都學派)의 게이지 니시타니(啓治西谷)나 우에다 시즈테루(上田閑照)가 대표적 인물이다.

필자 자신도 이와 유사한 관점에서 마이스터 에크하르트의 신비주의 영성에 오랫동안 관심을 기울여 왔다. 이 글은 지눌의 선 사상(禪思想)이 불교의 모태인 힌두교 사상은 물론이고 그리스도교 신비주의 사상과도 폭넓게 비교연구를 하는 데 일조가 되기를 바라는 마음으로 썼다.

다시 생각해보는
돈오점수론(頓悟漸修論)

보조국사 지눌 스님의 사상 가운데 돈오점수론이 아마도 가장 널리 알려진 사상일 것 같다. 주목할 만한 점은 돈오점수 사상이 비단 선불교에만 국한된 사상이 아니라 모든 종교에 통하는 길이며, 종교를 넘어 인간이면 누구나 따라야 할 참다운 인간됨의 길이라는 사실이다.

지눌 스님의 돈오점수론에 직접 영향을 준 규봉 종밀 선사는 돈오점수를 "법(法)에는 불변과 수연의 두 면이 있고, 사람(人)에게는 돈오와 점수 두 문이 있다"고 했다. 여기서 법이란 우리가 깨달아 알고 닦아서 실현해야 할 진리를 가리키며, 돈오와 점수, 줄여서 悟(깨달음)와 修(닦음)는 사람이 이 진리를 자기 것으로 만들기 위해 따라야 할 두 길이라는 뜻이다.

지눌에 따르면 돈오와 점수에는 반드시 선후의 질서가 있어서 순차를 지켜야만 한다. 반드시 선 돈오 후 점수여야만 한다는 원리다. 이유인즉 깨달음, 즉 진리를 깨닫는 앎, 중생들이 자기 자신의 마음이 본래 부처님의 마음과 조금도 다름이 없다는 자각이 없으면, 마음을 닦아 나가는 수행의 과정은 어렵고 고된 길이 될 수밖에 없고, 반면에 자기 마음이 비록 번뇌에 덮여 있음에도 불구하고 그 본바탕, 마음의 본성이 부처님의 성품임을 자각한다 해도 마음의 번뇌를 제거하는 지속적인 수행의 노력이 뒤따르지 않으면 자신의 본성—진심, 불성—을 제대로 지키거나 실현하지 못하기 때문이라는 것이다.

지눌은 종밀의 가르침에 따라 선 돈오 후 점수의 진리를 두 가지 비유로 설명한다. 하나는 갓난아이가 비록 이목구비를 온전히 다 갖춘 어엿한 사람이지만, 실제로 사람 구실을 하려면 성장과 배움의 과정이 필요한 것과 마찬가지다. 다른 하나는 얼음과 물의 비유로서, 얼음이 비록 물임을 안다 해도 얼음이 실제로 물이 되려면 장시간 태양의 온기를 받아 녹는 시간적 과정이 필요하다.

나는 또 하나의 비유를 즐겨 사용해서 설명한다. 시골 사람이 서울로 이사하는 순간 이미 서울시민이지만, 그가 실제로 서울 사람 노릇을 하려면 지리도 익히고 사람을 사귀는 등 서울살이에 필요한 여러 가지 정보를 배우고 익히는 과정이 필요한 것과 유사하다는 비유다.

나는 진리에 대한 자각과 지속적 수행의 필요성이 비단 선불교만의 가르침이 아니라 그리스도교를 비롯한 다른 종교들에도 해당하는 보편적 진리이며, 더 나아가서 인간이면 누구나 따라야 할 진리라고 생각한다.

돈오와 점수 사이에 얼마간의 모순과 긴장이 있는 것은 부인할 수 없는 사실이다. 번뇌가 본래 공이며, 일체중생이 불성을 가지고 있어서 중생의 본래 모습이 부처와 조금도 다름없다면, 당연히 '수행이 왜 필요한가'라는 물음이 제기된다. 이에 대한 지눌과 종밀 스님의 대답은 번뇌는 이(理)의 측면에서 보면 공이어서 실체가 없지만, 사(事)의 측면에서 보면 여전히 우리를 괴롭힌다는 것이다. 하지만 이는 이와 사가 별개의 것이 아니라는 진리, 즉 색즉시공이나 이사무애의 눈으로 보면, '어떻게 그런 어긋남이 있을 수 있냐'는 의문이 여전히 남는다. 번뇌가 존재하지 않는다는 것도 진리이고, 번뇌가 여전히 우리를 괴롭힌다는 것도 부정할 수 없는 사실이기에 두 가지 진리 혹은 사실 사이에 괴리가 존재하며, 인간은 결국 오와 수, 이론과 실천, 본질과 실존 사이의 괴리라는 문제를 안고 살 수밖에 없다는 결론에 이른다. 그리고 이러한 모순은 비단 선불교만의 문제가 아니라 모든 종교, 모든 인간이 직면할 수밖에 없는 문제이다.

사람은 처음부터 사람다움의 원형을 가지고 태어난다. 이 원형은 아무 부족함이 없이 완전해서 불교에서는 불성, 여래장, 본각진성 등 여러 이름으로 불리고 그리스도교에서는 신의 모상(imago dei), 신의 씨앗(Seed of God) 혹은 내면의 빛(inner light)이라 부르기도 한다. 유교에서는 하늘로부터 품수 받은 인간의 본성(天命之謂性), 즉 본연지성(本然之性)이라 하여 성인과 필부 사이에 조금도 차이가 없지만, 기질지성이 다르기 때문에 실제 상 차이가 생긴다고 한다. 나는 이 기질지성에는 물론 후천적인 환경이나 교육 등이 포함된다고 본다. 또 힌두교에서는 모든 인간이 공유하고 있는 본성을 아트만(Atman)이라 부르며 이 인간의 본성이 곧 우주 만물의 본성과 일치한다는 범아일여(梵我一如) 사상이 가장 중요한 가르침이다.

이 모든 가르침에 공통된 문제는 인간의 참 자아, 참사람(眞人)의 모습은 하나지만, 사람마다 환경과 교육과 수행과 몸을 비롯한 환경과 물질적 여건의 차이로 말미암아 성인과 범부의 차이가 발생한다는 것이다. 그리고 이러한 본래성과 현실성의 차이를 극복하여 온전한 참사람이 되는 길은 돈오와 점수, 즉 자신의 본래적 성품을 먼저 자각한 다음 현실적으로 자신의 부족한 모습을 계속해서 변화시키는 부단한 수행의 노력이 필요하다는 것이다.

사람은 태어나는 순간에 이미 인간으로서의 본성과 자질을 다 갖춘 온전한 사람으로 태어난다. 아무 흠이나 부족함이 없는 온전한 사람이다. 배가 고프면 먹고 졸리면 자고 아프면 마구 울어도 누구 하나 갓난아이를 탓하지 않는다. 그런가 하면 천진난만한 어린아이의 맑은 눈망울에 비친 삼라만상을 보라. 얼마나 순수하고 신기한가? 또 아기가 말을 배우는 두세 살이 되면서 얼마나 깜찍하고 사랑스러운가? 문자 그대로 사람은 다 하늘이 낸 천재이고 영물이다. 단지 존재한다는 사실 하나만으로도 행복하고 하늘의 축복을 누린다. 그런데 누구나 나면서부터 하늘로부터 받은 이 보편적이고 영원한 본성이 세파에 시달리고 경쟁에 내몰리면서 번뇌에 (둘러)싸이고, 이것이 제2의 본성처럼 되어서 온갖 괴로움을 겪는다. 따라서 교육이 필요하고 인격 형성이 필요하며, 본래성을 되찾는 수행이 필요한 것이다. 사람다운 사람이 되어 사람 노릇을 통해서 본래적 존재의 모습을 되찾아야 한다. 그러나 사람이 진정한 사람이 되려면 먼저 자기가 정말 누구인지(하느님의 아들, 부처)를 알아야 하고, 아는 것과 하나가 되도록 번뇌에 싸인 현실적 자아의 때를 벗겨내야 한다. 그리고 이런 수행의 열매를 모두를 사랑하고 품는 행위를 통해 이웃과 세상에 바치는 삶을 살자는 것이 모든 종교의 근본 가르침이다.

우리는 깨달음이 불자들만의 것이 아니고, 그리스도교의 성령, 하느님의 거룩한 영이 기독인들만의 특권이 아님을 알아야 한다. 여기서 나는 깨달음을 너무 어렵게 생각하거나 깨달음 지상주의를 경계할 필요가 있다고 본다. 우리는 모두 부족하지만, 하느님이 사랑하는 자녀들임은 변치 않는 진리다. 신앙이란 단지 이러한 진리를 깊이 깨우치고, 신학자 틸리히가 말하는 대로 하느님이 우리의 부족함에도 불구하고 우리 모두를 자기의 귀한 자녀로 받아주신다는 것을 내가 인정하고 수용하는 (그의 표현으로는 acceptance of acceptance) 것이다. 엄밀히 말해서 우리를 구원하는 것은 하느님의 사랑이지 우리의 신앙이 아니다. 복음서에 나오는 탕자의 비유나 「법화경」에 나오는 궁자의 비유는 이러한 사실을 증언하고 있다. 하지만 우리가 이런 진리를 아무리 깊이 자각한다 해도 우리는 여전히 세상 유혹에 걸려 넘어지곤 한다. 하느님의 자녀답게 살지 못하고, 부처님의 자녀답게 살지 못하는 것이 우리 모두의 현실이다. 우리 모두 부지런히 자신의 마음을 살피고 경계를 게을리할 수 없는 까닭이 바로 여기에 있다. 깨달음과 자각이 전혀 없는 사람도 존재하지 않겠지만, 깨달음이 대번에 다 완성되는 사람도 없을 것 같다. 이런저런 경로를 통해 주어진 깨달음이 없는 돈오는 없고, 돈오 없는 점수는 결코 쉽고 가벼운 수행이 될 수 없다는 것이 내가 넓게 이해하고 있는 돈오점수론이다.

　사람은 무엇이 되려고 하지 않아도, 무엇을 특별히 하지 않아도 그 자체로 이미 완전한 존재다. 내가 이미 온전한 존재라는 것, 아니 그렇게 믿는 것이 행복의 시작이다. 어린아이는 무엇이 되거나 무엇을 해서, 예쁜 짓을 많이 해서 부모의 사랑을 받는 것이 아니다. 아이들은 가만히 두기만 하면 된다. 존재의 충만함이 넘친다. 사람은 생명을 지닌 신의 알맹이이고, 생명은 그 자체로 기쁨이다. 부모의 손에 무방비 상태로 내맡겨진 어린아이는 아무 근심 걱정 없이 마냥 행복하다. 부모가 자기를 위해 모든 것을 다 해줄 수 있는 존재라는 절대적 믿음을 가지고 있다. 사실 세상의 부모치고 자식을 위해 무엇인들 아끼겠는가? 예수는 하느님을 대신한 부모의 무조건적 사랑과 이러한 사랑을 전적으로 신뢰하는 어린아이의 단순하고 순수한 믿음을 하느님과 인간 사이의 진정한 관계로 보았다. 아무런 소유도 없고, 비싼 장난감이 없어도, 내세울 성취나 업적이 없어도 어린아이들은 존재 그 자체에서 오는 생명의 기쁨을 누린다. 어른들도 삶의 어느 순간에는 그런 기쁨을 경험한다. 깨닫는 자, 소유의 행복이 아니라 돈 주고 살 수 없는 존재의 행복이다. 오늘 여기 이렇게 살아 있다는 것보다 더 큰 기쁨이 어디 있는가? 현대인은 이런 존재의 기쁨을 상실하고 밤낮없이 무엇을 소유하고, 무엇이 되려 하고, 무엇을 하려 하면서 자기도 피곤하고 남도 피곤하게 만든다. 사람은 진정한 행복을 누리려면 아무리 중한 것이라도 내려놓고 아무것도 없는 빈털터리가 되고 벌거벗고 가난한 자가 되어야 한다. 온갖 거추장스러운 옷과 장식품을 벗어버리고 벌거벗은 자, 아무 할 일이 없는 무사한인(無事閑人), 무위진인(無位眞人) 혹은 무의도인(無依道人)이 되어야 한다. 이렇게 하늘이 준 본래의 성품을 되찾고 존재의 뿌리로 귀환하는 것이야말로 우리가 종교를 통해, 깨달음과 수행을 통해 바라는 것이다. 그것을 위해 기도를 드리고 선정을 닦는다. 그런 사람에게는 두려움도 걱정도 없고, 무엇 때문에 오는 것이 아닌 순수한 기쁨과 평화가 있고, 거기서 나오는 은총에 대한 감사와 감사의 표현인 사랑이 있다. 크고 작은 깨달음을 통해 우리는 이미 승리한 것이나 다름없는 삶을 산다. 우리는 질지도 모를 싸움을 하는 것이 아니다. 이미 승리가 보장된 싸움을 하고 있다. 이것은 내 말이 아니라 신학자 칼 바르트의 말이다. 오늘 아침 일찍 일어나서 내가 쓴 글을 다시 읽어보다가 이 점이 마음에 걸려서 뒤늦게나마 밝힌다. 나는 "하느님이 세상을 그처럼 사랑하셔서 자기 독생자를 보내셨다"는 말을 이러한 시각에서 이해한다. 이것이 영적 휴머니즘이 추구하는 쉽고 가벼운 길이다. 수행은 우리가 애써 획득하여 달고 다니는 계급장이나 남에게 보여주는 표창장이 아니다.

　무소유와 가난의 기쁨은 현대인들이 잃어버린 보물이다. 사람에게만 존재의 희열이 있는 것이 아니라 세상에 존재하는 모든 생명이 이러한 존재의 충만과 기쁨을 누리며 산다. 봄에 피는 꽃들은 생명의 노래요, 시요, 춤이다. 진달래 앞에서 웃음 지으며 사진 찍는 사람들은 그 생명에 화답하여 노래하고 덩실덩실 춤을 추고 있는 것이 아닌가? 존재의 기쁨을 알려면 껍데기를 벗어야 한다. 옷을 벗어야 한다. 소유든, 감정이든, 욕망이든, 생각이든, 관념이든 참 나에게서 나온 것이 아니라 밖에서 배운 것이고 습득한 것들이다. 밖에서 들어온 소리가 잠잠해져야 안에서 나오는 참 나의 소리가 들린다. 나라고 우기는 모든 것들(我相)을 내려놓으면 스스로 밝은 빛이 비쳐온다. 어떤 것에도 영향을 받지 않고 스스로 비치는 빛, 그것이 부처님의 광명이고 아트만이고 신이 비추어주는 로고스의 빛이고 거룩한 영이 아니고 무엇이겠는가? 만물을 그저 있는 그대로 내버려 두고, 있는 그대로 비출 뿐 어떤 망상도 어떤 번뇌도 덧붙이지 않는다. 덧붙일 것이 없으니 제거할 것도 없다. 이것이 깨달음 후의 닦음(悟後修)의 진면목이다. 닦음 없는 닦음, 번뇌를 끊지 않는 끊음, 묘한 닦음(妙修)이라고 한다. 본래 잃은 것이 없으니 구하는 것도 없고(無所求) 얻을 것도 없는(無所得) 진인의 세계다. 마이스터 에크하르트는 이것이야말로 "초탈한 천하 자유인의 삶이며, 하느님의 아들의 삶"이라고 한다. 아무 이유 없이(ohne Warum, without why) 사는 무사한인(無事閑人)의 삶이며, 그냥 살기 위해 사는 삶이라고도 했다. 없는 문제를 만들어 가면서 자승자박하는 현대인에게 이보다 더 귀한 진리가 있을까?

종교마다 수행법이 다르지만, 중요한 사실은 어느 것이든 수행 자체가 목적이 아니라 사람됨이 목적이다. 그러나 요즘은 수행을 무슨 공덕을 쌓는 것처럼 생각하는 종교인들이 많다.

기독교인 중에는 새벽기도를 빠짐없이 다니고, 40일을 금식하고, 성경을 몇십 번 읽었다고 자랑하며 다니는 사람들이 있다. 불교에서도 십여 년을 참선하며 눕지도 않고 수행을 했다거나 불교 경전을 여러 권 외우고 있다고 자랑하는 이들이 있다. 나는 그런 사람들 가운데 종교 생활만 열심이지 존경할만한 사람들은 별로 본 적이 없다. 나는 이런 사람들을 예배 중독자나 종교 중독자라고 부른다. 수행한다고 많은 종교 서적을 읽고, 여러 수행처나 기관을 찾아다니고 하는 사람들 가운데는 자기 내면에서가 아니라 밖에서 답을 구하려는 사람들이 많다. 그러나 결국은 자기 자신의 마음으로 돌아와야만 한다. 수행은 남이 보라고 하거나 하느님이나 부처님에게 무슨 제물을 바치는 행위가 아니다.

그런 의미에서 나는 수행을 고행(苦行)으로 여기는 것에 반대한다. 수행도 기쁘게, 가볍게 해야 한다. 이것이 오후 수에 하는 '수 아닌 수', 즉 묘수라고 지눌 스님은 말한다. 수행은 자기에게 맞는 것을 하면 된다. 나는 숲속을 걸으며 명상하거나 조용한 음악을 듣거나 글을 쓰면서 집중하는 것도 좋고, 이런저런 경전 공부를 하는 것도 좋다. 화분에 물을 주거나 아이들을 가르치거나 밭에서 일하는 것도 다 수행이다. 자고 먹고 놀고 일하고, 대화하고 심지어 친구들과 수다를 떠는 것도 수행이 될 수 있다. 수행 중에서도 일상생활을 수행으로 여기지 않는 수행은 수행을 위한 수행이 되기 쉽다. 왕양명은 그래서 일하며 수행할 것을 권하면서 일을 통해 연마한다는 의미로 사상마련(事上磨鍊)을 주장한 것이다. 수행이 바쁜 삶을 살고 일에 지쳐 있는 현대인들에게 또 하나의 일이 되고 부담이 되지 않으려면, 수행은 오히려 우리의 무거운 인생의 짐을 가볍게 해야 한다.

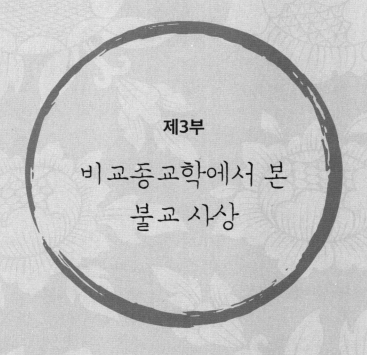

제3부

비교종교학에서 본
불교 사상

열암 철학에서의 한국 불교 사상 연구

I. 열암 철학의 근본적 관심과 한국 불교 사상 연구

열암 선생의 저작을 살펴보면서 새삼 그의 관심의 폭과 지식의 해박함에 놀라지 않을 수 없다. 논리학, 독일 관념론, 현상학, 실존주의, 프래그머티즘 등 서양 철학의 넓은 이해는 말할 것 없고, 유학, 불교 사상, 실학 등 동양 철학 전반에 걸친 그의 폭넓은 섭렵은 험난한 시대를 살다가 간 한 지성인의 사상적 편력, 아니 그의 구도적 행각을 말해주기에 충분하다. 그가 그렇게 다양한 사상들과 씨름하지 않을 수 없었던 것은 단지 지적 호기심에서만 비롯한 것은 아니었을 것이다. 일제의 암울한 시기와 해방 후의 사회적, 사상적 혼돈을 몸소 겪으면서 어디엔가 나라를 구하고 자신을 의탁할 만한 사상이라도 있지 않을까, 아니 없다면 이제부터라도 우리의 손으로 만들어내야 하지 않겠는가 하는 절박한 심정이 그를 끊임없는 사상적 구도 행각으로 몰고 간 것이 아니었겠는가 생각해 본다.

어떠한 한 사상 체계나 조류를 이해하고 소화한다는 일은 경험해 본 사람은 누구나 알고 있듯이, 집요한 관심과 집중력을 요할 뿐만 아니라 그 사상에 깊이 매료되고 사로잡히지 않으면 하기 어려운 일이다. 과학적 진리의 탐구도 그러할진대 하물며 철학과 사상을 연구하는 일이야 말할 것 있겠는가? 어떠한 사상 체계와 씨름하든 마치 그것이 자신을 구원이라도 해 줄듯한 심정으로 일종의 종교적 열정과 사랑을 바치지 않고는 아무도 그 기나긴 지적 투쟁의 고통스러움을 자취하려 하지 않을 것이다. 누구도 철학을 하기 위해서 하지는 않는다. 제아무리 순수한 지적 탐구라 할지라도 어떤 강한 동기와 목적의식, 관심과 문제의식 없이는 집요한 지적 탐구를 오래 계속하지 못할 것이다.

그렇다면 과연 열암의 철학적 탐구와 사상적 편력의 배후에는 어떠한 지배적 관심과 문제의식이 있었을까? 가령, 그의 서양 철학 전반에 걸친 폭넓은 연구와 그것과는 분명히 동떨어지고 또 전혀 다른 지적 훈련이 필요한 한국 불교 사상에 대한 연구 사이에는 과연 어떤 연관이 있으며, 양자를 묶어 주는 어떤 공통의 관심사가 있을까? 이것이 열암의 한국 불교 사상 연구를 다시 한번 검토해 보면서 필자의 뇌리를 떠나지 않는 물음이었다. 열암 선생은 어째서 한국 불교 사상의 연구에 눈을 돌렸을까? 무슨 관심과 동기에서 적지 않은 시간과 지적 노력이 요구되었음이 틀림없는 원효, 지눌 등의 저서와 씨름했을까?

이에 대한 한 가지 대답만은 우선 분명한 것 같다. 그리고 이것은 부정적인 대답이기는 하나 매우 중요한 의미를 지닌 것이기도 하다. 즉, 필자가 아는 한 열암은 불교 신자가 아니었고, 불교에 대한 개인적 신앙이나 신념 때문에 불교를 연구한 것은 아니었다는 점이다. 그렇다고 그가 다른 어떤 뚜렷한 종교적 신앙을 가진 것도 아니었으며, 그러한 종교적 관점에서 불교를 연구한 것도 아니다. 그렇다면 철학자 열암과 불교를 이어주는 줄은 얼핏 둘 중의 하나라고 생각된다. 즉, 철학적 관심, 다시 말해 불교 사상의 어떤 면이 그가 추구하는 철학적 문제의 해결에 연관되거나 중요한 의미를 지닌다고 믿었든지, 아니면 불교가 한국인의 정신적, 철학적 유산으로서 한국의 지성인들이 마땅히 관심을 가질 수밖에 없다는, 보다 자명해 보이는 소박한 이유, 즉 일종의 애국적 동기였을 것이다. 열암의 저술을 통하여 전자의 예를 찾아보기란 쉽지 않다. 여기 저기서 그는 한국 불교 사상가들의 뛰어난 통찰이 서양 철학의 어떤 면과 유사하다든지 관련성이 있음을 시사하지 않는 것은 아니나, 불교의 어떤 사상과 서양 철학을 조직적으로 비교한다든지 어떤 철학적 주제를 탐구하는 데에 서양 철학과 더불어 불교의 철학적 통찰을 본격적으로 동원한다든지(아마도 이에 가장 가깝게 가는 것은 그의 "부정에 관한 연구"였을 것이며, 거기서 그는 불교를 포함한 동양적 부정의 논리가 지니는 "적극적인 방법론적 의의"에 대하여 간략하게 살피고 있다. 전집 II, 638-642), 혹은 일본의 이른 바 경도학파 철학자들처럼 확고한 불교적 입장에 서서 철학적 사유를 전개한다든지 하는 것도 열암에게서는 찾아보기 어렵다. 바로 이 점이 그의 불교 철학적 관심을 주로 사상사적 '연구'의 차원에 머무르게 한 것일는지도 모른다. 그리고 이와 무관하지 않은 사실은 열암의 불교에 대한 관심이 불교 철학이나 사상의 뿌리에까지 미치지는 않고 기본적으로 한국 불교 사상의 테두리 내에서 이루어졌다는 점이다.

물론 이것은 열암이 불교 사상의 근본이나 전체에 대한 이해가 부족했다는 것을 뜻하지는 않는다. 한국 불교 사상을 제대로 연구하고 이해하기 위해서는 인도로부터 시작되는 불교 사상 전반에 대한 정확한 이해 없이는 불가능하다는 사실에 비추어 볼 때, 열암의 불교 이해가 단순히 한국 불교 이해의 범위에 머무를 수는 없었다. 실제로 그의 한국 불교 사상 연구를 들여다보면 그의 불교 사상 일반에 대한 이해가 얼마나 깊고 정확한 것인가를 알 수 있다. 문제는 이러한 불교 사상 연구가 그의 여타 철학적 사유와 유기적으로 통합되거나 창조적으로 이용되고 있는 면은 찾아보기 어렵다는 점이다. 그렇다면 열암은 왜 한국 불교 사상에 그토록 관심을 쏟았으며, 그렇게 어려운 불교 공부를 했을까? 단순한 지적 호기심도 아니고 한국의 사상사를 한 번 정리해보겠다는 누구라도 품어 볼 만 학자적 야심에서 이루어지지도 않았을 것이다. 그는 어디까지나 사색하는 철학자였기 때문이다.

그렇다면 열암의 한국 불교 사상에 대한 연구는 한국의 철학자로서 마땅히 해야 한다는 하나의 소박한 '애국적' 혹은 '민족적' 동기에서 이루어진 것일까? 앞으로 우리가 고찰하겠지만 그러한 면이 전혀 없었던 것은 아니다. 그러나 열암의 애국애족은 사상적, 철학적 차원에서 이루어진 것임을 기억할 필요가 있다. 바로 이 때문에 우리는 열암이 민족 사상 혹은 '한국 사상'에 대하여 지니고 있었던 강한 관심에 주목하지 않으면 안 되는 것이다.

열암 철학의 배후에는 늘 현실과 삶에 대한 강한 관심이 깔려 있다는 것은 잘 알려진 사실이다. 그가 말하는 현실의 개념은 사회학적으로 파악된 현실이라기보다는 역사적으로 이해된 현실이다(전집 III, 164-166). '역사적' 이해라 함은 현실을 과거라는 제약성과 미래를 향한 개방성의 긴장 속에서 파악하며 창조적 결단과 행동의 장으로 삼는다는 것을 의미한다. 현존재의 존재 양식을 시간성 속에서 파악하는 하이데거의 영향을 엿볼 수 있다. 여하튼 열암은 철학이 바로 이러한 현실적 삶과 행동에 도움이 되고 힘이 되어야 한다고 믿는다. 삶을 인도하는 행동 원리, 쉽게 말해 '생활신조' 같은 것을 철학이 제공할 수 있어야 한다는 것이다. 그러한 것을 열암은 '사상'이라 불렀으며, 열암의 최대 관심은 지배적 이념 없이 표류하고 있는 근대 한국을 위하여 어떤 사상적 좌표로서의 '한국사상'을 마련하려는 데 있지 않았나 생각된다(전집 IV, 50-52 참조). 정치적 독립, 경제적 독립 못지않게 중요한 것이 사상적 독립임을 역설하면서 열암은 한국 사상의 정립에 우리 스스로가 발 벗고 나설 것을 촉구한다:

> 우리의 모든 노력의 궁극적인 목표가 우리의 살길을 찾는 데 있다면 한국의 사상은 우리가 살아 나아갈 앞길을 밝혀주는 것이어야 할 것이다. 사상이란 懷舊적인 추억에 그의 사명이 다하는 것이 아니다. 우리의 생에 새 힘을 넣어주는 안내의 몫을 담당할 수 있어야 할 것이다. 그런데 남이 우리를 대신하여 우리의 길을 개척할 수도 걸을 수도 없는 일이라면 아무리 힘들어도 우리의 힘으로 우리의 길을 개척하여야 하며 걸어가는 수밖에 도리가 없다. 그런 만큼 그에 대한 우리로서의 確乎不拔한 사상이 먼저 뚜렷하게 서야 할 것이 요구된다. 한국의 정치적 독립, 경제적 독립은 누구나 외치며 그를 위하여 싸울 줄 알면서 어찌하여 그의 정신적인 밑받침이 될 사상적 독립을 위하여는 그렇게도 대범한 것일까? 한국의 지도이념이 떠난 정치투쟁도 경제계획도 있어서는 안 될 일이거니와 이 한국의 지도이념이란 딴 것이 아니라 바로 한국사상이 지니고 있어야 할 기본정신을 이름이다(전집 IV, 11).

한국인 모두가 쉽게 공감할 수 있고 한국인의 민족적 주체성을 일깨우고 살리며, 그러면서도 세계적 보편성을 지닌 그리고 과학적 합리성을 무시하지 않고 경제적 삶의 향상에도 도움이 되는 사상이 필요하다고 열암은 생각한 것이다(전집 VI, 57-64).

그러나 한국 사상의 구축이 아무리 시급하고 절실하다 해도 서두르거나 과학적 합리성을 무시하고 신화적 세계에 안주하거나 자기 것만을 무조건 내세우려 해서는 안 된다고 열암은 경고한다:

사상이 빈곤하다 하여 과학과 배치되는 신화 풀이는 삼가야 할 일이다. 남이 수 세기에 걸어온 길을 단시일에 주파한다는 것은 용이한 일이 아니다. 하물며 있어야 할 조건을 구비치 못함에랴. 여기에 남모를 고민이 있다. 그러기에 섭취에도 창의성이 필요하다는 것이요 이것 없이 같은 수준에 도달한다는 것을 바랄 수 없는 일이다(전집 VI, 54).

한국에서 전통적으로 민족 사상 혹은 국가이념의 역할을 한 것은 불교나 유교였다. 열암도 물론 이 사실을 지적하고 있으며, 동시에 그는 그러한 하나의 통일된 종교적 이념으로 한국 사회가 결속되던 때는 이미 지나갔고, 이제는 종교적, 사상적으로 다원화된 사회에 우리가 살고 있음을 지적한다. 그리고 바로 여기에 그의 적지 않은 고민이 있었다. 다시 말해, 현대 한국과 같은 종교적, 이념적 다원사회에서 과연 "모든 종파의 교인이 한결같이 충심으로 납득할 수 있는 공통점을 어떻게 찾아내어 하나의 한국 사상으로서 확립할 수 있을 것인가?"(전집 IV, 46-47, 52) 하는 것이 그의 커다란 관심사였다.

이 어려운 과제를 앞에 두고, 열암의 관심은 우선 과거 한국 사상을 주도했던 철학자들에게로 돌려질 수밖에 없었다. 여기에는 그들로부터 어떤 사상적 가르침이나 암시를 받고자 하는 의도도 있었겠지만, 무엇보다도 선조들이 이룩한 탁월한 사상적 업적들을 되돌아보면서 지금의 우리도 그들과 같이 창조적 작업을 수행할 능력이 있음을 확인하면서 사상적 주체성을 위한 자신감을 얻으려는 심리적 동기가 강하게 작용했다. 이는 원효나 지눌, 퇴계나 율곡 같은 뛰어난 한국 사상가에 관한 그의 연구에 잘 드러난다.

명석한 두뇌, 심오한 통찰, 선견지명 등 그들에 대한 열암의 찬탄은 가히 열정적이라고도 말할 수 있다. 때로는 학문적 냉정성을 상실한 듯, 때로는 맹목적 애국심이 그의 공정한 판단력을 흐리게 하지나 않나 염려될 정도로 그는 선현들의 뛰어난 사상적 업적에 심취되어 있었다. 이것은 아마도 그동안 너무나 자기 것을 망각하거나 비하하고 살았던 어처구니없는 우리 지성계를 일깨우려는 안타까운 마음의 발로였을 것이다. 일제강점기에 일본을 통하여 서구 사상과 문물을 접하다가 해방 후 직접 서구 사상에 접하면서 그것에 압도되다시피 하여 서구 일변도로 흐르게 된 현대 한국 지성인들의 무자각적인 의식, 자기 것을 한 번도 제대로 연구조차 해보지 않고 무조건 비하하는 그릇된 사상적 풍토를 열암은 통렬하게 비판한다:

> 우리 한국 사상에 관한 연구는 아직도 거의 미개의 처녀지 그대로 있다. 미술이나 음악이 외국 사람으로서도 칭찬할 만한 그러한 수준의 것임이 사실이라면 그를 만들었고 그 속에서 그와 더불어 생활한 한국 사람의 사상만이 유독 이렇다 할 것이 없었을 것인가? 우리는 우리 자신을 너무 잊어버리고 있는 것도 같다. 자아를 망각한 빈 마음은 이리 쫓고 저리 달리어 새로운 사조를 유일의 진리인 양 받아들이기에 바쁜 것도 같으나 이를 소화해서 내 것으로 만들 겨를을 가지지 못한 채로 거기에 남은 것은 공허한 모방에 지친 형태뿐일는지도 모른다. 이것이 이른바 사대주의의 말폐요 자각을 가지지 못한 나라 사람들이 빠지기 쉬운 안타까운 약점이다(전집 IV, 10-11).

뒤늦기는 하나, 열암에 의하면 1960년대부터는 다행스럽게도 우리 것에 관한 관심을 되찾기 시작했다고 한다. 아마도 여기에는 열암 선생 자신의 노력도 적지 않은 역할을 했으리라 추측된다.

열암이 우리 것에 관심을 갖자고 촉구하는 것은 결코 편협한 국수주의적 발상에서 나온 것이 아니고, 전통 사상에 대한 어떤 맹목적 존숭에서 나온 것도 아니다. 열암은 그러한 오해를 살 것을 염려한 나머지 그의 글 도처에서 이 점을 경계하고 있다:

> 나의 생활이 나 홀로 고립하여 불가능하며 코뮤니케이션이 필요하듯이 우리의 사상은 외래 사상과의 접촉 대결에 있어서 비로소 세련도 되고 성장도 한다. 한국사상이라 하여 태곳적부터 완성 고정되어 있어서 마치 땅속에 파묻힌 보석과도 같이 어디 숨어 있는 것을 찾아내기만 하면 그대로 찬연한 빛을 발할 것이라고 쉽게 생각함도 경계할 일이다. 설사 그러한 보석과 같은 것이 있다 치더라도 그것을 찾아내는 노력이 필요한 것이요 또 갈아야 광채가 나는 것이 아닌가?(전집 IV, 11).

이 '보석'이 과연 있는지 없는지는 확실치 않다고 할지라도 일단 찾아보는 작업 그리고 찾으면 연마하는 작업이야말로 열암이 그의 한국 사상사 연구에서 하고자 하는 작업일 것이다. 그가 과거의 한국 사상에 눈을 돌린 것은 결코 과거에서 현재의 우리 문제들을 모두 해결해 줄 수 있는 '보석', 어떤 절대적이고 완결된 사상 체계를 발견하고자 함이 아니고— 열암은 확신에 찬 불교 사상가도 아니고 마지막 남은 완고한 유학자도 아니다— 과거의 한국 사상가들의 위대한 업적을 보면서 한국인으로서의 긍지와 자부심을 얻으려는 단순한 심리적 동기에서만도 아니었다. 전통과의 대화 자체, 찾아내고 연마하는 행위 자체가 이미 하나의 창조적 행위임을 열암은 강조한다.

> 과거에서 무엇을 보며 또 그것을 어떻게 보는가는 미래에 대한 태도가 결정한다. 보통은 과거가 그대로 밀려 내려와 현재가 되고 또 미래가 된다고 하나

인간의 능동적 건설적인 행운은 그처럼 간단한 것은 아니다. 삼국시대의 역사에서 또는 고려시대의 역사에서 무엇을 보며 또 그것을 어떻게 보는가는 현재의 우리의 태도에 달렸고, 이 현재의 우리의 태도는 미래에 대한 건설적 의욕에 의하여 제약되는 것이다(전집 IV, 12).

열암의 현실 개념이 과거와 미래가 그 안에서 긴장을 형성하면서 만나는 역동적인 현실이듯, 과거의 전통도 그에게는 현재와는 무관한 한갓 지나가 버린 사실이 아니다. 현재의 한국 사상의 구축 그리고 우리가 앞으로 나아가야 할 한국의 사상적 방향의 모색은 전통과의 대화를 통해서 이루어져야 하며, 과거 한국 사상의 연구는 현재 한국인이 당면한 과제의 해결과 앞으로 실현하고자 하는 꿈을 계획하고 앞당기려는 가운데서 이루어져야 한다는 것이 열암이 한국 사상을 대하는 자세이다. 한국 사상의 구축은 공허한 모방이나 우리 자신의 정신적 자산은 아무것도 없는 무에서 성취될 수 있는 일이 아니며, 과거 한국 사상의 연구는 단순히 지나간 역사를 대하듯 현재의 사상적 관심과 미래를 위한 설계를 떠나서 이루어질 수도 없다는 것이다. 열암은 결코 동양학을 하는 학자나 불교 학자가 아니었다. 그는 철학자였으며, 그 이전에 한국 민족을 살리며 움직이는 생명력 있는 사상의 구축, 한국인의 사상적 정체성과 좌표를 수립하고자 고심했던 사상가였다.

한국인이 한국의 사상을 대하는 태도는 불가불 외국 학자들이 대하는 태도와는 다를 수밖에 없다. 하나는 어디까지나 자기 자신에 관한 문제요 다른 하나는 타인의 문제를 대상적으로 바라보는 제삼자적 자세일 수밖에 없기 때문이다. 그렇다고 해서 이것이 과거를 연구하는 데서 객관성을 무시하고 함부로 사실을 왜곡하거나 자의적인 이데올로기적 해석을 가해도 좋다는 것을 뜻하지는 않는다. 아마도 이 점이 열암의 민족 사상적 관심을 일부 국수주의적 사상가들이나 역사가들의 작업 그리고 북한에서 진행되고 있는 이데올로기적 한국 철학사 연구로부터 구별해 주는 점이라 해도 좋을 것이다. 학문적 객관성과 과학적 합리성에 대한 존중은 열암에게는 결코 무시하거나 앗아갈 수 없는 가치이다. 이미 인용한 글에서 열암은 "사상이 빈곤하다 하여 과학과 배치되는 신화 풀이는 삼가야 할 것이다"라고 쐐기를 박고 있다. 여기서 과학과 배치된다는 말은 단순히 사상 내용이 과학적 지식에 배치된다는 뜻만을 의미하기보다는 과학적, 합리적 사고 방식 일반에 배치된다는 뜻으로 해석해도 좋을 것이다.

결론적으로 말해, 열암이 불교 사상을 포함하여 한국 사상사를 대하는 태도는 단순한 학문적 객관주의도 아니요, 이데올로기적 조작이나 신화적 고착도 아니다. 거기에는 분명히 민족 사상을 정립하고자 하는 애국적 정열이 넘쳐흐르는가 하면 냉철한 관찰과 분석을 소홀히 하지 않고 있으며, 과거 사실에 대한 초연한 존중이 있는가 하면 현재의 사상적 빈곤을 한탄하는 탄식과 미래의 진로를 모색하는 고뇌가 서려 있다. 비록 행동과 실천을 이끌어 줄 사상에 대한 그의 강렬한 관심이 한때 그로 하여금 학자적 초연함을 버리고 조급한 현실 참여로 나아가도록 하기도 했으나, 민족 사상의 정립을 위해 고심하면서 전통과의 진지한 대화를 추구하던 그의 정신은 오늘 우리들의 것이 되어 마땅하며, 비록 현실과 유리되지 않은 철학과 사상에 대한 정열이 한때 그의 냉철한 현실분석의 눈을 흐리게 한 것도 부인하기 어려운 사실이지만 자신의 것은 내팽개치고 남의 장단에 춤을 추어 온 우리의 어처구니없는 지성적 풍토에 대한 그의 질책은 여전히 경청해야 할 소리임이 틀림없다. 어느 한쪽의 일방적인 지배나 승리일 수 없는 동양과 서양의 만남, 전통과 서구 계몽주의적 정신의 대결은 아직도 우리 사회에서 진행되고 있는 엄연한 현실이며, 아직도 하나만을 알거나 하나에만 편향된 것이 우리 지성계의 일반적인 풍토임은 틀림없기 때문이다. 이점에 있어서 동서양의 철학 세계를 자유롭게 출입하면서 한국 사상을 모색하던 열암의 철학은 아직도 타의 추종을 불허하며, 아직도 한국 지성인들의 사표가 되기에 충분하다.

II. 열암이 한국 불교 사상사를 보는 눈

필자는 한국 사상의 정립이 열암 철학의 궁극적 관심이었음을 위에서 강조했다. 그렇다면 문제는 이러한 그의 관심에 과연 한국 불교 사상사 연구가 구체적으로 어떤 도움을 주었으며, 어떤 통찰을 제공했는지 묻지 않을 수 없다. 과연 과거의 불교 사상 전통과의 대화를 통하여 그가 얻은 성과는 무엇이며, 오늘의 한국 사상 정립을 위하여 그리고 내일의 민족 사상이 나아가야 할 방향을 위하여 어떤 점들이 밝혀졌는가? 필자는 여기서 열암의 한국 불교 사상의 연구를 불교학적 관점에서 보다는 이러한 한국 사상 정립이라는 열암 자신의 관점에 서서 고찰해 보고자 한다.

필자는 이미 열암 선생이 개인적으로 불자가 아니었다는 사실을 언급한 바 있다. 그뿐만 아니라 현대 한국은 불교가 국가이념을 주도하다시피 했던 옛 신라나 고려 사회가 아님은 두말할 필요도 없다. 현대 한국의 정신적 상황은 훨씬 더 다원적이고 복잡하다. 따라서 열암은 현대 한국의 사상을 주도하는 것을 어느 한 종교적 전통에서 찾으려고 하지 않았을 뿐만 아니라 그런 것이 가능하다고 믿지도 않았다. 오히려 마치 옛 화랑도가 유, 불, 선 삼교를 교묘히 융합했듯이 현대 한국 종교 모두에 공통되고 한국인 모두가 공감할 수 있는 어떤 사상이 발견될 수 있지 않을까 하는 다소 막연한 기대 혹은 어떤 아쉬움 같은 것을 그는 간직하고 있었던 것 같다. 여하튼 이것은 열암이 지향하는 한국 사상과 한국 불교 사상 사이에는 적어도 사상 내용상 어느 정도의 거리가 존재할 수밖에 없음을 뜻한다. 다시 말해서 불교 사상이 민족적으로 과거 신라나 고려 사회에서와 같이 한국 사상을 주도할 수 있다거나 해야 한다는 생각은 열암에게서 찾아보기 어렵다는 말이다. 오히려 열암은 대승불교에서 강조하는 깨달음이 나의 심안(心眼)은 바꿀 수 있지만 객관적 현실을 바꾸는 것은 아니며, 불교의 초세간성이 양자택일의 결단을 부단히 요구하고 있는 구체적인 현실 문제를 대처해 나가는 데 한계("向內的 無의 형이상학의 한계," 전집 III, 120)가 있음을 지적하면서 "역사적, 사회적 현실 속에서 도(道)를 찾는" 유교의 "현실적인 생활 철학"을 재음미할 것을 제안하기도 한다(전집 III, 120-122). 특히 열암은 유교의 성(誠) 사상이나 경(敬) 사상에 지대한 관심을 두고 있는 듯 보이며, 그것을 한국 사상의 원류로까지 보고 있다. 그는 다음과 같이 말한다:

우리는 모든 것을 소홀하게 대하지 말고 존중할 줄 알아야 하겠다. 사람을 존중하고 사물을 존중하는 자세, 경건한 태도를 기르고 닦아야 하겠다는 말이다. 경건이라고 하면 무슨 종교 같은 것을 연상하기 쉬우나 나는 오히려 신앙의 차이를 생각하기에 앞서 같은 하나의 겨레로서 인간관계나 자연 관계에 경건의 사상을 도입하자고 강조하려 한다. 도입이 아니라 도리어 그 얼을 찾아 살리자는 것이다. 나는 인간의 존엄성에 대한 경건한 태도가 인권을 외치는 사상에 비하여 얼마나 더 깊고 훌륭한 것인가를 생각하곤 한다. 그리

고 경건한 태도를 스스로 지닐 때 이른바 호연지기도 생기는 법이다 … 우리
의 앞길을 뒤덮는 암운이 짙으면 짙을수록 우리의 민족정신, 〈경건〉의 사상
을 튼튼히 다져 우리의 살길을 열고 우리의 사상을 온 세계에 떳떳이 자랑할
수 있는 터전을 다져나가야 하겠다(전집 VI, 66).

그렇다면 열암은 도대체 한국 불교 사상사에서 어느 면을 주목했으
며 어떤 점이 그의 관심을 끌었는가? 승랑(僧郎), 원측(圓測), 원효(元曉),
의천(義天), 지눌(知訥)을 한국의 대표적 불교 사상가로 선택하여 다룬
그의 『한국 사상사: 불교 사상편』에서 우리는 다음과 같은 공통적인 특
징들을 발견할 수 있다.

1. 회통(會通)의 정신

다섯 사상가 모두를 통해서 열암은 어느 종파나 고정된 철학적 입장
에 사로잡히기를 거부하는 회통의 정신이 있음을 발견하고 강조하며 찬
양하고 있다. 유와 무, 긍정과 부정 어느 것에도 걸리지 않으며 어떤 것도
자유로이 구사하는 승랑의 이체합명중도(二諦合明中道)의 논리, 유식(唯
識) 사상가이면서도 오성각별설(五性各別說)과 같은 정통 유식 사상이
지닌 편협성에 구애받지 않으며 나아가서 중관(中觀)의 공(空)과 유식
(唯識)의 유(有)를 회통하는 원측의 자유로움, 입(立)과 파(破), 개(開)와
합(合), 여(與)와 탈(奪)을 자유로이 구사하면서 모든 불교 사상을 하나의
근원으로 귀일시키는 원효의 화쟁(和諍) 정신, 교관겸수(教觀兼修)의 기
치 아래 모든 불교 사상의 겸학을 주장하고 선과 교의 대립을 극복하고
자 했던 의천의 넓은 시야 그리고 선과 교, 돈오와 점수를 한데 엮어 한국
불교의 포괄적 수행 체계를 정립한 지눌 선의 포용성, 이 모든 사상가의

회통 정신을 열암은 명쾌한 분석을 통해 유감없이 보여주고 있다.

2. 사고의 명석성

다섯 사상가 모두에게서 열암은 명쾌한 논리, 사고의 명석함에 경탄을 표하면서 찬사를 아끼지 않고 있다. 원효에 대한 그의 찬사를 예로 들어 본다:

… 이로써 미루어 볼 때 원효는 바로 三論과 唯識의 사상을 그의 和諍의 논리로써 지양한 것, 다시 말하면 승랑과 원측의 사상을 보다 심오한 근본적이며 전체적인 입장에서 화합시킴으로써 장차 전개하여야 할 한국 불교, 나아가 전 불교 사상의 올바른 방향을 명시한 것이다. 그리고 그것이 다름 아닌 立破와 與奪의 자유로운 구사에 착안한 원효의 논리적인 두뇌와 역량의 소치이었음을 주의하게 된다(전집 IV, 118쪽).

3. 사상사적 연속성

위의 인용문이 보여주고 있듯이, 원효는 시대적으로나 지리적으로 동떨어져 있는 세 인물—고구려와 신라 출신임이 틀림없다고 해도 생의 대부분을 중국에서 보냈고 거기서 철학적 사유를 전개한 승랑과 원측을 과연 어떤 의미에서 '한국' 불교 사상가로 취급해야 할지는 더 논의의 여지가 있지만— 사이에 어떤 사상적 연속성과 논리적 연관을 찾으려 하고 있다. 열암은 특히 원효에 대한 의천의 한없는 숭앙에서 이 점을 더욱 강조하고 있으며, 지눌에게서도 역시 원효 사상이 계승됨을 지적하고 있다. 그뿐만 아니라 지눌의 경우에는 교(教)를 위주로 하여 선(禪)을 포섭하려던 의천과는 달리 선의 입장에서 교를 포섭하고 있음을 지적하고 있다(이것은 일본 학자 江田가 이미 지적한 바이긴 하지만). 그럼으로써 열암은 한국 불교 사상사에서 중국 불교 사상의 지배적 영향에도 불구하고 어떤 독자적인 사상의 연속성 혹은 연관성을 찾으려 하고 있음을 알 수 있다. 한국 불교 사상사가 개별적 사실의 나열이나 인물 고찰을 넘어서서 진정한 의미의 사상사가 되려면 마땅히 유의해야 할 점임이 분명하다.

4. 국제적 공헌

마지막으로, 열암은 다섯 사상가 모두에게서 그들의 국제적 공헌과 명성을 빠지지 않고 강조하고 있다. 중국 삼론종(三論宗)의 형성에 결정적으로 공헌한 승랑의 업적, 중국 유식학계에서 독자적 노선을 구축하여 중국학자들의 질시까지 받을 정도로 명성을 얻었던 원측, <해동소>로 이름을 떨치면서 중국 화엄 사상의 전개에 커다란 영향을 행사한 원효, 당시 국제 불교계의 총아로서 불교 문화 교류에 공헌한 의천 그리고 일본과 중국의 학자들에게까지 주목받고 찬탄 받는 지눌의 저서와 사상을 상기시키면서, 열암은 한국 사상의 국제성을 강조하고 있다. 이것은 자칫 오늘날 한국 사상의 왜소한 모습을 보면서 느끼는 열등의식의 반영으로 비추어지기 쉬우나—그러한 면이 전혀 없다고 얘기하기는 어렵겠지만— 열암의 참 의도는 그러한 사실들을 상기시킴으로써 지금의 우리도 외래 사상을 창의적으로 수용하여 내 것으로 만들 뿐만 아니라 나아가서 세계적으로 공헌할 가능성이 있음을 확인해 보려는 데에 있었을 것이다. 열암에게 한국 사상이란 결코 폐쇄적으로 우리만을 위한 사상이 되어서는 안 되고, 모든 인류를 위한 보편성을 띠어야 한다. 다만 이 보편성이 반드시 한국적 특수성 가운데서 배태된 것이어야 된다는 것이다.

이상에서 우리는 한국 불교의 사상적 전통과의 대화 속에서 열암의 관심을 끌었던 몇 가지 특징들을 짚어 보았다. 처음부터 본 논문의 주된 관심은 한국의 민족 사상을 정립하고자 하는 열암의 포부와 과거의 한국 불교 사상에 대한 그의 연구가 어떠한 내적 관련성을 지니고 있는가 하는 문제였다. 필자는 이미 열암에게 있어서 한국 불교 사상, 그것도 과거의 것이 현재와 미래 한국인의 삶을 주도해 갈 사상의 정립에 있어서 지닐 수 있는 의의는 처음부터 제한적일 수밖에 없었음을 지적했다. 그것은 단지 열암이 개인적으로 강한 불교적 신념을 지닌 불자가 아니라는 사실 때문만이 아니라, 다원성으로 특징 지워지는 현대 한국의 정신적 상황이 신라나 고려시대와는 판이하다는 너무나도 분명한 사실 때문이다. 그렇다 하더라도 열암은 현재의 한국 사상 구축이 전통과의 대화 없이는 결코 이루어질 수 없다는 신념을 가지고 있었으며, 이 점에서 열암은 단순히 서구 계몽주의적 지성이나 합리주의 정신에 서서 철학적 사색과 사상적 모색을 하는 오늘의 많은 철학자와는 사뭇 다르다. 열암에게 전통과 이성이란 계몽주의 사상에서와 같이 날카로운 대립을 보이는 것이 아니다. 이성을 존중하되 열암에게는 어딘가 모르게 종교적 자세가 있었고, 현실을 중시하되 전통을 돌아보는 지혜가 있었으며, 그의 사상적 모색은 종교가 가지고 있는 실천적 힘을 찾고 있었다. 그러기에 그의 한국 불교 사상 연구는 단순한 학문적 관심을 넘어선 정열과 개척자적 사명감 속에서 이루어진 것이다. 다만 위에서 언급한 여러 가지 이유로 인해 이러한 그의 각고의 노력에도 불구하고 한국 사상의 정립을 위해 그가 한국 불교 사상 전통 연구로부터 도출할 수 있었던 철학적 통찰이나 사상적 내용은 오히려 빈약하고 실망스러운 것이 아닌가 하는 인상을 지우기 어렵다.

필자가 판단하기로는, 현재의 불교학적 관점에서 보아도 열암의 한국 불교 사상 연구는 아직도 타의 추종을 허락하지 않을 정도의 넓이와 깊이 그리고 크게 책잡을 수 없는 정확성을 지니고 있다. 열암에 의하여 부각된 위에 열거한 네 가지 특성은 모두 설득력이 있으며 결코 과장되었다고 볼 수 없다. 필자가 여기서 제기하고 싶은 문제는 오히려 다른 방향에 있다. 그것은 위와 같은 네 가지 특성에 대한 열암의 가치 평가에 관한 문제이다. 애당초 열암의 관심이 한국 사상의 정립에 있다면, 그는 한국 불교 전통의 평가에 있어서 더 대담하고 적극적이며, 나아가서는 비판적이어야 할 것이다. 전통을 연구하는 것은 결코 단지 자긍심을 세우거나 찬양만을 하기 위함은 아니다. 이 점에서 필자는 열암의 평가와는 달리 한국 불교 사상의 첫 번째 특징, 곧 회통의 정신에 대하여 충분히 비판적 물음을 제기할 수 있지 않을까 생각한다.

육당 최남선이 한국 불교의 특성을 '통불교(通佛敎)적'이라고 규정한 이래 한국 불교를 보는 눈이 줄곧 이러한 시각에서 이루어져 온 것은 부인하기 어려운 사실이다. 이것은 물론 단지 육당의 영향만은 아니다. 우선 한국 불교의 현 모습이 그 역사적 이유야 어떻든 종파적 성격이 매우 약하고 통불교적 혹은 통합 불교적 색채를 띠고 있는 것을 부인할 수 없다. 나아가서 불교는 본래 분별(分別)이라는 것을 싫어한다. 분별이란 근본적으로 무지에서 나온 것이며, 다툼과 분쟁을 일으킨다. 따라서 한국 불교의 회통적 성격에 대한 대다수 불교학자—대부분이 불교 신자인—의 평가는 처음부터 매우 긍정적이다. 열암의 경우도 예외는 아니다. 그가 고찰한 다섯 사상가의 사상이 회통적 성격이 강하다는 데에는 크게 이론을 제기할 수 없다. 그러나 이 문제와는 별도로 이것이 반드시 좋은 전통이며 바람직한 현상인가 하는 문제는 숙고되어야 한다. 여기서 필자는 열암 선생과는 달리 많은 의문점을 제기하고 싶다. 필자의 논지를 자세하게 전개하는 것은 피하고, 다음 몇 가지 문제점들을 언급하는 것으로 본 논문을 마치고자 한다.

1) 한국 불교가 현재 통불교적 성격을 띠게 된 것은 원효나 지눌 같은 스님의 회통 사상의 영향도 있겠지만, 그보다는 역사적 이유로, 특히 조선조의 불교 박해와 종파의 통폐합이 주원인이다. 이것을 우리는 과연 어떻게 받아들일 것이며, 현재 한국 불교의 모습을 우리는 어떻게 평가해야 할 것인가?

2) 대립과 갈등이 발전의 원동력임을 열암 선생은 누구보다도 잘 아시리라 생각되지만, 왜 이러한 관점이 그의 한국 불교 사상사 연구에서는 부각되지 않았을까? 한국 불교도 바다 건너 일본 불교처럼 종파적 성격이 강했더라면 그 역사는 달리 전개되었을 것이며, 현재의 한국 불교도 다른 모습으로 서 있지 않을까?

3) 회통과 화쟁은 자칫하면 치자와 강자를 위한 현상 유지의 논리가 되기 쉽다. 그것은 손쉬운 타협, 혹은 저항과 투쟁을 잠재우는 거짓 평화로 이끌기 쉬운 논리다. 열암 자신은 한국 불교의 회통적 정신이 현재 한국이 처해 있는 사상적 다양성—나쁘게 말하면 지리멸렬—이나 갈등을 해결하는 데에 어떤 힘이 될 수 있다고 말하지는 않는다. 그러나 우리는 가상적으로 문제를 제기해 볼 수 있으며, 실제로 불교인들 가운데는 다음과 같은 신념을 표시하기도 한다. 과연 불교적 화쟁의 논리가, 예컨대 『법화경』의 회삼귀일(會三歸一)의 사상이 신라의 삼국통일의 정신적 원동력이 되었다고 말하듯이, 남북의 갈등까지도 극복하면서 육천만 한국인을 하나로 묶어 주는 새로운 사상의 형성에 진정으로 힘이 될 수 있을까? 한 가지 대답만은 분명한 것 같다. 즉, 불교적 회통의 논리는 불교적

존재론을 전제로 한 것이라는 사실이다. 따라서 그러한 존재론을 받아들이지 않는 한 불교적 회통의 논리는 그 효용성이 매우 제한적일 수밖에 없다는 사실이다. 현실적 대립은 현실적 차원에서 해결되어야 한다. 각 종교인은 그들 각자의 신앙과 신념에 따라 갈등을 극복하고 평화를 구축하기 위한 노력을 계속해야 하지만, 그것이 곧 만인이 공감하는 '한국 사상'이 될 수 있는 것은 아니다. 여기에 열암 선생의 고민이 있었고 우리의 고민도 있는 것이다. 종교 이전의, 혹은 종교 이후의 사상으로서, 그러면서도 사람들을 감동시키며 움직이는 종교적 힘을 지닌 한국적 사상을 우리는 과연 어디서 찾을 것인가?

티베트 불교 민족주의의
역사적 고찰

I. 불교와 국가

　불교는 근본적으로 해탈이라는 출세간적 가치를 추구하는 종교이다. 그러나 이러한 출세간적 이상을 추구하는 출가승들이 모여서 승가라는 집단을 이루고 사원이라는 조직체 속에서 공동체적 생활을 영위하는 제도로 정착함에 따라 제도로서의 불교, 역사적 실체로서의 불교는 항시 세간적 가치나 질서, 역사적 상황과 사회적 제도들과 공존 내지 타협하면서 존재할 수밖에 없었다. 불교 역사는 한마디로 말해 이러한 세간과 출세간의 상반되는 가치를 어떻게 사상적으로 조화시키며 다양한 역사적 상황에 적응해 왔는가 하는 역사라 해도 과언이 아니다. 근대 민주 국가의 출현 이전에는 세속적 역사는 주로 왕권과 군주를 중심으로 하여 전개되었다. 따라서 근대 이전의 불교 역사는 더 단순화해 본다면 불교와 왕권, 불법(佛法)과 왕법(王法)의 관계를 중심으로 하여 전개되었다고 말할 수 있다.

불교와 국가와의 관계를 비교 역사적 관점에서 볼 때 우리는 다음과 같은 하나의 일반적 사실을 확인할 수 있다. 즉, 인도와 중국을 제외하고 불교는 전파되는 곳마다 예외 없이 중앙집권화된 군주국가의 형성과 왕권의 강화와 매우 밀접한 관계를 갖게 되었다는 점이다. 불교는 그 보편주의적 정신과 평등주의적인 성격으로 인해 고대 사회에서 씨족이나 부족의 혈연관계를 바탕으로 하여 형성된 정치권력이 그 한계를 극복하고 군주국가라는 보다 보편적인 정치 질서를 구축해나가는 일에 크게 공헌하거나 이용되기도 했다. 불교의 업보 사상은 혈연이나 지연에 기초한 불합리한 정치 질서나 차별적인 신분사회의 질서를 쉽게 정당화할 요소를 가지고 있기는 하나, 다른 한편으로는 불교의 가르침은 모든 인간을 보편적인 도덕적 잣대로 평가하며 모든 인간을 차별 없이 자비와 관용으로 포용하는 평등주의적 정신을 강하게 지니고 있다. 혈통이 다른 귀족들이나 강력한 가문들의 세력을 견제하고 왕권을 중심으로 하여 하나의 새로운 보편적인 사회질서를 구축하려는 군주들로서는 필연적으로 불교라는 새로운 이념과 신앙에 관심을 가지지 않을 수 없었던 것이다.

그뿐만 아니라 불교의 전파는 단순히 한 신앙이나 사상의 전파라는 차원을 넘어서 새로운 문물의 유입을 뜻하기도 했다. 불교와 더불어 문자와 학문은 물론이고, 건축, 조각, 공예, 미술 등 다양한 문물도 따라 들어왔다. 인도 교리나 철학이 결핍된 잡다한 혼령 숭배 내지 다신숭배적 신앙의 저급한 수준에 머물고 있었으며, 문물의 발달 또한 그리 높지 않은 수준이었다는 사실을 감안할 때, 군주들이 불교에 관심을 기울이는 것은 새로운 문물의 수용이 가져다주는 실용적 가치 못지않게 왕실의 권위를 제고한다는 측면에서도 너무나 당연한 일이었다.

인도와 중국의 경우는 사정이 달랐다. 불교가 발생할 당시 인도 사회에는 이미 바라문교라는 발달된 사상과 제도 및 정교한 의례를 갖춘 종교가 자리 잡고 있었으며, 무사 계급인 크샤트리아를 도와 바라문들은 정치철학과 사상을 제공했다. 다시 말해서 불교 없이도 이미 확고한 정치 질서를 구축하고 있었다는 말이다. 한 가지 예외가 있었다면, 다수의 군주국가로 분열되어 있던 상황에 종지부를 찍고 인도 최초의 통일 왕조를 건설한 마우리야 왕조의 아쇼카 왕의 경우다. 그가 불교를 국교로 삼다시피 할 정도로 지원하고 널리 보급한 것은 역시 보다 보편적 정치 질서의 구축과 무관하지 않기 때문이다. 중국의 경우는 인도보다도 더 확고한 정치 질서가 불교 이전에 이미 확립되어 있었다는 점을 상기할 필요가 있다. 특히 전국시대 이후 진한대(秦漢代)를 거치면서 중국은 이미 정치적으로나 사상적으로 고대 사회의 기틀이 확고히 잡힌 사회였으며 문명의 발달 정도 역시 당시로서는 세계 어디에도 뒤지지 않을 정도로 상당한 수준에 도달해 있었다. 따라서 불교가 신앙으로는 널리 전파되었지만 —특히 한 제국의 붕괴 후 전개된 혼란한 정치·사회적 상황에 힘입은 바 크지만— 결코 정치 질서를 구축하는 일에는 별다른 공헌을 하지 못했다.

크게 보아 인도 문명권에 속하는 스리랑카, 태국, 미얀마, 캄보디아, 라오스 등 모든 동남아시아 국가들에서는 불교와 중앙집권적 군주국가의 확립이 밀접히 연계되어 진행되었다. 불교는 한편으로는 왕권을 정당화해주는 이념으로 작용하는가 하면, 다른 한편으로는 왕실과 귀족들의 경제적, 정치적 지원 아래 국교로 성장하고 세력을 구축하게 되었다. 이와 같은 사정은 중국 문명권에 속한다고 볼 수 있는 한국, 일본, 베트남 그리고 우리가 앞으로 고찰할 티베트의 경우도 대체로 매한가지였다. 거기서도 역시 불교는 민간으로부터 시작되었다기보다는 왕실에서부터 수용되면서 위에서 아래로 전파되어 갔다. 불교의 운명은 왕실의 운명과 거의 궤를 같이할 정도로 밀접한 관계를 형성했다. 왕실의 지원 없이는 불교가 번창할 수 없었으며 왕실이나 귀족들 또한 불교의 도움 없이는 나라의 정신적 통일과 사회적 안정을 이루기 어려웠다. 출세간적 가치를 추구하는 종교이기는 하나, 제도로서의 불교는 역설적으로 세속적 권력을 등에 업고 성장했으며, 국교로서 그리고 한 사회와 문화 전체를 지배하는 종교라는 강력한 사상적 대안으로 인해 불교는 결국 사회·정치적 힘을 상실하게 되었다. 일본의 경우에는 명치유신과 더불어 천황 숭배를 중심으로 한 국가신도의 등장으로 인해 불교는 정치적·사회적으로 큰 타격을 입게 되었다.

국가와 불교, 왕법과 불법이 역사적으로 가장 밀접한 관계를 유지해 온 나라는 티베트이다. 티베트는 양자 사이에 너무나도 밀접한 관계가 형성되어서 급기야는 양자가 하나가 되어 불교적 신정(theocracy) 국가를 형성하기까지에 이르렀다. 정치와 종교, 국가와 불교가 하나의 질서로 통합되어 버린 티베트의 신정은 16세기로부터 시작하여 1959년 제14대 달라이 라마(Dalai Lama)의 인도 망명으로 비극적 종결을 맞게 되기까지 약 400여 년간 지속되었다. '비극적 종결'이라고 하나 아직도 티베트인 대다수는 옛 티베트의 부활을 꿈꾸면서 세계를 향해 정치적·정신적 독립운동을 펼치고 있다. 티베트 하면 불교를 연상할 정도로 불교 없는 티베트는 생각할 수 없으며, 티베트 불교 하면 달라이 라마를 연상할 정도로 달라이 라마를 떠나서 티베트 불교를 생각할 수 없다. 400년 불교 신정 국가를 이끌어 온 달라이 라마는 티베트의 수호신과도 같은 존재인 관세음보살의 화신으로 간주되며, 티베트의 최고 종교 지도자일 뿐 아니라 세속적 권력을 지닌 왕과 같은 존재이기도 하다. 그가 거주하는 도시 라싸(Lhasa)는 티베트의 종교-정신적 중심부이며 그가 거하는 포탈라

궁은 종교-정치적 권력과 권위의 핵으로 군림했다. 드레이프스는 이러한 상황을 다음과 같이 묘사하고 있다.

1950년 이전의 티베트에서 종교적인 것과 세속적인 것의 일치는 라싸 정부가 외지의 지방들과의 관계에서 물리적으로 그리고 관념적으로 차지하는 위치에 의해서 드러난다. 라싸로 이르는 길은 세속적인 길이자 종교적인 길이었다. 그 길은 달라이 라마를 알현하고 송첸감보(Songtsen Gampo)왕의 치세 때 창건된 사원(Jokhang 사원)을 보러 오는 순례객들의 길이었다. 그러나 그것은 동시에 법의 공정한 심판을 찾아 올라가는 사람들과 불평과 호소를 하기 위해 오르는 길이었다. 이 모든 길은 이론적으로 단 하나의 중심을 향하고 있었다. 곧 달라이 라마이다. 한 현대 티베트인 학자 게쉐랍텐(Geshe Rabten)은 어렸을 때 달라이 라마를 인간이라기보다는 어떤 접근하기 어려운 신으로 생각하곤 했다고 즐겨 이야기하곤 했다. 이것이 달라이 라마와 권력의 심장부에 접근할 수 없었던 평민들이 보는 견해였다. 그들에게는 티베트의 정치-법률적 체계는 삶의 세속적인 면과 종교적인 면을 모두 포괄하는 한 통합적 체계의 일부분이었다. 이 통합은 달라이 라마가 카리스마적 존재로 종교적 그리고 정치-법률적 체계의 최정상을 차지하고 있는 체계 속에서 깊은 경외감과 권위를 산출했다.[1]

중국 공산정권에 의한 티베트 점령과 달라이 라마의 인도 망명은 이러한 전통적 질서에 종지부를 찍기는 하였으나, 아직도 티베트인은 정신적으로 달라이 라마를 중심으로 하여 하나로 뭉쳐 있으며 옛 티베트의 질서를 회복하려는 꿈을 포기하지 않고 있다. 본 논문은 달라이 라마를

---

1 Georges Dreyfus, "Law, State, and Political Ideology in Tibet," *Journal of the International Association of Buddhist Studies* 18/1 (Summer, 1995), 22.

구심점으로 하여 전개되고 있는 티베트 불교 민족주의의 형성과 그 성격을 역사적으로 조명해보고자 한다.

II. 티베트 불교의 역사적 특성

위에 언급한 티베트 불교의 독특한 모습은 하루아침에 이루어진 것도 아니고 장구한 티베트 역사의 시초부터 있었던 것도 아니다. 티베트가 언제 어떠한 경로를 통하여 이러한 불교 신정 국가를 형성하게 되었는지 간략하게 그 역사를 더듬어 볼 필요가 있다.

티베트 역사는 크게 보아 5기로 구분될 수 있다.[2] 제1기는 티베트 국가의 형성기로서 티베트 역사의 시초로부터 842년 티베트 제국의 해체에 이르기까지의 기간이다. 이 기간은 티베트 제국(630~842)에 의해 티베트 고원 전역이 정치적으로 통일되어 있던 시기로서, 티베트 전역이 하나의 강력한 통일 왕조 국가로서 정치적으로나 문화적으로 하나의 독자적 정체성을 형성한 시기이다. 티베트는 이 시기에 중국의 당(618~907)에 맞먹을 정도의 세력으로 내륙 아시아와 양 국가의 국경 지대에서 영향력을 행사했다.

티베트 제국의 붕괴와 더불어 시작되는 제2기는 티베트가 근 400여년 정치적으로 분열된 시기였다. 이 시기는 중앙집권적 정치권력의 공백 상태에서 지방의 호족들과 그들의 지원을 업고 막강한 힘을 행사하는

---

2 Warren W. Smith, Jr.는 그의 *Tibetan Nation: A History of Tibetan Nationalism and Sino-Tibetan Relations* (Boulder, Colorado: Westview Press, 1996), 서문(xii-xiii)에서 티베트 역사를 중국과의 관계를 중심으로 하여 4기로 구분하고 있다. 그의 구분을 참조하면서 나는 티베트 역사를 편의대로 5시기로 구분해 보았다.

불교 종파들과 사원들이 티베트를 지배하던 시기였다.

제3기는 이러한 지방 분권적 상태가 13세기 중엽 새로운 정치 세력에 의해 통일되는 기간으로서, 한 특정한 불교 종파 혹은 사원이 외세와 결탁하여 티베트 전역에 정치적 지배력을 행사하게 되는 다소 느슨한 형태의 신정정치가 자리 잡게 된 시기이다. 한 막강한 사원에 근거지를 둔 특정 종파가 외세로부터 정치-군사적 비호를 받는 대신 그들에 대하여 종교-사제적 권위를 인정받는 이른바 사제-후원자 관계(티베트어로 cho-yon이라 불리는)가 형성된 시기로서, 이를 근거로 하여 그 종파의 수장이 티베트 전역을 정치적으로 지배하게 된 것이다. 이 기간에 티베트는 중국의 몽골 왕조인 원이나 만주 왕조인 청과 일종의 봉건적 관계를 유지하면서 그들로부터 간접적인 정치적 지배를 받았다. 그러나 실질적으로는 인종적으로나 문화적으로 그리고 하나의 국가로서도 독자적 정체성을 유지했다. 티베트가 불교 신정 국가로서의 모습을 지니게 된 것은 이 기간에 형성된 매우 오래된 현상이다.

제4기는 청이 멸망한 1911년부터 티베트가 중국 공산정권의 지배하에 들어가게 된 1950년에 이르는 기간으로서, 이 시기에 티베트는 영국이나 중국 등으로부터 직접적인 정치-군사적 압력을 받음과 동시에 근대적 의미의 티베트 민족주의 운동이 일어나고 일시적으로 정치적 독립을 유지하기도 했다.

마지막 제5기는 1950년부터 현재에 이르는 기간으로서, 티베트가 정치적 독립성을 완전히 상실하고 중국 정부로부터 가해지는 정치적·사회적·문화적 압력 아래 티베트의 독자적 정체성이 크게 위협받는 시기라 할 수 있다. 이 기간은 인도로 망명한 달라이 라마를 중심으로 하여 티베트인들이 인도에 망명정부를 수립하고 독립을 위해 힘쓰면서 국제적인 지원을 호소하고 있는 시기이기도 하다.

티베트의 역사와 불교 역사는 불가분의 관계를 맺고 있다. 티베트의 전통적인 사서(史書)들은 불교가 들어오기 이전의 티베트를 야만적 암흑기에 있었던 것으로 이해하며 불교와 더불어 비로소 티베트가 문명 세계로 진입했다고 생각한다. 관세음보살의 화신으로 여겨지는 송첸감보(Songtsen Gampo, 659년 沒)왕이 불교를 수입하고 라싸에 중앙집권적 군주국가를 세움으로써 이러한 암흑기가 끝이 나고 비로소 문명의 새로운 역사가 시작되었다는 것이다.[3] 물론 이와 같은 생각은 불교가 이미 티베트 문명의 중심이 된 이후에 형성된 견해이기는 하나 여기에는 어느 정도 역사적 진실이 있음을 부인하기 어렵다. 이미 언급한 바와 같이, 불교의 도입은 흔히 본(Bon)이라고 불리는 일종의 샤머니즘적 토착 신앙을 대체하거나 혹은 거기에 더해지는 불교라는 하나의 새로운 종교의 시작을 뜻하는 것만이 아니라, 그것과 더불어 문자와 학문 그리고 인도와 중국으로부터 들어오는 각종 문물의 유입을 뜻하는 것이었다.

티베트의 전통적인 역사에 의하며 불교가 유입된 것은 송첸감보의 치세 때였다. 그는 티베트 통일 왕조를 처음 건설한 왕으로 추앙받는 존재로서, 그에게는 네팔의 공주와 당의 문성공주(文成公主)가 왕비로 있었는데, 이들로부터 불교를 접하게 되면서 이 새로운 신앙의 후원자가 되었다고 한다. 사원 건축 등 수많은 불교 업적이 그에 의해 이루어진 것으로 전해지고 있으나, 현대의 비판적 연구에 의하면 사실 그가 실제로 불교에 귀의했는지조차 확실치 않다.[4] 실제로 티베트에 불교를 보급하는 데 결정적인 공헌을 한 왕은 그 후 100여 년이 지난 후 등극한 티송데첸(Trhisong Detsen, 756~797)왕이었다. 그가 불교를 지원하기까지는 토

---

3 R. A. Stein, *Tibetan Civlization* (Stanford: Stanford University Press, 1972), 54.

4 Giuseppe Tucci, *The Religions of Tibet* (Berkeley and Los Angeles: University of California Press, 1980), 2.

착 종교인 본 사제들이나 신료들의 반대에 부딪히는 등 상당한 우여곡절이 있었던 것으로 보이나 그는 강력한 통치력을 바탕으로 하여 크게 영토를 확장하였고 중국과 활발한 문화교류를 하는 가운데서 확고하게 불교를 신봉하고 지원하게 되었다. 특기할 만한 일은 그 당시 티베트 불교에는 인도 불교와 중국 불교의 두 흐름이 공존하면서 마찰과 암투를 일으키고 있었다. 티송테첸왕은 이 문제를 해결하기 위해서 792~794년에 걸쳐서 유명한 삼예(Samye) 사원—티베트 최초의 사원—에서 양 진영 사이에 공식적인 대토론회를 개최하였다. 중국 불교를 대표해서는 마하연(Mahayana)이라는 선사(禪師)가 중국 선불교의 돈오(頓悟)적 입장을 대변했고, 인도 불교 측에서는 특별히 이 토론회를 위해 모셔 온 인도승 카말라쉴라(Kamalasila)가 점수(漸修)적 입장을 주장한 것으로 전해진다. 많은 우여곡절 끝에 결국 인도 불교 측이 승리를 거두게 되었으며, 이 역사적 사건을 통해 티베트는 한국이나 일본과는 달리 중국 불교권보다는 인도 불교권에 속하게 되었다. 이 무렵 인도 불교를 대표하던 고승 샨타락시타(Santarakskta, 寂護)의 초청으로 티베트에 온 인도의 밀교승 파드마삼바와(Padmasambhava)는 뛰어난 주술력으로 본 사제들을 제압하고 불교 포교에 많은 공헌을 했다. 그는 티베트 불교의 가장 오래된 종파인 닝마파(Nyingma pa)의 창시자로 숭앙받고 있다.

티송테첸의 사후 그의 손자 티축데첸(Trhitsuk Detsen, 렐파첸 Relpachen이라고도 불림)왕은 지금까지 여러 언어와 문자로 읽히던 불교 경전 가운데서 산스크리트어 경전을 공식적으로 채택하여 통일했으며, 새로운 체계적 티베트어 번역 사업을 지원했다. 그는 스스로 승려가 될 정도로 불교에 경도되었으며 승려들에 대한 그의 풍성한 지원은 강한 저항을 불러일으켜 결국 그는 암살되었다. 그의 사후 그의 아들 랑다르마(Lang Darma, 838-842)는 혹독하게 불교를 핍박하여 불교는 티베트에서 거의 자취를 감출 정도로 약화되었다. 랑다르마의 이러한 불교 박해에는 다분히 경제적인 동기가 작용했던 것으로 보인다. 왕실과 귀족층의 풍성한 물적 지원으로 번창하던 사원들은 면세 혜택을 누리고 상거래에도 관여하면서 대지주로서 막강한 경제력을 누리게 되었고, 이것이 결국 국가에 재정적으로나 인력에서나 커다란 손실을 초래한 것이다.

랑다르마의 사후 티베트 제국은 해체되어 지방 호족들에 의해 여러 소국으로 분열되면서 극심한 혼란기를 맞게 된다. 인도와의 지적 접촉도 중단되었고 불교는 토착 신앙들과 습합하면서 다양한 형태로 존속하게 된다. 랑다르마의 박해는 심하기는 했으나 결코 불교의 전멸을 초래하지는 않았다. 10~11세기경 동부와 서부 티베트를 중심으로 하여 불교 중흥이 일기 시작했다. 특히 서부 티베트에는 인도의 카슈미르 지방에서 불교를 공부하고 돌아온 린첸상보(Rinchen Sangpo, 958~1055)의 활약으로 불교는 활기를 되찾게 되었다. 그는 수많은 법당을 세우고 많은 경전을 번역했다. 그를 중심으로 학파가 형성되었고, 그는 왕으로 하여금 인도의 유명한 승가대학 나란다(Nalanda)사로부터 학승 아티샤(Atisa)를 초빙하게 했다. 무슬림 침공으로 인도 불교에 암운이 감돌기 시작할 이 무렵 서부 티베트에는 이들의 영향으로 불교가 활기를 되찾기 시작했고, 카슈미르와 네팔로부터 많은 인도 학승들이 티베트로 들어왔다.

동부와 서부에서 일기 시작한 불교 중흥은 곧 티베트의 중심지인 중부로 퍼져나갔다. 많은 티베트 승려들이 인도에 가서 유명한 스승 밑에서 밀교(Tantra) 수업을 받고 들어왔고, 인도승 다수도 히말라야를 넘어 티베트로 들어왔다. 아티샤 역시 라싸에서 멀지 않은 네탕(Nethang)에 와서 활약하다가 1054년에 입적했다. 아티샤는 카담파(Kadam pa)라 불리는 종파를 세웠고, 이는 훗날 총카파(Tsongkha pa)가 개혁 불교로 세운 종파이자 티베트 불교를 주도하게 될 겔룩파(Geluk pa)의 모태가 되었다.

아티샤에 의해 보급된 불교가 계율에 입각한 여러 수도 도량을 중심으로 한 것이었다면, 다른 한편으로는 인도의 밀교적 요가행자들(siddha, '성취된 자'라는 뜻)로부터 요가의 비법을 전수하고 돌아와 어느 제도나 집단에 속하지 않고 자유로이 떠돌면서 수행하는 고행승 무리도 있었다. 이런 부류에 속하는 티베트 승려 가운데 가장 유명한 사람은 인도승 틸로파(Tilopa)와 나로파(Naropa)의 계보를 이은 마르파(Marpa, 1012~1096)와 그의 제자 밀라레파(Mila Repa)로서, 마르파는 카귀파(Kagyu pa)라는 종파의 창시자가 되었다. 후에 카귀파로부터 카르마파(Karma pa)가 갈라져 나왔는데, 이 종파에서 티베트 불교의 가장 특징적 요소 가운데 하나인, 동일한 인물의 계속되는 환생을 통해 종교 지도자의 계보가 이어지는 관습이 시작되었다고 한다.5 후에 달라이 라마와 판첸 라마(Panchen Lama)의 계보도 이러한 방식으로 이어지는 것이다.

티베트 제국의 붕괴와 당의 멸망 이후 오랜 세월 동안 정치적 구심력 없이 혼란기를 지나야 했던 중세 티베트 사회는 11세기부터는 귀족 가문들의 후원을 업은 영향력 있는 사원들에 의해 주도된다. 이 사원들은 유명한 승려에 의해 창건되어 힘 있는 가문들 혹은 지주들의 후원을 받는 가운데 서로 세력 경쟁을 벌이면서 종교적으로뿐만 아니라 정치적으로도 막강한 권력을 행사하게 되었다. 그 가운데서 가장 두각을 나타낸 사원이 1073년 막강한 퀸(Khon) 가문 출신의 퀸촉겔포(Konchok Gyelpo)에 의해 창건된 사키야(Sakya) 사원으로서, 이 교파는 13세기 후반부터 몽골의 비호를 받고 티베트 전역의 통치권을 장악하게 되었다. 칭기즈 칸과 그의 후계자들의 군대가 티베트를 침공하자 티베트의 여러 사원 세력들이 몽골에 투항하면서 그 도움으로 티베트의 지배권을 확보하고자 노력

---

5 Stein, *Tibetan Civilization*, 76.

하게 되었는데, 그 가운데서 가장 승리한 것이 사키야파였던 것이다. 여기에는 사키야파의 지도자 사키야 판디타(Sakya Pandita, 혹은 Kunga Gyeltsen, 1182~1251)와 그의 조카 팍파(Phakpa)의 역할이 결정적이었다. 특히 팍파는 중국 원 황실을 세운 쿠빌라이 칸과 매우 친밀한 관계를 맺었다. 그는 쿠빌라이를 밀교 의식에 입문시켰고 제사(帝師)의 칭호를 부여받았으며(1270), 티베트와 원 황실 사이를 오가면서 티베트 전역의 통치권을 행사하게 되었다.

팍파와 쿠빌라이의 관계는 그 후 티베트의 정치-외교 역사에 결정적인 영향을 끼치게 될 이른바 'cho-yon' 관계, 즉 '사제-후원자 관계'(chos 佛法, yon 檀越 즉 세속적 후원자)의 전형이 되었다. 정치적·군사적 독립성을 상실한 티베트의 지배 세력은 이제 몽골에 정치적 종속을 자인하는 대신 정신적·종교적 권위를 인정받게 되었으며, 이러한 관계는 후에 중국과의 관계에서도 어느 정도 계속되게 되었다. 이것은 상호 간의 이익이 완전하게 부합하기 때문에 성립될 수 있었던 현상이다.[6] 불교 사원 측에서는 타 종파의 세력을 누르고 종교적-세속적 지배권을 확보하는 이익이 있었고, 몽골 측에서는 정치적 이익이 있었기 때문이다. 몽골이 이러한 사제-후원자의 관계를 맺은 배후에는 티베트 승려들의 도력 내지 주술력에 대한 두려움과 존경도 작용했지만, 무엇보다도 그들의 종교적 권위를 빌어 자신들의 통치를 용이하게 만들고 종교 지도자들에게 권력을 줌으로써 독자적인 세속 권력의 등장을 막는 정치적 이로움이 있었기 때문이었다.[7]

---

6 팍파와 쿠빌라이 사이의 긴밀한 사제-후원자 관계에 대하여는 Smith, *Tibetan Nation*, 93-96을 볼 것.

7 티베트와 몽골의 사이, 더 정확하게 말해 팍파와 쿠빌라이 사이에 맺어진 이 사후원자 관계에 대한 보다 자세한 분석은 Smith, *Tibetan Nation*, 93-96을 볼 것.

원의 티베트 지배는 매우 느슨한 것이었으며 주로 의례적인 일에 국한되었다. 티베트는 몽골의 직접적 통치를 면하게 된 것이다. 그러나 사키야파의 주도권이 독점적인 것은 아니었고 그리 오래 가지도 못했다. 다른 여러 사원의 영향력은 계속되었고, 원의 멸망과 더불어 사키야파의 지배도 종말을 고했다.

15세기가 시작될 무렵 티베트 불교 교단은 하나의 커다란 지각변화를 겪었다. 아티샤에 의해 창시된 카담파 계열에 속하는 총가파(Tsongkhapa, 1357~1419)라는 승려가 출현하여 티베트 불교의 일대 개혁을 주도하게 된 것이다. 그는 밀교 전통을 거부하지는 않았으나 보다 엄격한 계율의 준수를 강조하여 겔룩파(Geluk pa, '덕행을 따르는 자'라는 뜻)라는 새로운 종파를 창시했다. 그는 『람림첸모』(Lam rim cen mo)라는 티베트 불교의 표준 교과서 같은 권위 있는 저서를 통해 겔룩파의 이념을 정립했으며 1409년 유명한 간덴(Ganden) 사원을 창건했다. 곧이어 그의 제자들에 의해 창건된 드레풍(Drepung)과 세라(Sera) 사원은 간덴과 더불어 겔룩파의 3대 사원으로서 그 후 티베트 불교와 정치에 막강한 영향력을 행사하게 되었다.

겔룩파가 티베트 불교의 주도권을 쥐게 된 것은 13세기 후반 사키야파의 경우와 유사한 경로를 통해서였다. 사키야파 승려들은 원조에서 상당한 영향력을 행사했지만 실제로 몽골인들을 라마교로 개종시키지는 못했다. 16세기 중엽 티베트는 재차 몽골의 침략을 받게 되는데, 이를 계기로 하여 당시 겔룩파의 최고 지도자인 드레풍 사원의 주지 쇠남갸초(Sonam Gyatso, 1543~1588)의 노력으로 겔룩파는 몽골의 지원을 얻어 주도권을 장악하게 된다. 그는 몽골 왕 알탄 칸(Altan Khan)의 초청으로 1578년 그를 만나게 되었는데, 몽골인들에게 피의 제사를 그만두도록 설득하고, 알탄 칸으로부터 '달라이'('Dalai'는 Sonam의 몽골어로서 '대양'이라는 뜻)라는 칭호를 처음 부여받게 되었다. 위(U) 지역에 근거를 둔 겔룩파는 이웃 지역인 짱의 카르마파와 대립하고 있었기 때문에 정치적 보호막이 필요했다. 2세기 전 사키야파의 팍파와 쿠빌라이가 맺었던 사제-후원자 관계를 쇠남갸초가 다시 재현한 셈이다. 비교적 신생 종파였던 겔룩파는 전통적인 종파들처럼 강력한 씨족의 후원이 없었기 때문에 외세의 비호가 더욱 필요했던 것이다.

쇠남갸초는 최초로 달라이 라마의 칭호를 부여받았으나 제3대 달라이 라마로 여겨진다. 왜냐하면 달라이 라마의 계보는 동일인의 환생을 통해 이어지는 것으로 여겨졌기 때문이다. 말하자면, 쇠남갸초의 전신으로 여겨지는 겔룩파 지도자, 곧 총카파의 제자로 1477년에 타쉬룽포(Trashilhunpo) 사원을 창건한 겐뒨트룹(Gendun-trup, 1391~1475) 그리고 그의 전신으로 여겨지는 겐뒨갸초(Gendun Gyatso, 1475~1542)에까지 소급하여 적용된 것이다. 모든 달라이 라마는 동시에 티베트의 수호신과도 같은 존재인 관세음보살(Avalokitesvara)의 화신으로 여겨진다.

3대 달라이 라마는 티베트와 몽골 지역을 널리 다니면서 겔룩파에 대한 지원을 얻어냈으며, 그의 환생은 알탄 칸의 증손자로 결정되었다. 그가 제4대 달라이 라마 왼텐갸초(Yonten Gyatso, 1588~1617)이다. 겔룩파의 지위는 여전히 짱 지역의 통치자들과 카르마파의 도전을 받다가, 제5대 달라이 라마 롭상갸초(Lopsang Gyatso, 1617~1682) 때부터는 확고히 권력을 구축하게 된다. 몽골 군사들은 1621년에 아직도 어린 나이의 달라이 라마를 보호하기 위해 수차례에 걸쳐 짱 지역을 공략했으며, 1642년 구쉬리 칸(Gushri Khan)에 의해 짱의 통치자는 살해되었고 5대 달라이 라마는 티베트 전역의 통치권을 부여받게 되었다. 이로써 티베트는 다시 한번 정치적 통일을 보게 되고 달라이 라마에 의해 통치되는 불교 신정국가로 확립되었다. 그러나 이 통일 역시 불행하게도 외세에 힘입은 것이었다.

　5대 달라이 라마는 강력한 중앙집권적 관료체제를 구축했다. 그는 모든 사원을 조사하여 세입과 세금을 조정하였고 많은 사원이 몰수되었다. 귀족들은 정부에서 봉사할 수 있는 특권을 지녔으며 지방마다 세속적 직무와 종교적 직무를 담당하는 2명의 우두머리 관료들이 임명되었다. 5대 달라이 라마는 관세음보살의 주처인 포탈라(Potala)산의 이름을 따서 포탈라궁을 지었다. 모든 권력은 달라이 라마에게 집중되었다. 겔룩파는 많은 특권을 누렸으나 다른 종파들을 심하게 핍박하지는 않았다.

　5대 달라이 라마는 티베트 불교에서 또 하나의 중요한 전통이 된 판첸 라마(Panchen Lama) 제도를 세운 사람이기도 하다. 그는 짱에 있는 타쉬룽포 사원의 주지 롭상최키겔첸(Lopsang Chokyi Gyeltsen, 1570~1662)을 판첸(산스크리트어 Mahapandita, '대학자'라는 말에서 옴) 라마 직에 임명하였다. 달라이 라마의 경우와 마찬가지로 판첸 라마 직도 동일한 인물의 계속되는 환생으로 이어지기 때문에 롭상최키겐첸은 제4대 판첸 라마가 되고, 소급하여 총카파의 직제자 케드룹 제(Khedrup Je, 1358~1438)을 초대 판첸 라마로 간주한다. 달라이 라마가 관세음보살의 화신으로 간주되는 반면 판첸 라마는 아미타불의 화신으로 받아들여지고 있다. 이로부터 양자는 티베트의 양대 정신적 지주로 자리 잡아 때로는 협력 관계, 때로는 갈등 관계를 형성하면서 티베트 역사를 주도하게 된다.

　5대 달라이 라마 이후 티베트 정치는 또다시 외세들이 개입하는 가운데 혼미를 거듭하다가 청의 강희 황제가 파견한 군대가 1720년에 라싸를 점령함으로써 일단락하게 된다. 라싸의 성벽은 허물어지고 라싸에 중국군이 주둔했으며 티베트 동부지역 캄(Kharm)은 중국 사천성에 병합되었다. 티베트는 이제부터 청조가 망하는 1911년까지 중국의 보호령이 된 것이다.

현대 티베트의 운명과 민족주의를 이해하기 위해서는 1720년부터 새롭게 전개된 티베트와 중국 청조와의 관계를 좀 더 자세히 고찰할 필요가 있다.

III. 티베트와 중국

티베트와 청조와의 관계는 세 시기로 구분될 수 있다.[8] 첫째 시기는 1644년부터 1682년 5대 달라이 라마의 서거에 이르는 기간으로서, 이 시기에는 청이 내적 통치 기반을 다지느라 티베트에 대해서 적극적인 관심을 쏟지 못한 기간이다. 특히 청조는 몽골의 위협에 대처하기 위해 몽골에 영향력을 지니고 있던 티베트를 이용했다. 이 기간에 티베트는 몽골이나 청조에 명목상 종속되어 있기는 했으나 사실상 독립 국가나 마찬가지였다. 제5대 달라이 라마의 죽음을 15년 동안이나 모를 정도로 청조는 티베트에 대하여 직접적인 통제를 행사하지 못했다.

그러나 5대 달라이 라마 사후에 티베트에 대한 정치-군사적 영향력을 둘러싼 몽골 부족들 간의 다툼과 청조에 대한 몽골의 군사적 위협 때문에 청의 강희 황제는 티베트 내정에 더 적극적으로 개입하게 되었고, 급기야 1720년에는 청의 군대가 라싸를 점령하고 주둔하기에 이르렀다. 캄 지역은 사천성에 병합되어 버렸다. 그다음 해에는 3명의 티베트 대신으로 구성된 카삭(Kashag)이라 불리는 일종의 내각을 중심으로 한 정부가 구성되었고, 청조를 공식적으로 대표하는 암반(amban)이라는 존재를

---

8 Smith, *Tibetan Nation*, 146. 이제부터 서술하는 티베트와 중국의 관계 그리고 티베트 민족주의의 대두와 현재에 이르기까지의 역사적 과정에 대한 논의는 이 책에 크게 의존하고 있다.

티베트에 상주하게 했다. 승려들은 통치기구에서 배제되었고 달라이 라마는 상징적 권위는 있었으나 실권을 상실했다. 그때부터 티베트는 청의 속국 또는 보호령(protectorate)이 된 셈이다. 1750년에는 내각의 조직이 4명으로 개편되었으며 그중 한 명은 라마승으로 임명되었다. 청 황제가 암반을 통해 실제 권력을 행사했지만 달라이 라마에게도 예전처럼 세속적·종교적 통치권이 인정되었다. 이것은 결국 제5대 달라이 라마 통치 때와 마찬가지로 티베트와 청조 사이에 일종의 사제-후원자 관계로 되돌아가는 것을 뜻했다. 그것은 청조가 다스리기에 더 수월한 쪽이 티베트의 귀족 세력들보다는 외세에 의존해야만 세속적 권력을 행사할 수 있었던 승려들이었기 때문이다.

1788년 네팔의 구르카족이 티베트를 침공하자 청의 건륭황제는 1792년 군대를 보내 구르카족을 티베트로부터 몰아내고 티베트에 대한 지배를 강화했다. 그는 암반의 권력을 카샥이나 달라이 라마보다도 위에 두어 티베트를 관장하도록 하였고, 암반은 청의 주둔군 및 티베트 군대를 관장하고 티베트의 외교관계도 주관하였다. 무엇보다 중요한 것은 달라이 라마와 판첸 라마를 비롯하여 고위 승려들의 환생을 결정하는 일조차도 암반의 감시하에 두었다는 사실이다. 암반은 환생으로 여겨지는 3인의 이름을 넣은 금 항아리에서 제비를 뽑아 환생을 결정했다. 이로써 청조의 티베트 장악은 극치에 이르렀다.

그러나 이러한 모든 조치와 제도가 다 그대로 실천에 옮겨진 것은 아니었다. 청조는 티베트에 대한 별다른 외세의 위협이 없는 한 사실상 티베트에 크게 간섭하지 않았고 명목상의 종주권으로 만족했다. 중국과 티베트의 관계는 중앙정부와 외지 지방관청의 관계라기보다는 제국과 준독립성을 지닌 한 변방 국가와의 봉건적 관계였다.[9] 아마도 조선조 우리나라와 청조와의 관계에 견줄 수 있겠으나 조선조만큼의 정치적 독립을 유지하지는 못했다고 판단하면 크게 틀리지 않을 것이다.

18세기 말과 19세기 초부터 청의 국운이 기울어지기 시작함에 따라 청의 티베트 장악도 느슨해지게 되었다. 특히 영국과의 아편 전쟁 이후 청은 군사적으로도 티베트를 보호하지 못하는 상태에 이르렀고, 부패하고 무능한 암반들도 청의 티베트 장악력의 약화에 적지 않게 이바지했다. 19세기가 끝나갈 무렵 티베트는 사실상 청조나 다른 어떤 외세의 간섭도 없이 내각(kashag)과 국민회의(tsongdu)를 중심으로 하나의 자율적 정부 조직을 갖춘 독자적 국가였다. 비록 중국의 속국과도 같은 존재였으나 결코 중국의 일부라고 할 수는 없었다. 인종적으로나 언어적으로 그리고 문화적으로나 지리적으로 보아 티베트는 하나의 뚜렷한 독자적인 민족의식을 가지고 있었으며 근대적 의미의 민족국가를 형성할만한 요건들을 충분히 갖추고 있었다.

IV. 티베트 민족주의의 대두와 독립

일종의 사제-후원자적 관계 혹은 봉건적 주종 관계로 진행되어 오던 중국과 티베트의 관계는 청조의 붕괴와 더불어 여태까지와는 달리 근대 민족주의에 입각한 민족 대 민족 혹은 국가 대 국가의 관계로 발전하게 되었으며, 이것이 1959년 제14대 달라이 라마의 인도 망명으로 야기된 현 티베트 사태의 직접적인 역사적 배경을 이룬다. 영국을 비롯한 서구 세력의 중국 유린, 태평천국의 난과 같은 민란 등은 결국 민주 정권의 붕괴로 이어졌고, 이와 더불어 중국에도 근대적 의미의 민족주의(nationalism)

---

9 같은 책, 137.

가 형성되게 되었다. 그리고 인도에 기반을 두고 있던 영국이 노골적으로 티베트에 대한 이권을 노리고 군사적으로 개입함에 따라 티베트에 대한 중국의 태도 또한 종전과는 달라질 수밖에 없었다. 이러한 와중에 국제 세계에 눈을 뜬 티베트인들 사이에서도 민족주의적 각성이 일기 시작했으며, 이는 결국 중국과 티베트 사이에 근대적 의미의 민족국가적 주권(national sovereignty) 다툼으로 전개될 수밖에 없었다. 이 무렵 티베트에는 제13대 달라이 라마가 즉위하여 제5대 달라이 라마 이후 사실상 처음으로 정치와 종교 양면에서 실질적 권력을 행사하게 되었다.

중국과 티베트 사이에 첨예화된 민족국가적 대립이 전개되는 데에 한 중요한 요인으로 작용한 것을 무엇보다도 영국의 티베트 개입이었다. 인도를 식민지 통치하던 영국은 인도 주변 국가들에 대하여도 영향력을 확대하려 하였다. 특히 아시아에 대한 러시아의 영향력을 경계하던 영국은 19세기 말 티베트에 노골적으로 관심을 두기 시작했다. 영국은 처음에는 중국 정부를 통해 간접적으로 티베트에 개입하려 하였으나 이미 티베트에 대한 영향력을 상실하고 있던 청조는 영국에 별 도움이 되지 못하였다. 티베트인의 저항에 봉착한 영국은 드디어 직접적으로 티베트와 상대하여 자신들의 입지를 구축하고자 하였다. 1904년 영허스번드 (Young- husband)가 이끄는 영국군은 마침내 티베트의 걀체(Gyantse)와 라싸를 점령했으며 13대 달라이 라마는 외몽골로 피신하기에 이르렀다. 영국은 무역상의 독점적 특권을 다수 얻어냈고, 티베트에 대한 타국의 영향력을 배제하도록 만들었다. 이 사건으로 인해 티베트는 더 이상 국제사회에서 고립된 존재가 아니게 되었으며, 중국의 티베트 종주권은 크게 손상을 입게 되었다. 또한 티베트의 개방은 라마승들의 전통적인 지도력과 권위에도 타격을 입히는 결과를 초래했다.[10] 그러나 티베트의 미래 운명에 대하여 무엇보다도 중요한 것은 중국이 티베트 문제에 대하여 종래의 소극적인 태도를 버리고 적극적으로 자기의 입지를 회복하고자 노력하게 되었다는 사실이다.

영국은 티베트에 대한 중국의 종주권(suzerainty)은 계속해서 인정하였다. 그러나 중국으로서는 그 이상을 넘어서 티베트에 대한 완전한 주권(sovereignty)을 인정받고 확보하려는 것이었다. 중국은 1904년에 영국과 티베트 사이에 체결된 협약을 인정하지 않고 영국과 중국 사이에 체결되어야 함을 주장했다. 영국은 러시아와 연합하여 중국을 견제하려 하였으나 일련의 협상 결과 중국은 1908년 결국 티베트에 대한 중국의 주권을 국제적으로 인정받기에 이르렀다.

중국은 달라이 라마가 없는 라싸에서 자신들의 권력을 쉽게 강화했으며 1908년에는 달라이 라마의 귀환을 추진할 정도로 티베트에서 확고한 지위를 구축했다. 달라이 라마는 그해 북경에서 굴욕적 조건 아래 황제를 알현했으며, 그다음 해에는 중국이 티베트에 대하여 주권국가(sovereign state)임을 인정하며 자신은 '충성으로 복종하는 대리자'라는 새로운 칭호를 받았다.[11] 이로써 사제-후원자라는 전통적인 관계는 종지부를 찍게 되었다. 그러나 이것은 물론 달라이 라마나 티베트인 자신들의 뜻과는 무관한 것이었다. 근대적 의미에서 하나의 독립 국가로서 국제사회에서 그 주권을 인정받고 확보하고자 하는 티베트인들의 민족적 염원은 이제부터 본격적으로 시작될 수밖에 없었다.

1900년경부터 사천성을 발판으로 삼아 동부 티베트 지역을 침공하기 시작한 청조는 1910년 2월에는 라싸를 비롯한 중앙 티베트까지 군사적으로 장악하기에 이르렀다. 1909년 12월 라싸로 돌아왔던 달라이 라

10 같은 책, 160.
11 같은 책, 168.

마와 티베트 관리들은 다시 피난길에 올랐다. 이는 1904년 영국군의 라싸 진입 때와 마찬가지의 반응을 보인 것으로, 결국 청조에 약속한 충성이 자발적인 것이 아니었음을 보여주는 행위였다. 티베트인들은 중국이든 영국이든 어떠한 외세의 통치도 원하지 않았다. 청조는 티베트에 대한 군사적 개입으로 사천성의 재정에 타격을 입게 되었고, 이는 청조에 대한 반란으로 이어졌다. 결국 1911년의 10월 혁명과 청조의 멸망 그리고 당분간 티베트에서의 중국의 영향력 상실이라는 결과를 초래한 것이다.

달라이 라마는 1910년 2월 21일 씨킴으로 피신하여 1912년까지 인도의 다르질링(Darjeeling)에 머물렀으며 중국 정부는 달라이 라마를 격렬히 비난하면서 그의 폐위를 선언했다. 그의 부재중 중국은 티베트 장악을 더욱 공고히 했으며 달라이 라마의 자리에 판첸 라마를 앉혔다. 그러나 판첸 라마에게는 달라이 라마가 지녔던 세속적 권력은 주어지지 않았다. 중국은 새로운 달라이 라마를 물색하지는 않았으며 달라이 라마 없이 티베트를 통치하는 일이 쉽지 않음도 깨닫게 되었다. 결국 청의 멸망과 더불어 티베트인들은 1912년 말경 중국 군대와 관리들을 라싸에서 몰아내는 데 성공하였고, 달라이 라마는 1913년 1월 라싸로 귀환하였다. 티베트는 1720년 이래 처음으로 중국으로부터 정치적 독립을 유지하게 된 것이다. 진정으로 한 독립 국가가 탄생하는 순간이라고 간주되어야 할 것이다.[12]

중국은 그러나 결코 티베트에 대한 주권을 포기하지 않았으며 국제사회 또한 티베트의 주권을 확실하게 인정하지 않았다. 중국 정부는 이

---

12 Roger Hicks & Ngakpa Chogyam, *Great Ocean: An Authorized Biography of the Buddhist Monk Tenzin Gyatso His Holiness the Fourteenth Dalai Lama* (London: Penguin Books, 1990; first published in 1984), 51.

른바 '오민족 정책'—한족, 만주족, 몽골족, 티베트족, 타타르족(터키족)
—을 추구하여 '평등'과 '조화' 속에서 이민족들을 계속해서 중국의 울타
리 내에 묶어두고자 하였다. 원세개는 1912년 10월에 달라이 라마의 지
위와 호칭을 회복해 주었으나 달라이 라마는 이를 거부했고, 티베트와
몽골, 티베트와 중국과의 관계는 전통적으로 사제-후원자의 평등한 관
계였음을 상기시키면서 티베트가 독립 국가임을 티베트인들에게 선언
했다. 달라이 라마는 1913년 1월 몽골과 독립 국가로서의 지위를 상호 인
정하는 조약을 체결하기까지 하였다. 그러나 티베트는 영국, 러시아로
부터 독립 국가로서 인정받지는 못했다. 언제나 중국과의 관계를 의식
한 이 세력들은 티베트의 자치권(autonomy)과 중국의 티베트에 대한 종
주권(suzerainty)을 동시에 인정하는 애매한 입장을 견지한 것이다.

　이 모든 와중에서 중심적 위치를 차지한 사람은 물론 제13대 달라이
라마였다. 두 번씩이나 망명해야 했던 그는 이제 국제사회의 현실을 인
식하기 시작했으며 티베트가 종전의 형태로는 결코 존속하기 어렵다는
사실도 명확하게 깨닫게 되었다. 그는 티베트가 독립을 유지하려면 독
자적인 군대가 있어야 함을 인식하여 근대적 군대를 갖추려 했으며 교육
이나 행정, 법률, 화폐, 세제 등의 개혁을 이루고자 하였다. 그러나 그는
기득권을 누리던 지주나 사제 층의 심한 저항을 받았고, 개혁은 뜻대로
이루어지지 않았다. 특히 근대화된 군대의 유지는 엄청난 경비를 필요
로 했으며 사원들과 귀족들이 적지 않은 경비를 조달해야만 했다. 그 가
운데서도 판첸 라마(제9대)가 관장하고 있던 타쉬룽포 사원은 비용의
1/4을 감당하게 되어 있어서 달라이 라마의 망명 중 그가 행했던 외세와
의 협력에 더하여 달라이 라마와 사이가 벌어지는 또 하나의 요인이 되
었다. 그는 1923년에 타쉬룽포 사원을 떠나 몽골로 갔다가 그다음 해에
는 북경으로 가서 중국의 환영과 환대를 받아 달라이 라마를 곤혹스럽게

만들었고 티베트의 보수 세력을 강화했다. 무엇보다도, 두 사람 사이의 간극과 이에 따른 티베트의 정치적 분열은 티베트를 지배하려는 중국에 크게 이용되었다. 만약 13대 달라이 라마의 개혁이 순조롭게 이루어져서 티베트가 본격적인 근대 국가로서 다시 태어났었다면 그 후의 가혹한 운명을 피할 수 없었을지도 모른다.

중국 민족주의의 대두와 1928년 국민당 정부의 출현은 티베트 문제에 대한 중국의 태도를 더욱 분명히 하게 만들었다. 중국 정부는 티베트 문제에 대하여 영국 등 제삼자의 외교적 개입을 거부했으며 티베트에 대한 종주권(suzerainty)에 만족하지 않고 주권(sovereignty)을 분명히 했다. 티베트는 어디까지나 중국 영토의 일부이며 티베트 정부는 중국 중앙정부의 관장 아래 있는 하나의 지방정부일 뿐이다. 지방정부의 자치권(autonomy)은 인정하나 독립국가로서의 주권은 인정할 수 없다는 것이다. 중국 정부는 이러한 주장을 위해 북경에 있던 판첸 라마를 최대한으로 이용하였다.

1933년 12월 17일 13대 달라이 라마는 세상을 떠났고 판첸 라마 역시 중국 정부의 노력에도 불구하고 라싸로 돌아가지 못하고 1937년 11월에 세상을 떠났다. 13대 달라이 라마의 영도 아래 티베트는 동부지역을 제외하고는 정치-군사적으로나 외교, 행정 등에 있어서 하나의 통일된(판첸 라마의 경우는 제외하고) 사실상의 독립 국가로 탈바꿈했다. 약자로서의 현실적 제약 때문에 중국과의 전통적인 봉건적 관계, 즉 사제-후원자적 관계까지 거부하지는 못했고, 독립 국가를 원하는지 아니면 단지 자치권만으로 만족하는지 때로는 입장을 명확히 하지 못하는 경우도 있었다. 그러나 티베트는 결코 중국의 영토적·군사적·외교적·행정적 주권을 인정하지 않았다. 중국에 점령당한 동부 티베트 지역(Kham, Amdo)에서 조차도 티베트인의 고유한 민족적·문화적 정체성은 그대로 유지되었으며 라싸 정부는 결코 이 지역에 대한 티베트의 주권을 포기하지 않았다. 1945년 2차 대전 직후 중국은 러시아와 우호조약을 체결하고 몽골의 독립을 인정했으며 장개석은 티베트의 자치는 물론이고, 경우에 따라 독립도 허락할 뜻을 비치는 성명을 발표하기도 했으나[13] 또 하나의 유인책에 지나지 않았다.

이와 같은 사정은 공산정권의 수립 이후에도 기본적으로 변하지 않았다. 변한 것은 드라마의 주역들이었고, 사정은 더 악화되었다. 13대 달라이 라마를 이어 그의 화신으로 인정된 14대 달라이 라마(1935년 탄생)는 즉위(1940년 3월) 후 2명의 섭정 통치를 거친 후 만 15세가 되던 1950년에 티베트를 실질적으로 통치하게 되었고, 모택동의 영도 아래 1949년 중국을 장악한 공산당 정부는 티베트에 대한 압박을 가해오기 시작했다. 공산당 정권은 지금까지 주장해 오기는 했으나 말로만 그쳤던 티베트에 대한 주권을 군사적으로 실현하기 시작한 것이다.

1949년 7월 중국 공산당의 인민해방군이 북경을 점령하자 공산주의의 위협을 느낀 라싸 정부는 중부 티베트로부터 모든 중국인을 추방했고, 중국 공산당은 이것을 영국 등 제국주의자들의 선동에 의한 것으로 격렬히 비난했다. 1949년 11월 24일 「라디오 북경」(Radio Peking)은 당시 12세였던 판첸 라마(제10대)가 모택동에게 티베트를 '해방'시켜 줄 것을 호소했다고 전하였으며, 1950년 1월 1일 중국 정부는 대만과 티베트를 제국주의로부터 해방시키겠다고 약속했다. 티베트는 중국의 침공을 막으려고 많은 외교적 노력을 기울였으나 별 효과를 보지 못했다. 영국, 미국, 인도 등은 오히려 티베트의 그러한 노력이 중국을 자극할지도 모른다고 생각했고, 중국이 실제로 티베트를 공격하지는 않으리라고 믿었

---

13 Smith, *Tibetan Nation*, 247-250 참조.

다. 다만 인도는 티베트의 무기 원조 요청에 응하여 1950년 3월에 마지막으로 무기를 제공해주었다.[14] 1950년 10월 7일 중공군은 티베트 침공을 시작했다. 국제사회는 티베트가 사실상(de facto) 독립 국가와 다름없음을 잘 알고 있었으나 티베트에 대한 중국의 종주권을 인정하는 모호한 태도를 견지하면서 원칙상(de jure) 티베트의 독립을 인정하지 않았고, 그렇다고 중국의 주권(sovereignty)을 명확히 인정한 것도 아니었다. 인도, 영국, 러시아, 미국 그 어느 나라도 실제로 중국과 불편한 관계에 돌입하기를 원치 않았고, 티베트의 지리적 여건상 군사적 개입이란 엄두조차 낼 수 없는 일이었다. 달라이 라마는 또다시 피난길에 올랐다. 1950년 12월 19일 그는 라싸 남쪽 씨킴 국경에 위치한 야퉁(Yatung)으로 피신했다.

현실적으로 중국의 지배를 받아들일 수밖에 없었던 티베트의 지도층은 중국이 티베트의 정치 종교 체제를 그대로 인정하겠다는 약속을 믿고 달라이 라마를 라싸로 귀환하도록 설득하는 한편 뉴델리에 중국 대사를 만나도록 대표를 보냈다. 중국 대사는 티베트가 '평화적 해방'에 협력한다면 티베트의 정치 종교 체제를 바꾸지 않겠다는 약속을 재확인하였다. 이 보고를 받은 야퉁의 달라이 라마는 북경에 협상단을 파견했다. 중국 측의 첫 요구는 판첸 라마를 인정하라는 것이었으며 협상단은 정부와의 협의 후 받아들였다. 중국 측은 미리 준비해놓은 10개 조항을 제시했으나 티베트 측은 티베트가 독립 국가임을 주장하면서 많은 증거들을 제시했다. 중국 측은 17개 항의 수정안을 최종적인 것으로 제시하였고 티베트 측은 강압적인 분위기 속에서 라싸 정부와 협의도 하지 못한 채 1951년 5월 23일 수정안에 서명했다. 이로써 중국은 티베트 문제를 평화

---

14 같은 책, 271.

적으로 해결한 듯한 인상을 국제사회에 심었고 비난을 면하게 되었다.

이 협약에 따르면, 티베트 정부는 중국의 한 지방정부로서 중앙정부의 군사, 외교권을 수용하게 되어 있다. 달라이 라마나 판첸 라마의 위상과 권력 등 기존의 티베트 정치제도를 바꾸지 않고 티베트인들은 중앙인민정부의 지도 아래서 민족 지역자치를 행사할 권리를 가지며 자체적으로 개혁을 추진하게 되어 있다.[15] 티베트의 지방 자치권을 인정한다는 것은 종전의 입장과 마찬가지이나 제1조에는 티베트인들이 제국주의자들의 침략을 몰아내고 조국 중화인민공화국의 대가족의 품으로 돌아온다는 점을 명시하고 있다. 결국 독립 국가로서의 티베트는 존재하지 않는다는 말이다.

협상단이 서명한 17개 조항의 추인을 둘러싸고 야퉁의 달라이 라마와 정부 요원들은 심사숙고를 거친 후 결국 수용하는 쪽으로 가닥을 잡았고, 1951년 9월 28일 공식적으로 수락했다. 달라이 라마는 10월 25일에 17개 조를 수락하는 공식적인 서한을 모택동에게 보냈다. 수락하지 않고 달라이 라마의 망명으로 이어지는 경우 티베트에 전개될 상황이 너무도 비관적으로 보였기 때문일 것이다. 달라이 라마의 망명은 중국 측을 더욱 자극할 것이고, 그가 없는 티베트를 중국이 아무런 견제 없이 전적으로 지배하게 될 거라는 판단에서였다. 반면에 17개 조를 수용하고 달라이 라마가 계속해서 티베트를 지킨다면, 티베트의 정치-종교 제도를 그대로 존중하겠다는 중국 측의 약속도 있었고 달라이 라마를 통해 어느 정도 견제가 가능하다고 생각했다. 더군다나 달라이 라마가 망명한다고 해서 국제사회로부터 티베트 독립을 위한 지원이 확실히 약속된 것도 아니었다.[16] 스미스는 조약의 수락에 대하여 다음과 같이 평하고

---

15 같은 책, 297-301 참조.

있다.

달라이 라마와 티베트 정부 관료들은 달라이 라마의 영향력이 중국인들의 지배 아래 있는 티베트 사람들의 상황을 개선할 수 있을 것이라는 희망 아래 라싸로 귀환하여 17개 조의 합의 조건을 받아들이기로 했다. 중국 측과 타협하기로 한 티베트의 결단은 합리적이었고 현실적이었으며 티베트 전통에서 볼 때 티베트가 했던 타협들에 비견할만한 것이었다. 달라이 라마는 티베트의 민족적 정체성의 상징이었다. 그가 티베트를 떠난다는 것은 티베트인들이 알고 있는 티베트는 더 이상 존재하지 않는다는 의미였고, 그가 계속해서 있다는 것은 적어도 티베트가 존속할 수 있다는 희망이었던 것이다.[17]

17개 조의 수락이 비록 당시로서는 불가피한 일이었으나 그 결과는 티베트에 치명적이었다. 이제 티베트는 청조의 멸망과 더불어 누렸던 사실상의 독립을 스스로 포기한 셈이며 중국의 티베트 주권을 공식적으로 인정한 셈이다. 이후로 티베트가 제기하는 정치적 독립의 요구는 법적으로나 도덕적으로 그만큼 명분 없는 주장이 될 수밖에 없게 된 것이다. 그뿐만 아니라 1959년 달라이 라마의 인도 망명은 결국 17개 조의 수락이 아무런 소득이 없는 잘못된 선택이었음을 입증했다.

---

16 이 조약을 체결하게 된 당시 상황과 달라이 라마의 심정과 견해에 관해서는 그의 자서전이 잘 말해주고 있다. 김철·강건기 역, 『티베트, 나의 조국이여』(서울: 정신세계사, 1988), 61-68; 심재룡 역, 『유배된 자유』(서울: 정신세계사, 1991), 79-82를 볼 것.

17 Smith, *Tibetan Nation*, 321.

V. 라싸와 다람살라

티베트 점령 초기인 1951~1954년간 중국 정부는 티베트인의 환심을 사기 위하여 17개 조의 정신에 따라 티베트의 정치적·종교적 자치권을 존중하여 직접적인 간섭을 최소화하는 정책을 추진하였다. 중국 본토와 티베트를 잇는 도로도 아직 건설되지 못한 상태였기 때문에 실제로 티베트에 대한 중국 공산당의 군사적 장악력에 한계가 있을 수밖에 없었다. 인민해방군의 주둔은 티베트인들의 부담이 될 수밖에 없었으며 식량부족 등 티베트의 경제 사정을 악화시켰으며 1952년 3월에는 라싸의 주민들을 중심으로 하여 민중회의(Mimang Tsongdu)가 결성되어 이에 항의하기도 하였다. 그들은 티베트에 대한 아무런 외국의 위협이 없으므로 중국군이 주둔할 이유가 없다며 중국 군대나 민간인의 수를 최소화할 것을 건의했다. 이들은 물론 중국 당국의 제재를 받았다. 한편, 중국 공산당은 티베트를 궁극적으로 중앙정부의 통제를 받는 소수민족 자치구로 만들기 위하여 여러 단체와 조직의 결성 그리고 선전과 사상교육 등을 통해 티베트 정부의 역할과 권위를 약화시키고자 했다.

1954년 말부터 중국의 티베트 장악은 조여오기 시작했다. 우선 중국은 인도와의 협약을 통해 티베트에 대한 주권을 공식적으로 인정받았으며 중국 본토로부터 티베트로 통하는 두 개의 도로를 완성했다. 중국 정부는 달라이 라마로 하여금 중화인민공화국의 헌법 제정을 위해 열리는 북경 전국 인민회의에 참여하도록 권유했고, 달라이 라마를 비롯하여 9명이 티베트를 대표하여 참석했다. 이것은 티베트가 중국의 건설에 자발적인 참여자임을 보여주기에 적합한 행위였다. 티베트는 이제 여타 소수민족들과 마찬가지의 자격으로 다민족 국가로서의 중국 건설에 참여한 것이며, 비록 17개 조의 합의는 여전히 유효했으나 새로이 제정된 헌법 밑에 종속될 수밖에 없었다. 인민회의 후에도 달라이 라마와 판첸 라마는 북경에 남아서 중국 정부의 주선 아래 과거 13대 달라이 라마와 9대 판첸 라마로부터 시작된 불편한 관계를 매듭지었다. 판첸 라마는 성명을 통해 티베트 자치구 형성을 위한 준비위원회를 형성하기로 합의했다는 발표를 했다. 이 준비위원회는 티베트인들의 반대에 부딪혔던 군사정치위원회를 대신하여 중국의 주도 아래 만든 것으로서, 사실상 기존의 티베트 정부를 무력화하고 대체할 성질의 기구였다. 자치구 준비위원회는 중화인민공화국의 국가회의의 직속 기구로서 달라이 라마 정부로부터 15인, 판첸 라마 측근 가운데서 10인, 티베트 동부 참도(Chamdo) 지역의 해방위원회로부터 10인, 주요 사원과 종파 및 사회 저명인사와 공공단체들로부터 11인 그리고 5명의 중국 간부들로 구성되었다. 달라이 라마가 위원장직을 맡게 되어 있었고 총 51인 가운데 5명의 중국인을 제외하면 모두가 티베트인들로 구성된 티베트 자치기구와 같은 인상을 주었으나, 사실상 국가회의의 관장 아래 놓여 있었고 티베트 주둔 인민해방군과의 긴밀한 상의 아래서 활동하게 되어 있었다. 51명 가운데 참도 해방위원회의 10인과 판첸 라마 그룹의 10인은 완전히 중국 당국의 조정을 받는 사람들이었으며, 그나마 1956년 위원회가 실제로 가동했을 때는 달라이 라마의 티베트 정부 대표는 15인에서 10인으로 축소되고 종교지도자나 사회지도자 대표 수는 11에서 17인으로 확대되었다. 달라이 라마는 처음에 이 위원회에 큰 기대를 걸었으나 곧 이 기대가 환상이었음을 알게 되었다고 자신의 회고록에서 말하고 있다.[18]

티베트인들의 이해와는 달리 중국은 티베트 동부지역을 17개 조의 협약 대상에서 제외하고 이 협약이 오직 달라이 라마가 직접 관할하고

---

18 『티베트, 나의 조국이여』, 97-98.

있는 중부 티베트에만 해당한다고 생각했다. 따라서 동부지역에서는 보다 적극적으로 중국식 사회주의를 실현하려는 정책을 추구했다. 티베트 인구의 3분지 2 이상이 거주하고 있으며 자원도 더 풍부한 이 동부지역을 중국은 처음부터 티베트에 속하는 것으로 간주하지 않은 것이다. 중국의 티베트 지배가 이미 어느 정도 확고하게 된 시기인 1955년부터 이른바 '민주적 개혁'과 '사회주의 변혁'의 기치 아래 중국인들의 손에 의해 취해진 일련의 과격한 조치들—계급투쟁, 토지 재분배, 집단농장, 전통 문화와 종교의 비판과 공격 등—은 지금까지 비교적 자유롭게 살아온 티베트인들의 저항과 반발에 부딪혔으며 급기야는 1956년의 민중 봉기로 이어졌다. 서부 캄 지역에서 발발한 민중 봉기는 곧 동부 캄으로 옮겨갔고 중국군에 의해 쫓기는 티베트 게릴라들과 피난민들은 라싸를 비롯한 중부 티베트로 들어왔다. 지금까지 비교적 사회주의 개혁이 느리게 진행되던 티베트 자치구도 이제 큰 변화의 계기를 맞게 된 것이다.

달라이 라마는 1956년 대각회(Mahabodhi Society) 회장인 씨킴의 마하라지와 인도 정부로부터 불탄 2500주년 기념행사에 참석하도록 초청받았다. 인도와 좋은 관계를 유지하고 있던 중국 정부는 이를 반대할 수 없었으며 달라이 라마는 판첸 라마와 더불어 1956년 11월 26일 인도에 도착하여 성대한 환영을 받았다. 네루 수상과의 만남에서 달라이 라마는 티베트 사정이 희망이 없음을 들어 인도 망명의 뜻을 비쳤으나 네루는 인도의 지원을 기대하기 어렵다고 거절하면서 마침 인도 방문이 예정된 저우언라이와 문제를 해결하라고 권고했다. 저우언라이는 티베트 개혁이 티베트인들의 동의 없이 이루어지고 있다는 달라이 라마의 지적에 놀라움을 표시하면서 지방의 중국 관리들이 잘못하고 있다고 지적하며 시정을 약속했다. 그는 유럽 방문을 마친 뒤 재차 달라이 라마를 만나서 티베트의 상황이 악화되어 인민해방군이 반란을 진압할 준비가 되어 있음을 알리면서 중국 정부는 티베트의 개혁을 다음 5개년(1957~1961) 계획 동안 6년간 연기하도록 결정했으며 그때 가서도 준비가 되어 있지 않을 경우 50년이라도 연기될 수 있음을 전했다. 티베트의 개혁을 연기한다는 방침은 1957년 2월 27일의 모택동 연설에서도 확인되었다. 네루의 충고와 저우언라이의 약속을 믿고 중국 측에 마지막 기회를 준다는 마음으로 달라이 라마는 1957년 4월 1일 라싸로 돌아왔다. 1951년의 경우와 마찬가지인 셈이다.

라싸로 돌아온 달라이 라마는 17개 조 합의에 따라 엄격하게 티베트의 자치권을 확보하고자 했다. 중국 측은 개혁의 연기가 동부 티베트의 소란 사태 때문임을 인정하면서 연기 조치는 오직 티베트 자치구, 즉 중앙 티베트에만 해당하는 것임을 통보했다. 중국 측은 동시에 라싸에 있는 중국군과 요원들의 수를 대폭 감축하며 자치구의 행정은 티베트인들에 의해 이루어질 것임도 알렸다. 이러한 일련의 조치들은 자치구 안에서의 반란을 방지하는 데는 효과가 있었으나 동부지역으로부터 계속해서 유입되는 난민들에 의해 전해지는 중국인들의 잔학상에 대한 이야기들은 계속해서 라싸의 긴장을 고조시켰다.

1957년의 백화제방(百花齊放)에 이은 1958년의 대약진 운동은 소수민족들에게 더욱 개혁의 압박을 가하게 되었다. 중국 공산당의 소수민족 정책이 별로 실효를 거두지 못하는 것을 깨닫게 된 공산당은 더욱 강압적 조치와 동화정책에 의존할 수밖에 없었다. 그에 따라 산발적이고 국지적으로 일어나던 동부 티베트의 반란은 전 지역으로 확산하게 되었다. 1957년 말경 중국 정부는 인민해방군 8개 사단과 적어도 15만의 인력을 동부 티베트의 반란을 진압하기 위해 투입했다.[19]

---

19 Smith, *Tibetan Nation*, 443.

한편 라싸에서는 1958년 5월 동부 티베트로부터 온 피난민들에게 압박이 가해졌고, 이들 가운데 많은 사람이 동부로 돌아가지 않고 중부 지역의 게릴라군에 가담했다. 라싸 정부는 티베트인들의 무력 저항과 게릴라화를 막으려 했으나 소용이 없었고, 오히려 사실상 그들을 비밀리에 지원하는 자들도 있었다. 남부 티베트의 로카(Lhoka)에 본거지를 둔 약 5천여 명의 티베트 반군은 1959년 4월까지 중국군을 괴롭히다가 결국 중국군에 의해 진압되었다. 달라이 라마는 망명의 순간까지 폭력 사태를 막기 위하여 중국 측과 중재하면서 노력했으나 허사였다. 중국 측은 오히려 달라이 라마와 그의 정부를 반군들에 동조하고 무기를 공급해 준다고 비난했다.

달라이 라마의 인도 망명으로 일단락되는 사태의 절정은 라싸의 해방군 사령관이 1959년 3월 10일 달라이 라마를 병영 내에서 있을 중국 가무단의 공연에 초대한 데서부터 시작한다.[20] 이상하게도 수행원이나 호위병 없이 오라는 초대에 티베트인들은 의혹을 품었다. 다음 달 달라이 라마는 북경에서 열리는 전국인민대회에 초청받았으나 거절한 상태였고 라싸의 중국군 간부들은 참석하도록 하겠다는 약속을 북경에 한 터였기 때문에, 티베트인들로서는 달라이 라마를 납치하려는 계획으로 의심하기에 충분한 것이었다. 그날 티베트 군중은 달라이 라마의 여름 궁전인 노불링카(Norbulinka)를 에워싸고 그가 외출하지 못하게 했다. 달라이 라마는 가지 않겠노라고 공포한 후 군중에 대한 중국군의 보복을 염려하여 그들에게 해산해 달라고 요구했으나, 그들은 오히려 노불링카궁에 대한 경비를 강화하였다. 그들은 서둘러서 포타라궁 밑에서 민중회

---

20 이 초청부터 달라이 라마의 망명으로 이어지는 긴박했던 순간들의 이야기는 그의 자서전에 상세하게 묘사되고 있다. 『티베트, 나의 조국이여』 제10장 '라싸의 위기'를 볼 것.

의(Mimang Tsongdu)를 소집하여 티베트 독립을 선언했다. 며칠 동안 이러한 상태가 지속되었다. 티베트 정부 관리들도 독립을 지지하면서 민중회의와 만나서 이러한 입장을 공식화했다. 라싸의 3대 사원인 세라, 드레풍, 간덴 사원도 이를 지지했다. 3월 17일 중국군 진지로부터 두 발의 박격포 포탄이 발사되는 소리가 들렸고, 노불링카궁 북문 밖 연못에 2개의 포탄이 떨어졌다. 달라이 라마의 신변이 위험하다고 느낀 참모들은 결국 그의 망명을 결단하게 되었다. 만약 달라이 라마가 죽는다면 그 결과는 불을 보듯 뻔한 일이었기 때문이다. 달라이 라마의 표현대로, "만약 나의 생명이 중국인들 손에 의해 사라지게 된다면, 티베트의 생명 또한 끝나게 되는 것이라고 그들은 확신하고 있었다."[21] 그날 밤 달라이 라마는 호위병 및 측근들과 함께 궁을 빠져나왔고 반군의 도움을 받으면서 3월 31일 인도로 망명했다. 인도 국경을 넘기 직전 달라이 라마와 그의 정부는 룬체 종(Luntse Dzong)에서 공식적으로 17개 조의 약속을 파기하고 임시정부를 구성했다. 중국 측은 이틀 후에야 그의 망명 사실을 알게 되었다.

중국 공산당의 소수민족 정책은 결국 실패했다. 자발적이고 평화적인 '해방'과 개혁을 약속했던 공산당의 정책은 결국 변방 민족에 대한 중국의 전통적인 흡수정책과 다르지 않았다.[22] 진정으로 소수민족의 문화와 종교를 이해하고 사랑하는 마음이 없었던 중국 공산당은 소수민족의 영토와 자원 그리고 중국의 안보와 경제발전에 더 관심이 있었고, 사회주의의 거창한 이데올로기도 결국 이것을 숨기지는 못했다.[23]

17개 조의 협약에 대한 중국 측의 충실한 이행이 이와 같은 불행한 종

---

21 같은 책, 149.

22 Smith, *Tibetan Nation*, 450.

23 같은 곳.

말을 방지할 수도 있었다. 사실 중국 측도 티베트 자치구, 즉 동부 티베트에 관한 한 어느 정도 약속을 충실히 이행하였다고 평가할 수 있다. 그러나 문제는 중국 측이 처음부터 동부 티베트 지역의 인종적·문화적·종교적 정체성을 무시한 채 그 지역을 이미 자국의 일부로 전제하고 조약을 맺었으며, 성급하게 그 지역에서 사회주의 개혁을 추진했다는 데에 있었다. 그렇지 않았다면 달라이 라마는 동부지역의 반란을 막을 수 있었을지도 모르며 그 결과는 판이했을지도 모른다.[24]

1951년의 조약체결부터 1959년의 달라이 라마 망명에 이르기까지의 기간은 티베트가 사실상의 독립 국가의 위치로부터 중화인민공화국의 일개 주로 편입되는 과도기를 대표한다.[25] 그 과정에서 해방자임을 자처하던 중국인들은 스스로 제국주의적 억압자로 나타나게 되었다.[26] 티베트인들의 눈에는 강요된 사회주의화는 곧 중국화를 뜻했으며 자율의 상실을 의미했다. 공산당은 티베트인들 사이에 계급의식과 투쟁을 조장하여 사회주의화도 이루고 티베트 지배도 이루려 하였으나, 티베트인의 반란은 그들의 계급의식보다는 민족의식이 강했음을 입증했다. 그들의 반란은 결국 중국인의 지배와 통치에 대한 전면적인 거부였지 중국 측의 주장대로 노예를 소유하고 특권을 누리던 반동분자들의 선동에 의한 것은 아니었다.

반란은 결국 인민해방군에 의해 진압되었고 이 과정에서 수천 명이 사망했다. 승려나 일반인 할 것 없이 수많은 사람이 체포되거나 연행되어 조사받았으며 구금되거나 강제노동소로 보내졌다. 몇 년 동안 라싸는 티베트 남자를 보기 어려울 정도였다고 한다.[27] 그러나 이와 같은 참

---

24 같은 책, 449.
25 같은 책, 447.
26 같은 곳.

상보다도 더 중요한 사실은 이제 중국은 달라이 라마가 떠난 티베트를 그 누구의 눈치도 볼 필요 없이 마음대로 요리할 수 있게 되었다는 사실이다. 중국의 티베트 통치에 있어서 그야말로 마지막 장애가 제거된 셈이었다. 3월 28일 저우언라이의 발표에 따라 티베트 지방정부는 국가회의에 의해 해체되었고 티베트 자치구 준비위원회가 그 역할을 맡았다. 준비위원회의 의장은 여전히 달라이 라마로 남아 있었으며 판첸 라마가 의장 대리를 맡았으나 사실상 티베트는 인민해방군의 지배 아래 들어갔고 티베트의 모든 지역에 군사위원회가 설치되었다. 중국 측은 반란이 티베트 인민의 지지를 받지 못했으며 단지 농노를 소유한 지배계급의 반동분자들에 의해 주도되었고 달라이 라마의 망명도 자발적인 것이 아니라 강제로 납치된 것이라고 선전했다. 4월 18일 달라이 라마는 자기의 망명이 납치에 의한 것이라는 중국 측의 주장을 일축하고 중국 측이 티베트 자치에 대한 약속을 저버렸다고 비난하는 성명을 발표했다. 그는 1962년의 자서전에서 "마치 미친개가 아무에게나 덤벼들 듯이 반란의 책임을 생각나는 대로 아무에게나 전가하는 중국인들에게 놀라움을 느꼈다. 그들은 진실을 인정할 수 없었던 것이다. 중국인들이 해방시킨다고 주장했던 바로 그 인민들이 해방에 반대하여 반란을 일으켰고, 오히려 지배계층은 인민들보다도 훨씬 더 타협을 원했다"라고 진술하고 있다.[28] 그러나 4월 23일에 열린 북경 인민회의에서 판첸 라마와 몇몇 티베트 지도자들은 중국 측 견해를 지지하는 발언을 했다.[29]

　달라이 라마의 망명이 중국 측으로는 예기치 못한 당혹스러운 일이

---

27 같은 책, 452.

28 Smith, *Tibetan Nation*, 462에서 재인용. 『티베트, 나의 조국이여』, 169에 있음. 그러나 번역이 조금 문제가 있어 그대로 인용하지 않았다.

29 같은 책, 463-464.

었으나 한편으로는 오히려 잘된 일이기도 했다. 적어도 중국 측에서 볼 때는 문제의 원인 제공자는 17개 조항의 합의에 따른 '민주개혁'에 저항하는 티베트 지방정부와 상층 지배계층이었고, 이제 중국 공산당은 티베트 상층부와 협의할 필요도 없이 자신들의 계획을 실천에 옮길 수 있었기 때문이다. 그들은 계급의식과 투쟁을 선동했으며, 과거 지방정부의 관료들, 귀족들 그리고 대다수 사원으로부터 토지를 몰수하여 '농노'들과 소작인들에 나누어주었으며 빌린 돈에 대한 이자와 소작료를 낮추어 주었다. 상조회를 조직하게 하여 집단농장화를 위한 기반을 조성하기 시작했다. 사유재산을 인정하기는 하였으나 농업 생산과 분배는 중국인들에 의해 통제되었고 각종 명목과 구실로 티베트 농민들의 소득은 착취당했다.

중국 공산당은 당연히 티베트 라마승들의 충성심에 의구심을 가졌다. 반란에 가입하거나 연루된 승려들을 다른 승려들이 고발하여 비판받거나 구타당하게 했다. 고위 승려들을 비롯해 사원의 관리자들은 연행되어 강제노동 수용소로 보내졌으며, 사원의 재산은 압수되고 사원에 세금을 바치지 못하도록 금지되었다. 사원에 남아 있는 승려들은 노동을 통해 스스로를 부양하도록 하였고 많은 라싸 승려들이 강제노동에 동원되었다. 한 중국 측 인구조사에 의하면 1958년 티베트 자치구의 승려 수는 114,100명(전체 인구의 9.5%)이었으나 1960년에는 18,104명으로 줄었고, 제 기능을 유지하는 사원의 수도 1958년의 2,711개에서 1960년의 370개로 감소했다.[30]

달라이 라마는 1959년 9월에 티베트 문제를 유엔에 호소하였으며 우여곡절 끝에 총회의 안건으로 상정되어 10월 21일에는 결의를 얻어내는

---

30 같은 책, 474.

데 성공했으나 그 내용은 주로 티베트인들의 인권과 문화적·종교적 삶의 존중을 촉구하는 것에 국한되었을 뿐 티베트 독립이나 자치 문제는 언급하지 않았다. 이와 같은 사정은 그 후에도 마찬가지여서, 티베트 문제에 관한 한 유엔의 역할은 근본적인 한계를 벗어나지 못하였다. 인권 문제가 거론될 때마다 중국 측은 오히려 티베트 인민들이 과거 정권과 사회 체제하에서 얼마나 비참했으며 가혹하게 착취당하였는가를 지적하면서 자신들의 입장을 옹호했다. 결국 티베트 문제를 기본적으로 중국 내부의 문제로 간주하여 정치적 문제에 관여하기를 꺼리는 국제사회의 일반적 분위기 속에서 인권 문제를 거론한다는 것은 오히려 근본 문제에서 지엽적인 문제로 주의를 돌리는 결과만을 초래한 셈이다.

그러나 티베트의 민주개혁은 사회주의 체제의 우월성을 입증하도록 순조롭게 진행되지 않았다. 대약진 운동의 실패와 그 후의 기근은 티베트인들의 생산물의 많은 부분을 빼앗아 중국인들의 배를 채울 수밖에 없도록 만들었으며, 1961년에는 중국 통치에 협조적인 티베트인들 사이에서도 불만의 소리가 높아졌다. 자치권도 빼앗기고 생활 형편도 중국인들이 약속한 바와 같이 나아지지 않은 것이었다. 한편 비판의 목소리를 내는 티베트인은 곧 반동분자나 반혁명분자로 몰려 구금되었다. 1961년 말에는 지금까지 중국 정부에 대하여 매우 협조적이었던 판첸 라마조차 비판의 목소리를 내지 않을 수 없는 상황에 이르렀다. 그는 북경에서 열린 인민회의에서 '1960년의 티베트'라는 보고를 통해 중국 정부의 치적을 찬양한 후 1961년에 티베트로 돌아왔다. 그리고 자신의 영역인 쉬가체의 타쉬룽포 사원이 그동안 민주개혁을 통해 승려의 수가 반감될 정도로 약화된 것을 보고서, 티베트의 종교 유산과 전통을 지키는 일에 전념하여 라싸의 유수한 사원들을 중수하고 유물들을 보호하는 일에 힘을 쏟았다. 1961년 말 다시 북경 인민대회에 참석하여 그는 중국 정부의 정책을 공개적으로 옹호하는 한편 모택동에게 보낸 이른바 '7만 자 보고서'에서는 달라이 라마의 망명 이후 무차별적으로 가해진 중국인들의 탄압과 그로 인해 티베트인들이 겪은 고통에 대하여 우려와 불만을 표했다. 중국 당국은 곧 판첸 라마의 폄하 운동을 전개하였다. 1962년 초 라싸로 귀환한 후 중국 당국은 그에게 달라이 라마를 비난할 것 그리고 그를 대신해서 자치구 준비위원회 의장직을 맡을 것을 요구했다. 판첸 라마는 이를 거절했다. 그 후 그의 공식적인 활동은 거의 정지되었다. 믿었던 티베트 지도자로부터 배신당한 중국 정부는 더욱더 티베트인에 의한 티베트 자치 가능성을 단념하게 되었다. 더욱이 1963년 3월 10일 인도 다람살라에서 열린 1959년 반란 4주년 기념식에서 달라이 라마는 망명 티베트인들을 위한 티베트 민주헌법을 공포했다.

결국 판첸 라마는 1964년 8월 자치구 준비위원회의 모임에서 '사회주의의 장애물'이라는 낙인 아래 숙청되었다. 중국 측의 사주를 받은 티베트인들의 비판을 받고 온갖 누명을 뒤집어쓴 그는 체포되어 북경으로 압송되었고, 9년 8개월 동안 감옥에 갇힌 채 고문과 괴롭힘을 당했다. 1974년에 출옥했으나 가택연금을 당했으며 1978년에야 복권되었다. 1982년 그는 라싸로 돌아가도록 허락받았다. 중국 공산당은 1964년 그의 숙청을 통해 티베트 사회주의 실현의 마지막 장애물을 제거한 셈이다. 중국 공산당은 곧 티베트 자치구 설립에 착수하여 지방별 선거를 통해 인민회의를 구성하기 시작하여 1965년에는 티베트 70개 현 모두에서 인민회의 구성이 완료되었다. 거기서 뽑힌 301명의 대의원은 1965년 9월 1일 티베트 자치구 인민회의에 참가하여 공식적으로 티베트 자치구를 설립했다. 비록 축제 분위기와 많은 선전 속에서 티베트인들의 손에 의해 자치구가 공식적으로 설립되었으나 실제 권력은 중국 공산당 티베트 지역 위원회와 인민해방군에 있었던 것은 언급할 필요조차 없다. 여하튼 티베트는 이제 공식적으로 중국 중앙정부의 지방 행정단위로 항구적으로 편입되었고, 티베트의 사회주의화와 중국화는 때마침 대약진 운동의 실패 후 입지를 회복하려는 모택동의 정책과 맞물려 더욱 속도를 높였으며 티베트인들에 대한 억압의 족쇄는 더욱 조여지게 되었다. 사유재산과 토지와 노동의 집단화의 속도를 더했고 어떠한 정치적 저항도 용납되지 않았다. 티베트 문화와 부의 보고인 사원들은 외형상으로는 건재했으나 거주하는 승려들의 수는 격감했고 귀중한 보물들은 탈취되었다.

중국 공산당 내의 수정주의 노선과 관료화를 극복하기 위해 모택동에 의해 주도된 문화대혁명의 광풍은 마침내 티베트에까지 번졌다. 모든 민족문화에 대한 집착을 반혁명적 보수로 간주하는 문화대혁명은 티베트 불교의 외형마저 파괴하는 결과를 초래했다. 티베트에서의 문화대혁명은 1966년 8월 25일에 공식적으로 시작되었다. 중국인들과 티베트인들로 구성된 홍위병들은 티베트 불교의 성지이자 상징과도 같은 라싸의 조캉 사원을 습격했다. 다행히 판첸 라마의 지시로 거기에 소장되어 있던 세라, 드레풍, 간덴 사원의 유물들은 파괴를 면하고 중국으로 옮겨졌다. 그러나 벽화 및 경전들은 파괴되었고 라싸의 여타 다른 사원도 습격받았다. 불과 수개월 안에 티베트의 거의 모든 불교 사원들과 유적들이 광란의 파괴행위의 대상이 되지 않은 것이 없었으며 달라이 라마와 티베트 전통 사회에 대한 비판과 폄하 운동이 전개되었다. '반동적'이라고 낙인찍힌 모든 티베트 고유의 민족 전통—민속, 노래, 춤, 드라마, 축제, 건축, 의복 그리고 심지어 언어까지도—이 중국화를 강요받고 모택동과 사회주의 혁명을 찬양하는 도구로 변했다. 그러나 티베트 민족문화와 종교를 말살하려는 억압적 조처들은 결코 티베트인의 민족주의적 감정을 제거하지는 못했다. 외적 억압과 파괴가 심하면 심할수록 티베트인들의 내적 상처는 깊어만 갔고 저항정신은 오히려 고조되었다.

모택동 사후에 전개된 자유화의 바람이 티베트에 불어온 것은 1979년에 이르러서였다. 1959년에 투옥되었던 티베트인들이 풀려났으며 집단농장들도 해체되었다. 북경에서 근 10년간(1964~1974) 감금 생활을 마친 후 가택연금 상태에 있던 판첸 라마는 1978년 복권되었다. 그는 자신이 받은 수난을 정당한 것으로 인정하고, 과거의 잘못을 반성하고 사회주의 건설과 중국 내 민족들의 일치에 매진할 것을 다짐한 것으로 전해진다.[31] 티베트 민족주의가 어느 정도 사라졌다고 믿은 중국 공산당은 모택동 사후 자유화 조치를 통해 티베트의 경제발전에 주력하는 한편 민족들의 고유한 전통과 풍습을 존중하는 과거의 소수민족 정책으로 돌아가 티베트인들의 종교 생활에서도 자유를 허용하기 시작했다. 그러나 이러한 자유화 조치는 중국 측의 의도와는 달리 티베트인들이 1959년 이래 억압되어 온 민족주의적 감정을 표출하게 되는 계기가 되었다.

중국 공산당은 소수민족들에 대하여 초기에 사용했던 이른바 연합전선의 정책으로 다시 돌아가서 달라이 라마를 '조국'으로 귀환시켜 그들의 티베트 통치의 정당성의 문제를 최종적으로 해결하고자 하였다. 그리하여 인도의 달라이 라마 망명정부와의 대화가 시작되었다. 1978년 12월 달라이 라마의 형 걀로톤둡(Gyalo Thondup)이 북경으로 초청되어 등소평과 달라이 라마의 귀환 문제를 논의했다. 등소평은 티베트가 중국의 일부라는 것만은 논의의 대상이 될 수 없다는 조건 아래 달라이 라마의 귀환 문제를 논의하는 회담을 가질 것을 제의했으며 망명 티베트인들의 대표들이 티베트에 와서 그간의 변화와 실상을 직접 확인할 수 있도록 동의했다. 달라이 라마의 동생 롭상삼텐(Lobsang Samten)이 이끄는

---

31 같은 책, 560-561.

망명정부 대표단이 1979년 8월에 홍콩을 거쳐 북경에 도착했고 그 후 1985년까지 수차례에 걸쳐 대표단 방문이 이어졌다. 암도, 캄, 라싸, 쉬가체 등 그들이 방문하는 곳마다 동족들로부터 받은 열렬한 환영은 중국 측을 당혹스럽게 하면서, 중국이 자신들의 티베트 정책에 대한 판단에 문제점이 있었음을 자각하게 했다. 티베트 민족주의는 20년간의 억압에도 불구하고 건재했던 것이다. 1980년 4월 중국 공산당은 첫 번째 티베트 대책회의(Tibet Work Meeting)를 열어 총서기 호요방이 이끄는 티베트 현지 조사단을 파견하기로 했다. 호요방은 티베트인들의 가난에 큰 충격을 받았으며 자성을 촉구한 것으로 전해진다(568). 북경으로 돌아온 후 호요방은 세금과 노동의 감면, 농업생산의 탈집단화, 재산의 사유화, 티베트 행정의 원주민화와 자율화, 티베트에 거주하는 중국인 수 감축 등 티베트에 대한 새로운 개혁정책을 건의하였다. 호요방의 자유화 조치들은 곧 효력을 발휘하여 티베트인들의 생활은 눈에 띄게 개선되었다.

그러나 중국 측과 망명정부 대표들과의 협상은 별다른 성과를 거두지 못했다. 중국 측의 기본 입장은 어디까지나 문제를 달라이 라마의 개인 신상에 국한하려는 것이었으며 그의 귀환을 위해 그가 누렸던 종전의 지위와 특권을 인정하는 등 여러 가지 조건들을 제시했으나, 협상단의 관심은 어디까지나 티베트 전체의 ─그것도 동부 티베트까지 포함하여 ─ 운명 그리고 독립은 아니더라도 어떠한 형태로든 명실상부한 자치권을 확보하려는 데에 있었기 때문이다. 1984년 이후 중국 측의 입장은 점점 더 달라이 라마의 귀환을 포기하려는 쪽으로 기울어졌다. 협상단들의 방문이 일으킨 티베트인들의 동요는 달라이 라마의 귀환이 가져올 충격을 가히 짐작할 만하게 만들었으며 티베트인들의 민족주의가 여전함을 느꼈기 때문이다. 더군다나 티베트에 대하여 취한 일련의 자유화 조치들은 중국 측의 기대와는 달리 오히려 티베트 민족주의의 부흥을 부채

질하는 결과만을 초래했다. 문화대혁명 때 파괴되었던 사원들의 복구와 불교의 부흥은 티베트인들을 단결시키는 구심점이 되었다. 새로이 단장된 사원에는 티베트 각지로부터 순례객들이 모여들었으며 열심히 복구 작업에 참여함으로써 그들의 여전한 신앙심을 보여주었다. 중국 학교에서 받은 교육을 통해 세뇌되었던 젊은 티베트 청년들은 다시 자기들의 문화적·종교적 전통에 자긍심을 갖기 시작하였으며 노승들은 이전의 티베트 불교의 모습을 전해주었다. 사원들은 종전과 마찬가지로 다시 티베트인들의 민족적·문화적 정체성을 확인하는 장이 된 것이다. 게다가 1979년부터 제한적으로나마 허용된 외국인들의 티베트 관광과 1982년 여름부터 허용된 개인 관광은 티베트인들이 티베트 문화와 종교에 대하여 높이 평가하거나 티베트의 정치적 상황에 동정심을 가진 외국인들과의 접촉을 가능하게 함으로써 자긍심을 높이는 데 이바지했다.[32] 1982년 6월 판첸 라마도 1964년 이후 처음으로 티베트에 돌아와서 수많은 티베트 군중들에게 축복 의례를 베풀었고 자기가 당한 고초에 대하여 담담하게 증언함으로써 그에 대한 티베트인들의 의구심을 해소하고 사기를 진작시켰다. 그러나 그의 귀환은 티베트인들에게 달라이 라마의 귀환이 가져올 큰 기쁨에 비하면 하나의 '조그마한 기쁨'에 지나지 않았다.[33]

중국 측은 자유화 조치들이 티베트인들의 불만을 누그러뜨릴 것으로 기대했으나 그것은 근본적인 오해였다. 티베트인들이 원하는 것은 단지 과거 잘못된 조치의 시정에 머물지 않았던 것이다. 중국인들은 사찰의 중수나 승려들의 출가 수 등에서 다시 고삐를 죄기도 했으나 1984년 2차 티베트 대책회의 이후에도 계속해서 각종 자유화의 정책은 시행

---

32 같은 책, 580.

33 같은 책, 581.

되었다. 중국 측은 특히 티베트의 경제발전에 역점을 두어서 그것을 통해 티베트를 중국 내륙의 경제와 통합시키고자 하였다. 이와 함께 호요방이 약속했던 티베트 거주 중국인의 감축 정책은 포기되고 오히려 티베트에는 중국 행정가, 사업가, 노동자, 각종 전문가 들이 몰려오게 되었다. 그들은 계약 기간에만 임시로 티베트에 거주하는 자들이었지만 그중 많은 사람이 경제적 이득을 위해 티베트에 정착하다시피 했다. 이것은 티베트인들의 불만을 고조시켰으며 중국 측은 티베트인의 환심을 사기 위하여 1985년 티베트 자치구 창설 20주년 기념일을 맞기 전에 티베트 중국 공산당 서기를 티베트인들에 대해 훨씬 더 유화적인 인물로 교체하는 한편, 더 많은 종교 행사를 허용하고 지원했다. 판첸 라마는 티베트에서 일하는 모든 간부가 티베트어를 잘 구사할 것을 제안하고 사원들의 복구를 촉구했다. 그러나 그는 다른 한편으로는 인도에 있는 티베트인들이 티베트 독립을 위해 시위하는 것을 비판하였다. 그것은 티베트인들의 이익에 부합하지 않으며 지금까지 이룩된 진전에 해를 끼칠 수 있다는 것이었다. 1986년 2월 그는 북경으로부터 라싸로 돌아와서 1966년 이래 처음으로 몬람 첸모(Monlam Chenmo) 의례를 주재하고[34] 10만의 참가자들에게 축복을 베풀었으며 종교의 자유가 보장되어 있음을 상기시키면서 달라이 라마의 귀환을 촉구했다.

중국 측과 달라이 라마 측은 공식적으로는 대화를 계속할 의향이 있음을 천명했으나 대화는 1985년 이후 사실상 중단되었다. 달라이 라마 측은 대화를 계속하기 위해 지금까지와는 달리 국제사회에 호소하면서 문제를 국제화한 데 반해, 중국 측은 경제발전과 이에 따른 중국인들의

---

34 몬람 첸모란 주로 2월에 열리는 기도 축제로서, 라싸에 있는 사원의 승려들이 일시적으로 라싸 정부의 행정을 맡는 의식이다.

인구 유입을 통해 이제는 달라이 라마의 귀환 없이도 티베트 문제를 해결하는 새로운 해법을 발견하게 되었다.

티베트의 문이 열리고 외국인의 방문이 자유롭게 되면서 국제사회는 티베트 문제에 대하여 중국 측의 선전과는 다른 새로운 시각을 가지게 되었고 티베트에 대하여 훨씬 더 동정적이고 우호적으로 바뀌었다. 이와 때를 같이 하여 달라이 라마는 1979년부터 스위스와 미국 등 본격적인 해외 순방에 나서서 중국 측의 압력에도 불구하고 티베트 문제에 대하여 국제사회의 관심을 끌고 공감을 얻는 데 큰 성공을 거두었다. 여기에는 물론 그의 인품과 지혜, 재치와 명민한 감각 등도 작용했다. 특히 그는 1987년 미국 의회의 인권 모임(Human Rights Caucus)에 참석하여 티베트에 대하여 이른바 5개 조 평화안을 제안했으며 중국 측의 비난이 뒤따랐다. 중국 측에서는 존재하지도 않는 문제, 즉 티베트는 본래부터 중국의 일부이기 때문에 이 문제에 관한 어떠한 논의도 거부한다는 것이었다.

마침 이와 때를 같이 하여 1987년 9월 27일, 라싸에서는 드레풍 사원의 승려 21명이 신도들과 함께 조캉 사원이 있는 바코르(Barkhor)를 돌면서 달라이 라마를 지지하는 시위를 벌였으며 며칠 후에는 세라와 조캉 사원 등의 승려들에 의한 또 다른 시위가 이어졌다. 체포, 항의, 발포, 사망, 항의 등으로 사태는 격렬하게 진행되었다. 판첸 라마는 '분리주의자'의 행동은 종교적 자유를 허락하는 당과 정부의 정책을 포기하게 할 위험이 있음을 경고했다. 그는 대다수 티베트인은 1979년부터 실시된 정책을 지지한다고 주장했다. 판첸 라마의 이러한 입장은 아마도 당내 강경파들의 입지가 강화되어 그나마 누렸던 종교의 자유를 빼앗기지나 않을까 하는 염려에서 나온 것으로 간주할 수 있다.[35] 중국 정부는 1988년

---

35 같은 책, 604.

1월 판첸 라마를 라싸로 파견하여 묀람 첸모 의례를 준비하도록 하였다. 그는 지난번 폭동 때 체포되었던 승려들 가운데 여전히 구속 상태인 승려들을 풀어주도록 알선했으며 예정대로 의례를 거행했다.

달라이 라마는 1988년 6월 프랑스 스트라스부르그의 유럽 의회에서 티베트 독립의 생각을 포기하라는 등소평의 전제조건을 수락하면서 티베트의 미래에 대하여 중국이 홍콩과 대만에 대하여 제시한 일국이체제 (一國二體制) 형식의 정치적 연합(association)을 해결책으로 제시했다. 비록 이 제안은 서방측에서 볼 때 달라이 라마 측의 과감한 양보로 여겨졌으나 중국 측은 이를 티베트 독립의 의사를 아직도 포기하지 않는 제안으로 간주하여 거부했다. 그뿐만 아니라 달라이 라마의 이 제안은 인도의 티베트 망명자들 가운데서 더 크게 비판받았다. 푼촉왕얄(Phuntsog Wangyal)이라는 티베트인은 티베트 독립의 꿈을 모든 불자가 추구하는 성불의 이상에 비교하면서 비록 둘 다 비현실적인 것처럼 보이지만 티베트 독립이 그래도 더 가능성이 크며, 그 어느 하나도 티베트인으로서는 결코 포기할 수 없는 꿈이라고 비판했다.[36]

이 제안은 한동안 중국 측에 얼마간의 압력을 가했으나 중국 측은 티베트 독립의 꿈을 포기하지 않는 제안이라고 거부하면서 티베트 망명정부와의 일체의 협상을 거부하고 달라이 라마가 직접 대화에 참여할 것을 조건으로 내세웠다. 중국 측이나 망명 티베트인들 어느 쪽으로부터도 환영받지 못한 이 스트라스부르그 제안은 그러나 국제사회로부터는 긍정적인 평가를 받아 달라이 라마가 1989년 10월 노벨 평화상을 수상하는 데 일조했다.

한편 라싸에서는 티베트인의 시위가 그치지 않았다.[37] 1987년 9월의

---

36 같은 책, 611.

시위에 이어서 1988년 3월의 폭동이 있었으며, 1988년 12월 10일, 유엔 인권 선언 40주년 기념일이 되는 날에는 티베트 국기를 들고 조캉 사원을 도는 승려들과 신도들에 중국군이 경고도 없이 발포하는 사건이 일어났다. 적어도 두 명의 티베트인이 사망했고 여럿이 다쳤다. 티베트인들을 달래기 위하여 1989년 1월 또다시 판첸 라마가 북경에서 돌아왔다. 그러나 그는 쉬가체에서 말하기를 과거 30년간 티베트가 발전을 위해 치른 대가가 소득보다 컸다고 했다. 얼마 안 되어 그는 쉬가체에서 석연치 않은 상황에서 심장마비로 50세의 생을 마감했다.[38] 그는 줄곧 중국의 티베트 정책을 지지하면서 티베트 불교를 보존하려는 타협적이고 신축적인 노선을 견지해온 인물로, 그의 죽음은 강경론자들의 입지를 강화했다. 중국 불교연맹은 그의 장례식에 달라이 라마를 초청했으나 달라이 라마는 거절했다. 1989년 3월 5일에는 일 년 전에 죽거나 다친 동료 승려들의 희생을 기념하기 위해 몇몇 승려들이 바코르 주위를 돌았고, 중국군이 경고도 없이 발포하자 폭동이 일어나 80~150명의 티베트인 사상자가 났고 중국인 경찰도 한 명이 죽었다.[39] 3월 7일 드디어 계엄령이 선포되면서 관광객들과 언론인들이 티베트로부터 추방되었고, 티베트인들도 허락 없이는 지방에서 라싸로 갈 수 없었다. 수천 명이 체포되었고 모든 군중 집회는 금지되었다. 1990년 4월 30일에 계엄령이 해제되기는 했으나 중국 공산당의 강경 정책은 계속되었다. 1989년 호요방의 사망을 계기로 드높아진 민주개혁의 요구와 천안문 사태 등은 중국 정부가 더욱더 강경한 자세를 취하게 했다.

시위에 대한 강경 진압과 달라이 라마의 활발한 외교 활동 및 노벨 평

---

37 이에 대하여 달라이 라마의 회고록, 『유배된 자유』, 293-302 참조.

38 Smith, *Tibet Nation*, 617.

39 이 폭동에 대하여는 같은 책, 616-618을 참조할 것.

화상 수상 등은 국제사회에서 중국 정부에 대한 여론을 악화하여 결국 중국 측이 다시 티베트 통치의 정당성 문제에 대하여 대응하지 않으면 안 되게 만들었다. 비록 어느 나라도 티베트의 독립을 지지하지 않았고 중국에 대한 비난이 주로 인권 문제에 국한된 것이었기는 하나, 중국 측은 인권 문제를 거론하는 것도 결국 중국의 티베트 통치의 정당성을 간접적으로 도전하는 일로 간주했다. 중국 측은 1992년 티베트의 인권 문제에 대한 백서를 발간하여 자신들의 입장을 옹호하며 선전 공세를 폈다. 티베트 통치의 역사적 정당성을 주장하고 티베트 봉건 시대의 인권 문제를 거론하면서, 인권 공세를 펴고 있는 달라이 라마 '도당'과 그를 옹호하는 반중국적 국제 세력을 비난하는 백서였다. 티베트 망명정부 역시 이를 논박하는 백서 『티베트: 사실에 의한 진실의 증명』(Tibet: Proving Truth from Facts)을 1993년에 발간하여 중국의 제국주의적 태도를 비난하면서 중국이 제아무리 티베트를 지배했다 해도 티베트는 그 어느 때에도 중국의 일부가 된 적이 없으며 1951년에 맺은 17개 조 협약은 과거 제국주의자들에 의해 중국에 강요되었던 조약과 마찬가지로 힘으로 맺어진 불평등 조약이라고 반박했다. 티베트 분리주의자들이 과거의 '봉건 노예 제도'의 회복을 노리고 있다는 중국 측의 비난을 논박하기 위해, 1992년 달라이 라마는 『미래 티베트의 정치제도와 그 헌법의 근본 모습을 위한 지침서』를 공포하여 독립된 티베트는 삼권분립과 선거제도에 기초한 민주정부를 가질 것이며 자기는 과거 전통에 따른 어떠한 정치적 직책도 수락하지 않을 것임을 천명했다.[40]

티베트에 대한 유화정책이 도리어 민족주의만을 자극한다는 사실을 깨달은 중국 측은 1980년대 후반에 들어서면서부터는 달라이 라마의 귀

---

40 같은 책, 631-632.

환을 통해 티베트 문제를 최종적으로 해결하겠다는 계획을 아예 포기한 것으로 보인다. 더군다나 달라이 라마가 티베트 문제를 본격적으로 국제사회에 호소하기 시작한 1979년 이후부터는 그와 중국 측과의 관계가 악화일로를 걸을 수밖에 없었다. 물론 표면상으로는 중국은 아직도 달라이 라마의 귀환을 촉구하고 있지만, 그것은 어디까지나 달라이 라마 개인의 일신상의 문제라는 시각에 입각한 것으로, 티베트 전체의 정치적 혹은 국가적 운명과는 전혀 무관한 일이라는 시각이다. 중국 측은 달라이 라마가 국제 여론을 부추겨 티베트 독립을 꾀하고 있으며 티베트의 불안정은 이러한 외부 세력에 의한 것이라는 시각 아래 달라이 라마에 대한 비난의 강도를 높여갔다. 중국 정부와 달라이 라마의 관계를 돌이킬 수 없을 정도로 악화시킨, 아니 중국 측이 거의 의도적으로 달라이 라마와의 단절을 선언한 것이나 다름없는 사건은 판첸 라마의 환생 후계자 문제를 둘러싼 사건이었다.

제10대 판첸 라마가 죽은 것은 1989년 1월이었으며, 통상적으로 그의 환생을 찾는 일은 3년 이내에 이루어져야 했으나 정치적 이유로 인해 1995년까지 연기되었다. 1793년 청조가 금 항아리에서 제비를 뽑아 고위 환생 라마를 결정하는 관행을 수립한 이래 이 문제는 중국 측이 티베트 내정에 관여하는 대표적인 수단이 되어 있었다. 티베트에 대한 중국의 정치적 권위가 달린 문제이므로 환생 신앙을 가지지도 않은 공산정권이었으나 중국 측은 여전히 이 특권을 행사하고자 하였다. 판첸 라마의 본거지인 타쉬룽포 사원의 위원회는 그의 환생을 중국 내에서만 찾는다는 조건 아래 전통적인 방법에 따라 찾도록 허락받았고, 나그축카(Nagchukha)의 한 어린이가 판첸 라마의 환생으로 점지되자 위원회는 비밀리에 이 사실을 달라이 라마에게 통보하였다. 달라이 라마가 1995년 4월, 이 환생을 공식적으로 인정하자 중국 측의 격렬한 비난이 뒤따랐다.

이 인정권이 오직 중국 측에 있다는 주장이었다. 중국 측은 달라이 라마가 정치적으로뿐만 아니라 종교적으로도 불교를 배반했다는 비난을 했으며 티베트인들에게 달라이 라마의 음모와 범법행위를 백일하에 드러내라고 촉구했다. 중국 당국은 달라이 라마의 인증을 추가로 받아들임으로써 미래에 판첸 라마를 자기들에게 유리한 대로 이용할 수 있었건만, 달라이 라마가 인증한 판첸 라마를 거부하고 달라이 라마도 티베트인들도 인정하지 않는 새로운 어린아이를 찾아 판첸 라마로 세우는 무리한 일을 감행했다. 그의 즉위식은 라싸에서 밤에 몰래 행해졌다. 문제의 핵심은 달라이 라마의 개입 그 자체보다는 그가 중국 측에 일언반구 상의도 없이 선수를 쳤다는 사실이었다. 그럼으로써 중국 측의 최종 권리를 무시하고 권위를 손상한 것이다. 두말할 필요도 없이 달라이 라마 파를 근절하려는 중국 당국의 각종 조처가 취해졌고, 1996년 5월에는 종전의 정책을 바꾸어 티베트인들이 집에 달라이 라마의 사진을 모시는 일조차 금지했다. 그의 사진은 몰수되었고 라싸 어느 곳에서도 그의 사진이나 초상은 찾아볼 수 없게 되었다. 중국 정부와 달라이 라마의 관계는 끝이 난 셈이나 다름없었고, 중국은 이제 달라이 라마 없이 티베트 문제를 해결하는 길을 선택한 것이며, 사실 그럴 만한 근거와 자신감이 있었다. 그것은 곧 경제발전과 인구 유입을 통한 동화정책이다.

티베트에 대한 중국의 관심은 처음부터 티베트인들의 문화나 종교에 있었던 것이 아니었고, 그 광대한 땅덩어리와 그 지하자원 그리고 변방으로서 중국의 국방과 안보에 있었다. 인구밀도가 지극히 낮은 광활한 땅 티베트는 중국인들의 눈에는 언젠가는 넘치는 인구를 이주시켜 차지해야 할 땅이었다. 도로와 교통 등 제반 삶의 여건이 갖추어지고 경제발전이라는 명분 아래 중국인들의 자유로운 이주와 유입이 본격적으로 시작된 1980년대부터 중국 측에는 티베트 문제의 새로운 해법이 등장한 것이다. 1952년에 이미 모택동은 달라이 라마에게 티베트의 인구가 일천만은 되어야 한다고 말한 바 있다. 이것은 이미 티베트에 대한 중국인들의 식민정책과 팽창, 동화, 흡수 정책적 의도를 드러내는 발언일 것이다. 경제발전이 진행되고 1984년 중국인의 수를 줄이겠다던 호요방의 약속을 중국 공산당이 파기한 이래 중국인들의 티베트 유입은 급격하게 늘었고 동부 티베트 지역은 물론이요 급기야는 라싸에서조차 중국인들의 수가 티베트인들을 능가하게 되었다. 티베트인들은 자기 땅에서조차 소수민족이 되어버린 것이다. 티베트인들은 이제 정치·종교·문화적 주도권을 상실한 채 단지 인종적으로만 티베트인으로 남게 될 운명이 된 것이다. 티베트의 경제는 발전했다고 하나 그 혜택은 주로 중국인들에 의해 독차지되게 되었다. 정치적으로 경제적으로, 문화적으로나 종교적으로 티베트인들은 완전히 주변부로 밀려나게 된 것이다. 이제 중국인들은 티베트인들의 독립은 물론이고 자치권마저도 허락할 필요를 느끼지 않으며, 소수민족으로서의 티베트인들의 특수한 문화적 전통이나 종교적 신앙에 신경을 쓸 필요조차 없게 되었다. 현재의 추세를 유지하기만 하면 시간이 모든 것을 해결해 줄 것이기 때문이다. 티베트는 정치 경제적으로는 물론이고 종교·문화·언어에서도 사회주의와 중국문화에 동화되고 흡수되어버릴 것이 분명하기 때문이다.

VI. 결어: 존망의 기로에 선 티베트

이제 달라이 라마와 티베트인들에게 남은 선택은 과연 무엇인가? 국제사회에 대한 호소는 그 한계성이 드러난 지 이미 오래다. 지구상 어느 나라도 공식적으로 티베트에 대한 중국의 주권을 부정하고 티베트의 독립을 인정하는 나라는 없다. 19세기의 세계정세를 주도하던 영국이 중국의 티베트 종주권을 인정해줌으로써 티베트 비운의 싹은 시작되었다. 비록 청조의 멸망으로 인해 티베트가 1951년 17개 조 협약을 체결할 때까지 얼마 동안 사실상의 주권국가적 지위를 누렸지만 결국 중국은 아무도 저지할 수 없는 실력으로 티베트에 대한 주권을 행사하게 되었다.

더군다나 1980·1990년대로 들어오면서 중국이 경제적으로도 비약적 발전을 이룸에 따라 중국의 국제적 위상은 그 어느 나라도 무시하지 못하게 되었다. 그렇다고 중국 내의 어떤 급작스러운 정치적 변화를 기대하기도 어려울 것 같다. 이미 소련연방의 해체를 지켜본 중국이 그와 유사한 일을 자국 내에서 일어나도록 방치할 리 없으며, 또 중국과 소련연방은 둘 다 다민족 국가라고는 하나 그 사정이 매우 다르다. 혹시 중국 정치의 민주화가 이루어진다고 해도 중국인들의 민족주의는 여전할 것이기에, 티베트에 대한 주권을 포기할 정도의 정치적 배려를 기대하기란 어려울 것이다.

1959년 달라이 라마의 망명과 더불어 티베트는 돌이킬 수 없는 길을 간 것 같이 보인다. 그가 떠난 티베트는 중국인들에 의한 길들임을 거부하고 민족적 정체성을 유지하면서 얼마간 저항을 계속했으나 이 저항은 결국 중국의 군사력과 경제발전 그리고 무엇보다도 엄청난 인구 유입 증가로 인해 무력화되어버렸다. 티베트 문화와 종교는 관광상품으로 변질이 되고, 티베트어를 사용하는 세대는 점점 감소하여 머지않아 티베트는 단지 하나의 지명으로만 의미를 지니게 될 운명에 봉착하게 되었다. 달라이 라마 없이는 생각조차 할 수 없었던 티베트가 이제 그 없이도 존재할 수 있음을 현실로 보여주고 있다.

그러나 달라이 라마가 없는 티베트는 더 이상 예전의 티베트는 아니다. 주권과 자치권은 물론이고 언어와 민족정신마저 고갈되어 가는 티베트, 민족의 신앙이자 긍지였던 불교가 박제화되고 관광상품이 되어가는 티베트, 티베트인들이 자기 땅에서조차 주변화되고 소수민이 되어가는 티베트는 더 이상 예전의 티베트가 아니기 때문이다.

티베트는 이제 그야말로 절체절명의 역사적 기로에 서 있다고 해도 과언이 아니다. 크든 작든 하나의 지역에서 국가는 아니라 할지라도 하나의 다수 민족집단을 이루고 사느냐 아니면 다수 속에 흡수되고 결국 용해되어 역사의 뒤안길로 사라져버리느냐의 기로이다. 하나의 다수 민족집단으로 살 수 있는 일정한 지역 없이는 국가는 물론이고 민족의 언어와 문화 그리고 종국에는 민족 자체마저 존속하기 어려울 것이기 때문이다. 물론 유대 민족과 같이 영토 없이 근 2천 년을 버텨온 예가 없는 것은 아니다. 그리고 티베트 민족 역시 언어·신앙 등에서 그 독특하고 강한 정체성으로 인해 그렇게 될 가능성을 배제할 수는 없을지도 모른다. 특히 이미 뿌리내린 인도에서 혹은 그 외에 문화적 다양성과 종교의 자유가 허락되는 세계 여러 지역에서 소규모 티베트 민족 공동체가 존속할 가능성은 충분히 있을지 모른다. 하지만 유대민족이 결국 이스라엘이라는 국가가 필요했듯이, 티베트 또한 어떠한 형태로든 자기들만의 독자적 삶의 터전이 필요할 것이다. 그것 없이 진정한 의미에서 티베트 민족과 문화, 언어와 종교를 보존하고 창달할지 의문이다.

달라이 라마와 티베트 지식인들도 물론 사태의 심각성을 깨닫고 있다. 최근에는 중국 당국과 새로운 협상을 준비 중이라는 소식도 들린다. 그러나 종전보다 여러 가지 면에서 훨씬 입지가 강화된 중국 측으로부터 달라이 라마가 얻어낼 수 있는 것은 그리 많아 보이지 않는다. 달라이 라마가 예전의 권한과 권위를 다시 누릴 가능성은 매우 희박하고, 이것이 또 그가 바라는 바도 아니고 협상의 주요 문제도 아닐 것이다. 이미 티베트인들은 다람살라에서 민주헌법에 따라 새로운 근대적 정치공동체를 형성했으며 그들이 본토로 돌아간 어떤 정치적 자율—예컨대 홍콩과 같은—을 허락받는다 해도 이러한 정치 형태와 제도는 기본적으로 유지될 가능성이 크다. 달라이 라마가 티베트인들과 함께 바라는 최소한의 희망은 티베트인들이 수천 년을 살아온 땅에서 자유롭게 자신들의 삶을 영위하면서 자신들의 신앙 전통과 문화유산을 지키고 발전시켜나가는 일일 것이다. 티베트 민족의 이러한 염원만은 그들이 어디에 살든지 결코 포기하지 않을 것이다. 티베트 민족주의가 이러한 지극히 소박한 염원을 실현하고자 하는 것이라면 티베트 민족주의 역시 영원히 사라지지 않을 것이다.

우리는 여기서 결론적으로 티베트의 정체성 문제를 생각해보고자 한다. 도대체 무엇이 티베트인들로 하여금 티베트인이게끔 하는 것이며, 이제 영토적 주권국가나 민족국가를 되찾을 가능성이 거의 사라진 상태에서 티베트 정체성의 최소한의 조건은 무엇일까 하는 문제이다. 영토가 없어도, 혹은 국가가 없어도 유대민족의 경우가 보여주듯이 민족은 존속할 수 있다. 그러나 영토나 국가가 없다 하더라도 티베트인들이 다수를 형성하면서 함께 모여 살 수 있는 땅만은 필수적이다. 이것 없이는 혈통·언어·문화·종교 등 모든 것이 동화되거나 사라져 버릴 위험이 있기 때문이다.

다음으로 필수적인 것은 아마도 혈통일 것이다. 다시 말해 생물학적 의미에서 티베트인의 가계가 이어져야 한다는 말이다. 이것 없이는 아무리 훌륭한 언어·문화·종교가 있다고 해도 그것을 전수해나가는 주체가 없어지기 때문이다. 땅과 혈통 다음으로는 언어가 필수적일 것이다. 티베트어를 사용하는 사람이 없다면 티베트 문화나 종교는 더 이상 살아 움직이는 전통이 아니고 단지 역사적 유물로 화해버릴 것이기 때문이다. 일정한 지역에 동족이 함께 모여 같은 언어를 사용하면서 공동의 생활을 영위한다면 일단 티베트 사회가 성립된다고 볼 수 있다.

그러나 그것만으로는 부족하다. 만약 그것만으로 족하다면 굳이 티베트 사회가 존재해야 하는지조차 의심스럽다. 인류 역사를 통해 수많은 민족과 사회가 명멸해 왔으며 티베트 민족 역시 역사에서 사라지지 말라는 법은 없다. 적어도 우리들의 관점에서, 혹은 세계 문명사적 관점에서 볼 때 티베트 사회를 티베트답게 만드는 것은 역시 티베트 문화이며, 무엇보다도 불교라는 보편적 신앙과 이념체계일 것이다.

불교야말로 티베트의 혼이며 티베트를 티베트답게 하는 그 존재 이유이자 가치이다. 세계가 티베트를 아끼는 것은 단지 억압받는 약소 민족에 대한 동정만은 아니다. 그것은 무엇보다도 티베트가 산출하고 전수해온 찬란한 불교 유산이 있기 때문이다. 불교를 떠난 티베트 민족주의가 있다면 그것은 단순히 생존을 위한 투쟁 이상의 의미를 지니지 못할 것이다. 티베트 민족주의에 정당성을 더해주고 보편적 가치를 더해주는 것은 바로 불교다. 불교는 티베트와 세계가 만나는 통로요 매개체이다. 불교를 통해 티베트는 세계와 만나고 불교로 인해 세계는 티베트에 관심을 가진다 해도 과언이 아니다. 중국 공산정권이 그 이념적 한계로 인해 간과한 것도 바로 이 점이 아니었을까? 자신들의 유교적 전통마저 헌신짝처럼 던져버리고자 했던 중국의 세속주의적 지도자들은 불교를 기반으로 한 티베트인들의 뿌리 깊은 신앙과 문화적 자긍심을 이해하지 못한 것이다.

땅, 혈통, 언어, 불교, 이 넷은 티베트의 티베트 됨과 정체성을 구성하는 최소한의 요소들이다. 마지막 남은 문제는 티베트 불교와 달라이 라마와의 관계이다. 문제의 핵심은 달라이 라마 없는 티베트 불교를 생각할 수 있는가 하는 것이다. 이것 역시 회의적이다. 아직도 달라이 라마에 대한 티베트인들, 특히 티베트 본토인들의 신앙은 거의 절대적이기 때문이다. 그의 귀환이 가져올 잠재적 폭발성이 여기에 기인하며 티베트 문제의 예민함도 여기에 있다. 달라이 라마가 티베트 정체성의 불가분적 요소인 한 중국 정부는 결코 그의 귀환을 편안한 마음으로 환영하지는 못하기 때문이다.

불교와 그리스도교
― 창조적 만남과 궁극적 일치를 향하여

I. 세계종교로서의 불교와 그리스도교

불교, 그리스도교, 이슬람은 세계 3대 종교로 꼽힌다. 그것은 단순히 이 세 종교가 신도의 수에 있어서 가장 많기 때문은 아니다. 사실, 불교의 경우 신도의 수를 세는 일이 쉽지 않다는 점을 고려한다고 해도, 불교 신도가 엄청난 인구를 가진 인도의 힌두교 신자들보다 더 많은지 의심스럽다(이것은 중국의 불교 신도를 얼마나 잡느냐에 달려 있지만, 이 역시 간단한 문제가 아니다). 그뿐 아니라, 유교를 넓은 의미에서 '종교'로 간주한다면 중국, 한국, 일본, 베트남 등의 유교 신자는 불교를 능가할 가능성이 크다. 물론 여기에도 유교 신자를 어떻게 정의할 것이냐 하는 문제가 남아 있기는 하다.

그럼에도 불구하고 우리가 불교를 세계 3대 종교로 꼽는 데 주저하지 않는 것은 그럴만한 충분한 이유가 있기 때문이다. 첫째, 불교는 지역적으로 보나 역사적으로 보나 인도, 동남아, 동북아를 아울러서 명실공히 범 아시아적 종교로서, 아시아 사회와 문화에 지대한 영향을 미쳐왔으며 오늘날은 서구라파와 미국은 물론이고 남미 대륙까지 전파되어, 문자 그대로 '세계종교'라는 이름에 조금도 손색이 없다. 힌두교나 유교보다는 불교를 세계종교로 부르기에 주저하지 않는 둘째 이유는 이보다 더 중요하다. '세계종교'라는 말에서 '세계'라는 단어가 단순히 한 종교가 지역적으로 전 세계에 퍼져 있다는 양적 개념만을 뜻하는 말이 아니라 한 종교의 세계성 또는 보편성(universality)을 함축하는 말이라면, 불교는 본질상 보편적 종교이기 때문이다. 다시 말해, 불교는 유대교나 힌두교, 유교 혹은 일본의 신도(神道)와 같이 어느 한 특정한 민족이나 인종에 국한된 신앙이 아니라 지역이나 사회, 문화, 계급, 인종 그리고 성별의 차이를 초월하여 원칙적으로 모든 인간에게 열려 있는 종교이다. 이러한 의미에서 불교를 그리스도교와 이슬람과 더불어 세계 3대 종교로 부르는 데 이의를 제기할 사람은 아무도 없을 것이다.

사실 불교가 지닌 이러한 보편성은 불교가 그리스도교와 마찬가지로 선교적 혹은 포교적 종교라는 사실과 본질적으로 연관되어 있다. 힌두교는 불교를 낳은 모태 종교이며 불교와 같이 해탈(moksa)을 추구하는 종교이면서도 세계종교가 되지 못하였다. 그것은 힌두교가 불교와는 달리 단순히 해탈의 종교가 아니라 다르마(dharma, 法度)라는 포괄적이면서도 구체적인 인도 특유의 사회윤리 체계와 밀접히 연계되어 있어서 세계인의 종교가 되기에는 근본적인 제약이 있기 때문이다. 가령 미국 사람들 가운데 힌두교에 진지한 관심을 가진 사람이 적지 않다고 해도 ― 실제로 요가 또는 인도적 명상을 수행하거나 크리슈나 신앙을 추종하는 미국인이 적지 않다― 그들이 힌두교와 불가분적 관계가 있는 카스트 제도까지 수용하는 '본격적인' 힌두교 신자가 되는 일은 거의 불가능하다. 이것은 유교에도 마찬가지로 적용된다. 가령 어떤 서구의 지성인이 공맹(孔孟)의 사상에 심취하며 유교의 정신과 지혜에 탄복할 수도 있겠지만, 정작 동양적 예의범절이나 위계질서를 강조해온 유교의 차별적 윤리를 받아들이는 유교 신자가 되기는 매우 어렵다. 불교는 기본적으로 이러한 제약이 없는 종교이다. 불교는 그리스도교와 마찬가지로 기본적으로 한 집단이 아니라 개인을 위주로 한 신앙이다. 두 종교는 개인의 신앙과 자유로운 선택에 따라 집단적 규범보다는 개인적 동기를, 외형적 의례보다는 내면적 윤리를 그리고 차별보다는 평등의 윤리를 강조하는 종교이다.

이 점은 불교와 그리스도교를 묶어 주는 가장 중요한 공통점이면서 동시에 두 종교를 또 하나의 세계종교인 이슬람으로부터 차별화하는 요소이기도 하다. 불교가 힌두교의 특수주의적(particularistic) 계급윤리와 의례들에 구애받지 않고 마음의 무욕과 청정을 강조하는 내면적이고 보편적인 윤리를 강조함으로써 인도라는 특정한 지역적·사회적 제약을 벗어나서 세계종교가 되었듯이, 그리스도교 또한 유대교의 종교적 율법을 청산하고 세계종교가 되었다. 불교가 세계를 위한 힌두교가 되었다면 그리스도교는 세계를 위한 유대교가 된 셈이다. 이 점에서 그리스도교는 같은 유일신 신앙을 가진 이슬람보다도 불교에 더 가까운 종교라는 사실에 우리는 유의할 필요가 있다. 이슬람은 유대교의 율법(torah)과 마찬가지로 샤리아(sharia)라는 종교 율법 체계를 본질적 요소로 가지고 있는 종교이다. 이슬람은 세계종교임에도 불구하고 불교와 그리스도교와는 달리 개인의 신앙이나 영성 못지않게, 율법에 근거한 공동체적 삶(umma)을 강조하는 사회성이 강한 종교로서 인간의 삶 전체, 사회와 문화 전 영역을 구체적인 율법 체계를 통해 관장하고 성화(聖化, sanctify)시키고자 한다. 이 때문에 이슬람은 불교나 그리스도교와는 달리 성과 속, 종교와 문화, 교회(혹은 승가)와 국가라는 이분법적 구분을 근본적으로 거부한다. 이슬람은 사회와 문화의 자율성을 허락하는 세속화(secularization)를 기본적으로 용납하지 않는 종교이다. 인간의 삶 전체가 하느님의 뜻에 부응해야 한다고 믿기 때문이다. 종교의 자유가 이슬람이 지배하는 나라들보다는 불교와 그리스도교가 주류를 이루고 있는 나라들에서 더 확고하게 주어진다는 사실은 결코 우연이 아니다.

불교와 그리스도교는 출발부터 한 사회의 지배적 종교가 아니라 조그마한 분파 운동으로 시작했으며, 비록 두 종교 모두 중세에는 한 문화권을 완전히 장악한 제국의 종교, 문화의 종교, 사회적 종교로 변모한 역사가 있기는 하나, 기본적으로는 사회를 구원하기보다는 개인을 구원하는 종교로서의 근본 성격을 유지하고 있다. 불교와 그리스도교는 이른바 초세간적 구원·해탈을 추구하는 종교(salvation religion)로서, 한 특정한 사회나 문화가 추구하는 세속적 가치와 항시 대립이나 긴장 관계를 형성하면서 존재한다. 다원화되고 세속화된 현대 사회에 불교와 그리스도교가 사회 전체를 구원하려는 이슬람보다 더 적응하기 쉬운 것은 이러한 개인 위주의 신앙을 중시하는 두 종교의 속성에 기인하는 것이다.

한 종교의 근본 성격과 성향은 그 창시자와 더불어 이미 결정된다 해도 과언이 아니다. 불교와 그리스도교가 세속적 질서와 긴장 관계를 갖게 되는 근본적인 이유는 두 종교의 초월적 성격에 있다. 불교는 불타가 제시한 열반이라는 초세간적 가치를 추구하는 해탈의 종교이며, 그리스도교는 예수가 제시한 하느님 나라(Kingdom of God)라는 종말적 구원을 선포하는 종교로서, 양자 모두 인간의 탐욕과 죄악, 무지와 어리석음에 의해 왜곡된 고통스럽고 부조리한 현세적 질서('세상', 생사의 세계)를 부정하고 이상적 세계를 갈망하는 초월의 종교이다. 불타와 예수는 이러한 초월적 세계를 실현하고자 무력이나 정치적 힘을 사용한 적이 없으며 자비와 사랑, 관용과 용서의 평화적 방법으로 사람들의 마음을 움직였으며 삶의 태도를 바꾸고자 하였다. 이 점에서 불타와 예수는, 종교 지도자이자 전사이며 정치가였던 무함마드와는 근본적으로 다른 존재였다.

불교, 그리스도교, 이슬람 세 종교는 모두 인간의 계급적 차별을 인정하지 않는 보편주의적이고 평등주의적인 종교이지만, 불교와 그리스도교는 이슬람과는 달리 사회성보다는 개인적 신앙과 영성을 더 강조하는 자유로운 종교라는 점에서 근본 성격을 같이 한다. 그러나 이와 동시에 두 종교는 세속화된 현대 세계에서 사회 전체를 종교적 규율과 제도를 통해 규제하기보다는 개인의 신앙적 결단에 호소하여 인간의 영성을 계발하고 사회를 정화해야 하는 난제를 공통적으로 안고 있다. 장구한 역사를 통해 불교와 그리스도교가 언제나 자유, 평등, 사랑, 자비, 평화, 청정, 무욕, 겸손, 희생 등 그 본래의 정신에 충실했던 것은 아니다. 두 종교는 봉건 질서와 유착했으며 사회적 차별을 정당화하기도 했고 불의한 권력과 결탁하여 폭력을 행사하기도 했다. 특히 그리스도교는 정통교리(orthodoxy)를 수호한다는 명분 아래 인간의 사상과 양심의 자유를 억압하고 때로는 잔악한 형벌마저 서슴지 않았던 수치스러운 역사가 있다. 그러나 이 모든 역사적 과오에도 불구하고 두 종교는 아직도 부분적으로는 그 원초적 정신과 순수성을 간직하면서 세속화된 현대 세계에서 초월적 가치를 실현하고자 고심하고 있다.

불타와 예수는 그들이 출현한 역사적·문화적·종교적 배경이 달랐고 종교적 경험과 가르침 또한 상이했으며,[1] 후세에 정립된 교리와 사상, 제

---

1 이에 대한 간단한 논의로는 Hans Küng, Josef van Ess, Heinrich von Stietencron, & Heinz Bechert, *Christianity and the World Religions: Paths of dialogue with Islam, Hinduism, and Buddhism*, trans. by Peter Heinegg (New York: Collins Publishers, 1986; 독어 본,

도와 체제는 더욱더 길을 달리했다. 그러나 두 종교는 명실공히 세계종
교로서의 근본 성격을 공유하고 있으며, 세속화된 현대 세계에서 수행
해야 할 공통의 사명을 안고 있다. 오늘날 세계적으로 일고 있는 불교와
그리스도교의 만남과 대화는 두 종교의 이러한 세계사적 운명과 사명에
대한 공동 의식을 반영하고 있으며 서로에게 큰 힘이 될 수 있다는 공감
에 기초하고 있다. 일본에서 오랫동안 종교 간 대화에 헌신해 온 스패 신
부는 다음과 같이 이러한 생각을 말하고 있다:

> 두 종교 사이에는 상호 공감이 점점 더 증가하고 있다. 불교 용어로 표현한다
> 면, 우리는 고통과 폭력과 좌절에 깊이 빠진 세계의 불만족스러운 성격에 대
> 하여 대체로 동의하고 있으며, 영적 가치들을 강조함으로써 우리들의 곤경
> 으로부터 탈출해야 할 필요성에 대하여도 동의하고, 삶을 인간화해야 하는
> 사회의 기본적 책임, 정화와 금욕을 통한 내적 성장 그리고 평화와 구원을
> 향한 인간의 영원한 갈망에 동의하고 있다.[2]

II. 불교와 그리스도교: 대중적 만남

세계종교로서의 동질성과 공통의 사명을 지니는 두 종교가 본격적

Munchen, 1985), 321-328 참조. 좀 더 자세한 논의로는, Gustav Mensching, *Buddha und Christua: Ein Vergleich* (Stuttgart: Deutsche Verlags-Anstalt, 1978;『불타와 그리스도』, 변선환 옮김 [서울: 종로서적, 1987]). *Buddhist-Christian Studies*, vol. 19는 불자가 보는 예수, 그리스도인이 보는 불타에 대하여 흥미 있는 글들을 싣고 있다.

2 Joseph Spae, "The Influence of Buddhism in Europe and America," *Buddhism and Christianity*, ed. by Claude Geffré and Mariasusai Dhavamony (New York: The Seabury Press, 1979), 121.

으로 만난 것은 수천 년 역사 가운데 불과 100년도 채 안 되는 기간에 일어난 현상이다. 서양이 불교라는 종교의 존재를 의식한 것은 이미 고대에서부터 그 흔적을 찾아볼 수 있는 매우 오래된 일이며, 여행가들이나 선교사들을 통해 간헐적으로 들려오는 소문이나 보고를 통해서도 불교를 의식하게 되었다.[3] 그뿐 아니라 때로는 불교와 그리스도교 사이에 제법 심각한 만남이 없었던 것도 아니다. 상가락시타는 이러한 만남 가운데 중요한 사건들을 다음과 같이 간략하게 정리하고 있다.

> 이 두 위대한 영적 현상은 비록 한 세계에서 성장했지만 —실로 유라시아라는 거대한 땅덩어리의 반대쪽 끝을 차지하고서— 아주 최근까지 양자 사이에는 실질적인 접촉이 없었다. 물론 네스토리안(Nestorian, 景敎) 그리스도교인들과 대승불교 신자들 사이에 중앙아시아 그리고 아마도 중국에서 어느 정도의 만남이 있었고, 불타의 전기가 중세 유럽으로 들어가서 한 그리스도교 성인의 전기가 되었으며,[4] 데시데리(Desideri)는 라싸로 가서 티베트어로 불교를 논박하는 책을 지었으며, 자비에르(F. Xavier)는 선승과 논쟁을 벌였다. 대개 이 정도가 전부이다. 최근에 와서야 두 종교 사이에 지속적인 혹은 의미 있는 접촉이 이루어졌고, 시간이 길수록 이 접촉은 줄어들기보다는 증가할 것 같다. 사실, 이 접촉은 인류의 영적 삶에 있어서 갈수록 더 중요한 역할을 할 것으로 예상된다.[5]

---

3 Guy Richard Welbon, *The Buddhist Nirvana and its Western Interpreters* (Chicago and London: The University of Chicago Press, 1968), 1-17 참조.

4 이 대단히 복잡하고 흥미로운 사실에 대해서는 Wilfred Cantwell Smith, *Towards a World Theology: Faith and the Comparative History of Religions* (Philadelphia: The Westminster Press, 1981), 7-11을 볼 것.

5 Geffre and Dhavamony, *Buddhism and Christianity*, 56.

서양이 불교를 본격적으로 만나게 된 것은 그리스도교 이외의 종교들에 대하여 개방적인 자세로 연구하기 시작한 19세기 이후부터였다. 특히 불교 경전 연구와 더불어 불교의 역사와 사상 전모에 대하여 어느 정도 확실한 윤곽을 파악하기 시작한 19세기 말경부터였다고 할 수 있다. 상대방의 종교에 대하여 어느 정도의 지식이나 이해 없이 이루어지는 종교 간의 만남은 사실 진정한 만남이라고 부르기 어렵기 때문이다. 가령 위에서 언급된 16세기 초 예수회 선교사와 일본 선승과의 사이에 이루어진 토론을 보아도, 당시의 여건으로서는 상당한 수준이었을지 몰라도 만약 그들이 오늘날 우리가 가진 불교나 그리스도교에 대한 몇 권의 좋은 책만 접할 수 있었어도 훨씬 더 의미 있고 생산적인 토론이 이루어졌을 것이라는 생각을 떨치기 어렵다.[6] 그들의 토론은 하나의 역사적 사건으로서는 의미 있고 흥미로우나, 오늘의 관점에서 볼 때 진정한 **대화적** 만남이라고 말할 수는 없다. 적어도 경전 연구를 통해 상대방 종교의 교리와 사상, 특히 불교의 공(空) 사상과 그리스도교의 신관에 대한 깊은 이해를 수반하지 않은 토론이란 대립과 갈등만 조장할 뿐 문제의 핵심에 접근하지는 못한다.

진정한 만남과 대화를 위해서는 어느 정도의 지식이 선행되어야 하며, 이러한 조건은 서양에서 불교학의 성립을 통해 비로소 충족되었다. 19세기 초부터 시작한 서양 불교학은 근 100년의 발전을 거쳐 20세기 초에 들어와서는 불교의 교리와 사상, 종파와 역사에 대하여 상당한 지식이 축적되었다. 그 후로도 서양 불교학은 꾸준히 발전을 거듭하여 오늘날 그 업적은 실로 괄목할 정도이고, 역으로 수출되어 동양 불교학에까

---

6 이에나가 시부로(家永三郎), "吾が國に於ける佛基兩教論爭の哲學史的 考察,"『中世佛教思想史研究』(京都: 法藏館, 1955), 111-180 참조.

지 지대한 영향을 미치고 있다.

물론 종교에서 학문적 지식이 곧 진정한 만남이 되는 것은 아니다. 학자들이나 종교연구가들이 학문적 연구를 통해서 얻는 상대방 종교에 대한 지식이나 이해가 반드시 상대방 종교를 존중하고 진지하게 대하는 태도로 연결되거나 혹은 상대방 종교에 대한 깊은 내면적 이해로 이어지는 것은 아니기 때문이다. 아무리 불교에 대한 해박한 지식이 있는 학자라 해도 불교가 자기 자신의 삶과는 무관할 수 있으며, 일생 불교를 연구해도 자신의 인생관이나 가치관에 아무런 영향을 주지 않을 수도 있다. 종교에 있어서 지식이 지니는 한계가 여기에 있다. 더군다나 서양 불교학자가 반드시 그리스도교에 대한 깊은 신학적 이해가 있는 것이 아닌 한 그들을 통해 불교와 그리스도교의 만남이 이루어졌다고 보기는 어렵다. 종교에 있어 진정한 만남이란 지식을 통한 만남을 넘어서 자신의 존재와 삶 그리고 자신의 신앙이 개입되는 인격적 만남, 대화적 만남이다. 이러한 대화적 만남은 타 종교를 존중하고 그 증언을 진지하게 경청하며 나아가서는 공감적 이해를 바탕으로 하여 거기서 진리의 **가능성**까지 인정할 수 있는 개방적 자세 그리고 때로는 자기 종교의 결함마저도 인정할 수 있는 용기까지 전제되어야 비로소 가능하다. 학문적 만남은 진정한 인격적 만남, 대화적 만남의 필요조건은 될지언정 충분조건은 못 된다.

여하튼 서양인들은 우선 불교학의 발전을 통해서 불교와 본격적으로 만나게 되었다. 유명한 『붓타의 생애와 사상』을 저술한 올덴버그(H. Oldenberg), 팔리어 원전연구회(Pali Text Society)를 창립하여 상좌불교(上座佛敎) 경전 연구와 번역에 결정적인 공헌을 한 리스 데이비스(T.W. Rhys Davids) 등 수많은 쟁쟁한 불교학자들이 출현하여 원시불교나 상좌불교에 대한 이해에 확실한 초석을 놓았다.

20세기로 들어오면서 우리는 서구인들 가운데 불교를 지식의 차원을 넘어서 자신의 신앙으로 받아들이는 개종 현상이 나타나는 것을 목격하게 된다. 서구인으로서 최초로 출가승이 된 자는 맥그레거(Allan B. McGregor)라는 사람으로서, 그는 1902년에 미얀마에서 삭발했다. 1904년에는 독일의 유명한 바이올리니스트 안톤 귀트(Anton Gueth)가 양곤에서 출가하여 냐나티로카(Nyanatiloka)라는 법명을 받았으며, 그는 반평생 이상을 스리랑카에서 보내면서 상좌불교에 관한 여러 저술을 통해 서방 세계에 불교를 알리는 데에도 공헌했다. 전에 언급한 불교학자 리스데이비스도 불교 신자가 되었다. 그 외에도 영국인으로서 불교 신자가 된 학자로서 상가락시타(Maha Sthavira Sangharaksita), 험프리스(Christmas Humphreys) 등이 유명하다.

한편, 대승불교에 대한 소개와 연구는 소승불교보다는 늦었으나 라발레 뿌쎙(L. de la Vallée Poussin)과 라모뜨(E. Lamotte), 러시아의 불교학자 스체르밧스키(T. Stcherbatsky), 영국의 콘즈(E. Conze) 등이 크게 공헌하였다. 특히 스즈키(Daisetsu Suzuki)는 선불교를 서양에 소개하는 데 지대한 공헌을 하였으며, 이를 통해 선은 서양 지식인들이면 누구나 한 번쯤은 동양사상의 정수로서 접하게 될 정도로 인기를 누리게 되었다. 가톨릭의 수도 전통에 서서 동양적 영성의 깊이를 탐구한 머튼(T. Merton) 신부의 역할도 컸으며, 실제로 가톨릭 수도자들 가운데는 선의 명상법을 실천하는 사람도 많이 생기게 되었다.

현재 서양에서 불교가 가장 융성한 곳은 미국이다. 19세기 중엽 중국 이민과 더불어 시작된 미국 불교는 1960년대 이후로는 백인 사회에도 깊이 침투하면서 비약적으로 발전했다. 1960~70년대에 전개된 각종 인권운동과 반문화운동(counterculture movement)의 자유로운 분위기 속에서 불교는 그야말로 폭발적인 성장을 했으며 1980~90년대에는 안정적 기반을 다지면서 이제는 미국 사회의 주류 종교의 하나로 자리를 잡아가고 있다. 중국, 일본, 한국, 티베트, 태국, 라오스, 베트남 등 아시아계 이민자들을 중심으로 하여 세계 각국의 불교 전통이 미국으로 유입됨에 따라 미국 불교는 그야말로 세계 불교의 축소판 혹은 종합전시장과도 같아졌다. 정확한 통계는 어렵지만, 현재 아시아계 이민 불자와 이른바 백인 불자(white Buddhists)를 합치면 미국 불자는 수백만 명에 달하고 1천 개가 넘는 각종 불교 신행 단체나 공동체들이 존재한다.7

서양에서 이제 불교는 더 이상 낯선 종교가 아닐뿐더러 이후 전망도 매우 밝다는 것이 일반적 견해이다. 나라마다 불교연합회와 같은 조직도 결성되었고, 1950년에는 세계불교도연합(The World Fellowship of Buddhists)도 형성되었다. 불교가 서양에서 누리고 있는 이러한 대중적 인기의 원인은 무엇일까? 스패(Joseph Spae) 신부는 이와 관련하여 다음과 같이 간략하게 서양의 정신적 상황을 정리하고 있다.

서양의 텅 빔(western emptiness)은 어떤 사람들에게는 세 가지 영역에서 그리스도교의 가득 참(Christian pleroma)에 대한 부정으로 보인다. 첫째로 다원주의의 충격과 너무 많은 선택의 부담 아래서 전통 가치의 몰락, 둘째로 말과 실천 사이의 엄청난 모순, 셋째로 위기 해결에 있어서 적실성을 상실한 듯한 그리스도교. 따라서 불교의 모든 종파가 일치하고 있는 기본적 이념인 '불교적 텅 빔'(Buddhist emptiness, śūnyatā)이 서양인의 무의식을 매료하고 있다. 첫째, 지성과 의지를 결합하고 생각과 행동의 균형을 취하며

---

7 미국 불교의 역사와 교세 현황에 대한 간단한 소개로는 Charles S. Prebish and Kenneth K. Tanaka (eds.), *The Faces of Buddhism in America* (Berkeley: University of California Press, 1998), "Introduction"; Charles Prebish, *Luminous Passage: The Practice and Study of Buddhism in America* (Berkeley: University of California Press, 1999), "American Buddhism: A Brief History"를 볼 것.

지적 심오함과 영적 훈련을 통합하는 전인적 인간관을 주장하고 있다. 둘째, 인간을 자연 위가 아니라 그 속에 분명하게 위치시킨다. 셋째, 소비문화의 탐욕에 저항하는 명상적 삶의 방식을 기른다. 이 모든 것이 어느 정도 정의와 평화의 새로운 시대를 위한 약속이 되어 주는 것이다.[8]

스패 신부는 앞으로도 서양에서 불교의 영향력이 증대될 것임을 예언하면서 —이 예언은 물론 그 후 그대로 실현되고 있지만— 이 영향력을 위협할 한 가지 위험을 경고하고 있다. 즉 그는 불교가 서구 사회에서 또 하나의 '시민 종교'(civil religion)가 되어버려 서양적 가치들을 비판적으로 평가하는 능력을 상실하거나, 혹은 인간에게 고통을 안겨주는 근본 원인인 권력의 남용과 탐욕의 폭력을 뿌리 뽑는 일에 그리스도교와 협력하기를 원치 않을 가능성을 지적한다.[9]

서양에서 불교와 그리스도교의 대중적 만남은 물론 쌍방향적이다. 과거 100년 사이에 불교가 서양인들을 개종할 정도로 영향을 미쳤다면, 이들 서양의 문화 역시 어떤 형태로든 불교에 영향을 미쳤을 것이다. 서양 사람들이 불교에 귀의한다 해도 그들의 문화적 배경과 사고방식은 여전히 동양인들과 다른 만큼 그들 나름의 불교가 형성되는 것도 당연한 일이다. 미국 불교(American Buddhism), 서양 불교(Western Buddhism)라는 말이 자연스럽게 사용되는 것은 이러한 사실을 반영하고 있으며, 앞으로 이 서양 불교가 단순히 학문적 연구의 차원을 넘어서 세계 불교사의 전개에 어떠한 영향을 미치게 될지 주목된다.[10]

---

8 Spae, "The Influence of Buddhism," 118. 물론 서양 사람들이 불교를 비롯한 동양 종교에 매료되는 데는 이와 같은 순수 영적인 측면만 있는 것은 아니다. 이 문제에 관한 좀 더 포괄적인 논의로는 Harvey Cox, *Turning East* (New York: Simon & Schuster, 1977) 참조.
9 Spae, "The Influence of Buddhism," 122.

미국 불교의 경우 이미 몇 가지 특성이 형성되고 있다고 학자들은 지적한다. 예를 들어, 백인 불자들의 경우 공동체의 민주적 운영, 다양한 불교 신행 가운데서 명상에만 치중하는 경향, 재가자로서 출가승적 삶의 양식을 따른다는 점, 서구 심리학이나 심리치료에 대한 높은 관심과 의존도, 여성 지도자들의 역할 증대, 여성·평화·환경운동 등 높은 사회적 관심과 활동성(activism) 등을 꼽고 있다.[11] 특히 백인 불교에서 아시아 불교의 공통적 특징인 기복신앙이 거의 외면 당하고 있다는 점, 각종 불교 연합운동(ecumenism)이 활발히 진행되고 있다는 점 그리고 불자들의 높은 사회참여는 주목할 만한 현상이다.

그리스도교는 불교가 서양에서 대중적 호응을 얻기 훨씬 이전부터 서양 선교사들의 손을 통해 중국, 일본, 한국 그리고 스리랑카를 비롯한 동남아 제국에 전파되었다. 얼마나 많은 수의 불교 신자들이 그리스도교로 개종했는지는 나라마다 다르며 정확히 헤아리기도 어려운 일이다. 이들 아시아 제국에서 불교와 그리스도교가 대중적 차원에서 주고받은 영향은 적지 않으리라 생각되지만, 아직은 구체적 연구가 빈약한 편이다. 극히 일반적 상황만을 말한다면, 아시아 국가 가운데 그리스도교 선교가 가장 성공적으로 이루어진 한국을 제외하고는 대부분의 나라에서 그리스도교는 소수 종교로서 '외래 종교'(foreign religion)의 위상을 면하지 못하고 있으며 다분히 사회 일반으로부터 유리된 양상을 보인다는 점이다. 그만큼 불교와의 상호 영향도 미미한 형편이라고 말할 수 있다.

---

10 미국 불교, 서구 불교 연구는 이미 불교학의 한 중요한 분야로 자리 잡은 느낌이다. 이미 인용한 프레비쉬의 책에 수록된 참고문헌 목록만 보아도 곧 알 수 있다.

11 Jan Nattier, "Who is a Buddhist? Charting the Landscape of Buddhist America," *The Faces of Buddhism in America*, 190-194; Rick Fields, "Divided Dharma: White Buddhists, Ethnic Buddhists, and Racism," *The Faces of Buddhism in America*, 202.

한국만큼 두 종교가 거의 대등한 세력을 갖고 공존하고 있는 종교다원사회는 세계 어디에도 없다. 이 때문에 발생하는 두 종교 사이의 갈등은 때로는 위험 수준에 육박하기도 하지만, 대체로 보아 평화적으로 공존하는 편이다. 특히 일부 광신적 개신교 신자들에 의해 자행되는 몰지각한 불상 훼손은 예기치 않은 결과를 초래할 수도 있다. 또한 대선 때마다 불거져 나오는 대통령 후보의 소속 종교에 관한 관심도 심상치 않은 징조이다. 그럼에도 불구하고 한국 사회에서 두 종교 사이의 갈등이 심각한 사회 분열로 나타나지 않은 데는 몇 가지 원인이 있다. 첫째는 한국 민족은 하나의 언어를 사용하고 있는 단일민족으로 공통의 역사적 경험을 지니고 있다는 사실을 들 수 있다. 둘째는 한국 사람은 불교 신자나 그리스도교 신자를 막론하고 거의 예외 없이 유교적 윤리와 심성을 소유하고 있다는 점이다. 이러한 사실들에 비추어 볼 때, 한국인들에 있어서 신자로서의 정체성보다는 한국인으로서의 정체성이 더 강하다고 말할 수 있으며, 이는 한국에서 시민사회를 통합하고 종교 간의 갈등을 완화하는 하나의 요인이 되고 있다.

주지하는 바와 같이 한국에서 그리스도교 신자의 수는 천주교와 개신교를 합해서 1천만 명을 상회하고 있으며 불교와 막상막하의 세력을 유지하고 있다. 그러면 과연 한국에서 불교와 그리스도교는 대중적 차원에서 어떠한 만남이 이루어지고 있을까? 이에 대한 체계적 연구가 아직 이루어지지 않은 상태에서 함부로 말하기는 어렵지만, 몇 가지 손쉬운 예를 들어보자. 물론 정확한 수를 알 수 없는 상호 개종의 경우는 여기서 논외로 할 수밖에 없다. 첫째로 우리를 주목하게 하는 현상은 불교 법회에 등장한 찬불가이다. 이것은 물론 근대 음악의 보급과도 밀접한 관계가 있어서 반드시 그리스도교의 영향 때문만은 아니겠지만, 그래도 개신교 찬송가의 영향을 부인하기는 어려울 것이다. 의욕적인 도심 포교와 일요일의 대중집회 등도 개신교의 영향과 무관하지 않을 것이다. 그 역으로 개신교가 불교에서 받은 영향의 한 예로, 한국 교회의 새벽기도회를 들 수 있다. 이는 세계 그리스도교에서 유례를 찾아보기 어려운 한국 개신교 특유의 현상으로서, 필경 불교 사찰에서 행해지는 새벽 예불에 영향을 받았을 것이 틀림없다. 그러나 이러한 특정한 사례를 떠나서도 우리는 불교와 그리스도교 사이에 보이지 않는 차원의 상호 영향을 말할 수 있다. 한국 불자들 가운데 상당수가 가톨릭이든 개신교든 교회에 다닌 경험이 있으며, 한국 그리스도인치고 절 땅을 밟아보지 않은 사람은 거의 없기 때문이다.

III. 불교와 그리스도교: 사상적 만남

외부 세계와의 만남을 통해 영향을 주고받는 일은 종교의 자연스러운 현상이다. 종교는 살아있는 생명체와 같아서 외부와의 교류와 소통을 통해 발전하고 성장한다. 종교 간의 실제 경계는 명확하게 정립된 교리체계와는 달리 항시 열려 있고 유동적이다. 위에서 고찰한 불교와 그리스도교의 만남은 사실 어느 종교에나 있어 온 자연스러운 현상일 뿐이다. 그러나 종교 간의 만남에는 이보다 더 차원이 높은 만남이 있다. 곧 사상적·신학적 만남이다. 이러한 만남은 주로 자기 종교에 대하여 이론적 지식과 사상적 확신을 가진 종교 지도자들 혹은 엘리트층에서 이루어지는 만남으로서, 결과에 따라 두 종교 모두에게 중대한 변화를 초래할 수 있는 만남이다. 이제 불교와 그리스도교의 이러한 사상적 만남을 살펴보자.

대중적 차원의 만남과 마찬가지로 종교 지도층을 중심으로 한 사상적 만남 역시 서양에서는 불교학적 성과를 바탕으로 하여 이루어지고 있다. 불교학을 통해 얻은 불교에 대한 지식과 깊은 이해는 많은 그리스도교 신학자들이 불교에 높은 관심을 두게 했을 뿐 아니라 그들의 신학 사상에도 영향을 미치고 있다. 물론 이러한 사상적 만남에는 학술 저서를 통해 얻는 지식뿐 아니라 얼굴과 얼굴을 맞대는 문자 그대로의 대화도 중요한 역할을 하고 있으며, 이는 비교적 최근의 현상이다.

종교 엘리트들의 만남에는 일반 대중적 차원의 만남이 중요한 배경으로 작용하고 있음을 간과해서는 안 된다. 어쩌면 지도층의 만남은 일반 대중에서 이미 오래전부터 진행되고 있는 저지할 수 없는 만남의 압력 속에서 이루어지고 있는지도 모른다. 종교 간의 대화는 현대 종교다원사회의 불가피한 현상이다. 종교 지도자들이 만나든 안 만나든, 이미 일반 신도들은 여러 형태로 타 종교의 신자들과 어깨를 맞대고 생활하고, 각종 매체를 통하여 타 종교와 타문화에 접한다. 현대인들에게 종교는 더 이상 운명적 유산이 아니라 자유로운 선택의 대상이 되고 있으며, 이는 각 종교 지도자들에게 전에 없던 새로운 도전이 되고 있다. 사실, 엘리트층의 사상적 만남이 대중적 만남보다 훨씬 더 늦게 이루어진다는 사실은 결코 우연이 아니다.

오늘의 종교 지도자들은 과거와는 달리 종교 다원성을 염두에 두지 않고는 자신의 임무를 제대로 수행하기 어려운 상황에 놓여 있다. 자기가 믿는 종교의 신자들 못지않게 높은 도덕성과 깊은 영성을 갖춘 사람들이 타 종교에도 얼마든지 존재한다는 지극히 평범한 사실은 타 종교에 대한 종래의 배타적 태도를 유지하기 어렵게 만들고, 종교 다원성에 대하여 자기 종교의 입장을 어떤 형태로든 정립할 것을 요구한다.

종교학자 캔트웰 스미스에 의하면, 그리스도교 신학은 역사상 3회의 중대한 도전을 받으면서 근본적인 변화를 겪었다. 첫 번째 변화는 팔레

스타인에서 시작한 원시 그리스도교가 헬레니즘 문화권과 접하면서 그리스 철학과 만남으로 인해 초래된 신학적 변화였다. 두 번째는 근대 과학의 도전으로, 이 역시 그리스도교 세계관에 엄청난 변화를 초래했다. 마지막으로 스미스에 따르면, 현대 그리스도교는 전에는 몰랐던 세계종교들의 도전에 직면하여 새로운 변화를 모색하지 않으면 안 되게 되었다.[12] 이제 그리스도교 신학자치고 자기들과 똑같이 지성적이고 도덕적이고 경건한 사상가들이 타 종교들에도 존재한다는 사실을 도외시하고 신학 사상을 전개하는 자는 더 이상 존중받을 수 없게 되었다고 스미스는 말한다. 실제로 오늘날 그리스도교 신학자들은 너나 할 것 없이 이 도전을 진지하게 받아들이면서, 종교 간 대화에 지대한 관심을 가지게 되었다. 그 가운데서도 특히 불교에 관심이 지대하다.

먼저 현대 가톨릭계에서 전개되고 있는 불교-그리스도교 대화 혹은 만남에 대한 신학자들의 활동을 간략히 살펴보기로 하자.[13] 가톨릭교회가 교회 밖에서는 구원이 없다는 종래의 배타적 태도를 버리고 타 종교에 대하여 긍정적이고 전향적인 자세를 보이는 데 획기적 전환점을 마련한 것은 1965년에 개최된 제2차 바티칸공의회(Second Vatican Council)였다. 거기서 채택된 「교회와 비그리스도교 종교들의 관계에 관한 선언」[14]은 불교에 대하여 다음과 같이 말하고 있다:

또 여러 형태의 불교는 이 무상한 세계의 근본적인 불완전성을 깨달으며, 사

---

12 Wilfred Cantwell Smith, "The Christian in a Religiously Plural World," *The Faith of Other Men* (New York: The New American Library of World Literature, 1963), 105-128; 김승혜·이기중 역, 『지구촌의 신앙』(왜관: 분도출판사, 1989), 157-189 참조.

13 여기서 '대화'나 '만남'은 반드시 얼굴과 얼굴을 대하는 만남만을 뜻하는 것이 아니라, 서적을 통한 사상적 만남까지도 포함하는 말이다.

14 Declaration on the Relationship of the Church to Non-Christian Religions.

람들이 경건하고 자신감 있는 마음으로 완전한 해탈의 상태를 얻든지 혹은 자신의 노력이나 더 높은 도움을 통해 무상의 깨달음을 얻는 길을 가르친다. 마찬가지로, 전 세계에 있는 다른 종교들도 교설과 생활 규범과 성스러운 의례들로 구성된 길들을 각기 자기 방식대로 제시함으로써 인간의 마음의 불안을 극복하려고 한다. 가톨릭교회는 이들 종교에서 발견되는 참되고 성스러운 것은 어떤 것도 배척하지 않는다.[15]

이처럼 교회의 긍정적 입장이 표명되는 데에는 그 이전부터 이미 개방적 자세에서 불교, 특히 선불교와 심도 있는 대화를 수행해 온 일련의 가톨릭 신부들과 신학자들의 노력이 있었다. 뒤물린(H. Dumoulin),[16] 에노미야-라쌀(H. Enomiya-Lassalle),[17] 존스턴(W. Johnston),[18] 발덴펠스(H. Waldenfels),[19] 카도와키(K. Kadowaki, 門脇佳吉)[20] 그리고 토마스 머튼(T. Merton)[21] 등을 꼽을 수 있다. 이들의 신학적 입장이 반드시 일치하는 것은 아니지만 모두 가톨릭의 수도적 전통 속에서 불교의 긍정적인 요소를 인정할 뿐 아니라 불교의 수행 방법까지도 적극적으로 수용하기에 이르

---

15 Küng et al., *Christianity and the World Religions,* 310에서 번역.

16 Heinrich Dumoulin, *Christianity Meets Buddhism,* tr. by John C. Maraldo (La Salle, Illinois: Open Court Publishing Company, 1974).

17 Hugo M. Enomiya-Lassale, *Meditation als Weg zur Gotteserfahrung: Eine Anleitung zum mystischen Gebet* (Cologne: Bachem, 1972).

18 William Johnston, *The Still Point: Reflections on Zen and Christian Mysticism*(New York: Harper and Row, 1971).

19 Hans Waldenfels, *Absolute Nothingness: Foundations for a Buddhist-Christian Dialogue; Meditation - Ost und West* (Cologne: Benziger, 1975).

20 J. K. Kadowaki SJ, *Zen and the Bible: A Priest's Experience* (London: Routledge&Kegan Paul, 1980).

21 Thomas Merton, *Zen and the Birds of Appetite* (New York: New Direction, 1968); *Mystics and Zen Masters* (New York: The Noonday Press, 1967).

렸다. 그리고 이러한 움직임은 동서양의 수도자들이 만나는 국제적 회의로 이어졌다.[22] 지금도 이러한 동서양 수도사들의 모임은 계속된다.

이 밖에도 사상적·신학적 차원에서 불교와의 대화를 시도하고 있는 대표적인 가톨릭 신학자로, 큉(H. Küng),[23] 트레이시(D. Tracy),[24] 스위들러(D. Swidler), 니터(P. Knitter), 르페뷔르(Lefebure)[25] 등을 꼽을 수 있다. 신부는 아니지만 가톨릭 신자로서 미국에서 불교-그리스도교 대화에 앞장서고 있는 학자로서 미첼(D. Mitchell)과 콜리스(R. Corless) 등을 들 수 있는데, 후자는 티베트 불교에 입문한 사람으로 두 종교가 차이 속에서 상호 내재적 일치를 깨닫는 초의식(co-inherent superconsciousness)을 주장한다.[26] 본격적으로 대승불교의 유식 철학적 관점에서 그리스도론을 전개하고 있는 키난(G. Keenan)은 아마도 가톨릭 학자 가운데서 가장 급진적인 사람일 것이다.[27] 그러나 전반적으로 보아 가톨릭 신학이 불교와의 만남을 통해 어떤 근본적인 변화를 일으키고 있다는 뚜렷한 증거는 찾아보기 어렵다. 어디까지나 **대화**의 차원에 머물고 있으며 계시와 이성, 초

---

22 1968년의 방콕 모임(이때 머튼은 불행한 사고를 당해 사망했다), 1973년의 방갈로 모임, 1980년의 칸디 모임 등.

23 Has Küng et al., *Christianity and the World Religions* (본래 *Christentum und Weltreligionen*, Muenchen, 1985).

24 David Tracy, *Dialogue with the Other: the Inter-religious dialogue* (Louvain: Peeters Press, 1990).

25 Leo D. Lefebure, *The Buddha and the Christ: Explorations in Buddhist and Christian Dialogue* (Orbis Books: Maryknoll, New York, 1993).

26 Roger J. Corless, "The Mutual Fullfillment of Buddhism and Christianity in Co-inherent Superconsciousness," *Buddhist-Christian Dialogue*, ed. by Ingram and Streng (Honolulu: University of Hawaii Press, 1986); "Can Emptiness Will?," *Buddhist Emptiness and Christian Trinity: Essays and Explorations*, ed. by Roger Corless and Pal F. Knitter (New York: Paulist Press, 1990).

27 John p. Keenan, *The Meaning of Christ: A Mahāyāma Theology* (Orbis Books: Maryknoll, New York, 1989).

자연과 자연의 전통적 구별을 고수하는 경향이 여전히 강하다.

서양에서 불교-그리스도교 대화가 가장 활발하게 진행되는 곳은 미국으로, 여기에는 이민으로 이루어진 미국 사회의 다원적 성격과 미국 신학 특유의 개방성이 작용하고 있다. 다른 한편으로는 그리스도교 배경을 가진 미국인 불교학자들 가운데서 불교로 전향한 학자들이 신학자들과의 대화에 참여하고 있는 사실도 중요한 요소가 된다. 개신교 신학자로서 불교에 적극적인 신학적 관심을 보이는 사람으로는 올타이저(T. Altizer), 옥덴(S. Ogden), 캅(J. Cobb), 길키(L. Gilkey), 카우프만(G. Kaufmann) 등을 들 수 있는데 모두가 미국 신학계를 이끄는 인물들이다. 그 가운데서도 가장 대표적이고 영향력 있는 사람은 과정신학자 캅으로, 그는 불교와 그리스도교가 더 이상 대화의 차원에 머물지 않고 상호 변혁의 단계로 넘어가야 함을 역설함으로써 많은 영향을 미쳤다.[28] 그는 과정신학(process theology)의 입장에서 불교의 연기론적 통찰을 수용하면서 그리스도를 창조성 혹은 창조적 변혁의 원리로 해석하는 독특한 그리스도론을 전개하고 있다.[29] 인그램(Paul Ingram) 역시 과정신학의 전통에 서서 불교-그리스도교 대화에 적극적이다.[30]

미국에서 불교-그리스도교 대화를 활성화하는 데 결정적 공헌을 한

---

28 John B. Cobb, *Beyond Dialogue: Toward a Mutual Transformation of Christianity and Buddhism* (Philadelphia: Fortress Press, 1982).

29 그의 책 *Christ in a Pluralistic Age* (Philadelphia: The Westminster Press, 1975), 1-4장을 볼 것.

30 Paul O. Ingram, "Interfaith Dialogue as a Source of Buddhist-Christian Creative Transformation," *The Buddhist-Christian Dialogue: Mutual Renewal and Transformation,* eds. Paul O. Ingram, Frederick J. Streng (Honolulu: University of Hawaii Press, 1986); Paul, O. Ingram, *The Modern Buddhist-Christian Dialogue: Two Universalistic Religions in Transformation* (Queenston, Ontario: The Edwin Mellon Press, 1988).

사람은 아베 마사오(Abe Masao, 阿部正雄)로, 그는 일본 경도(京都)학파의 영향 아래 공(空) 혹은 절대무(絶對無)의 관점에서 그리스도교의 신론 및 기독론에 대한 독특한 해석을 전개하여 많은 신학적 반향을 불러일으켰다.[31] 아베는 캅과 더불어 미국에서 일군의 신학자와 불교학자들이 참여하는 정례적인 불교-그리스도교 대화 모임을 최근까지 주도해왔다. 현재 미국에서 이루어지고 있는 불교-그리스도교 대화의 주요 통로는 불교-그리스도교 연구회(Society for Buddhist-Christian Studies)가 매년 한 권씩 발행하고 있는 학술지 「불교-그리스도교 연구」(Buddhist- Christian Studies)이다. 격년으로 국제학술대회(International Buddhist-Christian Conference)도 개최하는 이 학회는 세계 각국에서 수백 명의 학자가 참가할 정도로 활발하다.

아마도 개신교 신학자 가운데서 누구보다도 종교다원주의를 적극적으로 주장하고 불교를 비롯한 동양 종교의 통찰을 과감히 수용하면서 자신의 신학적 사유와 종교철학을 전개하고 있는 사람은 존 힉(John Hick)일 것이다. 그는 궁극적 실재의 인격성이나 탈인격성의 문제에 대하여 힌두교적 통찰에 많은 영향을 받았으며 내세관에 대하여도 인간의 영적 완성을 위해서 그리스도교의 전통적인 유일회적 삶의 개념을 지양하고 불교-힌두교의 윤회설을 적극적으로 수용하고 있다.[32] 개신교 배경을 지

---

31 John B. Cobb, Jr. and Christopher Ives, ed., *The Emptying God: A Buddhist-Jewish-Christian Conversation* (Maryknoll, New York: Orbis Books, 1990); Christopher Ives (ed.), *Divine Emptiness and Historical Fullness: A Buddhist-Jewish-Christian Conversation with Masao Abe* (Valley Forge, Pennsylvania: Trinity Press International, 1995) 참조. 아베가 불러일으킨 관심의 폭은 최근에 그를 위한 기념 논문집과도 같은 책 Donald W. Mitchell (ed.), *Masao Abe: A Zen Life of Dialogue* (Boston, Rutland, Tokyo: Charles E. Tuttle Co., Inc., 1998)에 기고한 37명의 저명한 학자들의 명단만 보아도 잘 드러난다.

32 그의 많은 저서 가운데서 그의 종교 사상을 가장 포괄적으로 전개하고 있는 대표적인 책으

닌 또 한 사람의 저명한 종교철학자 니니안 스마트(Ninian Smart)도 다원
주의 입장에서 불교와 그리스도교의 상호보완적 관계를 강조하고 있
다.[33]

개신교는 일반적으로 가톨릭에 비해 불교에 더 배타적이고 폐쇄적
임을 부정하기 어렵다. 더군다나 개신교는 수많은 교파로 분열되어 있
어 통일된 신학적 입장을 정립하기도 어렵다. 그러나 주로 진보적 교파
들이 가담하고 있는 세계교회협의회(WCC: World Council of Churches)가
1990년에 바아르 선언문(Baar Statement)을 통해 그리스도교 밖에서도 인
간 구원의 가능성을 인정하는 입장을 표명한 것은 주목할 만하다.[34]

동양에서의 불교-그리스도교 대화는 서양에 비해 그다지 활발하지
않다. 여기에는 서구에서 이식되어 온 동양 그리스도교계의 신학적 순
수성의 고집과 폐쇄성도 있지만, 무엇보다도 불교 지도자들이 그리스도
교와의 대화에 큰 관심을 두고 있지 않은 점이 중요한 요인이다. 그 이유
는 우선, 서양의 경우 불교학 및 종교연구 일반의 발달로 인해 그리스도
교 신학자들이 불교 사상에 관한 지식을 갖기가 비교적 쉬운 데 반해, 동
양에서의 그리스도교 연구는 서양 불교학만큼 발달하지 않았고 불교 지
도자들이 그리스도교에 대하여 알고 있는 지식이 상대적으로 낮다는 점
을 들 수 있다. 또 다른 요인은, 현대 세계에서 그리스도교 신학자들이 자
기 종교에 대하여 느끼고 있는 위기감에 비하여 불교 지도자들이 불교에
대하여 느끼는 위기감이 그다지 심각하지 않다는 점이다. 그리스도교

로, *An Interpretation of Religion* (New Haven and London: Yale University Press,
1989), *The Fifth Dimension: An Exploration of the Spiritual Realm* (Oxford: Oneworld
Publications, 1999)를 볼 것.

33 *Buddhism and Christianity: Rivals and Allies* (Honolulu: University of Hawaii Press,
1993), 특히 제8장을 볼 것.

34 「종교신학연구」 5집 (1992, 서강대학교 종교신학연구소), 부록에 실린 '바아르 선언문' 참조.

지도자들이 불교에 대하여 가지는 관심의 배후에는 현대 세계에서 그리스도교의 새로운 진로를 모색해보려는 동기도 어느 정도 작용하고 있다.

그러나 불교 지도자들이 그리스도교와의 대화에 적극성을 보이지 않는 가장 중요한 요인은 아마도 서구 제국주의와 함께 들어온 그리스도교를 향해 갖는 반감일 것이다. 그리스도교는 서구 제국주의의 외세를 업고서 들어온 반민족적인 '외래 종교'라는 생각이 아시아 불자들에게 널리 퍼져서 그리스도교에 대한 거부감을 형성하고 있다. 이와 동시에 서구 문명과 그리스도교에 대한 피해의식, 대화를 선교와 개종에 이용하지나 않을까 하는 의구심도 불자들의 마음을 누르고 있다. 이 같은 사정은 서구 식민통치를 받은 일도 없고 그리스도교로부터 심각한 위협을 받아 본 일이 없는 태국이나 일본을 제외하고는 일반적인 현상이다.

동남아 제국 가운데서 비교적 불교-그리스도교 대화가 활발한 곳은 스리랑카와 태국이다. 미얀마나 라오스, 캄보디아는 다분히 최근의 불행한 정치적 상황이 대화는 물론이고 종교 자체를 위축하고 있는 형편이다.[35] 스리랑카는 상좌불교의 본거지와도 같은 곳으로서, 수백 년간 서구 식민 지배 아래서 불교는 심한 억압을 받았다. 이 때문에 스리랑카 불교는 민족주의적 성격이 다른 어느 나라의 불교보다 강하며, 그리스도교와의 사상적인 만남도 대결적인 분위기에서 이루어졌다. 그 가장 대표적인 예가 1865년부터 수차례에 걸쳐 진행된 불교와 그리스도교 간의 공개 논쟁이었다.[36] 특히 1873년에 있었던 파나두라(Panadura)의 대논쟁

---

35 Marcelo Zago, "Buddhist-Christian Dialogue in South-East Asia," Geffré and Dhavamony (eds.), *Buddhism and Christianity*, 107-112. 이 책은 1979년에 나온 것이기 때문에, 현재 동남아 제국의 현재 상황을 정확히 반영한다고는 할 수 없어도 현재도 크게 사정이 다르지 않을 것이라고 본인은 생각한다.

36 이것에 관해서는 Heinz Bechert, "Buddhism and Society: Buddhism in Our Time," in Hans Küng, *Christianity and the World Religions*, 400을 참고했음.

은 불교 측 구나난다(M. Gunananda)와 그리스도교 측 드 실바(David de Silva)를 중심으로 하여 벌어졌는데, 서로가 상대방 종교에 대한 상당한 이해를 바탕으로 하여 진행된 토론이었기 때문에 비록 대립적 만남이었다 하더라도 하나의 진정한 만남이었고, 그 파장 또한 매우 컸다. 불교 측의 승리로 여겨지는 이 논쟁은 영어로 번역되어 미국인 피블스(M. Peebles)에 의해 출판되었다. 미국 신지학회(Theosophical Society)의 창립자 가운데 하나였던 올코트(Henry S. Olcott)는 이를 읽고 불교 신자가 되었으며 불교신지학회(Buddhist Theosophical Society)를 창립하게 되었다. 이 일련의 사건은 오랜 서구 식민 통치를 겪었던 스리랑카인들이 상당한 민족적 자긍심을 회복하는 계기가 되었다. 그리고 그의 도움으로 다르마팔라(Anagarika Dharmapala, 1864~1933)와 대각회(Mahabodhi Society)를 주축으로 한 스리랑카 불교 중흥 운동이 일어났을 뿐만 아니라 해외 포교를 통해 서구의 불교 인식에도 상당한 영향을 끼치게 되었다.

이러한 대결적 상황에서 형성된 현대 스리랑카 불교의 일면을 학자들은 저항 불교(Protestant Buddhism)라 부르기도 한다.37 이에 의하면 불교는 '맹목적' 신앙을 강요하는 종교가 아니라 합리성에 기반을 둔 철학이다. 불교는 그리스도교와는 달리 신과 영혼에 대한 믿음이 없이도 숭고한 도덕을 실현할 수 있으며, 그리스도교와 같이 종교 전쟁이나 재판, 마녀사냥 등과 같은 부정적 역사를 산출하지 않았다. 이러한 논조로 불교의 우월성을 강조하는 저항 불교는 스리랑카의 민족적 자긍심을 높였을 뿐 아니라 20세기를 전후로 하여 서양의 반그리스도교적 사상과 맥을

---

37 K. Malalgoda, *Buddhism in Sinhalese Society* (Berkeley: Unviersity of California Press, 1976), 192. 이 '저항불교'에 대한 간단한 논의로, Aloysius Pieris, SJ, *Love Meets Wisdom: A Christian Experience of Buddhism* (Maryknoll, New York: Orbis Books, 1988), 28-31 을 참고할 것.

같이 하면서 서구의 불교 인식에도 영향을 미쳤다. 이 때문에 아직도 서구에서는 불교를 구체적인 문화적 맥락이나 풍부한 종교성은 도외시하고 하나의 추상적인 철학사상으로 보려는 메마르고 편향된 불교 인식이 강하게 남아 있다. 그러나 다른 한편으로는, 베허르트(H. Bechert)에 의하면, 저항 불교의 이러한 논쟁과 호교론은 전통적인 동양 불교로부터 낡은 세계관과 주술적인 요소들을 제거해버리고 불타의 본래적 가르침을 회복하는 데 지대한 공헌을 했다고 한다. 특히 불교가 '맹목적' 신앙을 강요하는 그리스도교나 이슬람과는 달리 이성적 종교이며 근대 과학과 양립할 수 있는 종교라는 점을 강조하여 불교의 입지를 강화하고자 하였으며, 이 때문에 '불교와 과학'이라는 주제는 현대불교 운동가들(Buddhist modernists) 사이에서 자주 등장하는 단골 주제가 되었다고 베허르트는 지적한다.38

제2차 바티칸공의회를 전후로 하여 스리랑카 가톨릭교회는 신학교에서 불교 강의를 개설한다든지 혹은 각종 불교 축제에 가톨릭 신자들을 동참하게 한다든지 하는 개방적 조처들이 취해졌다.39 신학적으로 특히 주목할 만한 사람은 예수회 신부 피에리스(Aloysius Pieris, SJ)로, 그는 불교적 영성을 자산으로 하는 아시아적 해방신학을 주장하고 있다.40 그는 불교든 그리스도교든 지혜(gnosis; liberating wisdom; prajñā)와 사랑(agape; redemptive love; karunā)의 어느 한쪽에 치우쳐서는 안 되며 둘은 인간의 핵심적인 종교경험으로서 상보적임을 역설하고 있다.41 개신교 측에서

---

38 이상은 Heinz Bechert, "Buddhism and Society: Buddhism in Our Time" Hans Küng, *Christianity and the World Religions*, 403-404에 의거했음.

39 Michael Rodrigo, "Buddhist-Christian Dialogue in Sri Lanka," Geffre and Dhavamony, *Buddhism and Christianity*, 100-101.

40 Aloysius Pieris SJ, *An Asian Theology of Liberation* (Maryknoll, New York: Orbis Books, 1988).

는 감리교 목사 린 데 실바(Lynn de Silva)가 주도하는 '종교와 사회 센터' (Centre for Religion and Society)가 「대화」(Dialogue)라는 잡지를 발행하여 불교에 대한 이해를 증진하고 대화를 촉진하는 매개체가 되고 있다. 그는 불교의 윤회설과 무아설을 신학적 시각에서 수용한다.[42] 한편, 세일론 기독교 협의회(National Christian Council of Ceylon)의 후원 아래서 불교 연구소(Christian Institute of Buddhist Studies)가 창설되었다가 1974년에 종교와 사회 연구소(Study Centre for Religion and Society)로 개명했다.[43]

불교 측에서도 대각회의 담마난다(Dhammananda) 스님, 페라데니야 (Peradeniya)대학의 철학 교수인 파드마시리 데 실바(Padmasiri de Silva)가 그리스도교와의 대화에 관심을 보이고 있으며, 특히 후자는 실천적 관심을 가지고 사회운동 속에서 그리스도교와 만나고 있다.[44]

태국에서는 방콕 불교대학이 1958년에 그리스도교를 강의하는 교수를 임명하도록 가톨릭 주교에게 요청한 바 있다. 현대 태국 불교의 유명한 지도자 가운데 하나로 '불교 사회주의'를 주창하고 있는 붇다다사 (Buddhadāsa) 스님도 태국 불교 신도들이 그리스도교에 관심을 두게 하는 데 이바지했고, 불교의 사회적 책임을 강조하는 시바락사(Sulak Sivaraksa) 교수도 대화에 적극적이다. 개신교 측에서 주목할 만한 사건은 치앙마이 신학교에 설립한 연례 강좌(Sinclair Thompson Memorial)로서, 불교의 이해에 기여하고 있다.[45]

---

41 Aloysius Pieris, SJ, *Love Meets Wisdom: A Christian Experience of Buddhism* (Maryknoll, New York: Orbis Books, 1988).

42 Lynn A. de Silva, *Reincarnation in Buddhist and Christian Thought*(Colombo: Christian Literature Society of Ceylon, 1968); *The Problem of the Self in Buddhism and Christianity* (Colombo: Study Centre for Religion and Society, 1975).

43 Rodrigo, "Buddhist-Christian Dialogue in Sri Lanka," 101-102.

44 같은 글, 104-105.

달라이 라마와 더불어 세계적으로 가장 존경받는 스님 가운데 하나인 베트남의 틱 낫 한(Thich Nhat Hanh) 스님은 불교-그리스도교 대화에도 많은 영향을 끼쳤다. 그는 베트남전쟁 동안 중립적 입장에서 국내외 평화운동을 전개하면서 많은 고초를 겪었으며, 현재까지 프랑스를 중심으로 하여 활동하면서 세계적으로 사회적 실천을 강조하는 참여 불교(Engaged Buddhism) 운동에 큰 영향을 주고 있다.[46] 그는 그리스도교에 피해를 입은 베트남 불교의 승려이지만, 부처와 예수를 인류 역사에 아름답게 핀 두 송이의 꽃이라고 부르면서 프랑스에 있는 그의 암자에 부처와 예수의 상을 함께 모실 정도로 두 종교의 영적 일치를 몸으로 실천하고 있다.[47]

아시아 국가들 가운데서 적어도 사상적인 면에서 불교-그리스도교 대화가 가장 활발한 곳은 일본이다. 근세 일본에서의 불교-그리스도교 만남은 스리랑카에서처럼 대결적 상황에서 전개되었다. 덕천 막부의 쇄국정책이 1854년의 개항으로 종말을 고하고 명치유신의 폐불훼석(廢佛毀釋), 그리스도교 금지령의 사실상 폐지(1873) 등 새로운 사태를 맞으면서 막부와 체제를 같이 하던 불교계는 위기를 느끼게 되어 그리스도교와 심한 갈등을 겪게 된다. 이러한 적대적 관계는 다음 세기 초까지도 계속되지만, 다른 한편으로는 비록 소수이지만 여러 형태의 보다 우호적이고 창조적 만남이 이루어진다. 청일전쟁을 전후로 하여 두 종교의 민족주의에 대한 공감, 사회주의 노선에서의 만남, 두 종교의 장점을 동시에

---

45 Marcello Zago, "Buddhist-Christian Dialogue in South-East Asia," 110.
46 틱 낫 한 스님의 생애와 사상에 대하여는 Lefebure, "The Engaged Buddhism of Thich Nhat Hanh," *The Buddha and the Christ*, 145-166을 참조할 것. 참여 불교(engaged Buddhism)라는 말도 그가 *Vietnam: Lotus in a Sea of Fire*라는 저서에서 처음 사용했다.
47 불교-그리스도교 대화와 일치에 관한 그의 견해는 틱 낫 한, 『살아계신 붓다, 살아계신 그리스도』(Living Buddha, Living Christ), 오강남 역 (서울: 한민사, 1995)을 볼 것.

살리고자 하는 영적 모색, 비교종교학을 통한 대화, 철학적 대화, 진보적
신학의 입장에 선 선교적 대화 등 각종 만남이 19세기 말부터 20세기 초
에 걸쳐 이루어졌으며,[48] 이러한 것들이 현재 일본에서 진행되고 있는 불
교-그리스도교의 창조적 대화에 밑거름이 되었다.

전후 일본에서 불교-그리스도교의 대화에 물꼬를 튼 사람은 개신교
신학자 다키자와(瀧澤克己)로, 그는 니시다(西田) 철학과 칼 바르트(K.
Barth) 신학에 심취했다가 나중에 바르트 신학의 한계를 자각하면서 불
교와의 대화에 적극적으로 참여하게 되었다. 그는 모든 인간 안에 이미
현존하는 하느님을 인간과 하느님의 '제일의적(第一義的) 접촉'이라고
부르며, 이러한 근본적 사실의 자각을 '제이의적(第二義的) 접촉'이라고
부르는데, 이는 불교의 본각-시각(本覺-始覺) 개념과 유사하다.[49] 그의 뒤
를 이어 도이(土居眞俊), 야기(八本誠一) 등이 일본에서 개신교 신학자로
서 불교와의 대화를 이어갔으며, 특히 야기는 독일 유학 중 선불교를 만
나 불교의 연기(緣起) 사상에 입각하여 자신의 독특한 신학 사상을 전개
하고 있다.[50] 한편 가톨릭 신언회(神言會)에서 운영하는 나고야 남산대
학교(南山大學校)의 종교문화연구소(宗敎文化硏究所)는 반 브라그트(Jan
van Bragt), 하이직(James Heisig) 등의 주도 아래 활발한 불교-그리스도교
대화를 이끌어오고 있다. 위에 언급한 라쌀, 뒤물린, 발덴펠스, 카도와키
등의 가톨릭 신부들은 모두 일본에서 선(禪)을 실수하거나 연구한 사람
들로서, 일본은 물론이고 서양에서도 불교-그리스도교 대화에 많은 영

---

48 Notto R. Thelle, *Buddhism and Christianity in Japan: From Conflict to Dialogue*,
   1854~1899 (Honolulu: University of Hawaii Press, 1987), 254-257.
49 瀧澤克己, 『佛敎とキリスト敎』(京都: 法藏館, 1964); 『續・佛敎とキリスト敎』(1979)
50 Seiichi Yagi and Leonard Swidler, *A Bridge to Buddhist-Christian Dialogue* (New York:
   Paulist Press, 1990); 이찬수 역, 『불교와 그리스도교를 잇다』(왜관: 분도출판사, 1996) 참조.

향을 미쳤다.

그리스도교가 매우 열세임에도 불구하고 이처럼 일본에서 불교와의 대화가 활발히 이루어질 수 있는 데에는 그리스도교 신학자들의 개방된 자세 못지않게 불교 지도자들 가운데서 그리스도교에 대한 깊은 이해를 지닌 사람들이 다수 존재한다는 사실이 중요하다. 특히 일본적 철학을 대표한다는 이른바 경도(京都)학파와 이에 직접 혹은 간접적으로 관련된 사람들 가운데는 선불교를 배경으로 하여 그리스도교와의 대화에 적극적인 관심을 가진 종교철학자나 불교 철학자들이 다수 출현했다. 니시다(西田機多郎)를 비롯하여 다나베(田邊元), 니시타니(西谷啓治), 다케우치(武內義範), 우에다(上田閑照), 히사마츠(久松眞一), 아베(阿部正雄), 아키츠끼(秋月龍珉) 등의 이름을 들 수 있으며, 니시다와 교분이 두터웠던 스즈키(玲木大拙)의 영향도 컸다. 이 가운데서 가장 특기할만한 인물은 니시타니로, 그의 『종교란 무엇인가』(宗敎とは何か)는 공(空) 혹은 절대무(絕對無) 사상에 입각한 일종의 종교철학서이지만, *Religion and Nothingness*라는 제목으로 영역되어 전 세계적으로 불교-그리스도교 대화에 큰 영향을 끼치게 되었다.[51]

정례적인 불교-그리스도교 대화 모임으로는 1967~1976년에 그리스도교 신학자들과 선사(禪師) 혹은 불교학자들 사이에 이루어진 <선과 그리스도교 간담회>(禪とキリスト敎 懇談會, Zen-Christian Colloquium)라는 모임을 들 수 있는데, 두 종교 간 대화의 대표적 사례로 꼽을 수 있다.[52]그

---

51 Keiji Nishitani, *Religion and nothingness* (Berkeley: University of California Press, 1982).

52 이 결과는 「大乘禪」 제627호 (1976)에 "禪とキリスト敎の對話"라는 제목하에 특집으로 수록되었다. 영문으로도 번역되어 *A Zen-Christian Pilgrimage: The Fruits of Ten Annual Colloquia in Japan* 1967-1976 (Hong Kong, 1981)으로 출판되었다.

후 이와 유사한 모임으로 1982년부터 해마다 정기적으로 열리고 있는 동서종교교류학회(東西宗敎交流學會)도 중요한 역할을 하고 있다.

일본의 불교 지도자들이나 사상가들이 그리스도교에 진지한 관심을 두게 되는 데는 일본 불교에는 그리스도교와 유사하게 신앙 중심의 종파인 정토종(淨土宗)과 정토진종(淨土眞宗)이 매우 강하다는 점, 스즈키, 니시다니, 우에다 등에서 볼 수 있듯이 그리스도교 신비주의, 특히 에크하르트(Eckhart)에 관심이 매우 높아[53] 두 종교 사이의 거리를 좁히는 매개적 역할을 하고 있다는 점에 유의할 필요가 있다. 한국의 경우와는 차이가 크다.

마지막으로, 한국에서의 불교-그리스도교 대화를 살펴보자. 한국에서 종교 간의 대화에 물꼬를 튼 것은 아마도 1960년대부터 강원용 목사의 주도 아래 시작된 크리스챤아카데미의 대화 모임일 것이다. 그 후 이모임은 변선환 목사의 주도 아래 1990년대까지 이어져 왔으며, 최근에는 김경재 목사가 크리스챤 아카데미 원장으로 대화 프로그램의 배턴을 이어받고 있다. 서강대학교 종교·신학연구소도 1980년대 말부터 1990년대 초에 걸쳐 학문적 차원에서 종교 간 대화를 활발하게 진행한 바 있고,[54] 최근에는 한국종교인평화회의(K.C.R.P) 산하 종교대화분과위원회도 종교 간의 상호 이해를 위해 힘쓰고 있으며, 사랑의 씨튼 수녀회의 종교연구소에서도 몇 년 전부터 소규모의 불교-그리스도교 대화가 꾸준히 진행되고 있다.

---

53 Suzuki Daisetsu, *Mysticism Christian and Buddhist* (New York: Harper & Row, 1957); 上田閑照 編,『ㅏ ィ シ 神秘主義硏究』(증보판, 東京: 創文社, 1982); Shizeteru Ueda, *Die Gottesgeburt in der Seele und der Durchbruch zur Gottheit* (Muenchen: Guetersloh, 1965) 참조.

54 그 결과는『宗敎神學硏究』1~8집(1988~1995)에 실려 있다.

한국에서의 불교-그리스도교 대화는 실천의 장에서 만나기도 했다. 그 좋은 예는 1970~80년대에 걸쳐 활발하게 전개된 반독재 민주화 투쟁과 민주·민중운동으로서, 공동의 투쟁뿐 아니라 이론적 차원에서도 영향을 주고받았다. 민중불교 운동의 경우 한국의 민중신학이나 라틴 아메리카의 해방신학의 영향을 무시할 수 없을 것이다.

한국인으로서 신학적인 차원에서 불교-그리스도교 대화에 가장 많은 정열을 쏟고 공헌을 한 사람은 누구보다도 감리교 신학자 변선환 목사였다. 그는 이러한 선구적 노력 때문에 보수적 목사들에 의해 많은 탄압을 받았다. 불교-그리스도교 관계에 대한 그의 저술은 그의 사후 한데 묶어 『불교와 기독교의 만남』(변선환 전집 II, 한국신학연구소, 1977)으로 출판되었다. 그 가운데서 특히 그리스도교의 신관과 기독론에서 많은 문제점을 지적하고 있는 이기영과의 대화는 한국에서의 불교-그리스도교 대화의 대표적 사례로 평가할만하다.[55]

대화를 향한 변선환의 열정은 유감스럽게도 후학들에 의해 계승되지 못하고 있는 느낌이다. 한국은 세계 다른 어느 곳에도 볼 수 없이 불교와 그리스도교가 대등한 세력으로 공존하고 있는 사회이지만, 두 종교는 이렇다 할 만한 의미 있는 사상적 만남을 이루지 못한 채 문자 그대로 그저 공존하는 상태이며, 두 종교 모두 창조적 만남으로 인해 얻을 수 있는 질적 성장의 기회를 놓치고 있다. 그러나 사상적 만남의 작업이 아주 끊어진 것은 아니다. 강건기는 보조국사 지눌과 토마스 머튼을 비교하는 박사학위 논문을 쓴 바 있고,[56] 길희성은 보살의 이념을 통해서 그리

---

55 변선환, "해방 후 기독교와 불교의 수용 형태: 이기영의 대승불교와 기독교의 만남의 경우," 『불교와 기독교의 만남』, 11-108 참조.

56 Kun Ki Kang, *Thomas and Buddhism: A Comparative Study of the Spiritual thought of Thomas Merton and That of National Teacher Bojo* (New York University Doctoral

스도론을 새롭게 조명하고자 했으며,57 지눌과 칼 바르트의 구원론을 비교하기도 했다.58 캐나다에서 활동하고 있는 종교학자 오강남은 불교와 그리스도교의 상호보완적 관계를 강조하면서 깨침과 회개(metanoia)를 주제로 하여 두 종교의 대화를 시도하고 있다.59 김승철은 한용운의 선(禪) 사상이 불교-그리스도교 대화에 지니는 의미에 대하여 논문을 발표하였으며,60 김복인은 소태산의 사상을 중심으로 하여 원불교에서 보는 삼교(三敎)와 그리스도교관을 논했다.61

그러나 아직 한국에서는 불교와 그리스도교가 진정으로 만났다고 말하기 어렵다. 수많은 불자와 그리스도인들이 살을 맞대고 살아가고 있지만, 이 공존의 의미를 깊이 음미하고 창조적 만남으로 전환하는 과감한 시도들이 두 종교가 이 땅에서 차지하는 비중에 비하면 너무나도 빈약하다. 그 이유는 무엇일까? 무엇보다도 불자들과 그리스도교인들이 상대방의 종교가 위대한 영적 전통을 가진 **세계종교**라는 사실에 대한 인식이 부족하며, 더 나아가서는 상대방 종교를 같은 사회에서 공존하고

Diss., 1979).

57 길희성, "예수, 보살, 자비의 하느님 - 불교적 관점에서 본 그리스도론," 「宗敎神學硏究」 제6집(1993); "그리스도교와 정토신앙 - 불교적 관점에서 본 그리스도론(II)," 「宗敎神學硏究」 제7집(1994); Hee-Sung Keel, "Jesus the Bodhisattva: Christology from a Buddhist Perspective," *Buddhist-Christian Studies*, Vol. 16 (1996).

58 길희성, "頓悟漸修論의 그리스도교적 이해 - 지눌과 칼 바르트의 사상을 중심으로 하여," 『宗敎神學硏究』 제1집(1988), 201-219; Hee-Sung Keel, "Salvation According to the Korean Zen Master Chinul and Karl Barth," *Buddhist-Christian Studies*, Vol. 9 (1989).

59 오강남, "깨침과 메타노이아 - 불교와 기독교의 대화," 「기독교사상」 (1996년 6월호).

60 Seung Chul Kim, "Bodhisattva and Practice-Oriented Pluralism: A Study on the Zen Thought of Yong Woon Han and Its Significance for the Dialogue between Christianity and Buddhism," *Buddhist-Christian Studies*, Vol. 18 (1988).

61 Bokin Kim, "Dialogue and Synthesis: Sot'aesan's Perspective and Examples," *Buddhist-Christian Studies*, Vol. 17 (1997).

있는 엄연한 **현실**로 인정하고 존중하려는 태도 또한 부족하다. 특히 개신교와 불교 사이가 더욱 그러하다. 여기에는 물론 두 종교의 지도층의 폐쇄적 사고와 경직된 교권주의도 큰 역할을 하고 있다. 그러나 무엇보다도 상대방 종교에 대한 무지가 가장 심각한 문제이다. 무지는 무시를 낳고 무시는 무지를 조장하는 일종의 악순환이 지배하고 있다.

개신교 목사는 그만두고라도, 한국의 신학자로서 불교에 대하여 진지한 관심을 두고 공부하는 사람을 만나보기 어려운 것이 한국 신학계의 현실이다. 이는 우리가 앞서 살펴본 세계 그리스도교 신학계의 동향에도 크게 뒤떨어진 현상이며, 불교가 한국 신학자들에게는 단지 이론적 혹은 사상적 관심의 대상 이상이라는 현실에 비추어 볼 때 대단히 부끄러운 일이 아닐 수 없다. 한국의 신학자들이 다른 곳이 아닌 바로 이 한국 땅에서 신학을 하는 **한국인**이라는 부인할 수 없는 사실 하나만으로도 한국 종교와 문화의 중심인 불교에 대한 무관심과 무지는 비판받아 마땅하다. 이것은 한국 그리스도교 신학의 배타성뿐 아니라 비주체성을 드러내고 있다. 설령 어떤 신학자가 불교에 대하여 비판적, 아니 배타적 견해를 가진다 해도, 일단 불교를 알고 배척하는 것이 책임 있는 신학자의 자세일 것이다. 이는 무신론자도 책임 있는 무신론자이어야 한다는 사실과 마찬가지이다.

한편, 불교 스님들과 지도층의 그리스도교에 대한 무지와 무관심도 이에 뒤지지 않는다. 스님들 가운데는 기독교에 대한 혐오나 무관심, 아니면 체념이 일반화되어 있는 것 같다. 더욱 위험한 것은 교회 몇 번 다녀보고서 그리스도교를 이미 잘 안다고 착각하는 스님들도 많다는 사실이다. 그리스도교의 신(God)을 불경에 등장하는 인도의 천(天, deva) 정도로 이해하고 있는 사람이 있는가 하면, 어떤 스님은 성경을 다 읽어보았다고 하면서 그리스도교를 상당히 안다고 자부하기도 한다. 신학을 공부하지 않고 성경을 읽는 것은 매우 위험천만한 일이며 때로는 읽지 않음보다 못할 수도 있다. 특히 불교 철학의 배경을 가진 사람들에게 성경은 일견 유치하고 모순투성이로 보일 가능성이 크다. 사실 그리스도교인들 스스로가 유치한 신관을 가지고 있는 경우가 허다하므로 신학적 훈련을 통하지 않고는 그리스도교의 깊이를 이해하기란 쉽지 않다. 타 종교의 이해에서는 언제나 최상의 것을 추구해야 하는 것이 원칙이다. 불교가 알면 알수록 무궁무진하듯이 그리스도교 또한 배우면 배울수록 심오한 종교라는 사실을 망각해서는 안 된다.

이러한 상호 무지와 무관심이 지배하는 한, 한국에서 불교와 그리스도교의 의미 있는 만남은 기대하기 어렵다. 하물며 서로가 자극제가 되어 각기 창조적 사상을 창출하고 현대 세계에서 인류 공공의 운명을 개척해 나가는 일에 뜻을 모아 협력하는 일은 더욱더 힘들 것이다.

IV. 불교와 그리스도교: 심층적 만남을 위하여

불교와 그리스도교 창조적 만남을 위해서는 무엇보다도 심층적 차원에서의 만남이 필요하다. 두 종교는 각기 자신을 완결된 체계라고 생각하고 있고 수천 년 동안 그렇게 지내는 데 별다른 문제가 없었다. 그리스도교는 과거에 그리스 철학의 도전을 받은 바 있으며 현재에도 각종 무신론적 사상들의 도전을 받고 있지만 여전히 가장 많은 신도 수를 자랑하고 있는 세계 최대의 종교이며, 불교 또한 과거에 힌두교나 유교의 사상적 비판을 받았고 현대에도 세속주의의 물결에 대항해야 하는 어려움에 직면해 있지만 여전히 수억 인구에게 구원의 길잡이가 되고 있다. 그러나 이 두 세계종교의 가르침, 즉 교리와 교설, 사상과 철학은 너무나도 다르다. 따라서 과연 어느 종교의 가르침이 옳은 것인지 하는 의문이 피할 수 없이 제기된다. 과거에는 두 종교가 서로 접촉하지 않았기 때문에 이러한 문제는 제기될 수도 없었고 그럴 필요도 없었다. 그러나 이러한 격리가 더 이상 가능하지 않고 종교가 시장에 나와 있는 상품과도 같이 선택의 대상이 되어버린 현대의 개방된 다원사회에서는 그것은 피할 수 없는 문제로 부상한다.[62]

그렇다면 두 종교는 진리의 경쟁이라도 벌여야 한다는 말인가? 논쟁으로 승부를 가리고 힘의 경쟁으로 우열을 정할 수밖에 없는 것일까? 그러나 이것이 현실적으로 가능하지도 않고 바람직한 선택도 아니라면, 과연 우리에게 남은 선택은 단 하나뿐이다. 곧 대화의 길이다. 서로의 차이를 인정하면서 이 차이를 도리어 상호 발전의 계기로 삼는 겸손하고 진지한 대화와 상호 변화의 길이다. 가톨릭 신학자 존 던(John S. Dunn)은 이것을 다음과 같이 멋지게 표현한다:

> 우리 시대의 성인은 고타마나 예수나 무함마드나 혹은 어떤 세계종교를 창시한 사람이 아니라 간디와 같은 인물이다. 곧 공감적 이해를 통해 자기 종교로부터 다른 종교들로 넘어갔다가 다시 새로운 통찰을 가지고 자기 종교로 돌아오는 사람이다. 넘어가고 돌아오는 일은 우리 시대의 영적 모험인 것 같다.[63]

그러나 나는 여기서 이러한 상호 이해와 변화의 가능성을 지향하는 불교와 그리스도교의 대화를 넘어서서, 그 전제이자 결론일지도 모를 두 종교의 만남, 그 궁극적 일치를 논하고자 한다. 심층적 일치란 보이지

---

62 이러한 현대 다원사회 속에서 종교가 처한 어려움에 대한 분석으로서 종교 사회학자 Peter Berger, *The Heretical Imperative*(Garden City: Doubleday Anchor, 1979)를 볼 것.

63 Ingram, "Interfaith Dialogue," 83에서 재인용.

불교와 그리스도교 • 431

않는 차원의 일치를 말한다. 두 종교는 가시적 차원에서는 명백하게 다른 종교이다. 교리와 사상, 언어와 개념이 다르고 제도와 체제가 달리 형성되었으며, 역사와 문화가 달리 전개되었다. 그러나 종교에는 가시적 차원만 있는 것이 아니라 불가시적 차원도 있으며, 이 후자야말로 실로 종교의 핵이라는 점이 모든 위대한 세계종교들의 공통적 증언이다. 겉으로 드러난 차원은 이 불가시적 세계를 지시하고 지향하는 상징이요 은유일 뿐이다. 선(禪)에서 하는 표현대로, 달을 가리키는 손가락에 지나지 않으며, 모두가 방편일 뿐이지 실재 자체는 아니다.

이와 같은 견해는 물론 각 종교의 가시적 전통을 고수하고자 하는 보수주의자의 동의를 얻기 어려운 것은 사실이다. 그들은 종교의 특정한 가시적 형태, 문화적 특수성, 역사적 우연을 신의 계시로 절대화하거나 신성한 것으로 우상화한다. 그러나 이러한 종교적 문자주의는 종교의 자살행위나 다름없다. 바로 그것이야말로 종교를 상대적 세계로 격하하고 역사적 상대주의로 해체하는 행위이기 때문이다. 나아가서 겉과 속, 현상과 본질, 표피와 핵을 구별하지 않고 종교의 외피적 차별성을 절대적인 것으로 고집하는 이러한 '근본주의적' 입장은[64] 종교 간에 끊임없는 다툼만 낳을 뿐이며 그 비극적 결과 또한 자명하다. 다행하게도 현대 종교 지도자들과 사상가들 사이에서 이러한 견해는 점차 주변으로 밀려나고 있으며, 다른 대안들이 제시되고 있다.

문제는 종교의 불가시적 차원의 심층적 일치를 과연 종교의 어떤 측면, 어느 차원에서 찾을 것인가 하는 것이다. 여기에는 크게 두 가지 입장이 있다. 하나는 종교적 경험(religious experience)에서 종교 간의 심층적

---

64 '근본주의'(fundamentalism)라는 말은 종교계에서 흔히 쓰이고 있으나 실은 크게 잘못된 표현이다. 왜냐하면 바로 근본과 비말, 본질과 현상을 구별하지 않고 혼동하거나 동일시하는 태도가 이른바 근본주의의 특징이기 때문이다.

일치를 찾는 것이고, 다른 하나는 궁극적 실재 그 자체에서 찾으려는 입장이다.

첫째 입장은 종교경험, 특히 신비 체험의 불가언성(ineffability)을 강조하는 신비주의자들에게서 흔히 보이는 태도로서, 언어와 교리를 초월하는 신비적 경험에서 모든 종교는 일치를 보인다고 주장한다. 현대 종교 사상가 가운데서 이러한 견해를 가장 잘 대변하고 있는 사람은 슈온 (Schuon)으로, 그는 『종교들의 초월적 일치』[65]에서 불교와 그리스도교 그리고 이슬람 등 다른 위대한 종교들에서 주어지는 궁극적 실재의 직접적 체험은 근본적으로 동일하다고 주장한다.[66] 확실히 종교들이 교리나 사상보다는 종교적 경험, 특히 신비적 합일의 경험에서 차이를 덜 보이는 것은 부인하기 어려울지 모른다. 가령, 불교와 그리스도교가 배출한 성인들의 경우, 그들이 읽는 경전이 다르고 믿는 교리가 다르지만 그들의 내면세계는 좁은 자아의 이기심을 극복하고 느끼는 사랑과 자비의 마음 그리고 궁극적 실재와의 일치로부터 오는 초세간적-초세상적 자유와 평온 등에서 일치할 가능성은 더 크다.

그러나 이러한 견해는 최근 학자들에 의해 심각한 도전을 받고 있다. 우선, 인간의 종교경험이라는 것이 결코 그렇게 순수할 수만은 없다는 것이다. 제아무리 초월적 경험, 불가언적 신비 체험이라 해도 인간의 모든 경험은 불가피하게 특정한 역사적·문화적 상황과 종교적 전통의 맥락 속에서 이루어지는 것이지 갑자기 하늘에서 뚝 떨어지는 법은 없다는 것이다. 종교경험과 종교 전통, 체험과 해석은 불가분적이기 때문에,[67]

---

65 Frithjof Schuon, *The Transcendent Unity of Religion* (Wheaton, Ill.: Theosophical Publishing House, 1984).

66 이와 같은 입장을 철학적으로 주장하는 사람으로는 W.T. Stace가 가장 유명하다. 그의 *Mysticism and Philosophy* (New York: The Macmillan Press, 1960)는 이 분야의 고전이다.

엄밀히 말해 동일한 종교경험이란 있을 수 없다는 것이다.

이러한 어려움 때문에 종교적 경험보다는 한 걸음 더 물러나서, 그러나 종교의 더 초월적인 차원, 즉 인간의 경험이 아니라 궁극적 실재 그 자체에서 종교들의 궁극적 일치를 주장하는 견해가 등장한다. 종교 간의 차이란 동일한 실재를 인간들이 달리 경험하는 데서 온다는 이러한 입장에 의하면, 우주의 궁극적 실재 그 자체는 결코 인간에게 무 매개적으로 주어지지 않는다. 궁극적 실재는 인간의 경험을 통해 포착될 때 혹은 인간과 접촉할 때, 반드시 인간이 처한 특정한 역사적 조건과 문화적 형식이나 개념적 제약 밑에서 이루어지기 때문이다. 그러나 우리가 다양하게 경험하고 있는 궁극적 실재 그 자체는 결국 동일하다. 이는 물론 우리가 입증할 수 있는 성질의 주장은 아니다. 다만 이러한 입장을 대변하는 존 힉은 여러 정황에 근거해 볼 때 이것이 하나의 불가피한 가설이라고 주장한다.[68]

이와 같은 입장에서 우리가 불교와 그리스도교의 궁극적 일치를 믿는다면, 양자의 교리적·사상적 차이들은 어떻게 보일까? 불교와 그리스도교의 사상적 차이는 근본적으로 인간이 궁극적 실재를 경험하는 양식의 차이에 기인하며, 이 양식의 차이는 두 종교에 선행하는 문화적·종교적 차이에 기인한다. 그리스도교는 유대교, 이슬람과 같이 유일신 신앙

---

67 이러한 입장을 가장 강력하게 대변하는 연구로, Steven Katz (ed.), *Mysticism and Philosophical Analysis* (Oxford: Oxford University Press, 1978); *Mysticism and Religious Traditions* (Oxford and New York: Oxford University Press, 1983)를 볼 것.

68 존 힉의 이러한 이론에 대하여는 길희성, "존 힉의 철학적 종교다원주의론," 「종교연구」 제15집(1998)을 참조할 것. 이 방면의 그의 주저는 John Hick, *An Interpretation of Religion* 이다. 엄밀한 이론을 제시하고 있지는 않으나 간디나 토인비 같은 사람도 이와 유사한 입장을 취하고 있다. Arnold Toynbee, *Christianity Among the Religions of the World* (New York: Charles Scribner's Sons, 1957) 참조.

의 종교로, 여기서는 궁극적 실재가 하느님이라는 인격적(personal) 존재로 체험된다. 하느님과 인간 간의 관계도 인격적 관계(personal relationship)로 경험되어 부름과 응답, 명령과 복종, 계시와 신앙, 사랑과 은총, 심판과 용서 등으로 표출된다. 반면에 불교에서는 궁극적 실재가 무아, 공, 법신 등 탈인격적으로 경험되며 그것에 대한 통찰과 깨달음, 신앙보다는 지혜, 말씀보다는 관행(觀行)이 지배적이다. 두 종교 사이에 발견되는 모든 교리와 사상의 차이—실재관, 신관, 세계관, 인간관, 내세관, 윤리관, 수행법 등의 차이—는 이러한 종교적 경험의 근본 차이에서 온다고 해도 과언이 아니다. 가령 사후의 완전한 구원·해탈의 세계를 인간 개체의 정체성이 계속되는 인격적 구원(personal salvation)으로 보는지, 아니면 개체로서의 인격성이 완전히 해체되고 우주적 생명으로 통합되는 탈인격적 세계로 보는지의 차이도 우리가 궁극적 실재를 경험하는 양식의 차이에 기인한다. 그리고 이러한 교리와 사상, 언어와 개념의 차이는 또다시 우리가 궁극적 실재를 접하고 경험하는 양식에 영향을 미쳐 상이한 종교적 경험을 산출하는 순환적 상황이 전개되는 것이다.

결국 우리가 궁극적 실재를 인격적 범주를 통해 접하느냐 아니면 탈인격적 범주를 통해 파악하느냐 하는 것이 두 종교 사이의 가장 근본적 차이를 형성하는 요인이다.[69] 불교적 관점에서 보면, 궁극적 실재를 인격적 범주로 파악하는 그리스도교는 무한한 것을 유한한 것으로, 무명무상(無名無相)의 보편적 실재를 형상과 이름을 가진 특수한 존재로 격하시키는 우를 범하는 유치하고 저급한 실재관을 가진 종교로 보이기 쉽다. 사실 많은 그리스도교인이 신을 마치 어떤 물체나 대상으로 간주하

---

69 이 문제에 대한 논의로 H. Dumoulin, "Ultimate Reality and the Personal," *Christianity Meets Buddhism*, 145-174 참조.

며 자신들의 온갖 욕망을 투시하여 너무나도 인간을 닮은 존재로 취급하는 잘못을 범한다. 또 신의 내재성보다는 초월성을 일방적으로 강조하여 신을 인간과 아주 격절한 타자로 간주하며 인간 위에 군림하고 인간의 자유를 억압하는 권위적 존재로 여기는 경향을 보이는 것도 사실이다.

그리스도교 신학에서 신에 대하여 부정적 언사만을 사용하는 길(via negativa)을 고집하는 부정신학(否定神學, apophatic theology)의 전통이 존재하는 것은 바로 이러한 위험을 방지하고 피하고자 하기 위함이다.[70] 이런 점에서 볼 때, 무아(無我), 무상(無相), 무념(無念), 무심(無心)을 강조하는 불교의 실재관은 다분히 그리스도교의 부정신학을 강화할 수 있으며 그리스도교 신관을 정화하고 고양하는 보완적 길이 될 수 있다. 신학자들은 불교의 이러한 점을 높이 평가한다. 한스 큉의 말은 적절하다:

> 만약 서양이 **동양의 도전**을 심각하게 받아들인다면, 이것은 궁극적 실재에 대한 서양의 태도를 결정적으로 형성할 것이다. 불가언적인 것 앞에서 더 큰 존경, 신비 앞에서 더 큰 경외, 요컨대 유대인, 그리스도인 그리고 무슬림이 한 분 참되신 하느님이라고 부르는 저 절대적인 것의 현존 앞에서 더 큰 두려움을 갖는 태도이다. 그러면 공(空) 개념은 그리스도교적 의미에서 하느님의 불가언성에 대한 표현으로 사용될 수 있을 것이다. … 하느님은 존재(being)가 아니다. 그는 모든 존재를 초월한다. 이것은 우리가 그에 대해 하는 말에 영향을 준다. 인간의 사고는 여기서 모든 긍정적 진술들(예컨대, "하느님은 선하시다")이 불충분하게 되는 세계로 들어간다 그 진술들이 참이기 위해서는 즉시 부정되어야 한다. 그리하여 마침내 무한한 것으로 번역되도

---

70 이러한 부정신학의 전통은 특히 東方正敎會(Eastern Orthodox Church)에서 강하다. Vlamidir Lossky, "The Divine Darkness," *The Mystical Theology of the Eastern Church*(Crestwood, New York: St. Vladimir's Seminary Press, 1976), 23-43쪽 참조.

록 해야 한다: "하느님은 불가언적으로, 측량할 수 없게, 무한하게 선하시고, 절대적인 선이다."[71]

물론 이것은 어디까지나 그리스도교적 관점에서 하는 말이다. 그렇지만 불교의 강점을 겸허하게 받아들여 그리스도교를 더욱 순수하고 풍요롭게 하려는 좋은 의도에서 나온 말이다. 그리스도교적 관점에서 보면, 부정적 언사를 사용하는 부정의 길은 그 자체가 목적이 될 수는 없다. 끝없는 부정도 결국은 궁극적 실재를 전제로 하여 그것을 드러내기 위함이기 때문이다.

궁극적 실재를 인격적 하느님으로 만나는 그리스도교는 유대교나 이슬람과 마찬가지로 실재를 부정적 언사로만 파악할 수 없고, 하느님을 무와 침묵으로만 만날 수는 없다. 다시 한번 큉의 말을 들어보자:

다른 사람들이 끝없는 침묵만을 들었던 곳에서 유대교, 그리스도교, 이슬람의 경전들은 자기들의 하느님에 의해 말이 건네어지고 사로잡힌 한 민족에 대해 이야기하고 있다. 다른 사람들이 메아리 없는 공간과 공허를 경험한 곳에서, 이 민족은 자기들과 다른 사람들을 위해 절대가 들을 수 있고 말을 건넬 수 있다는 것, 신비하게 의사소통하고 응답하는 **그대**라는 것을 발견하도록 허락받았다. 이 생각, 실로 이 약속은 그 후 비록 세속적인 서양에서 잊히고 배반당하기는 했어도 모든 셈족 종교에서 제거할 수 없는 부분이 되어 왔다. 이 그대에 의해 말이 건네어짐으로 인해 인간들은 자기들의 '나'가 동양에서는 거의 본 일이 없으며 어떤 서양의 세속적 휴머니즘이나 기술의 발전도 그리고 그 어떤 우주적 영성도 보장할 수 없는 존엄성으로 고양되는 것을

---

71 Küng, *Christianity and the World Religions*, 397.

경험할 수 있는 것이다.72

　결국 큉의 결론은 부정의 길과 긍정의 길, 언어와 침묵, 인격성과 탈인격성 중 어느 하나도 그리스도교 신관에서 소홀히 할 수 없다는 것이다. 니콜라스 쿠자누스의 반대의 일치(coincidentia oppositorum)의 논리에 따라 그는 인격과 탈인격, 동양과 서양, 불교와 그리스도교를 동시에 아우르는 절대를 차라리 초인격(transpersonal)이라고 부를 것을 제안한다.73

　불교에서도 비록 부정의 길이 강하기는 하나, 인격성과 탈인격성은 공존한다. 부처와 보살을 형상화하고 예불을 드리고 기도를 올리는 일반 불자들의 신앙 행위는 불교에서도 궁극적 실재의 인격성이 무시될 수 없음을 보여주고 있다. 보살의 자비를 강조하고 응신(應身), 보신(報身), 법신(法身)을 구별하는 대승의 불타론 역시 실재의 인격성이 궁극적이지는 않아도 불자들의 삶에서 결코 빼놓을 수 없는 측면임을 말해준다. 특히 상(相)의 세계를 매개로 하여 무상(無相)을 성취하는 정토신앙의 경우는 더욱 그러하다.74 인격성은 서양 그리스도교 전통에서 생명, 정신, 의식, 주체성, 자유, 책임, 사랑 등과 밀접히 연결되어 있다. 이러한 사실을 잘 인식하고 있는 니쉬타니는 인격성을 살리되 그것을 절대무(絕對無)의 근거 위에 정초시킴으로써 인격성의 개념이 함축하는 제약성과 불완전성을 극복하려 한다.75 여하튼 그리스도교에서 부정(apophatic)신

---

72 같은 책, 398.

73 같은 책, 396-397.

74 이것은 일본의 최대 불교 종파인 정토진종(淨土眞宗)의 교학 사상에서 핵심적이다. 길희성, 『일본의 정토사상』 (서울: 동연, 2021), 제5장 "相과 無相"을 참조할 것.

75 Nishitani, "The Personal and impersonal," *Religion and Nothingness*, 46-76을 볼 것.

학과 긍정(kataphatic)신학이 모두 필요하듯이, 불교에도 또한 상(相)과 무상(無相) 중 어느 하나도 빼놓을 수 없는 요소이다.

그러나 앞에서 언급한 힉의 견해에 따르면, 절대적 실재 그 자체는 인격도 탈인격도 모두 초월한다. 다만 인간이면 누구도 벗어날 수 없는 문화적 선험성과 자기가 속한 종교적 전통에 따라 인격으로 혹은 탈인격으로 경험되고 나타날 뿐이며, 이러한 경험에 따라 두 종교의 교리와 사상도 다른 형태를 띨 수밖에 없다. 따라서 우리는 불교와 그리스도교를 상보적 관계 속에서 서로 배우는(both-and) 동시에, 양자 모두를 초월하는(neither-nor) 궁극적 실재 앞에서 겸손과 침묵도 배워야 할 것이다.

같은 산정을 다른 등산로들을 통해 오르고 있다는 이와 같은 종교관, 불교와 그리스도교 교리와 종교적 경험의 차이에도 불구하고 심층적 차원에서 양자의 궁극적 일치를 믿는 이러한 견해가 불교-그리스도교 대화에 지니는 의미는 무엇일까? 우선, 이러한 종교관은 두 종교의 차이를 있는 그대로 인정한다는 사실에 유의할 필요가 있다. 심층적 일치는 인간의 다양한 신앙생활을 획일화하지 않으며, 현실 종교의 차이를 무시하면서 추상적 일치를 논하지는 않는다. 그러면서도 인류의 궁극적인 영적 일치(the ultimate spiritual unity of humankind)를 믿는다. 만약 이러한 믿음이 전제되지 않는다면, 불교와 그리스도교의 대화는 결국 영원히 만날 수 없는 평행선을 달리고 있는 셈이며, 불자들과 그리스도교인들은 함께 구도의 길을 걷는 도반이기보다는 서로 배우고 서로 이해하려고 노력한다 해도 이는 결국은 다른 곳을 가기 위한 과정이요 다른 목적을 이루기 위한 수단에 지나지 않을 것이기 때문이다.

V. 실천적 만남

불교와 그리스도교의 대화는 이론적 차원, 사상적 차원에서 끝나서는 안 된다. 종교는 이론보다는 실천이며, 사상이기에 앞서 삶이다. 두 종교 모두 인간이 진정한 행복을 위해서는 죄와 욕망의 사슬로 묶인 이기적 존재에서 타인과 초월을 향해 열린 존재로 변해야 함을 가르치고 있다. 불교에서는 우리가 무아의 진리를 깨달아서 거짓 자아로부터 해방되어 참 자아로 태어나야 하며, 그리스도교에서는 십자가의 자기부정을 통해서만 부활의 새 생명을 얻을 수 있다고 한다. 결국 인간은 좁은 이기적 자아의 죽음을 통해서만 참다운 생명을 얻는다는 것이 두 종교의 공통된 증언이다.

한없이 욕망을 부추기고 확대 재생산하는 현대 문명에 일대 전환이 일어나지 않는 한 인류의 미래는 어둡기만 하다. 더 많이 생산하고 더 많이 소비하려는 인간의 탐욕에 자연은 신음하고 있으며, 빈부의 격차는 더욱 커지고 인간의 고통은 더해 간다. 자연이 오염되고 자원이 고갈되며 생명이 죽어가는 오늘의 세계에서 불교와 그리스도교는 이기적 욕망을 자제하고 절제를 생활화하는 새로운 금욕의 문화를 창출할 공동의 사명을 띠고 있다. 걷잡을 수 없이 굴러가는 욕망의 수레바퀴를 멈추고, 끝없이 욕망을 부추기고 찬양하는 사회와 문화를 거부하고 새로운 문명의 패러다임을 세우는 일에 두 종교는 힘을 모아야 할 것이다. 피에리스 신부의 통찰대로, 불자들과 그리스도인들은 가난해지기 위한 싸움(struggle to be poor)과 가난한 사람들을 위한 싸움(struggle for the poor)에 연합 전선을 펴야 한다.[76]

---

76 *Love Meets Wisdom*, 134.

무엇보다도 두 종교는 종족과 민족, 관습과 문화의 차이에서 오는 대립과 갈등뿐만 아니라 바로 종교의 이름으로 세계 도처에서 자행되고 있는 폭력과 전쟁에 종지부를 찍고 화해와 평화의 세계를 구축할 공동의 사명을 띠고 있다. 개인의 무지와 탐욕으로부터 오는 불행뿐만 아니라 온갖 고질적인 구조적 모순과 제도적 병폐들을 제거함으로써 더 많은 사람의 행복을 증진하는 일에 구체적이고 현실성 있는 협력 방안을 모색해 나가야 한다. 불교와 그리스도교라는 두 위대한 세계종교를 떠나서 인류는 과연 어디서 변화를 위한 힘과 자원을 찾을 수 있을지 우리는 다시 한번 묻게 된다.

참 고 문 헌

『고려사』.

『高麗圓經』.

『국역고려도경』 고전국역총서 119. 서울: 한국고전번역원, 1977.

『金石總覽』 上.

『大覺國師文集』.

『大正新修大藏經』.

『東國李相國集』.

『東文選』.

『普照全書』.

『삼국사기』.

『續藏經』.

『朝鮮金石總覽』 上.

『韓國佛教全書』.

『顯正論』.

강건기. 『마음 닦는 길: 수심결 강의』. 불일출판사, 2008.

_____· 김철 역. 『티벳, 나의 조국이여』. 서울: 정신세계사, 1988.

高翊晋. "新羅下代의 禪傳來." 불교사학회 편, 『韓國佛教禪門의 形成史 研究』. 서울: 민족사, 1986.

고익보. "白蓮社의 思想傳統과 天頙의 著述問題." 불교사학회 편, 『高麗後記佛教展開史研究』 불교학연구 4. 서울: 民族史, 1986.

_____. "圓妙國師 了世의 白蓮結社." 불교사학회 편. 『高麗後記佛教展開史研究』 불교학연구 4. 서울: 民族史, 1986.

權相老. 『高麗史佛教鈔存』. 서울: 보련각, 1973.

길희성. 『마이스터 에크하르트의 영성사상』. 서울: 동연, 2021.

_____. 『일본의 정토사상』. 서울: 동연, 2021.

_____.『지눌의 선 사상』. 서울: 동연, 2021.

_____."예수, 보살, 자비의 하느님 - 불교적 관점에서 본 그리스도론."「宗教神學研究」 제6집(1993).

_____."한국 불교 정체성의 탐구: 조계종의 역사와 사상을 중심으로 하여."「한국종교연구」 제2집 (2000. 6.): 161-171.

_____. "존 힉의 철학적 종교다원주의론."「종교연구」 제15집(1998).

_____. "한국 불교사와 개혁 운동."「동아연구」 11 (서강대학교 동아연구소, 1987. 6.)

_____. "그리스도교와 정토신앙 - 불교적 관점에서 본 그리스도론(II)."「宗教神學研究」 제7집(1994).

_____. "한국 불교 특성론과 한국 불교 연구의 방향."「한국종교연구」 제3집(2001).

_____. "지눌 선서상의 구조."『지눌의 사상과 그 현재적 의미』. 정신문화연구원, 1996.

_____. "頓悟漸修論의 그리스도교적 이해 - 지눌과 칼 바르트의 사상을 중심으로 하여."『宗教神學研究』 제1집(1988): 201-219.

_____. "한국 불교사와 개혁 운동."「동아연구」 11 (서강대학교 동아연구소, 1987): 30, 46.

_____. "동양철학 연구 방법론의 일 성찰-철학적 해석학의 관점에서."「철학」 제21호 (1984).

김광식. "불교의 근대성과 한용운의 대중불교."「한국 불교학」 50집(2008).

김상기.『高麗時代史』. 서울: 東國文化社, 1961.

_____. "花郎과 彌勒信仰."『李弘稙傳士回甲記念韓國史學論叢』. 서울: 신구문화사, 1969.

김상영. "의천의 천태종 개창과 관련한 몇 가지 문제."『중앙승가대학교 교수 논문집』 8호(1999. 12.).

김상현. "동아시아 불교에서의 한국 불교의 정체성."『동아시아 불교사 속의 한국 불교』 금강대학교 국제학술회의 논문집(2004): 13-18.

김영수. "조선 불교의 특색."「佛教」 제100호(1932. 10.), 30.

김영태.『西山大師의 生涯와 思想』. 서울: 박영사, 1975.

김용옥. "동서 해석학 이론의 역사적 개괄."『절차탁마 대기만성』. 통나무, 1987.

김종만. "호국불교의 반성적 고찰."「불교평론」제3호(2000): 1-2.

김종명.『한국 중세의 불교의례』. 서울: 문학과지성사, 2001.

_____. "국내 불교학 연구의 동향."「철학사상」11 (2000. 12.): 116.

_____. "호국불교 개념의 재검토 – 고려 인왕회의 경우."「종교연구」21집 (2000): 93-94.

金鍾燦. "80年代의 민중불교운동."「新東亞」(1987. 6.).

金呑虛.『懸吐譯解普照法語』. 서울: 回想社, 1963.

달라이 라마/심재룡 역.『유배된 자유』. 서울: 정신세계사, 1991.

로버트 버스웰. "한국 불교 전통의 출현."『동아시아 불교사 속의 한국 불교』. 금강대학교 국제불교학술회의 논문집(2004), 21.

_____/김종명 역.『파란눈 스님의 한국 선 수행기』. 서울: 예문서원, 1999.

閔賢九. "月南寺址 眞覺國師碑의 陰記에 대한 一考察." 불교사학회 편.『高麗後記佛敎展開史硏究』불교학연구 4. 서울: 民族史, 1986.

박해당. "한국 불교 전통에 대한 반성과 전망: 조계종의 법통설에 대한 비판적 검토."「철학사상」11집 (서울대학교 철학사상연구소, 2000), 18.

변선환. "해방 후 기독교와 불교의 수용 형태: 이기영의 대승불교와 기독교의 만남의 경우." 변선환.『불교와 기독교의 만남』. 한국신학연구소, 1997.

서정형. "한국 불교 전통에 대한 반성과 전망: 선불교 수행에 대한 반성."「철학사상」11집(서울대학교 철학사상연구소, 2000), 25.

「昇平府曹溪山修禪社佛日普照國師碑銘幷序」.『普照全書』. 불일출판사, 1989.

심재룡. "근대 한국 불교의 네 가지 반응 유형에 대하여: 한국 근대 불교의 사대 사상가."「철학사상」16집 (서울대학교 철학사상연구소, 2003): 2, 26.

_____. "한국 불교는 회통불교인가?."「불교평론」제3호 (2000), 1.

_____. "한국 불교의 오늘과 내일: 한국 불교학의 연구현황을 중심으로."「철학사상」11집(서울대 철학사상연구소, 2000), 1.

_____. "한국 선, 무엇이 문제인가?."「불교평론」2호 (2000): 3-4.

아라키 겐고/金呑虛 譯. "勸修定慧結社文."『懸吐譯解普照法語』. 서울: 법보원, 1963.

아서 오즈번 엮음/대성 옮김.『라마나 마하르쉬 저작 전집』. 서울: 탐구사, 2001.

안진호 역해.『절요』. 서울: 법륜사, 1976.

여익구.『민중불교입문』. 서울: 풀빛, 1985.

오강남. "깨침과 메타노이아 – 불교와 기독교의 대화."「기독교사상」 (1996년 6월호).

윌프레드 캔트웰 스미스/김승혜·이기중 역.『지구촌의 신앙』. 왜관: 분도출판사, 1989.

李能和.『朝鮮佛敎通史』上. 서울: 民俗苑, 2002.

李丙壽.『高麗時代의 硏究』. 서울: 을유문화사, 1948.

이봉춘. "회통불교론은 허구의 맹종인가."「불교평론」 3호(2000): 2-7.

李載昌. "高麗佛敎의 僧科·僧錄司制度."『崇山朴吉眞博士還甲記念 韓國佛敎思想史』. 이리: 원불교 사상연구원, 1975.

李弘植. "新羅僧官制와 佛敎政策의 諸問題."『白性郁博士頌壽記念 佛敎學論文集』. 서울, 1957.

정의행.『한국 불교 통사: 우리 민중불교사의 복원』. 한마당, 1991.

조은수. "통불교 담론을 중심으로 본 한국 불교사 인식."「불교평론」 21호(2004): 9-12.

知訥.「佛日普照國師碑銘」.『普照法語』. 140.

_____.「節要」.『韓國佛敎全書』. 743下.

_____.「修心訣」.『普照法語』. 47.

『청허당집』(淸虛堂集). 서울: 보련각.

최남선. "조선 불교 — 동방문화사상에 있는 그 지위."「佛敎」 74호(1930. 8.), 12.

최병헌. "羅末麗初 禪宗의 社會的 性格." 불교사학회 편.『韓國佛敎禪門의 形成史 硏究』. 서울: 민족사, 1986.

_____. "高麗中期 玄化寺의 創建과 法相宗의 隆盛."『高麗中·後期 佛敎史論』. 서울: 민족사, 1986.

최연식. "한국 간화선 형성과 변화 과정."「불교평론」 2호(2000): 20-22.

카마다 시게오/신현숙 역.『한국불교사』. 서울: 민족사, 1988.

틱 낫 한/.오강남 역.『살아계신 붓다, 살아계신 그리스도』. 서울: 한민사, 1995.

한상길. "개화사상의 형성과 근대 불교."「불교학보」 45집 (동국대학교 불교문화연구원, 2006): 4, 7.

허흥식. "종파의 기원에 대한 시론."『高麗佛敎史硏究』. 서울: 일조각, 1986.

_____. "高麗의 僧科制度와 그 機能." 『高麗科擧制度史硏究』. 서울: 일조각, 1981.

_____. "高麗時代의 國師・王師制度와 그 機能." 「歷史學報」 67집(1959. 9.).

Aloysius Pieris, S. J. *Love Meets Wisdom: A Christian Experience of Buddhism.* Maryknoll, New York: Orbis Books, 1988.

Anattalakhana-sutta. Samyutta-nikāya, iii, 66.

Arnold Toynbee. *Christianity Among the Religions of the World.* New York: Charles Scribner's Sons, 1957.

Bokin Kim. "Dialogue and Synthesis: Sot'aesan's Perspective and Examples." *Buddhist-Christian Studies*, Vol. 17 (1997).

Charles Prebish. *Luminous Passage: The Practice and Study of Buddhism in America.* Berkeley: University of California Press, 1999.

Charles S. Prebish and Kenneth K. Tanaka (eds.), *The Faces of Buddhism in America.* Berkeley: University of California Press, 1998.

Christopher Ives (ed.). *Divine Emptiness and Historical Fullness: A Buddhist-Jewish-Christian Conversation with Masao Abe.* Valley Forge, Pennsylvania: Trinity Press International, 1995.

D. W. Robertson, Jr., tr., *St. Augustine: On Christian Doctrine.* Indianapolis: Bobbs-Merrill, 1958.

David Tracy. *Dialogue with the Other: the Inter-religious dialogue.* Louvain: Peeters Press, 1990.

Donald W. Mitchell (ed.), *Masao Abe: A Zen Life of Dialogue.* Boston, Rutland, Tokyo: Charles E. Tuttle Co., Inc., 1998.

E. O. Reischauer and J. K. Fairbank, *East Asia: The Great Tradition.* Boston: Houghton Mifflin Co., 1958.

Edward Conze tr. *Selected Sayings from the Perfection of Wisdom*, 2nd ed. London: the Buddhist Society, 1968.

Erich Fromm. *Psychoanalysis and Religion.* New Haven: Yale University Press, 1950.

Francis H. Cook, "Reflections on Hans Waldenfels' Absolute Nothingniss."

Buddhist- Christian Studies, Vol. 2 (1982), 139.

Frithjof Schuon. *The Transcendent Unity of Religion*. Wheaton, Ill.: Theosophical Publishing House, 1984.

Georges Dreyfus. "Law, State, and Political Ideology in Tibet." *Journal of the International Association of Buddhist Studies* 18/1 (Summer, 1995), 22.

George Sansom. *Japan: A Short Cultural History*. New York: Appleton-Century-Crofts, 1962.

Giuseppe Tucci. *The Religions of Tibet*. Berkeley and Los Angeles: University of California Press, 1980.

Gustav Mensching. *Buddha und Christua: Ein Vergleich*. Stuttgart: Deutsche Verlags-Anstalt, 1978. (변선환 옮김. 『불타와 그리스도』. 서울: 종로서적, 1987).

Guy Richard Welbon. *The Buddhist Nirvana and its Western Interpreters*. Chicago and London: The University of Chicago Press, 1968.

H. Dumoulin. "Ultimate Reality and the Personal." Heinrich Dumoulin, *Christianity Meets Buddhism,* tr. by John C. Maraldo. La Salle, Illinois: Open Court Publishing Company, 1974.

H. G. Gadamer. Wahrheit und Methode(Tübingen; J. C. B. Mohr, 1975. 4 Auflage).

H. H. Gerth and C. W. Mills (eds.). *From Max Weber*. New York: Oxford University Press, 1946.

Hans Küng. Josef van Ess, Heinrich von Stietencron, & Heinz Bechert, *Christianity and the World Religions: Paths of dialogue with Islam, Himduism, and Buddhism,* trans. by Peter Heinegg. New York: Collins Publishers, 1986; 독일어본, Munchen, 1985).

Hans Waldenfels. *Absolute Nothingness: Foundations for a Buddhist-Christian Dialogue,* trans. by J. W. Heisig. New York: Paulist Press, 1980.

Harvey Cox. *Turning East*. New York: Simon & Schuster, 1977.

Hee-Sung Keel. "Jesus the Bodhisattva: Christology from a Buddhist Perspective." *Buddhist-Christian Studies*, Vol. 16 (1996).

_____. "Salvation According to the Korean Zen Master Chinul and Karl Barth." *Buddhist-Christian Studies*, Vol. 9 (1989).

Heinrich Dumoulin. *Christianity Meets Buddhism,* tr. by John C. Maraldo. La Salle, Illinois: Open Court Publishing Company, 1974.

Heinz Bechert. "Buddhism and Society: Buddhism in Our Time." in Hans Küng, *Christianity and the World Religions: Paths of dialogue with Islam, Himduism, and Buddhism.* New York: Collins Publishers, 1986.

Holmes Welch. "Buddhism in China Today." *Buddhism in the Modern World*, ed. by Heinrich Dumoulin & John C. Maraldo. New York: Collier Books, 1976.

_____. "The Nature of the System." *The Practice of Chinese Buddhism 1900-1950.* Cambridge: Harvard University Press, 1967.

Hugo M. Enomiya-Lassale. *Meditation als Weg zur Gotteserfahrung: Eine Anleitung zum mystischen Gebet.* Cologne: Bachem, 1972.

J. D. Caputo. "The Nothingness of the Intellect in Meister Eckhart's 'Parisian Questions,'" *The Thomist* 39 (1975).

J. K. Kadowaki SJ. *Zen and the Bible: A Priest's Experience.* London: Routledge&Kegan Paul, 1980.

Jan Nattier. "Who is a Buddhist? Charting the Landscape of Buddhist America." Charles S. Prebish and Kenneth K. Tanaka (eds.), *The Faces of Buddhism in America.* Berkeley: University of California Press, 1998.

Joachim Wach. *The Comparative Study of Religions.* New York; Columbia University Press, 1958.

John B. Cobb, Jr. and Christopher Ives. ed., *The Emptying God: A Buddhist-Jewish-Christian Conversation.* Maryknoll, New York: Orbis Books, 1990.

John B. Cobb. *Beyond Dialogue: Toward a Mutual Transformation of Christianity and Buddhism.* Philadelphia: Fortress Press, 1982.

_____. *Christ in a Pluralistic Age.* Philadelphia: The Westminster Press, 1975.

John Hick. *An Interpretation of Religion.* New Haven and London: Yale University Press, 1989.

_____. *The Fifth Dimension: An Exploration of the Spiritual Realm*. Oxford: Oneworld Pulications, 1999.

_____. *Buddhism and Christianity: Rivals and Allies*. Honolulu: University of Hawaii Press, 1993.

John Jorgensen. "Korean Buddhist Historiography: Lessons from the Past for the Future." 「불교연구」제14권 (1997), 248.

John P. Keenan. *The Meaning of Christ: A Mahāyāma Theology*. Orbis Books: Maryknoll, New York, 1989.

Joseph Quint (Hg.). *Meister Eckhart; Deutsche Predigten und Traktate*. München: Carl Hanser, 1963.

Joseph Spae. "The Influence of Buddhism in Europe and America." *Buddhism and Christianity*, ed. by Claude Geffré and Mariasusai Dhavamony. New York: The Seabury Press, 1979.

K. Ch'en. *Buddhism in China*. Pinceton: Pinceton University Press, 1964.

K. Malalgoda. *Buddhism in Sinhalese Society*. Berkeley: Unviersity of California Press, 1976.

Keiji Nishitani. *Religion and Nothingness*. trans. by Jan Van Bragt. Berkeley: University of California Press, 1982.

Ken Wilber. *The Essential Ken Wilber: An Introductory Reader*. Boston & London: Shambhala, 1998.

Kun Ki Kang. *Thomas and Buddhism: A Comparative Study of the Spiritual thought of Thomas Merton and That of National Teacher Bojo*. New York University Doctoral Diss., 1979.

Leo D. Lefebure. *The Buddha and the Christ: Explorations in Buddhist and Christian Dialogue*. Orbis Books: Maryknoll, New York, 1993.

Lynn A. de Silva. *Reincarnation in Buddhist and Christian Thought*(Colombo: Christian Literature Society of Ceylon, 1968.

_____. *The Problem of the Self in Buddhism and Christianity*. Colombo: Study Centre for Religion and Society, 1975.

Marcelo Zago. "Buddhist-Christian Dialogue in South-East Asia." Geffré and Dhavamony (eds.), *Buddhism and Christianity*. Honolulu: University of Hawaii Press, 1993.

Masao Abe. "Buddhism and Christianity as a Problem of Today." Part II, *Japanese Religions*, Vol. 3, No. 3 (Autumn 1963), 29-30.

_____. "The Probelm of Evil in Christianity and Buddhism." *Buddhist-Christian Dialogue*, ed. by Paul O. Ingram and Frederick J. Streng. Honolulu: University of Hawaii Press, 1986.

Michael Rodrigo. "Buddhist-Christian Dialogue in Sri Lanka." ed. by Claude Geffré and Mariasusai Dhavamony. *Buddhism and Christianity*. New York: The Seabury Press, 1979.

Mircea Eliade. *The Sacreds and the Profane*. New York; Harcourt, Brace and Co., Inc., 1959.

Nishitani. "The Personal and impersonal." Keiji Nishitani. *Religion and Nothingness*. trans. by Jan Van Bragt. Berkeley: University of California Press, 1982.

Notto R. Thelle. *Buddhism and Christianity in Japan: From Conflict to Dialogue*, 1854~1899. Honolulu: University of Hawaii Press, 1987.

Paul, O. Ingram. *The Modern Buddhist-Christian Dialogue: Two Universalistic Religions in Transformation*. Queenston, Ontario: The Edwin Mellon Press, 1988.

_____. "Imterfaith Dialogue as a Source of Buddhist-Christian Creative Trasformation." *The Buddhist-Christian Dialogue: Mutual Renewal and Transformation,* eds. Paul O. Ingram, Frederick J. Streng. Honolulu: University of Hawaii Press, 1986.

Paul Williams. *The Mahayana Buddhism: the Doctrinal Foundation*. London and New York: Routledge, 1989.

Peter Berger. *The Heretical Imperative*. Garden City: Doubleday Anchor, 1979.

Peter Harvey. *An Introduction to Buddhism*. Cambridge: Cambridge University Press, 1990.

Peter N. Gregory. *Tsung-mi and the Signification of Buddhism*. Princeton: Princeton University Press, 1991.

R. A. Stein. *Tibetan Civilization*. Stanford: Stanford University Press, 1972.

Richard F. Gombrich. *Theravada Buddhism: A social History from ancient Benares to Modern Colombo*. London and New York: Routledge & Kegan Paul, 1988.

_____. *Precept and Practice: Traditional Buddhism in the Rural Highlands of Ceylon*. Oxford: Oxford University Press, 1971.

Rick Fields. "Divided Dharma: White Buddhists, Ethnic Buddhists, and Racism." Charles S. Prebish and Kenneth K. Tanaka (eds.), *The Faces of Buddhism in America*. Berkeley: University of California Press, 1998.

Robert A. F. Thurman (trans.). *The Holy Teaching of Vimalakirti*. University Park and London: The Pennsylvania State University Press, 1981.

Robert Buswell. *The Formation of Ch'an Ideology in China and Korea: The Vajrasamādhi Sūtra, a Buddhist Apocryphon*. Princeton: Princeton University Press, 1989.

Robert Buswell. Jr., tr. *The Korean Approach to Zen: the Collected Works of Chinul*. Honolulu: University of Hawaii Press, 1983.

Robert E. Buswell. "Imagining Korean Buddhism: The Invention of a National Religious Tradition." *Nationalism and the Construction of Korean Identity*, edited by Hyung Il Pai and Timothy R. Tangherlini. Berkeley: Institute of East Asian Studies, 1998.

Roger Hicks & Ngakpa Chogyam. *Great Ocean: An Authorized Biography of the Buddhist Monk Tenzin Gyatso His Holiness the Fourteenth Dalai Lama*. London: Penguin Books, 1990; first published in 1984.

Roger J. Corless. "Can Emptiness Will?." *Buddhist Emptiness and Christian Trinity: Essays and Explorations*, ed. by Roger Corless and Pal F. Knitter. New York: Paulist Press, 1990.

_____. "The Mutual Fullfillment of Buddhism and Christianity in Co-inherent Superconsciousness." *Buddhist-Christian Dialogue*, ed. by Ingram and

Streng. Honolulu: University of Hawaii Press, 1986.

Seiichi Yagi and Leonard Swidler. *A Bridge to Buddhist-Christian Dialogue*. New York: Paulist Press, 1990. (이찬수 역.『불교와 그리스도교를 잇다』. 왜관: 분도출판사, 1996.)

Seung Chul Kim. "Bodhisattva and Practice-Oriented Pluralism: A Study on the Zen Thought of Yong Woon Han and Its Significance for the Dialogue between Christianity and Buddhism." *Buddhist-Christian Studies*, Vol. 18 (1988).

Shim Jae-ryong. "General Characteristics of Korean Buddhism: Is Korean Buddhism Syncretic?" *Seoul Jornal of Korean Studies*, vol. 2 (1989), 2.

Shizeteru Ueda. *Die Gottesgeburt in der Seele und der Durchbruch zur Gottheit*. Muenchen: Guetersloh, 1965.

Steven Katz (ed.). *Mysticism and Religious Traditions*. Oxford and New York: Oxford University Press, 1983.

_____. *Mysticism and Philosophical Analysis*. Oxford: Oxford University Press, 1978.

Suzuki Daisetsu. *Mysticism Christian and Buddhist*. New York: Harper & Row, 1957.

T. M. P. Mahadevan. *Ramana Maharshi and His Philosophy of Existence*. Sri Ramanasraman: Tiruvannamalai, 1959.

Thomas Merton. *Zen and the Birds of Appetite*. New York: New Direction, 1968); *Mystics and Zen Masters*. New York: The Noonday Press, 1967.

Vlamidir Lossky. "The Divine Darkness." *The Mystical Theology of the Eastern Church*.. Crestwood, New York: St. Vladimir's Seminary Press, 1976.

W. T. Stace. *Mysticism and Philosophy*. New York: The Macmillan Press, 1960.

Warren W. Smith, Jr. *Tibetan Nation: A History of Tibetan Nationalism and Sino-Tibetan Relations*.. Boulder, Colorado: Westview Press, 1996.

Wilfred Cantwell Smith. *Towards a World Theology: Faith and the Comparative History of Religions*. Philadelphia: The Westminster Press, 1981.

Wilfred C. Smith. *The Meaning and End of Religion*. New York; Horper & Row, 1978.

Wilfred Cantwell Smith. "The Christian in a Religiously Plural World." *The Faith of*

Other Men. New York: The New American Library of World Literature, 1963.

William Johnston. *The Still Point: Reflections on Zen and Christian Mysticism*(New York: Harper and Row, 1971.

家永三郎. "吾か國に於ける佛基兩教論爭の哲學史的 考察."『中世佛教思想史研究』. 京都: 法藏館, 1955.

江田俊雄. "禪宗としての 朝鮮佛教の 傳統에 就いて."『朝鮮仏教史の研究』. 東京: 国書刊行會, 1977.

_____. "朝鮮佛教考察序説."「朝鮮佛教史の研究」. 東京: 國書刊行會, 1977.

_____. "朝鮮佛教要説"(1957),『朝鮮仏教史の研究』. 東京: 国書刊行會, 1977.

_____. "朝鮮佛教と護國思想: 特に 新羅時代のそれについて."「朝鮮」(1935. 4.).

_____. "朝鮮禪의 形成 ―「普照禪」の性格に 就いて."『朝鮮仏教史の研究』. 東京: 国書刊行會, 1977.

鎌田茂雄. "한국 불교의 역사적 성격."『朝鮮仏教史』. 1987.

_____.『宗密教學の思想史的研究』. 東京: 東京大學出版會, 1975.

高橋亨. "大覺國師義天の高麗佛教に對する經綸に就いて."「朝鮮學報」, 第十輯 (1956. 10.).

_____. "朝鮮佛教の歴史的依他性."「朝鮮」250号 (1936).

_____.『李朝佛教』. 東京: 寶文館, 1929.

瀧澤克己.『佛教とキリスト教』. 京都: 法藏館, 1964.

_____.『續・佛教とキリスト教』. 京都: 法藏館, 1979.

上田閑照 編.『トィシ神秘主義研究』. 증보판, 東京: 創文社, 1982.

趙愛姫. "新羅における彌勒信仰の研究." 金知見・蔡印幻 編,『新羅佛教研究』. 東京: 山喜房佛書林, 1973.

中村元.『無我と自我』. 京都: 平樂寺書店, 1966.

千葉乘隆・北西弘・高木豊 共著.『佛教史概說: 日本篇』. 京都: 平樂寺書店, 1969.

忽滑谷快天.『朝鮮禪教史』. 東京: 名著刊行會, 1930.

荒木見悟. "宗密の絶對知論: 知之一字 衆妙之門に ついて."「南都佛教」3 (1957).

글 의 출처

1부 _ 한국 불교의 특성론

한국 불교 특성론과 한국 불교 연구의 방향 「한국종교연구」 3(2001): 67-92.

한국 불교의 특성과 정신 ― 한국인의 역사와 삶 속의 「학술원논문집: 인문, 사회과학편」
역할을 중심으로 Vol.50 No.1(2011): 17-46.

한국 불교사와 개혁운동 「동아연구」 11권(1987): 29-46.

한국 불교 수행(修行) 전통에 대한 일고찰 「보조사상」 2(1988): 143-155.

민중불교, 선(禪) 그리고 사회윤리적 관심 「종교연구」 4(1988): 27-40.

2부 _ 고려 불교 연구

고려시대의 승계제도(僧階制度)에 대하여 「규장각」 권 7호(1983): 31-45.
― 고려도경을 중심으로

고려 불교의 창조적 종합 ― 의천과 지눌

보조(普照) 사상 이해의 해석학적 고찰 「보조사상」 1(1987): 109-121.

『법집별행녹절요병입사기』와 지눌 선(禪) 사상의 구도 「보조사상」 17(2002): 399-419.

지눌, 반야(般若)에서 절대지(絶對知)로

비교 사상 관점에서 본 지눌의 선(禪) 사상 「보조사상」 31(2009. 1.): 51-72.

다시 생각해보는 돈오점수론(頓悟漸修論)

3부 _ 비교종교학에서 본 불교 사상

열암 철학에서의 한국 불교 사상 연구 「철학연구」 33(1993. 12.): 9-23.

티베트 불교 민족주의의 역사적 고찰 「동아연구」 36권(1998): 17-26.

불교와 그리스도교 ― 창조적 만남과 궁극적 일치를 향하여 「종교연구」 21(2000): 1-35.